パウリ=ユング往復書簡集 1932-1958

Wolfgang Pauli und C. G. Jung
Ein Briefwechsel
1932-1958

物理学者と心理学者の対話

BNP
ビイング・ネット・プレス

パウリ＝ユング往復書簡集 1932-1958

◉目次◉

パウリ＝ユング往復書簡　1932〜1958……10

訳者まえがき

黒木幹夫

〈心〉と〈物〉を分けて考え、感覚的経験に与えられた事実のみをよりどころとすることは、二一世紀初頭に生きるわれわれにとって、言わずもがなの常識（共通感覚）である。しかし一方で、われわれが一回限りでしかない自分の人生を思うとき、それでよいのかという疑問が生じることもまた事実である。

経験的事実のみを重んじるということがわれわれの常識になったのは、考え方の問題として整理すれば、一九世紀後半に自然科学が目覚ましい発展を遂げるに従い、経験を超えたものに価値を認めない、実証主義的な〈ものの考え方〉が当たり前になったころからである。この実証主義的な〈ものの考え方〉は、二〇世紀前半の両世界大戦を通していよいよ顕著になり、現在にまで至っている。しかしこの流れは、われわれが一回限りの人生において意味を求めつつ生きることとは、まったく切り離されてしまっている。

ところが、実証主義的な〈ものの考え方〉があたりまえになってゆくただ中の、二〇世紀前半において、まさに一回限りの人生を踏まえつつ、独自の考え方を展開した研究者が二人いた。一人は〈心〉にかかわって、夢解釈をもとに、意識を超えた無意識の秘密を明らかにした深層心理学者のユングである。今一人は〈物〉にかかわって、「パウリの原理」によってノーベル物理学賞が与えられた、理論物理学者のパウリである。彼らの考え方の根本には、経験を超えていながら、人間を具体的に支えているものへの配慮があった。

専門領域がまったく異なる二人は、パウリが精神的な不調に陥ったことがきっかけで、往復書簡を交わすようになり、精神的な交流を深めることになった。この往復書簡を資料とともにまとめたものが、本書『パウリ＝ユング往復書簡集』である。ここにおいて、両者の精神的な交流は、心理学と物理学という互いの専門領域を超えた学問的な交流の様相を呈し、さらに〈心〉（プシュケー）と〈物〉（ピュシス）の接点を求める議論として展開している。

その際、〈心〉と〈物〉の接点を探ることを可能にしているのは、理論とか実践という次元のものではなく、理論物理学者パウリが個人的に見た「夢」である。「夢」というものは、日常的かつ具体的に、人間が経験を超えたものに触れるきっかけを与えてくれる。学問が異常に細分化されている現代と違って、両者の人文学的な教養には広くて深いものがある。その教養がすべて動員されて「夢」解釈が行なわれ、精神史を踏まえて一定の理論が形作られてゆく。そのドラマを、この往復書簡集は余すところなく伝えている。

この往復書簡集からわれわれが学びうることとして、例えば一回限りの人生の意味、人間を超えたものの存在、共時性の問題、学際的な学問のあり方等が挙げられる。しかしそのことよりも、一人一人の生き方自体が混迷している現代にあって、ほぼ一世紀前に現代よりも混迷していた時代状況のもとで交わされた往復書簡は、むしろわれわれがとらわれている常識の転換を迫るものである。

凡例

一、本書は、主にヴォルフガング・パウリとC・G・ユングの間においてドイツ語で交わされた書簡を日本語に訳したものである。本文のテキストとしては、以下に依拠した。

C. A. Meier, hrsg. von, *Wolfgang Pauli und C. G. Jung: Ein Briefwechsel 1932-1958*, (Berlin und Heidelberg: Springer-Verlag, 1992), 275 pp.

また、以下の英語訳を参考にした。

C. A. Meier, ed., *The Pauli/Jung Letters 1932-1958*, (London and New York: Routledge, 2001), 250 pp.

往復書簡集の本文に関しては、ユング、パウリ没後すでに五〇年を経過しており、著作権が消失している。当初、C・G・ユングの遺産管理をしている財団とパウリの遺産管理人と出版に関する交渉を行っていたが、二〇一一年を越えた段階で著作権が消失し、出版の交渉が終結した。そのため、ドイツ語の本文のみを翻訳するという変則的な翻訳形態を取っている。

一、それぞれの書簡に付された注は、パウリ自身やユング自身が付したものでないかぎり、日本語版翻訳者がドイツ語版と英語版を参考にしながら付したものである。そのため、両版と必ずしも一致しない。

一、書簡が書かれた場所と書かれた形式の指定を除いて、［ ］は原則として訳者の補足である。

一、収録した書簡は、ドイツ語版と英語版と異なり、両者の書簡29が書簡5の後に置かれ、書簡30が書簡6の後に置かれている。これは、英語版が指摘しているように、年号不詳の書簡29と書簡30がドイツ語版のように一九三九年ではなく、一九三四年であることが内容から見て合理的に推論できるからである。そのため、書簡6から書簡30までのナンバリングがドイツ語版および英語版とは異なっている。

一、収録した書簡は、ドイツ語版と英語版にならって、一部、パウリがユング夫人に宛てた書簡二通、ユングの秘書だったアニエラ・ヤッフェがパウリに送った書簡七通、パウリがヤッフェに送った書簡一通を含んでいる。考えられるのは、これらの書簡は、ヤッフェなど、ユングの秘書が代々管理していたファイルケースで保管されていたということである。書簡番号の問題も、このファイルケースに並べられていた順番として考えれば解決がつくだろう。

一、もともとの往復書簡集には、書簡のタイトルは付いていないが、本書では読者の便宜を図るためにそれぞれの書簡にタイトルを付けた。

一、ギリシャ語に関しては、煩雑さを避けるため、アルファベット表記に改めるに止めて、原文のギリシャ語は表記しないことにした。ギリシャ語がわかる者にとっては、アルファベット表記から元のギリシャ語が推測できるものの、ギリシャ語がわからない者にとっては、アルファベット表記もギリシャ語表記も理解できないからである。

一、用語集は、訳者注に譲り、作成しないこととした。

一、付録に関しては、ドイツ語版と英語版の付録1は、もともとそれが同封されていた書簡25の本文中に収録した。なぜなら、その書簡自体が付録1の夢の解説になっており、付録1がなくては理解できないからである。付録2に関しては、ドイツ語版による補足のため、本書では省略した。付録5は、マックス・クノルのパウリ宛書簡であり、第三者の書簡のため省略した。また、付録9は、パウリのユング研究所理事会宛の要望書のような書簡三通であり、必ずしもパウリの思想を理解する上で必要とは思われなかったので割愛した。両版の付録10に関しては版権上省略した。付録11に関しては、ドイツ語版と英語版を参考にしながら、新たに項目を補足し、とりわけパウリの生活史が理解しやすいように補足した。

パウリ＝ユング往復書簡

1932-1958

面接時間の調整

1　ユングからパウリへ

［キュスナハト］一九三二年一一月四日
［タイプ打ちカーボンコピー］

拝啓教授

すっかり忘れておりましたが、あいにく私は来週の月曜日はウィーンへ行かなければならないので、お目にかかることができません。一一月一四日月曜日の同じ時間、一二時に予約を入れておきます。

敬具
［C・G・ユング］

面接時間の調整

2　ユングからパウリへ

［キュスナハト］一九三三年五月五日
［タイプ打ちカーボンコピー］

拝啓教授

あいにく来週の月曜日一二時はすでに予定が入っていますので、木曜日（五月一一日）の一二時まではお目にかかることができません。

敬具
［C・G・ユング］

面接時間の調整

3　ユングからパウリへ

［キュスナハト］一九三三年一〇月一九日
［タイプ打ちカーボンコピー］

拝啓教授
毎週月曜日にセッションを再開するのがいちばんよいのではないかと思います。一一月一日以降最初の月曜日は一一月六日なので、いつも通り一二時においで下さい。

敬具
［C・G・ユング］

4　ユングからパウリへ

ボーアの記事の送付

［キュスナハト］一九三三年一一月二日
［タイプ打ちカーボンコピー］

拝啓教授
ニールス・ボーア[1]［の記事］の切り抜きを同封いたしました。お手数ですが、切り抜きはそのうちお返しいただけますか。ボーアの「光と生命[2]」の論文をお送りいただき、ありがとうございました。

敬具
［C・G・ユング］

［訳注］
1　ニールス・ボーア Niels Bohr（一八五五—一九六二）はデンマークの物理学者。原子物理学への貢献により一九二二年にノー

ベル物理学賞を受賞した。

2 Niels Bohr, "Licht und Leben," in *Die Naturwissenschaften* 21/13 (1933),245-250, Berlin.［天野清訳「光と生命」『世界大思想全集』第三五巻（河出書房新社、一九六〇年）所収］

パウリの結婚の祝福

5 ユングからパウリへ

［キュスナハト］一九三四年四月二八日

［タイプ打ちカーボンコピー］

拝啓教授

ご結婚おめでとうございます。[1] 私は、あなたがこの日を迎えられたことをとてもうれしく思います。

敬具

［C・G・ユング］

［訳注］

1 パウリは、ロンドンで四月四日にフランカ・ベルトラム Franca Bertram（一九〇一―一九八七）と再婚した。パウリは、一九三三年にユング派のアドルフ・グッゲンビュール＝クレイグのホームパーティでフランカと出会ったとのことである。当時、フランカは、ロシアのオーケストラのマネージャーをしていて、各地を広く旅していた。（Suzanne Gieser, *The Innermost Kernel: Deapth Psychology and Quantum Physics. Wolfgang Pauli's Dialogue with C. G. Jung*, (Berlin/Heidelberg: Springer, 2005), p.146.）ちなみに、パウリは、一九二九年にキャバレーの踊り子だったケッテ・デップナー Kätte Deppner と結婚したが、まもなくその結婚は破綻し、新妻は同年一一月には薬剤師のもとに走った。（Gieser, p.2.）パウリの精神的な不調はこのこととも関連していたと思われる。他方で、フランカは、ユングに対してよく思っておらず、パウリとの関係においてライバル意識があったようである。パウリがユングとの治療関係を終結させたことにもフランカの影響が関係していたと考えられている。また、パウリとユングの往復書簡集の出版にもフランカは反対であり、フランカが亡くなるまで、往復書簡集の企画は進まなかったことが指摘されている。(Gieser, p.4.)

面接の予約　ユング「魂と死」について

6 パウリからユングへ[1]

［チューリッヒ州ツォリコン］［一九三四年］四月二八日
［手書き］

拝啓ユング博士

さて、休暇が終わりましたので、私は五月に月曜日のセッションを再開できるかどうかお伺いしたいと思います。五月最初の月曜日は七日です。この日の一二時に予約を入れていただけますでしょうか。残念ながら、その際、ありがたいことにあなたからお申し出があったように財政面であなたの好意を期待しなければなりません。

私は、『ヨーロッパ評論』四月号に掲載された御高論「魂と死」[2]にとても興味を抱きました。とりわけ「テレパシー」と「心の非空間的非時間的存在形態」に関する説明にひかれました。その際、あなたは私の専門である理論物理学にも明確に言及されました。つまり、それは、一方で私にとってとても気にかかる事柄であるとともに、他方できわめて不明確な事柄なのです。当然、心の仮説的な非空間的非時間的存在形態の観察可能な現象に対する関係をどう考えるかということにすべてはかかっています。（なぜなら、この関係を**度外視して**科学的観点からみれば、非空間的非時間的存在形態について勝手気ままな理解がなされるからです）。――生命現象に対する現代の物理学者の一般的な態度は以下の通りです。われわれにとって知られている物理学法則と直接矛盾するものを何らかの観察によって生物に確認することは確かに不可能であるということです。しかし、生物を生かしたままにしたり、科学的実験そのものによって現象を破壊するような仕方で生命の邪魔をしたりするような生物の実験――それが生物学的なものであろうと心理学的なものであろうと――をすれば、（適応、生殖、遺伝などのような）生物に特有な現象の場合、新たな仕方の自然法則性の作用や干渉がありえないように、狭い意味での物理学法則の証明は不可能になります。

それは当然、普遍的な枠組みとして考えられています。とりわけ「超心理」現象に当てはまることに関しては、私は証拠資料をもちろん知りません（そして、私がそのことについて知ったとすれば、私が何か信じるかどうかは神のみが知るでしょう）。しかし、私の夢や覚醒時の空想の中には例の抽象的な形姿がますます現れてきます。あなたはすでにそれら（円形、神聖文字のように様式化された「こびと」、音響のリズム、明暗が交互に現れる縞模様）をご存じでしょうが、これらの象徴の客観的（直接的）な意味についてもっとよく理解することが私にとって必要不可欠になったのであり、まさしくそれが私にとって懸案事項なのです。私には、そのときはじめてアニマ・コンプレックスを完全に「克服」する（あなたの心理学に即していえば、それをある機能に変容させる）ことに成功すると考える根拠がありました。また、私のスズメバチ恐怖症はそのことにかかっていました。私にとってきわめて重要なその動物に対する私の関係はその間、私にとって（少なくとも部分的に）不安の対象がスズメバチから解離しはじめたときに変化しました。私は、その背後にある種の恍惚状態に対する不安が隠されていることを認識しました。私は、恍惚状態に無意識（自律的部分組織）の内容が吹き出ることがあり、その異様さのために意識に同化されえなかったり、そのため、意識に対して破壊的に作用したりすることを認識しました。それに対して、「超心理学」という言葉やすでに言及した象徴の背後に隠されているような体験に意識が次第に適応することによってその内容が同化されれば、その危険も避けられるでしょう（突発的な恍惚状態もほとんど生じなくなるでしょう）。

私は、そのこととそれに付随する一連の空想についてあなたと親しく語り合いたいと思います。

ところで、あなたが私の結婚が「集合性の暗い側面」とそれにふさわしい「集合表象[3]」を布置するだろうと予言したのは、まったく正鵠を得ていました。

ご多幸を祈って。

敬具

W・パウリ

［訳注］

1　ドイツ語版と英語版では、書簡29とされているが、英語版の一覧表では一九三四年であることが指摘されている。この書簡の中で言及されているユングの論文は、『ヨーロッパ評論』一九三四年四月号に掲載されていることが指摘されているように、この書簡は一九三四年のものであると判断したため、書簡29を書簡6に繰り上げることにした。

2　C. G. Jung, "Seele und Tod," in *Europaische Review* X/4, Stuttgart-Berlin, 1934, pp.229-238.［江野専次郎訳「魂と死」『こころの構造』所収、日本教文社、一九七〇年。島津彬・松田誠思訳「魂と死」『オカルトの心理学』所収、サイマル出版、一九八九年］

3　集合表象はフランス社会学派の用語。デュルケームが社会学独自の対象とした「社会的事実」の別名。

7　ユングからパウリへ

面接時間の変更依頼

［チューリッヒ州キュスナハト］一九三四年五月二二日

［タイプ打ちカーボンコピー］

拝啓教授

来週月曜日、お約束の時間を一一時に変更できるかどうか、至急お返事いただけないでしょうか。その日、私はパリに行くために一時に出発しなければなりませんので、一二時にお目にかかることができません。

敬具

［C・G・ユング］

スズメバチの象徴　ユング「クラウス修道士」

8　パウリからユングへ[1]

［チューリッヒ州ツォリコン］［一九三四年］五月二四日
［手書き］

拝啓ユング博士

お手紙受け取りました。月曜日午前一一時に、早めにお会いいただけるのは私にとって好都合です。

この機会に二、三所見を付け加えてもよろしいですか。私の人生にとって特別でありスズメバチに投影されていた危険がそうこうするうちにとても大幅に明らかになってきました。明暗が交互になっている縞模様は、正反対に対立する心的態度もしくは行動様式の気質にちがいありません。そして、実際、それらは、倫理や宗教、また官能的な感覚、性愛、性欲のような、他者への感情的な関係ときわめて密接につながっています。私の人生を特に脅かしているのは、私が人生の後半で**極端から極端に揺れ動いた**ことです（エナンティオドロミア[2]）。――私は人生の前半、他の人々に対してシニカルで冷たい悪魔であり、狂信的な無神論者かつ知的な「啓蒙家」でした。――その対立物は、一方で、犯罪者や乱暴者への傾向であり（悪化して殺人者になる可能性もありました）、他方で、恍惚状態やヴィジョンを抱いて世間からそっぽを向いた全く知的でない隠遁者でした。

私の神経症の意味は、不意に反対側に変化する危険から身を守ることだったのです。結婚においては、中庸における和解、道（タオ）のみがありえます。（私の妻も同様の対立物の問題を抱えていますが、私とは逆になっています。妻はいままで外に向かって社会関係や人間愛だけに生きてきて――すべての人間は善でなければならないという――極度に倫理的な要求を掲げてきました。その結果、私が細かく観察して確認できたように、妻の無意識の中に認知を求める悪の要求が蓄積して、妻のアニムスが明らかに粗野で暴力的な性格をもつにいたりました。そして、そのため、妻はまさしく私の影の側面にほれこんだのです。なぜなら、私の影の側面が密かに妻に対して強い印象を与えたからです。――しかし、そのことによって、思うに、結婚における補償の前提が与えられています）。

さて、この問題はこれにとどまりません。つまり、逆のものへの転換は私を個人的に脅かしている危険であるばかりでなく、われわれの文化全体をも脅かしているのです。三頭の巨大な馬の夢はまさしくそのことと関連があります。この瞬間にもわれわれがみな未開の野蛮状態に転換しかねないのです——しかし、あるいは道（タオ）や個性化が生じるのかもしれません。ですから、私の個人的な問題がまた集合的な問題であり、他方で、私を個人的に脅かしている危険は、私に集合的無意識によって強いられている気質によってきわめて大きくなっているのです。

私は、聖霊降臨祭の折りにメルヒタールに行き、クラウス修道士の礼拝堂を訪れてつぶさに観察し、彼のヴィジョンを表している壁の絵を研究しました。私はそれらの絵に異常なほど魅了され、すぐにとても強い結びつきを感じました。クラウス修道士の生涯は実際、家族のもとを離れて荒野に分け入ったとき、反対のものに転換したのです。そして、彼は、彼に恐怖を抱かせた例の独特な三位一体のヴィジョンを抱いたのでした。私の知るかぎり、これまでこの恐怖を説明しようとした者はいません。[3]——私が三頭の巨大な馬の夢によって引き起こされた恐怖よりももっと大きく強いだけであって、それが似たような恐怖であったように思います。実際、クラウス修道士は個性化について何も知りませんでした。個性化はキリスト教と異なる文化の可能性です。——彼は世界没落のようなものを見たにちがいありません。そして、三位一体に対する関係は私にはまったく理解できます。なぜなら、私はかつて三位一体が三つのリズム（「世界時計」）に変わった夢を見たことがあるからです。——そして、これらのリズムの共働が一定の時点の危険を条件付けているはずです。

あなたはこのような考えが突飛だと思われますか。おそらくそうでしょうね。しかし、私たちは、ここで問題なのは、集合的な無意識にそのすべてが由来する客観的で心的な事態であることを見据えていなければなりません。

それでは、月曜日の一一時にお会いするのを楽しみにしています。ご多幸を祈って。

敬具

W・パウリ

［訳注］

1　ドイツ語版と英語版では書簡30であるが、英語版では本来、もとの書簡6の後におかれるべきであることが指摘されている。確かに内容的にその通りであると思われるため、ここに置かれている。

2　エナンティオドロミア enantiodromia とは、ギリシャ語で「反対方向に走ること」を意味する。古代ギリシャの哲学者ヘラクレイトスに由来すると言われている。ユングは、一方の極から他方の極へと転向することをこう呼んだ。また、政治用語として「転向」を意味する。

3　それに関しては以下を参照のこと。C. G. Jung, "Bruder Klaus," *Neue Schweizer Rundschau* I/4, Zürich 1933, pp.223-239.［林道義訳「修道士クラウス」『ユング研究8』所収、名著刊行会、一九九四年。同訳「修道士クラウス」、C・G・ユング『元型論』［増補改訂版］所収、紀伊國屋書店、一九九九年］。クラウス修道士もしくはフリューエのニコラウス（一四一七—一四八七）は人気のあるスイスの聖人であり、ピオ一二世によって列聖され、スイスの守護聖人と宣言された。

9　パウリからユングへ

ユング「魂と死」ヨルダン論文　分析の終結の申し出

チューリッヒ7、一九三四年一〇月二六日
［手書き］

拝啓ユング博士

いわゆる超心理現象の解釈を扱ったあなたの論文「魂と死」によって、理論物理学者としての私の精神が呼び覚まされ、その精神が次第に高まってきたようです。

同封いたしましたヨルダンの論文は[1]、『自然科学』誌の編集者から査読のために、私宛に送られてきたものです。彼はこの論文の出版に不安をもっていますが、それは論文の内容そのものに対してではなく、論じている内容についてありとあらゆる種類の不適格な人々が関わろうとしてくる恐れがあることを危惧しているのです。しかし、論文に適切な注解をつけることによって、その危険性は和らげることができるでしょう。

著者のP・ヨルダン[2]は、私の個人的な知り合いです。彼は、高い知性と天賦の才能をもった理論物理学者で、（超心理学を）真面目に扱っている研究者です。彼がどのようにして、テレパシーとそれに関連した現象に関わるようになったのかは、私にはわかりません。しかし、彼が心霊現象と無意識全般の研究に没頭しているのは、たぶん彼自身の個人的な事情によるものでしょう。この事情は、特に**言語障害**の症状（吃音）として現れ、彼が仕事をすることを困難にしています。このことが、彼の知的活動を分裂へと導いたのでしょう（彼は、自分の専門分野では「つきに見放された」領域があるとさえ感じています）。彼は、フロイトが書いたものはよく読んでいるようですが、あなたのものはたぶん読んでいません。

私は、彼の論文の内容についてぜひあなたのご意見を伺いたいと思います。特にヨルダンの考えとあなた自身の考えには共通性があると私には思えるので、ご意見を伺いたいのです。とりわけ彼の論文の最後の節にある考え方は、あなたの集合的無意識の概念にとても近いものです。「実証主義的」という言葉にうんざりしないで下さい。ヨルダンの考えは、いかなる哲学体系にも関係なさそうですし、私は、彼が「現象学的」という代わりに「実証主義的」という用語を用いていると思っています。私は、（写しの一二頁の）図については、かなり疑問を抱いています。その図によれば、意識は無意識との「狭い境界領域」として位置しなければなりません。しかし、一方はもう一方の一部分であるという考えはいかがでしょうか。

もちろん私は、この著者に関連して、あなたの研究についてお話するのをうれしく思っています。この論文について（短い）コメントを書くお手間を取らせるお願いをすることを、どうかお許し下さい。もしあなたにとって何も目新しいことがなかったとしても、たぶん興味をもたれることでしょう（ところで、お送りした写しは返していただかなくてもけっこうです）[3]。

私個人の運命に関しては、私にはまだ解決していない問題が一つか二つは残っています。それにもかかわらず、私は夢の解釈と分析を終わりにする必要を感じていて、私の人生に対して外の世界から何がもたらされるのかを知りたいと思っています。もちろん私の感情機能の発達は、私にとってもとても大切なことです。しかし、その機能は、時が経つにつれて、徐々に私の人生それ自体を通じて次第に発達してくるものであって、夢分析がもたらす成果として現れ出てくるだけのものではないように、私には思えるのです。いろいろ考えた結果、しばらくの間、少なくとも何か困ったことが起きないかぎり、もうあなたのところに伺うのは辞めようと決心しました。ご尽力にこころからお礼申し上げます。

敬具

W・パウリ

[訳注]

1　Pascual Jordan, "Über den positivistischen Begriff der Wirklichkeit" in *Die Naturwissenschaften* 22, pp.485-490, Berlin 1934.

2　P・ヨルダン Pascual Jordan（一九〇二—一九八〇）理論物理学者。ロストック大学、ハンブルグ大学などで教鞭を執った。プランク賞、ガウス賞受賞。生物学と超心理学に興味を抱いていた。

3　それに関しては、ユングのヨルダン宛一九三四年一一月一〇日付書簡参照。A. Jaffé, hrsg. *C. G. Jung Briefe*, Bd. I (Olten, Walter), 1972, p.229.

ヨルダン論文　ユング「心の構造」

10　ユングからパウリへ[1]

［キュスナハト］一九三四年一〇月二九日

［タイプ打ちカーボンコピー］

拝啓教授

ヨルダンの論文を送っていただきありがとうございました。私はこの論文を出版すべきであると思います。なぜなら、この論文は物理学的アプローチから心理学的領域へと実際に移っていく様子を扱っているからです。この論文は書かれるべき必然性のあるものです。まだ何もわかっていない原子の中核を体系的に研究してゆけば、観測される系もまた観測によって秩序を乱されるという結論に至るのは必然です。この研究は、観測された過程とは、実際の観測によって撹乱された状態の知覚である、ということを必然的に示すことになります。もっと簡単に言えば、もしあなたが長い間暗い穴の中を見ていたら、あなたはその中で見ているものを知覚するようになります。つまりこれはヨーガ修行における知覚の原理なのであって、それは、意識が完全に空っぽになることによって引き出される全知覚なのです。ですから、このような知覚の方法は、一般の霊能者がとる内的探究法の特殊な事例なのです。

ヨルダンが述べている超心理的な力の現れ方についていうと、空間的透視力とは、空間に関するわれわれの経験的イメージが相対的な非存在［の状態］に直面していることをもっともはっきりと示す現象の一つにちがいありません。この論を推し進めていくと、彼は、時間的な透視力についても論じざるをえなくなるでしょう。それは時間に関するイメージが相対的であることを表しています。ヨルダンは、当然のことながらこれらの現象を物理学的視点から見ているのに対して、私の方は心理学的観点から見ることになります。この心理学的観点とは、あなたがおっしゃったように、時に集合的無意識の事実に立った見方であり、そこでは、霊能者の個人的な意識に伴う特質が実際に消滅してしまう心的なものの層が示されています。もしそこで無意識領域内にある個人の意識が消滅したならば、そのとき、無意識の中にあるすべての知覚が、一人の個人の知覚として現れてくることになるでしょう。ヨルダンは、同じ意識の空間内にいる送り手と受け手が、同時に同じ対象を認識するということを指摘しています。人は、この指摘をいとも簡単にひっくり返して、無意識の「空間」の中では、送り手と受け手は一体であって同じ知覚する主体なのだと言うかもしれません。あなたもおわかりのように、心理学者としての私の観点は、知覚する主体の立場に立っているのに対して、物理学者は自分自身をも、共通の空間という観点から説明するというわけです。その共通空間の中では、二人あるいはそれ以上の観測者たちが、彼ら自身をも見出すことになります。この結論をつきつめれば、ヨルダンのアプローチは、無数の観測者たちが同じ対象を見ているような、完全な無意識空間を設定することになります。これを心理学的に言うならば、無意識の中には、たった一人の観測者がいて、その人が無数の対象を見ているという説明になるでしょう。

もし、私の書いたものにヨルダンの注意を喚起するのでしたら、あなたが挙げていた論文の他に、同じ巻の『現代心理学の根本問題』（二頁）に収められていて、あなたも言及していたもう一つの論文がよいでしょう。[2] そこにある集合的無意識についての論文は、以前発行された『現代における魂の問題』に収録された「魂の構造」[3]（一四四頁）という表題の論文で、私はこの問題についていくぶん深く論じています。ヨルダンの論文については、少しお時間をいただければありがたいのですが。

ところで、相対的時間の問題について思い出したのですが、エディントンの学生だったダンの『時間の実験』[4]という著書があって、その中で彼は、ヨルダンが扱った空間的透視力と似たような方法で時間的透視力についてとりあげています。彼が仮定した無数の時間からなる次元は、ヨルダンの言う「中間層」とよく似ています。私は、ダンの説について、あなたがどのようなお返事を下さるか、とても楽しみです。

また、あなたがお幸せになさっているという近況をお知らせいただきありがとうございました。ご発展をお祈りします。

敬具

［C・G・ユング］

［訳注］

1　この書簡はすでに出版されている。A. Jaffé, ed., *C. G. Jung Briefe*, Bd. I(Olten: Walter, 1972), pp.276ff.

2　C. G. Jung, *Wirklichkeit der Seele*, (Zürich: Rascher,1931), pp.1ff.［江野専次郎訳「現代心理学の根本問題」『こころの構造』

所収、日本教文社、一九七〇年〕

3　C. G. Jung, *Seelenprobleme der Gegenwart*, (Zürich: Rascher, 1931).〔高橋義孝・江野専次郎訳「心の構造」『現代人のたましい』所収、日本教文社、一九七〇年〕

4　J. W. Dunne, *An Experiment with Time*, 3rd ed., (London: Faber and Faber, 1934); 1. edition 1927. 時間の多次元性に関しては以下参照。J. W. Dunne, *The Serial Universe*, (New York: The Macmillan Company, 1938).〔ドイツ語版注による〕

物理学用語によるファンタジーの表現　背景物理の端緒

11　パウリからユングへ

〔チューリッヒ州ツォリコン〕一九三五年六月二二日

〔手書き〕

拝啓ユング博士

私自身のファンタジーの産物についての記録を集めるのに、予定していた以上の時間がかかりました。そして、その記録をあなたに送る以外によい方法が思いつきません。それらの記録を引き出しにただしまっておくことは少し残念な気もしますが、また一方、あなたのお時間をわずらわせたくはありません。これまでとはちがって、今のところ私は、医学的な診断の必要を感じていないのです。しかし、以前あなたが、私の内面的変化と成長は興味深く、心理学者はその素材に関心をもつだろうとおっしゃっていたので、お送りすることにします。もちろん、それをどう扱うかは、まったくあなた次第ですし、この件に関してすぐにあなたから返事をいただこうとは思っておりません。

あなたは、この内容にはあらゆる種類の観念的な葛藤が記されていることに気づかれるでしょう。私はそれらの観念を、自分でできるかぎり整理しなければならないでしょう。また他方、それらの内容は、容易に近づくことが許されない領域、いわゆる超心理学的分野の論議に密接に関連しています。ファンタジーは多くの場合、私が日頃親しんでいる物理学の用語（「同位体（アイソトープ）の分離」「微細構造」「自己誘発的回転と軌道との相互依存的関係」「共振体」「放射性原子核」等）を用いることによって独特の性質を帯びています。そしてそのことは、私にはただ漠然と推測してみるしかない心的事実とのアナロジーを表現しようとしているように思われます。昨年から描いた数枚の絵がありますが、この封筒には入らないので、もし興味がおありでしたらまたお送りします。

最後に、これまでいろいろとご配慮いただいたことにお礼申し上げます。今のところ、私はたいへん気分がよく、たとえ問題が残っているとしても今のままで満足しています。冬学期には、アメリカに招待されており、私も妻もその旅行をとても楽しみにしています。

敬具

W・パウリ

［キュスナハト］一九三五年六月二二四日

［タイプ打ちカーボンコピー］

12　ユングからパウリへ

ファンタジーの送付に対するお礼

親愛なる教授

ご親切にあなたの記録をお送りいただきありがとうございました。私がもっているあなたの書類に加えておきました。あなたの内部でどのような過程が進行しているのかということは、私が特に興味をもっていたことなので、その記録を送っていただいたことはたいへんありがたいことでした。ご都合のよろしいときにでも、あなたの絵を送って下さればさいわいです。

一九三六年の夏には、私もハーバード大学に行くことになっています。[1] 冬のアメリカ訪問は、夏と同じくうれしくないことですが、有意義な滞在になりますよう願っています。

敬具

［C・G・ユング］

［訳注］

1　ユングは、「一九三六年ハーバード大学三百年記念学術会議」に招聘され、「人間の行動を決定する心理学的なさまざまな要因」と題する講演を行った。C. G. Jung, "Psychological Factors Determining Human Behaviour," *Collected Works of C. G. Jung*. vol. 8, (Princeton: Princeton. U. P., 1960), pp.114-125.

ファンタジーに関する覚え書き

13　パウリからユングへ

［チューリッヒ州ツォリコン］一九三五年七月四日

［手書き］

拝啓ユング教授

お手紙ありがとうございました。すでにお送りしてある資料についての線描画をお送りします。やや大きめの線描画が三枚、スケッチが一枚あります。後者は、物理学の用語の誤用の典型的な事例を提供していますが、これは、私にとって一定の頑固さを伴って無意識から侵入してきたものです。それは、類比における一種の自由連想であり、概念的思考の前段階として把握されるべきでしょう。

敬具

W・パウリ

パウリの夢の出版に対する許諾の依頼

14 ユングからパウリへ[1]

一九三五年九月二一日

［紛失］

［訳注］

1 パウリのユング宛書簡15からその存在が知られた書簡。内容も表題のとおり、パウリの夢の出版に対する許諾を依頼するものであったと推定される。ユングのパウリ宛書簡16からわかるように、これらはまず『エラノス年報一九三五』（ライン出版、一九三六年）で出版された後、さらに加筆されて『心理学と錬金術』（ラッシャー出版、一九四四年）として出版された。

匿名を条件に夢の出版を認める

15 パウリからユングへ

ニュージャージー州プリンストン　プリンストン大学大学院数学研究科高等研究所、ファインホール　一九三五年一〇月二日

［手書き］

親愛なるユング教授

私は、あなたの九月二一日付の手紙［紛失］が拙宅に届いた時にはすでにチューリッヒを発った後でしたので、その興味深い内容の手紙が私のもとに届いたのは、ようやく昨日のことでした。私の名前を出さないこと（また夢の提供者が物理学者であるということがわからないこと）が十分に保証されるならば、私は［私の夢を出版するという］あなたの申し出を承諾いたします。私の夢が何らかの科学的目的のために役立つことは、とても喜ばしいことです。また、

[1935年10月2日の手紙に同封された表]

「物理学的」象徴表現

1）結像

注：結像は、常に双極域的な力の場を通じて現れ、結像された人々は互いに関与しあうという仕方によって伝えられる。

この特別な事例は、

2）並列に配列された小さな双極子（物理学的には磁化した固体として見出すことができる）。

3）結像の終結は、それ固有の「固有体温」によって双極子が回転し始める場合に生じる。

別のイメージでは、同じものが同位元素《アイソトープ》分離によって表される（「アイソトープ」は、元素の周期律表の同じ位置を占める化学的要素であり、それは極めて難しい方法によってのみ分離されうる）。

4）類似した象徴的イメージは、磁場の内部でのスペクトル線の分離である。

磁場なし　　|

磁場あり　　| | |

対応する線のグループ、いわゆる二重線、三重線あるいは多重線もまたしばしばイメージとして現れる。

5）放射性の核

6）共鳴の場所

技術者なら誰でも、二つの振動の振動数を一致させることによって壊滅的な効果が起こることを知っている。しかし、素人は、回転数を高めることよって共鳴を避けることができるということを知らない。

心理学的解釈

1）「神秘的融即」

2）催眠実験の場合のように、無意識的な同一性における多くの人格。

3）個人の分化による神秘的融即の終結。

4）分化の過程

では、極域とは心理学的には何を意味するのか。それは本質的に分化の原因に違いない。私が知っているのは、同じ双極性は、ドミノ、トランプあるいは他のゲーム（二つまたは四つの！）にも表される、ということである。——双極の場は無意識の動的な秩序の一種を表しているに違いない。

5）「自己」

「核」が個々の人格の核をも意味するのは明らかである。しかし、「放射能」は心理学用語では何を意味するのか。一方で、それは核がゆるやかに変容することを示しているように見える。またもう一方では、外界への放射（光線！）の効果である。

6）元型

＝同一化による元型への没入。

私はこれらの例について大変くわしく調べましたが、まず最初に、あなたの全体的な印象をうかがいたいのです。

あなたがどのようなことを述べるのか、好奇心でいっぱいです。私があなたの説明すべてに同意するかどうかは疑問ですが。

私がローゼンバウム夫人との共同作業をはじめたのは、私が三二歳の時です。より正確に言うと、私は一九〇〇年四月二五日にウィーンで生まれ、一九三二年二月にローゼンバウム夫人とともに作業をはじめました。

この機会を使って、私が前回の手紙でほのめかした事柄についてまた述べたいと思います。私の夢の中にある心的事実を示すためには、物理学的アナロジーが役立ちます。私は物理学的アナロジーに遠回りで特殊な方法で出会いました。夢のシリーズの最初の方で、物理学会が開かれていて、その場面では同僚たちが学会に招かれて参加していました。最初、私はこれらの同僚たちと自分の個人的な人間関係を関連づけて夢を解釈していましたが、結果はまったくばかげたものでした。そこで私が突然気づいたのは、夢は常に同僚たちが彼らの仕事に集中しているという主題からのアナロジーにすぎないので、彼らの人間性とは何の関係もないということでした。私は（象徴的理解によって）物理学的表現から心理学的言語へと解釈するための表（あるいは辞書）を作り終えました。事実は客観的なものですから、失礼ながら簡単なサンプルを同封いたしますので、お手すきのときにお考えをお知らせいただけないでしょうか。私はすべての例を正確に解釈することはできませんし、ときには、それらは私が概念化する以上のアナロジーを含んでいるように思います。

私はここがとても気に入っています。上記住所には、［来年の］四月末までおります。

敬具

W・パウリ

夢の利用許可に対するお礼

16 ユングからパウリへ

［キュスナハト］一九三五年一〇月一四日
［タイプ打ちカーボンコピー］

親愛なるパウリ教授

あなたのご親切なご協力にたいへん感謝いたします。[1]すでに申し上げましたように、あなたの事例を匿名にすることはすべての点において保証されています。私は「自己」の象徴が含まれている夢だけを選び出し、そのほとんどを要約しました。その解釈は、個人的性質について述べたものではなく、考えの概要だけを述べ、さらに歴史的な対応例をあげたものです。あなたは同意しないかもしれませんが、私の論文にはあまり見るべきものがありません。というのは、歴史的な対応例というものは、純然たる事実なので、その体験の事実の歴史的根拠が正確であるかどうかを問うことができるかぎりにおいてのみ、議論することができるものなのです。ところが個人的な夢の連想は、純粋に抽象的な観念のつながりというよりも夢に近いものなのです。私は失礼を省みずあなたに見本をお送りしますが、私ができるかぎり個人的な記述を削除したことに気づかれることと思います。

あなたの事例では、双極の力のイメージという観念は、おそらくあなたの初期の夢にあった天国の柱に関係しています。その柱は回転装置の中心で、装置は実際マンダラ[2]を表しています。その背景にある原始的な思考の基本は、人間はこの力の場の中で分類されるということだろうと思います。その「柱」はまたあなたの［夢の］事例に見られるように、放射する核をも表現しています。私はちょうどロンドンで、そのような中世的な表現を見つけたところです。核は多くの場合、賢者の石 lapis、仲介者、絆 vinculum と基本的靭帯 lingamentum elementarum、つまり要素の結合として描かれます。この考えは、中世の小宇宙と大宇宙の考え方に結びついているように見えます。それによると、すべての人間は大宇宙のうちにあって、人間一人一人は小宇宙として全体を表現しているのです。

双極は、たぶん第一に自己調整システムにおける相補的関係を示しています。したがって、心理学的には、意識—無意識が男性と女性に投影されますが、これは家族になるべきものであって、関与のもっとも単純な事例を象徴しています。一つの極による回転は、個性化のはじまりであることは疑問の余地がありません。したがって、あなたの夢にあるたくさんの回転の象徴（歴史的には霊的循環 circulatio spirituum、そして中国語では光の回転として示されます）[3]もそうです。それは、たぶん基本的には核へと向かう絶え間ない運動を伴う螺旋状の回転です。同位体とスペクトル線によるイメージも、同じ線に沿っています。それらは、個々の事例を象徴する一定の単位あるいは一定のまとまりにグループ分けされています（＝個体＋関連した個体、あるいは一連の個体）。

一般的に言えば、無意識とは個々人のうちにある心的事態と考えられます。しかし、「自己」の結像は無意識の中心を占めているのですから、それが無意識によって［表面的に］引き出されるということは、この見方と一致しません。というのは、集合的無意識の中心構造は局所的になることはなく、すべては自己のイメージそのものと同一であって、あらゆるところに遍在するからです。ですから自己は、空間的な制限をもたないにちがいありません。したがって、空間に投影されたとき、それは空間の至るところに見出されます。私は、この特性が、空間と同じように時間にも当てはまるとさえ感じています。集合的無意識を表現するものは、通常いわゆる四一性 quaternium によって構成されています。それは中世の用語で、四重の流出あるいは放射という意味で、中世の哲学者によって核の外郭になるものと言われてきました。生物学的アナロジーとしては、シロアリの群棲の機能的構造、つまりまったく無意識のうちに形を作り出す器官であって、そこでは部分部分のすべての機能が関連しあう中心も全体の構造も見ることができず、経験的に実証することはできないのです。

放射性の核は、集合的無意識のエネルギー源としては、まさにぴったりの象徴です。集合的無意識のエネルギー源のもっとも外側の層は、個々人の意識であると思われます。象徴としては、意識のはたらきは意識に本来備わっている運動から生じるものではなく、むしろ無意識の深みから生じるエネルギーによって絶えず作り出されるものです。したがって、この象徴は太古の時代から光線という形で描かれてきました。したがって、その中心はギリシャのグノーシス主義では sprinthēr（閃光）あるいは phōs archetypon（元型的光）によって表されます。

この心的構造の表現と並んで、実際には対になったもう一つ別の表現があります。それはつまり、球状の宇宙全体を被う殻のような魂です。そしてそのもっとも奥深いところには、もっとも重くて生気のかけらもない部分としての地球があります。このような場合には、光線は星という媒介物を通して、外側から直接地球へと向けられます。それは、ここでは内向的態度と外向的態度という用語で呼ぶことができるでしょう。しかし、それらは本質的には、一つの同じ事象です。そこでは、これらの対立物は、それ自体のうちに空間をもたない（換言すれば超越的な）存在が空間に投影されることによって、現れ出てくるものなのです。私は、論文の中でこれらの事柄を実際にある程度まで明らかにしようとしましたが、物理学との対応についてまで踏み込んで言及することはやめました。それは、私がこういう特殊な側面に注目することを望まなかったからなのです。中心あるいは核は、私にとっては常に、意識プラス無意識である概して心的なものの全体性の象徴でした。その中心は、意識の中心である自我と一致するものではなく、したがって常に自我にとっては外的なものとして知覚されます。そのことはまたそれが常に神性、一者、モナド等の概念に投影される理由なのです。

アメリカでの生活を楽しまれることを願っています。

敬具
［C・G・ユング］

［訳注］

1　パウリが提供した資料の出版に関しては以下参照。Jung, "Traum-Symbole des Individuations-Prozesses: Ein Beitrag zur Kenntnis der in den Träumen sich kundgebenden Vorgänge des Unbewussten," *Eranos Jahrbuch 1935* (Zürich: Rein-Verlag, 1936), pp.15-133. Jung, *Psychologie und Alchemie*, (Zürich: Rascher, 1944).［「個性化過程の夢象徴」、池田紘一・鎌田道生訳『心理学と錬金術』Ⅰ、人文書院、一九七六年］

2　マンダラ mandala は、サンスクリット語で語義的には仏の無常の正覚を得るという意味をもっている。そこから、輪円具足とも訳される。また、サンスクリット文献では、「円い」とか「輪のような形」を意味する。ユングは、そのことに着想を得て、自己の元型の象徴表現としてマンダラをとらえ、円や四を基本とする図像をマンダラないしマンダラ象徴表現と呼んだ。

3 「中国語では光の回転」とは、『太乙金華宗旨』における回光を指していると考えられる。しかしながら、「回光」は「光の回転」ではなく、意識を内側に向けて眉間に集中することを意味する。*Das Geheimnis der Goldenen Blüte: ein chinesisches Lebensbuch*, übersetzt und erläutert von Richard Wilhelm; mit einem europäischen Kommentar von C. G. Jung, (Zürich: Rascher Verlag, 1929), p.102.［リヒアルト・ヴィルヘルム、C・G・ユング共著『黄金の華の秘密』湯浅泰雄・定方昭夫訳、人文書院、一九八〇年、一五〇頁参照］

抜刷の送付

17 ユングからパウリへ

［キュスナハト］一九三六年二月一四日

［タイプ打ちカーボンコピー］

親愛なる教授

この手紙といっしょに夢のモチーフについての私の論文の抜刷をお送りします。この論文については、すでに私たちの手紙のやりとりの中で述べていますね。夢の提供者は匿名のままにしてあります。仮に匿名でないにしても、夢の内容で問題になるところはまったくないと思います。

お元気でアメリカでの滞在を楽しまれますように。

敬具

［C・G・ユング］

お礼状　論文中の夢について

18 パウリからユングへ

［プリンストン］一九三六年二月二八日
［手書き］

拝啓ユング教授

お手紙ときわめて興味深い論文を受け取りました。私は、あなたが私の提供した資料を活用して下さっているのをうれしく思います。私は、あなたが私の資料をそれほどまでに称賛しているのを見て、ほほえまずにはいられません。あなたが私自身について考えて下さるというのは、はじめてのことですし、これまであなたがそのように私に話しかけてくれたことはありませんでしたから。

私は、後の展開と対応するものが、初期の頃の夢の中にすでに多く見出すことができることを知って、われながら驚いています。私はそれをあたかも遠い昔の報告であるかのように読んでいます。対応するものを示すことによって私が明らかにしようとしたのは、あなたの夢解釈が完全に正しいわけではないと私が感じたという一点にありました（おわかりのように、私は依然として何ものをも「ごまかす」ことはしないでしょう）。私は一三番目の夢［「父親が心配げに〈これは七番目の男だ〉と叫ぶ」[1]］と一六番目の夢［「一枚のクラブのエースがある。その傍らに7の札が一枚現れる」[2]］にある、**7とクラブのエース**の説明について言っているのです。これら二つの夢は、回顧的であるとともに展望的な意味をもっています。私が七歳の時に妹[3]が生まれました。**つまり、7はアニマの誕生の暗示です**（これは後の夢にもふたたび現れます）。私は、このほかにも私にかかわるアニマと7という数字の根拠となる資料を示すことができます。かなり後の夢の中で、ダイヤの7というカードが出てきましたが、それはこういうことです。

× × ×
× ×
× × ×

そしてそのとき、夢の中の「賢者」が、この形はMという意味もあって、それはMutter［ドイツ語で母］やMaria［マリア］に関係していることを教えてくれました。彼は、Maria［聖母マリアを示唆］からダイヤの7に至る段階は、カトリック信仰を超えているとも言いました（この夢は、破門するという意味での「追放」であるというあなたの説明とすばらしく一致しています）。ダイヤのカードが太陽の色の示唆を含んでいることに注意。

クラブのエースについては、十字の形に関係しているというあなたの考えは正しいでしょうが、しかし、私にとってキリスト教の神概念と直接関係しているようには思えません。[4] 私の考えでは、7の前に来るこのクラブのエースとは、**アニマの誕生の起源**つまりケプラー派の元型である**力**の暗示であって、それはかなり後の方で、「ディオクレティアヌス」「ダントン」あるいは「召使いの女性を追いかけまわす公爵」として出てきます（ところで、この解釈も夢の回顧的な意味と一致します）。

もう一つ思いついたのは、「マンダラ夢」11の夢で、[5] 鏡を粉々に割るクロッケーのボールの夢です。私が感じるのは、鏡は知性であるというだけではなく、一般的な意識であるということです。クロッケーのボールは、［スズメバチ恐怖症の］私に飛んでいるスズメバチを思い出させます。そして鏡を砕くというのは、スズメバチの針を連想させるのです（スズメバチの毒は、ふつう膨張を誘発させること、盲目にさせることを意味します）。

「自己」の宇宙的側面とそれと密接な関係にある空間―時間の問題を対応させて述べることもできますが、私は、この手紙をあまり長くしたくないのです。その代わり、私があなたの論文を読んだ後に見た夢について書くことにします。そうすれば、あなたは私の無意識がどのような態度をとったのかがわかるでしょう（同封の文書参照）。[6] その夢も私の前の夢に出てきた問題に関連しています。それから以前（一九三五年一〇月一四日［ユングのパウリ宛書簡16］）のお手紙をありがとうございました。（以前お送りした資料の中にある）集めた夢についてのあなたのお考えを伺いたいのですが、その中で暗いアニマがある種のしつこさをもって主張しています。それは、一方でセクシュアリティとエロティシズム、他方で政治的もしくは歴史的な出来事の間に「魔術的」な関係があるという主張です。これは、夢の中で頻繁に「中国風のもの」として現れてくるアニマの特徴です。それはまた、自己のはたらきとも関係していると、私は思っていますが、同封した夢の記述の中では、「双極の場での分子光線の回折」として現れています（私の前回の夢を見て下さい）。

私の質問があなたのご負担でなければよいのですが。実のところ、私は最近、夢と無意識にあまり時間を費やしていません。ですから、私が自分の夢を書き留めることはほとんどありません。私は概して健康ですし、その点では、物事はかなり安定しているように見えます。あなたと分析から離れたことは、しばらくは状況をむずかしいものにしたようですが、今ではそれもすべて解決したように思います。

論文を送って下さったこと、そしてたくさんのお手間をとらせたことにふたたび厚く御礼申し上げます。

敬具

W・パウリ

［訳注］

1　Jung, *Psychologie und Alchemie*, (AG Ostfildern: Patmos,1995), p.83.　ユング『心理学と錬金術』I、九五頁。

2　Ibid., p.97.　同書、一〇九―一一〇頁。

3　パウリの妹、ヘルタ・エルネスティーネ・パウリ Hertha Ernestine Pauli（一九〇六―一九七三年、ウィーン生まれ）は、ジャーナリスト、女優、作家だった。

4　パウリは、「クラブのエースはその十字の形によってキリスト教の象徴を暗示している。……また三枚葉であることは、一なる神の三位一体を暗示するものである」というユングの解釈に反論していると考えられる。Cf. Jung, pp.97f.［邦訳、一一〇頁］

5　ドイツ語版［Traum II］も英語版［Dream II］もIIと表記されているが、いずれの編者もここで参照されているユングの論文を参照しないという基本的な校閲上のミスを犯しているためである。ユング『心理学と錬金術』I（一五九―一六〇頁）を参照すればIIではなく11であることがわかる。Cf. Jung, p.139. 夢の内容は以下の通りである。「夢見者、医者、パイロット、見知らぬ女の四人が飛行機に乗って空を飛んでいる。突然、クロッケーの球が、不可欠の操縦器具の一つである鏡に当たって打ち砕き、飛行機は墜落する。今度も見知らぬ女は誰の連れだろうと疑問を感じる」。

6　紛失。

論文の送付に対する謝辞

19　ユングからパウリへ

［キュスナハト］一九三六年五月一九日
［タイプ打ちカーボンコピー］

親愛なる教授殿
かつて御講演の形でうれしく拝聴した興味深い論文をお送りいただき、感謝にたえません。[1]

敬具
［C・G・ユング］

［訳注］
1　話題となっているのは以下の論文である。"Raum, Zeit und Kausalität in der modernen Physik,"［「現代物理学における空間、時間、因果性」］Philosophische Gesellschaft Zürich, November 1934, in *Scientia* 59, 05-76(1936).［ドイツ語版注による］

夢の観察記録の送付について

20　パウリからユングへ

チューリッヒ7、一九三六年六月一六日
［手書き］

親愛なるユング教授
さらに資料を同封してお送りすることをお許し下さい。近年の［私の夢の］観察記録です。あなたが興味を抱いて下さるとよいのですが。その資料を私の書類入れに加えて下さるようにお願いします。今年の三月から夢の中でさらに展開がありました。その中には、エロスと政治的な出来事との関係に結びついているものがありますが、そのつながりは、私をたいへん驚かせるほど予期せぬものでした。しかしそのすべてを要約した形であなたにお渡しするのは、私にとってまだまったくなれないことです。

私がプリンストンから出した手紙［パウリからユングへ一九三六年二月二八日付書簡18］をお受け取りのことと思います。その手紙の中であなたの論文に対するお礼を述べています。また、私は、そこであなたの論文の中で論じられている象徴について指摘しています。それは、クラブのエースつまり元型について示しており、私の後の夢の中で、「ディオクレティアヌス」「ダントン」「公爵」としてある種の「権力への意志」の擬人化として現れています。そこで私は、これらがどのようにしてクラブのエースの十字のような形と一致するのか考えつづけました。そして、クラブのエースとは、**キリスト教の十字によってできた「影」のようなもの**、言い換えれば、**キリスト教の暗い裏側**が象徴化されたものであるという考えに達しました。そのような説明は可能でしょうか、また歴史的に対応するものはありますでしょうか。

あなたにお手間を取らせることのないよう願っています。ご挨拶申し上げるとともに、論文をお送りいただきましたことに再度お礼申し上げます。

敬具

W・パウリ

お礼状　パウリの無意識過程に対する関心の確認

21　ユングからパウリへ

［キュスナハト］一九三七年三月六日

［タイプ打ちカーボンコピー］

拝啓教授

［一三カ月前と九カ月前に送られてきた］あなたのお手紙をたいへんうれしく受け取りました。また、私に役立つようにとさらに多くの夢の資料を送っていただき、ありがとうございます。ご存じのように、私はあなたの無意識の過程に常

に強い興味をもっていましたし、あなたの夢はご承知のように意味深い特性をもっていますので、今後も夢の資料を送り続けて下さるだけでも、私には本当にありがたいと思っています。あなたがおっしゃる通り、ほとんどの夢は重要な意味をもっていません。それは、外界の状況が変化した時、ほとんどの夢はその価値を失うからです。それらの夢は、一定の期間続くだけです。そのような夢は、書き留められなければすぐに消え去ってしまいますが、問題ありません。一方、重要な夢、特にあなたの夢は、学問的なモチーフ研究を進めるならば、たいへん大きな価値をもっています。

私は、われわれの夢の心理学に通じる、古代と中世の資料を発掘しなければならなかったので、最近はあなたの夢の研究にあまり時間を取ることができずにいます。しかし遅かれ早かれ、それらの夢に取り組み、追加された夢の研究にも手を付けます。役立ったのは、これまでの四〇〇の夢だけではありませんでした。

敬具

[C・G・ユング]

22 パウリからユングへ

夢の資料の送付

チューリッヒ7、一九三七年五月三日

[手書き]

拝啓ユング教授

今年の三月にはご親切なお手紙をいただきました。さらに私の夢の資料をお送りします。私はそこに短い年表を付け加えました。また、資料に伴う絵も数日中にお送りします。

すべての夢は一九三六年からのものですが、挿入された覚え書きはごく最近（一九三七年四月）に書いたものです。これらの覚え書きには、専門家による心理学的説明を妨げようという意図はありません。それらの唯一の目的は、前後関係、とりわけ早い時期の資料との関係をはっきりと示すことです。いかに詳細な科学的説明も、他の資料（おそらく歴史的資料）との比較をしなければなりません。そのことは私の能力と力量を超えています。
あなたが資料を今後利用するかどうかについては、すべてお任せします。

敬具
W・パウリ

お礼状

23　ユングからパウリへ

［キュスナハト］一九三七年五月四日
［タイプ打ちカーボンコピー］

親愛なる教授
夢の資料を送っていただき、心よりお礼申し上げます。いつか私がその資料をくわしく研究するまで、しばらくお待ち下さるようにお願いいいたします。

敬具
［C・G・ユング］

ユングの論文の送付に対するお礼状

24　パウリからユングへ

チューリッヒ7、一九三七年五月二四日
［手書き］

拝啓ユング教授
錬金術についてのあなたの論文[1]を送っていただいたことへの感謝の気持ちとして、手短に感想を述べたいと思います。あなたの論文は、科学者としても、また、私個人の夢の体験という観点からも、私にとってたいへん興味深いものです。これらは、最新の物理学に適合しているとともに、それ自体が最後の細部に至るまで、心的過程の象徴的な表現と結びついています。もちろん、このようなやり方で物質についての秘密を理解するというような着想ほど、現代人の考えからかけ離れているものはありません。というのは、現代人は、むしろこれらの象徴を魂の秘密を見抜くために使うのですが、現代人にとっては、魂についての研究はまだほとんどなされていないとも言え、物質以上によくわからない事柄なのです。

しかし、たぶんここには、本物の金を製造するための力が賢者の石（ラピス）にはある、と考えた錬金術師のまちがいから学ぶことのできる教訓があります。なぜなら、それは私たちにとっても大切な事柄であると、私には思えるからです。つまり、中心的な象徴の発生を外的で物質的な成果に対する特別な期待と結びつけないようにすることが私にとって重要です。このことは、あなたの論文の「エピローグ」と密接に関連して現れています。そこであなたは、心的内容を自我へと投入することに基づく意識の膨張の危険性について触れています。賢者の石を使って本物の金を作ることができるという錬金術師たちの考えは、そのような意識の膨張の現れとして見ることができるかもしれません。対照的に、もしも外的な期待、つまり物質による成功を放棄すれば、期待は最初現れてきた中心的な象徴と結びつき、次に順を追って別のファンタジーが現れてきます。そしてそれらは、個人の死、そして死の意味と関係しています。それはことによると、死後の状態においてのみ現れるファウストの復活かもしれません。それは一般的な文明の歴史に当てはまらないとしても、永遠の相のもとにおいて、個性を与えられた個人にとっては正しい意味をもつでしょう。これはある意味で、個人は**いつも**死ぬものだという意味での事例なのかもしれません。そのような事例は、現代史上の必然性です。なぜならその個人もまた、たえずそのような心的影響を受けているので、個人の一生は、意識と完全に同化することはできません。もしこれと反対の事例があるとすれば、個人の人生には何か不完全なものがあるのでしょう。

あなたの論文の中で、個別に例示された象徴に関して言うと、私の印象に特に残ったのは、キリストと賢者の石（ラピス）の対比に加えて、錬金術師たちによるミサ聖祭のとらえ方です。前者は、私の経験とまったく類似していて、中心的な象徴は、行為する人間と抽象的なもの（「放射性の核」）との両方を表現することができます。変容と合一の象徴について言えば、私にとってはそれもまた、お馴染みの個性化過程におけるこころの変容のある段階を表しているものです。

私は、この過程についてのあなたの今後の研究をとても興味をもって心待ちにしています。そして、それがまたさまざまな段階の時間的連鎖についての動的法則を発見するための手がかりになることを願っています。

再度お礼申し上げますとともに、ご多幸をお祈りします。

敬具
W・パウリ

［訳注］
1　C. G. Jung, "Erlösungsvorstellungen in der Alchemie," *Eranos Jahrbuch 1936*, (Zürich: Rhein Verlag, 1937), pp.13-111. ［池田紘一・鎌田道生著「錬金術における救済表象」『心理学と錬金術』Ⅱ、人文書院、一九七六年］

25　パウリからユングへ

ユング『心理学と宗教』の入手と時計の夢

チューリッヒ7、一九三八年一〇月一五日
［手書き］

拝啓ユング様

この夏、私は御高著『心理学と宗教』[1]を入手いたしました。そしてその中に、私の初期の頃の夢のいくつか、なか

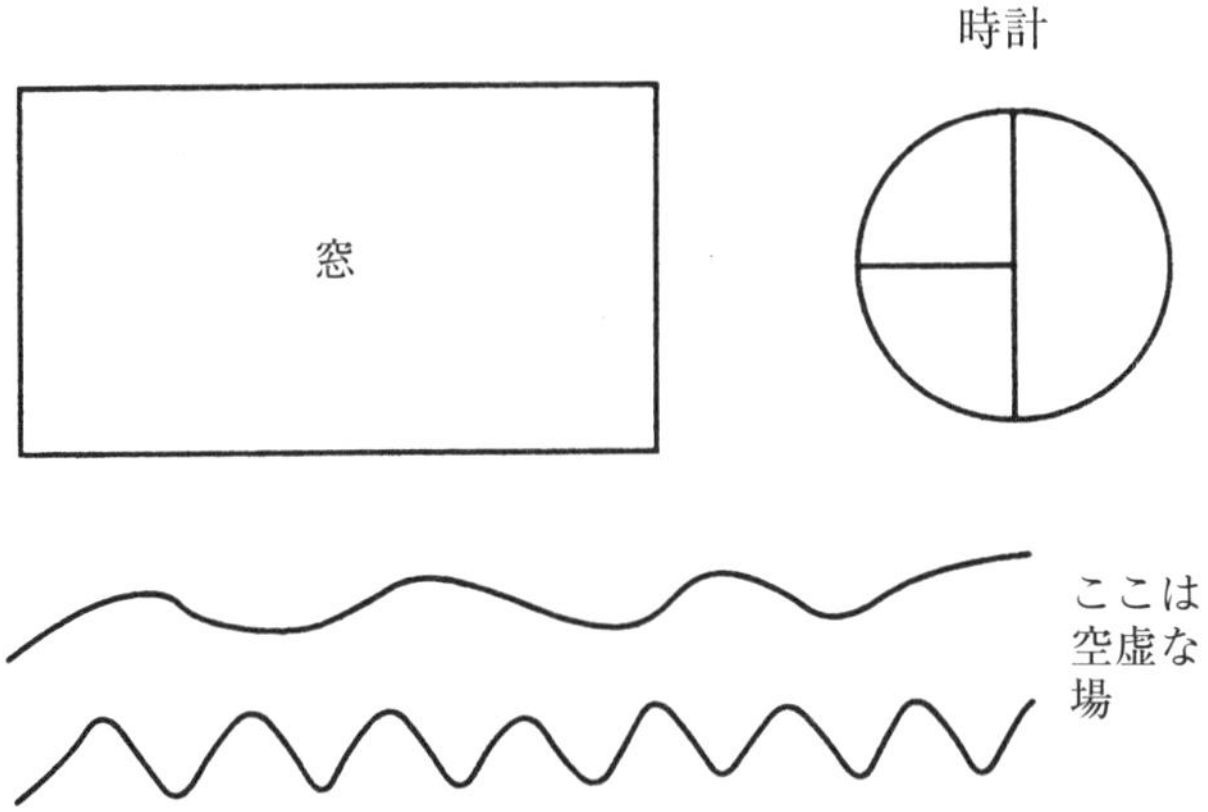

でも特に「宇宙時計」のヴィジョンについて、ある重要な事柄が書かれているのを見ました。このことは、今年の始めに私が見た夢の構造と内容の両方について、これからあなたにお話しようと思ったきっかけになっています。その夢は、この本の中で論じられている夢、特に宇宙時計のヴィジョンと密接に関連しているものです。あなたの時間を無駄にしないように、同封の用紙［以下に挿入］に夢の記録の詳細を示しておきたいと思います。それは私が、書き留めた後に重要で印象深いとみなした比較的少ない夢の一つです。

W・パウリ　一九三八年一月二三日の夢

上に窓があり、その右に時計がある。夢のなかで私は、窓の下に振動過程、それも二つの振動を上下に並べて描く［図を参照］。私は、曲線から右へ動くことによって、時計でその時点を読み取ろうとする。ところが、その時計は何といってもかなり高いところにあり、そのためにうまくいかない。

それから、夢は先へ進む。「暗い見知らぬ女性」が現われる。彼女は泣いているが、それは本を書くつもりであるのに、彼女がその本の出版者を一人も見つけることができないからである。この本には、例えば時において一定の象徴が現われうるならば、時がどのような性質であるのか、**時の象徴表現**についてとてもたくさん書かれることになっている。その本のある頁の最後には、はっきりと「声」によって読み取られる、次の標語が載っている。

「ある一定の時間に対しては、ある一定の人生でもってあがなわなければならないが、まだ不確定の時間に対しては、定められていない人生でもってあがなわれなければならない。」

飲み込みの早い生徒として、私はまず、夢が現れた時の意識の態度について述べなければなりません。以前ある会議で、私はだれかが易の託宣[2]について話しているのを聞きました。一つの易をたてるのに、易者は三回卦をたてなければならないのに、易の結果は四という数に基づく分割可能性によって決まる、ということに私は驚きました。それは、私に「宇宙時計のヴィジョン」を鮮明に思い出させました。そのヴィジョンでは、3と4の浸透のモチーフが、調和の感情の主な源泉でした。約二週間後に夢が現れたとき、その問題はもう私の意識にはなく、一種の暫定的な結論がもたらされていました。

夢の内容について考えることに夢中になりすぎて、身動きが取れないようにはなりたくないので、私はいくつかの一般的な観察だけを少ししたいと思います。多くの体験内容と論点とを、注意深く批判的に検討した後で、私は従来の時間概念によっては十分に定義することのできない、より深い魂の層が存在することを認めるようになりました。この論理的な結論は、これらの層の中では、個人の死は日常的な意味をもっていないということです。というのは、それらの層は常に個人の生の範囲を超えているからです。適切な用語がないのですが、それらの魂の領域は、象徴によって表現されるのです。私の場合、それは多くの場合、波や振動の象徴によって表現されます(それはまだ残っていて、表現されるのを待っています)。これらのイメージとの関係は、強い情動、そして恐れと畏怖の混ざり合ったものと表現できるような感覚と結びついています(あなたはたぶん、それらの曲線は「イマゴ・デイ」[神の像]であるとおっしゃるでしょう)。

夢の終わりで発せられた陶酔した「声」の叫びは、たぶん新しい側面からの謎めいた「リズム」を知らせるもので、それらはここで「あがない」と呼ばれるあの過程に統制されるように見えます。一つは最初の(もっとも速い)リズムで、

「確かな生き方」と結びつく傾向にあり、（時間的な）不確実な生き方は、他の二つのリズムと結びつく傾向にあるのでしょう。

私は、あなたがこの夢についてどう考えるのか興味があります。というのも、私はこれらすべての問題にはたいへん重要な意味があると考えるからです。

お手数をおかけしますことにあらかじめお礼申し上げます。

敬具
W・パウリ

［訳注］
1　C. G. Jung, *Psychology and Religion: Terry Lectures 1937*, (Yale: Yale University Press, 1938).〔浜川祥枝訳「人間心理と宗教」『人間心理と宗教』所収、日本教文社、一九七〇年。村本詔司訳「心理学と宗教」『心理学と宗教』所収、人文書院、一九八九年〕。ユングは、明らかに『心理学と宗教』の中でパウリの一連の夢を扱っている。「カトリック教会の夢」、「集会の家の夢」、「宇宙時計のヴィジョン」などが該当する。「宇宙時計のヴィジョン」に関しては、『心理学と錬金術』においてもくわしく論じていることが指摘できる。Jung, *Psychologie und Alchemie*, p.237ff.〔『心理学と錬金術』I、二七三頁以下〕
2　占筮《せんぜい》の方法としては、本筮法、中筮法、略筮法の三種が知られている。本筮法では一八回、中筮法では六回、略筮法では三回、筮竹の操作が必要とされている。したがって、ここでは略筮法について論じていると考えられる。いずれの筮法にしても、三の倍数であることは確かである。

26　ユングからパウリへ

［紛失］

パウリの書簡27で言及された書簡

時間概念とアニマ　論文送付に対するお礼

27　パウリからユングへ

［チューリッヒ州ツォリコン］一九三八年一〇月三〇日
［手書き］

拝啓ユング様

お手紙[1]ありがとうございました。お手紙の中にあった夢についての解説によって、それらの問題に対する私自身の態度が、基本的にあなたの解釈と一致することを確認いたしました。私は、時間概念について「アニマ」に語らせようと思います。

「アニマ」が彼女の時間概念を表現しようとする最初の試みは、彼女がそれらの奇妙な振動の象徴を作り出すという事実に認められます。光と闇の縞模様も、たぶん振り子と初期の夢から現れている「こびと」同様、周期性のある象徴群と同じカテゴリーに分類されるものと認められるにちがいありません。たぶんあなたは、何らかの歴史的な資料によってそれを裏付けることができるでしょうが、あなたの論文の中で引用されている錬金術の文化の中には、似たものを見つけることができませんでした。もうおわかりのように、私はこの問題もあなたに「任せ」たいのです。

なるべく最新の夢を記録しておくようにというあなたの要請ですが、夢については後ほどいくつかの点についてお話しします。私は、一九三七年の前半からの、基本的に一貫したつながりのある夢のシリーズの記録をもっていますが、それは、通過儀礼の性質を持っているように見えます、しかし、私が夢の素材をすべて調べる前にしばらく時間を置く方が、いつもよい結果を招きます。その間に私は、何が重要で何が重要でないかを、よりよく見分けることができるからです。来春には、また次の資料を送らせていただきます。

錬金術文献は、フラッド[2]が象徴を用いたことによって、特に一七世紀におもしろくなってきます。ところで、マイリンク[3]の小説で、この時期（一七世紀）の錬金術を扱った『西の窓の天使』[4]をご存じですか（あなたが、一九三五年の論文[5]の中でマイリンクを引用して論じていたので伺ってみたまでです）。
「ゾーシモス[6]の幻視[7]」についてのあなたの論文をありがとうございました。

敬具
W・パウリ

［訳注］

1 ユングのパウリ宛書簡26は紛失しているので、この書簡で言及されていることによってその存在が知られるだけである。

2 ロバート・フラッド Robert Fludd（一五七四―一六三七） 薔薇十字会員、パラケルスス主義者、錬金術師。医師。オクスフォード大学クライスト・チャーチ校で学び、ロンドンで医師として開業。ケプラーとの論争に関しては、パウリのケプラー研究参照。（Pauli, "Die Bedeutung archetypischer Vorstellungen für die Bildung naturwissenschaftlicher Theorien," 1952.［村上陽一郎訳「元型的観念がケプラーの科学理論に与えた影響」、ユング／パウリ共著『自然現象と心の構造』海鳴社、一九七六年、一五一―二一二頁］）

3 グスタフ・マイリンク Gustav Meyrink（一八六八―一九三二） は、オーストリアの小説家。カバラや錬金術、占星術、神智学などの神秘思想の影響を受け、E・T・A・ホフマンやエドガー・アラン・ポーの流れを汲む幻想小説を発表した。主著に『ゴーレム』などがある。

4 Gustav Meyrink, *Der Engel vom westlichen Fenster*, (Bremen: Schünemann,1927).

5 これは、以下の論文であると考えられる。ユングは、この論文の中でマイリンク著『ゴーレム』に何度か言及しているからである。Jung, "Traum-Symbole des Individuations-Prozesses: Ein Beitrag zur Kenntnis der in den Träumen sich kundgebenden Vorgänge des Unbewussten," *Eranos Jahrbuch 1935* (Zürich: Rein-Verlag, 1936), pp.15-133. Jung, *Psychologie und Alchemie*, (Zürich: Rascher, 1944).［「個性化過程の夢象徴」、池田紘一・鎌田道生訳『心理学と錬金術』Ⅰ、人文書院、一九七六年］

6 パノポリスのゾーシモス Zosimos（三世紀から四世紀ごろ）は、アレクサンドリアの錬金術師。膨大な著作を残したとされ、現在にも伝えられている。一九九五年になって、アラビア語の翻訳書が見つかっている。

7 Jung, "Einige Bemerkungen zu den Visionen Zosimos," *Eranos Jahrbuch 1937*, (Zürich: Rhein-Verlag, 1938), pp.15-54. Cf. Jung, "Die Visionen des Zosimos," *Studien über alchemistische Vorstellungen*, G. W. 13 Bd., (AG Olten: Walter, 1978), pp.65-121.

「こびと」の象徴と関連資料

28 ユングからパウリへ

［キュスナハト］一九三八年一一月三日
［タイプ打ちカーボンコピー］

拝啓教授

「こびと」については、錬金術文献の初期にさかのぼる資料があります。とりわけゾーシモスには、アントロパリア Anthroparia［ギリシャ語で「こびと」たちの意］の概念を見出すことができます。ここに見られる「振り子」とのつながりについては、自ずと中世の時計が思い出されます。そこでの時間の区分は、こびとによって表現されているのです。時間の人格化は、キリストと教会暦との同一視、あるいは、キリストと黄道帯のヘビとの同一視として、多種多様に広く見出されます（『リビドーの変容と象徴』[1]九九頁参照）。さらに、人間としての惑星ないし金属の神、あるいは、絵の素材の中の子どもたちなど沢山見つけられることでしょう。例えば、以下の例が挙げられます。

1 ジョージ・リアリー卿の象徴的巻物、写本、大英博物館、追加番号10302
2 ベルテロット『ギリシャの錬金術師』第一部I、［一八八七年］、一三三頁。
3 ダニエル・シュトルツ・フォン・シュトルツェンベルク『化学の園』一六二四年、図50。
4 ラキニウス『貴重な真珠』一五四六年。
5 『ヘルメスの神殿』一七七八年、リベル・アルゼ、三二一六頁。

錬金術における周期性の象徴表現については、よく言われる形、重さ、比率、時間の継続の重要性のほかは、今のところ、何も思い浮かびません。錬金術の過程のうちで規則性をもつものとして唯一私が知っているのは、ギリシャ時代にさかのぼるもので、四つの要素に対応する四分割です。（四つの働き、暖かさの四段階）。

マイリンクの小説はよく知っています。彼が取り上げたジョン・ディー John Dee［一五二七―一六〇八］は、ぞっとするような空想家です。私は彼が象形文字のモナド Monas Hieroglyphica について彼の書いた論文を読みましたが、とてもたえられない代物でした。たまたまここに、彼の伝記、シャーロット・フェル＝スミス著『ジョン・ディー』[2]があります。

敬具
［C・G・ユング］

［訳注］
1 C. G. Jung, *Wandlungen und Symbole der Libido*, (Leipzig und Wien: Deutticke, 1992), p.99.［改訂版邦訳、野村美紀子訳『変容の象徴』筑摩書房、一九九二年、一六四―一六五頁］
2 Smith, C. F., "The Life of John Dee," *The Cambridge Review*, Jan 1, 1909, Vol.31, p.166.

お礼状

29 パウリからユングへ

チューリッヒ、一九三八年一一月八日
［手書きのはがき］

親愛なるユング様

先日のお手紙をありがとうございました。あなたの参考文献の情報は、たいへん貴重なものです。私は中世の絵を思い出しましたが、それは十二使徒が十二カ月を表していました。

当面の間、私はこれ以上あなたをわずらわせたくありませんので、いずれ問題全体についてもっとよく考えてみようと思っています。私はもう一度その問題に立ち返るかもしれません。

あなたのご親切なお手紙に再度お礼申し上げます。

敬具

W・パウリ

30 パウリからユングへ

周期的な象徴を含む夢

チューリッヒ7、一九三九年一月一一日

［手書き］

拝啓ユング様

ここしばらくの間、私は、あなたの一九三八年一〇月［おそらく紛失された書簡26］と一一月の手紙［書簡28］に書かれていた問題について、さらに考えてみました。そして、私はもう一度、**周期的な象徴**について質問したいと思います。その一つの象徴は、一九三八年一月二三日の夢［書簡25参照］に現れたものですが、それについては、あなたのお手紙の中でご親切に解説いただきました。私は、早い時期に私があなたに送った資料の中にある初期の頃の夢にまでさかのぼることで、この問題をもう少しくわしく扱うことができます。もっと正確に言えば、それは一九三六年三月一三日の夢です。この夢は、周期的象徴がどのようにして実際に生じるのかについて、ある種の洞察を与えてくれます。というのも、その夢の中に暗い男が現れますが（私には影の元型を連想させます）、その男は規則的な間隔を置いて光の帯から切り取られます。二つの夢はまったくちがった外的な状況に関連しているので、おそらく別の意味をもっています。それでも、私にとってはこの二つの象徴を比較することがとても教訓的なことのように思えます（その点については絵を見て下さい）。一九三八年の夢の中では、「振れ」は水平でしたが、一九三九年の夢の中では垂直です（私は、斜めになっているものは、まれな事例であるということも知っています）。（純粋に直観的に結論した）これについての私の考えは、これらの象徴は、**死に対する態度**と関係していて、そこでは、一つの振れは一人の人間の一生を意味するのですが、その一人とは、より大きな全体の一部としてのみ説明されます。この全体には通常の時間概念は適用されず、かえってあなたが手紙の中で「アニマの時間概念」と呼んでいたはたらきがかかわってきます。この考えが正確かどうかは別にして、この周期的な象徴表現は、私にとって重大な人生の問題を意味しています。

あなたが一九三八年一一月三日のお手紙［書簡28］でこれとは反対のことを述べているのにもかかわらず、私は、この象徴表現が**やはり**歴史的に立証されるのではないかと思っています。おそらく古代後期の密儀によって立証されるかもしれません。最初のころの夢をもとにして、何か思いつくことなどありましたら、お知らせいただければうれしく思います。

それから、お約束しておりました一九三七年前半の夢のシリーズについての記録を、あなたのコレクションを完成させるために送らせていただきます。私は、一九三七年の春に疲れてしまって、事態が進展しなかったことを思い出しました。しかし、これらの問題は、私には時折何らかの形で繰り返し生じてきます。

新年のご多幸をお祈りいたします。

敬具

W・パウリ

夢の資料の送付　転居のお知らせ

31　パウリからユングへ

［チューリッヒ州ツォリコン］一九四〇年六月三日
［手書き］

拝啓ユング教授

私は、外的なさまざまな状況のせいで同封した一九三七―一九三九年の夢資料をあなたにお送りすることになりました。それらが失われないことを祈るばかりです。私は突然、五月の中旬に、かつて訪れたことのあるプリンストン大学客員教授として招かれました。もしかすると、今週旅立つかもしれません。このことは、パスポートとビザの官僚主義と差し迫った地中海の戦い[1]のいずれが競争に勝つかということにかかっているでしょう。

この関連で私がこのことを申し上げるのは、あらかじめ仕上げておきたかったのに、何ら注も付けずにその資料をあなたにお送りすることを弁明するためです。ところで、私は、**ヴィルヘルム**[2]の著作、とりわけ『易経』に対する注解（『人間と存在』[3]所収の「出来事の循環」（一五五頁以下）に関する解説、輪廻転生に関する説明（一七六頁以下）、さらに、対立の対が釣り合いをとっている瞬間における増殖の可能性については『黄金の華［の秘密］[4]』のテキスト（第一版一四二、一四三頁））を研究することによって時間概念（これに関してはとりわけ一九三九年三月一二日の夢を参照して下さい）について得るところがありました（「並木シリーズ」と私の周期的な夢象徴との関連）。とりわけ心理学的に見て、時間概念は、記憶力や回想能力や連想能力に基づいているので、さまざまな周期的過程の相互的な写像のモチーフは、連想的な結びつきという意味で本質的な役割を果たしているように思われます。循環のこのような相互的な写像は後年、私の場合、夢の中の抽象的な数学的象徴によって表されています。私は、輪廻転生の「形而上学的」な仮定が必要でないという点であなたとまったく同意見だと思います。

また、一九三四年の資料をもう一度検討してみたところ、リズムのもう一つの側面が明らかになりました。とりわけ、一九三五年に出版されたあなたの講演［「心理学と宗教」］の中に見出される宇宙時計の「偉大なヴィジョン」に関しても明らかになりました。この関連は、そこに出ている「脈」という言葉によってすでに示唆されていて、リズムの関係は鼓動や**血液循環**に当てはまります。残念ながら、私には今、関連資料をまとめる時間がありませんが、この関連は本質的だと思います。それらの夢は、永続的かつ自動的で安定したリズムを表す**四拍子**の元型的なイメージが、身体的生物学的過程同様、純粋に心的な過程の目標（「永遠の都市」参照）としての自己調節によって成り立っているという観念を表しているように思われます。そして、この客観的心のイメージが、いわば血液循環のもととなっているのです。（その際、合計四つの心房・心室［両者はそれぞれ二つに分かれているので合計四つになる］はマンダラの四一性と関係があるように思われます）。したがって、私には、動物の系列の比較解剖学、あるいは、心臓の発生に至る個々の血管をもった下等動物の発達における胎生学において（その「中間」の発生とともに）個性化過程の経過と類似したものは生じないのかどうかという疑問が生じてきました。私は、このことについてC・A・マイヤー博士[5]とよく話をしていますが、彼は手元の資料から興味深いヴィジョンを教えてくれ、それは私のこの問いと関係があるようです。しかし、この問題提起は私の個人的な能力と教養をはるかに超えています。

よろしければ、ドイツ語版の『心理学と宗教』の余分な見本を私にお分けいただけませんか。（私は英語版の見本すらもっていないのです）。

困難なときではありますが、ご多幸をお祈りします。

敬具

W・パウリ

［訳注］

1　第二次世界大戦中、一九四〇年六月一〇日にイタリア王国が連合国に宣戦布告し、一九四五年五月二日のドイツ・イタリア方面軍降伏まで続いた戦いのこと。

2　リヒャルト・ヴィルヘルム　Richard Wilhelm（一八七三—一九三〇）ドイツ人の宣教師、中国学者。『易経』や『太乙金華宗旨』をドイツ語に翻訳したことで知られている。ユングは、両者に注解を寄せている。*I Ging: das Buch der Wandlungen*. übersetzt von Richard Wilhelm. (Jena: Diederichs, 1924).

3 Richard Wilhelm, *Der Mensch und das Sein*, (Jena: Diederichs, 1939).

4 *Das Geheimnis der goldenen Blüte*, ed. R. Wilhelm und C. G. Jung, (Zürich: Rascher Verlag, 1929).〔湯浅泰雄・定方昭夫訳『黄金の華の秘密』人文書院、一九八〇年〕

5 Cf. C. A. Meier, *Persönlichkeit*, Bd. IV. Lehrbuch der Komplexen Psychologie C. G. Jungs, (Olten: Walter, 1977).〔氏原寛訳『個性化の過程――ユングの類型論よりみた人格論――ユング心理学概説4』創元社、一九九三年〕

32 パウリからユングへ

六年間のブランクの後、自らの夢とその解釈

〔チューリッヒ州ツォリコン〕一九四六年一〇月二五日[1]

〔手書き〕

夢

私は郵送されてきた箱を受け取る。そこには宇宙線の実験研究のための装置が入っている。その脇には背の高い金髪の男性が立っている。彼は私よりも多少若く見える（おそらく三〇歳から四〇歳の間だろう）。彼は、「街の住民があなたを信じるように、あなたは街の家々よりも水を高く押し上げなければなりません」と言う。それから、私は手箱の中の装置の背後に八つの鍵の束を見た。鍵の歯が下向きになっていて円形に並べられていた。

所見　水と街は以前の夢をほのめかしています。この夢では暗い男性像が役割を果たしていますが、彼は工科大学に入学を許可されなかった「ペルシア人」（支配的な科学的集合的見解に対する対立）として現れました。「金髪」と「ペルシア人」は、おそらく同一の人物像の二つの側面でしょう（両者は同時に現れることがありません）。それらは明らかに魂の導き手（psychopompos）の性格をもっていて、錬金術師の水銀［メルクリウス］と似た働きをもっています。その形姿は、「老賢者」（夢から同じくよく知られているように）とは異なっていますが、主なちがいは年齢です。

水が干上がってしまった夢を私が見たのは、次の年の六月になってからでした。

［チューリッヒ州ツォリコン］一九四六年一〇月二八日
［手書き］

夢

「金髪の男」が私の脇に立っている。私は、コペルニクス派の教えの信奉者（ガリレイ、ジョルダーノ・ブルーノ）に対する異端審問の過程とケプラーの三位一体像に関する古い本を読んでいる。

そこで、金髪の男が「**回転を客観化した妻の夫たちが訴えられています**」と言う。私はこの言葉にとても刺激された。金髪の男は消え去り、きわめて驚いたことに本自身が夢の像になったのだった。私は、他の被告とともに法廷にいる。私は妻にメッセージを送りたいと思い、「早くここに来て下さい。私は起訴されています」と紙切れに書く。暗くなったが、紙切れを託す人が長い間見つからない。しかし最後に、一人の**黒人男性**がやってきて、私の妻に紙切れをもっていってあげると親切にも言ってくれる。

黒人男性が紙切れをもっていってからまもなく、実際妻がやってきて、「あなたは私におやすみなさいと言うのを忘れましたね」と私に言う。今やふたたび明るくなり、状況は最初と同じようになる（今回は妻がいる点がちがっている）。「金髪の男」が私の脇に立っていて、私はふたたび古い本を読んでいる。そして、金髪の男が悲しげに（明らかにその本と関係があるようだ）私に言う。「裁判官たちは回転が何であるか知らないのです。だから、その人たちのことが理解できないのです」。彼は心に迫る教師のような調子でさらに私に言う。「**しかし、あなたは回転が何であるか知っていますよね**」。「もちろんですとも」と私はすぐに答えた。「血液循環と光の循環は基礎の基礎ですよ」。（これは明らかに心理学を示唆しているように思われたが、この言葉は使われなかった）。そこで、金髪の男が言う。「今なら、あなたには回転を客観化した妻の夫たちのことが理解できますね」。私は妻にキスをして言う。「おやすみなさい。起訴されているこれらのかわいそうな夫たちが苦しむことはまったく嘆かわしいことだね」。私はとても悲しくなって涙を流す。しかし、金髪の男は笑いながら言う。「さあ、あなたは最初の鍵を手にしました」。

その結果、私は強い衝撃を受けて目を覚まします。その夢は、**ヌミノース的**性格をもった体験であり、私の意識的態度が本質的な影響を受けました。そして、それは、私がケプラーの研究をふたたびはじめるきっかけとなりました。明らかに、当時（一七世紀）、外界に対するマンダラと回転の象徴表現の投影がはじまりました。「告訴」は、集合的意見の側の抵抗と関係があります（前の夢に対する所見参照）。意識化の高次の立場からすると、告訴は、妻（＝アニマ）がどこにいるか、そして、認識過程における**妻の**役割が何であったかを知らないことと関係があります。

ご存じのように、私はそれから、**R・フラッド**という風変わりな仲間と出くわしました。アニマは、彼にとって回転を客観化していませんでした。なぜなら、アニマは薔薇十字会の秘儀の中に表現されていたからです。宇宙時間の「音程の」三分の四の割合を伴われて中間の「太陽の」天球の中では太陽の幼な子 infans solaris が生まれます。[2] フラッドは、ケプラーの他の比例にまったく関心をもつことはできませんでした。なぜなら、彼のアニマは、近代自然科学をもたらした元型に反応しなかったからです。しかし、**フラッドは**ケプラーや他の科学者の**アニマ**がどこに**いた**のかを**知っていました**。彼らのアニマは物質から認識主体の中に移ったのです。そのことはフラッドに最大の疑念を引き起こしました。なぜなら、それは――薔薇十字会の秘儀の外部にあって――意識のコントロールを離れていたからです。

現代人にとって空間の客体化が限定的な妥当性しかもたないので、当時無視されたフラッドの声は新たな意味で満たされるように思われます。夢の中の**「金髪の男」が使った中立的な言語**（彼は「物理的」概念も「心的」概念も用いずに、「回転が何であるかを知っている」人々と知らない他の人々についてだけ語っています）は、太陽の幼な子が以前にいた中間層をふたたび活性化するように思われます。現代の無意識はそこで「放射性の核」について語ります。

［訳注］

1　一九四〇年六月に書かれた書簡31と一九四六年一〇月二五日に書かれた書簡32の間には約五年半のブランクがある。パウリは、書簡31にあるように、プリンストン大学客員教授として招聘され、第二次世界大戦後の一九四六年までアメリカ合衆国に滞在していた。パウリは、同国の永住権を取得したようだが、同年、スイスのチューリッヒ州ツォリコンに戻り、亡くなるまでそこに留まった。また、一九四五年にはノーベル物理学賞を受賞している。

他方で、ユングはその間、パウリの一連の夢を題材とした『心理学と錬金術』を一九四四年に刊行し、一九四六年には錬金術書を題材とした『転移の心理学』を刊行している。

2　パウリは後年、「元型的観念がケプラーの科学理論に与えた影響」（一九五二）において、フラッドの宇宙観について以下のように述べている。「世界の二つの対極的な基本原理は、上方からくる光の原理としての形相と、地にあって暗さの原理である質料の二つである。……物質は、以前には神の一部として隠れて存在していたものであるが、形の光の原理が退いたあとは、暗黒の原理として背後に残される。中間の太陽の天球では、これら二つの対立する原理が相互に均衡を保っており、この錬金術的な結婚の神秘のなかで、〈太陽の子〉（infans solaris）が生れる。それは同時に、解放された世界霊でもある。この過程は、一連の図によって記述されるが、それをフラッドは〈秘密文字図形〉もしくは〈エニグマタ〉（象徴図形）として示している。写真版IIとIVとはこの例である」。（Pauli, op. cit. p.149.［パウリ、前掲論文、一九三頁］）。

33　パウリからユングへ

ユング研究所設立発起人就任への同意

チューリッヒ州ツォリコン、一九四七年一二月二三日

［手書き］

親愛なるユング教授

あなたの一二月九日付書簡の返信として、私は、もう一度書面で以下のことを喜んで確認したいと思います。私は、あなたが導入した研究方向をさらに振興したり促進したりすることを目的にした研究所の設立を歓迎し、発起人の名簿に名を連ねることに同意することを表明します。

私にとってあなたの研究と錬金術の一致は、物質的な物体世界の諸過程の科学的経験と心理学との厳密な融合への発展の重大な兆しです。おそらく、ここで問題となっているのは、私たちがまだその緒についたばかりの長い道のりなのです。それはとりわけ、空間時間概念を相対化する絶え間ない批判と結びついているでしょう。

空間と時間はニュートン［の古典物理学］によってあたかも神の右手に据えられました（神の子はニュートンによってきわどい仕方でそこから追い立てられてその場所［神の右手］が空いたのです）が、[1]時間と空間とをこのオリンポス［神々の座］から再び下へもってくるには異常なほどの精神的な努力が必要でした。[2]古典的自然科学の根本理念の批判は、それと手と手を携えていくように思われます。それによれば、古典的自然科学は広範に客観的な事態を記述するので、それらの事態は研究者自身と原理的に概して何ら関係がありません（現象が観察される仕方に依存することのない現象の客観化可能性）。現代のミクロ物理学は、観察者の（少なくとも部分的には）自由な選択の能力と、観察されたものに対する原理的には制御不能な影響とをもって、彼を再び小宇宙における創造の小さな主人に指定しています。しかしこれらの現象が、（いかなる実験の手はずで）どのように観察されるかに左右されているとすれば、それを観察する**人**（すなわち観察者の心［プシュケー］の状態）に左右される（体の外の）現象も**やはり**存在するのではないでしょうか。そして、ニュートン以来の自然科学が、決定論の理想を追求しつつ、最終的には自然法則の統計上の特性としての原理的な「かもしれない」に至っているとすれば（なんというエナンティオドロミア！）、（たとえば「物理的」と「化学的」という区別が今日すでにそうであるように）結局は「自然的」と「心的」という区別が意味を失うような、あらゆる種類の奇妙なことにも、それにふさわしい場があるべきなのではないでしょうか。

私は、あなたによって開始された研究方向の継続が、この問題に対して寄与することを希望しますし、したがって、こうした研究方向が以前よりも自然科学と密接に関わることを希望します。

とりわけ私の注意が自然科学の概念形成に対する元型的表象（あるいはあなたが以前行ったように、「表象作用の本能」の役割に強く向けられているときに、あなたとふたたびお話できたのはとてもうれしく思いました。私にとって何かを明確化する最善の方法はいつも、当該のテーマについて講義や講演をすることです。私はこの意味で手はじめに心理学クラブで[3]（例えば）ケプラーに関する講義を一、二回行うのがよいでしょう。

私は、あなたがご親切に挙げてくださった資料をさらにくわしく検討してみるつもりです。魔術的錬金術的思考法と（一七世紀に現れた）自然科学的思考法の衝突（私は現代人の無意識の中でもその衝突が高い地平で繰り返されていると考えています）を聴衆に対して生き生きとさせることに成功できればと願っています。

もう一度、心よりお礼申し上げます。

敬具

W・パウリ

［訳注］

1　Cf. Markus Fierz, "Über den Ursprung und die Bedeutung der Lehre I. Newtons vom absoluten Raum," *Gesnerus* 11. (1954) 62-120 (Sauerländer Aarau).［ドイツ語版注による］

2　パウリはこの文章で、前半はキリスト教の比喩（神の右手、神の子）を用いる一方で、後半はギリシャ神話（神々の住まう「オリンポス」）という異なった宗教文化の比喩を用いている。それだけになおさらわかりにくいものとなっている。要するに、キリスト教においては神の右の座に神の子イエス・キリストが座していたにもかかわらず、ニュートンの古典物理学では空間と時間が安定した絶対的なものとしてカウントされ、キリストをその座から追いやったが、ミクロ物理学は、空間と時間の絶対性を否定して、それらの絶対性を否定した（オリンポスの高みからの降下）。さらに、観測者の視点を導入することによって、観察するという行為自体が観察される現象に影響を与えることを指摘した。

3　*Klub* 48．報告書、付録3参照。

34　パウリからユングへ

ユング研究所設立式の際のパウリ効果

チューリッヒ州ツォリコン、一九四八年六月一六日

［手書き］

親愛なるユング教授

ユング研究所[1]の設立の際に花瓶がひっくり返るという例の愉快な「パウリ効果」[2]が生じたとき、私には「内なる水を注ぎ出さ」なければならないという生き生きとした印象がすぐに生じました（私があなたから学んだ象徴言語を使うとすればですが）。それから、心理学と物理学の関係があなたの話の比較的大きな場所を占めていたとき、私がなすべきことがさらにはっきりとしました。その結果が同封した論文です。[3]これは――私にとっては、これらの問題との対決の**はじまり**とみなされるにすぎないだけになおさら――出版とか講演を意図したものではありませんが、しかしさらなる議論のための基礎としては役立つことでしょう。（七月後半の静かな晩にC・A・マイヤー博士(1)と私とここに提示された問題を議論していただければ、とてもうれしく思います）。しかし、おそらくあなたはお手紙の方を好まれるかもしれません。

心理学と物理学のようにそれほど異なった側面から同じ問題圏が観察されるとすれば、もちろん個々について見解の相違が生じてくるのは避けられないでしょう。それでも、しかしそれに劣らず重要なのは、初めてあなたによって錬金術を手本に指摘された、物質の特性に心的な事態が写し出されるという事実に因んで、私が話をつづけるということです。さらに、私は、錬金術の炉(2)を現代の分光器と取り替えることが無意識にとってたやすいことを示そうと試みます。これは、物理学者よりも心理学者にとってあまり驚くべきことではないでしょう。一方で物理学者は、われわれの知見が発達した結果、そのような象徴表現がもはや妥当しないという不適切な考えを抱きやすいですが、他方で心理学者は、三〇〇年間の技術的発達によっても無意識の構造と傾向があまり変わらないことをあまりにもよく知っています。

土曜日に心理学クラブでお目にかかるのを楽しみにしています。

敬具

W・パウリ

［パウリによる注］

（１）同氏はご親切にも私に内容の二重化の心理についてくわしく説明してくださいました。

（２）この炉は自分自身の夢でもおなじみのものです。

［訳注］

1　ユング研究所は一九四八年四月二四日にチューリッヒに設立された。それに先立ち、パウリは、二月二八日と三月六日に「チューリッヒ心理学クラブ」で「ケプラーの自然科学理論の形成に対する元型的表象の影響」について二つの講演を行った。研究報告、三七―四三頁参照。付録3の『チューリッヒ心理学クラブ年次報告書』一九四八年参照。さらに、ユング研究所設立の際のユングの講話については以下を参照。Jung, "Rede anläßlich der Gründungssitzung des C. G. Jung-Institutes Zürich" (1948). G. W. 18II. pp.504-509. ユングはこの挨拶の中で分析心理学とミクロ物理学の関連性について触れ、パウリのケプラーとフラッドに関する論文に言及している。

2　パウリ効果というのは、物理学者仲間がつけた冗談めかした言い方。パウリが興奮して叫び出したりすると、よく実験装置などに故障が起こったという。パウリ自身も彼を知る物理学者たちもパウリ効果の存在を信じていた。

3　付録1参照。

夢と外的出来事の共時性　回転の象徴表現

35　パウリからユングへ

チューリッヒ州ツォリコン、一九四八年一一月七日

［手書き］

拝啓ユング教授

夢と外的な出来事との「共時性」[1]（この「共時」という用語は、夢と外的な出来事とが二、三カ月くらい離れていても、適用されるのでしょうか）についての昨日の対話は、私には大きな支えとなりました。そのことに改めて感謝したいと

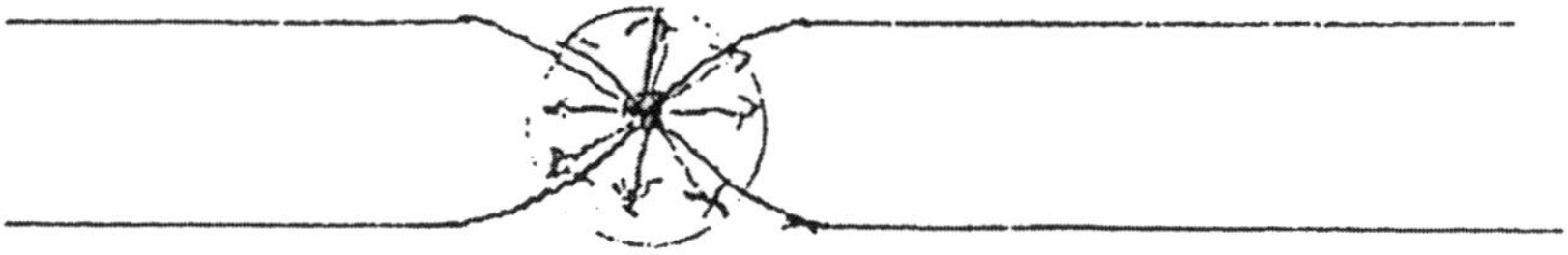

思います。

マンダラにおける回転の象徴表現に今まさに取り組んでいる、というお話でしたので、私が見たある夢の完全なテキストを送らせていただきます。その夢を私は二年ぐらい前に見たのですが、そこでは回転——それゆえ空間概念——が中心的な位置を占めていました。この［時間と空間の］全体的な関連は、あなたが今取り組んでいる問いの場合、参考になるだろうと思います。もちろん、心に関しては空間概念の相対性が問題なのですが、問題性が［時間的に］今ここで意味を有していなければ、当時の私にその夢がそれほど圧倒的な影響をもたらすはずもありません。ケプラーに関する講演、中立的な言語、そして物理的な概念の元型的な背景をさらに追求することへと、当時の私は突き動かされたのです。元型的な背景の客観性は、あなたが昨日手短に触れたマンダラの問題性と、同封された夢の根拠にあるものとが同一であることを、もっともらしく思わせます。[2] あなたが共時的とみなした現象については、私はさしあたり、——リーマン面の最も分かりやすい基本的な事例として——例えば以下［上図］のように見える、一種の象徴的な補助表象あるいは作業仮説を利用します。つまり、［葉層構造では］二つの（表面が縦に連続すると考えられる）葉によって横断面が現われる、ということです。通常は分離している二つの面は、際立たせられた中心においてはつながっています（数学者はこの点できわめて度量が大きく——彼にとっては相互に貫通しています）。葉の数は任意であり、二は単に最も分かりやすい事例にすぎません。本質的なのは、**中心が回転する際には**、（表面に対して縦に）**下の葉が上の葉に来る**（逆もまた然り）、ということです。

「放射性の核」は、「共時的」に対になっている現象、例えば［訳注——葉層構造の］一方（下の葉）で私がある夢を見て、他方（上の葉）でX氏あるいはX夫人が病んだり死んだりするという現象の、下意識によって措定された象徴的な原因です。中間層にある中心から発する作用は、まずは「ピュシス（自然）」と「プシュケー（魂）」の区別に配慮しますが、しかし空間の外部で、また部分的には時間の外部で生じる秩序を表現することになります。

この作用――無意識から自発的にわき出てきた主要言語はそれを「放射能」と呼ぶのですが――の現存は、しかし本質的には、意識への統合の問題が現実的になるように、（輪郭を描くこともできないくらいに深く、時間を超えた層からの）元型的な内容が、意識の近くにやってくる（二重化現象）という条件と結びついています。図像を詳しく考察してみれば、マンダラの円は、中心（「自己」）において規則的に交差する、［葉層構造の］上下に横たわる二つの葉に分裂させられているのではありませんか。

感謝の気持ちを込めて。

敬具

W・パウリ

［訳注］

1　パウリとユングの往復書簡の中で「共時性 Synchronizität」の概念が現れたのは、ここがはじめてである。ユングが共時性の概念をはじめて使ったのは、『夢分析』という一九二八―三〇年に行われたセミナーであった。ユングは一九二八年一一月二八日の講義において「シンクロニズムは東洋の偏見であり、因果性は西洋の現代的偏見です」と述べている（"Synchronism is the prejudice of the East; causality is the modern prejudice of the West," C. G. Jung, *Seminar of Dream Analysis*, (Princeton: Princeton U. P., 1984), pp.44-45.)。（入江良平訳『夢分析』I、人文書院、二〇〇一年、七六頁）。これは、『易経』についての議論の文脈で語られている。共時性は、因果性に対立するものとして、意味の一致と相対的な時間的な一致をともなう「非因果的連関の原理」として規定されている。したがって、一般に非因果性と（相対的な）同時性と意味の一致とが共時性の基準となっているといえよう。渡辺学著『ユングにおける心と体験世界』春秋社、一九九一年、一五一頁参照。共時性の概念が一筋縄ではいかないのは、単なる符合や偶然の一致に留まらず、易や占星術などの占い、テレパシーなどの超心理現象なども包含している点である。例えば、いわゆるパウリ効果は、超心理現象であると考えられるが、マイヤーは、共時的現象であると考えている。この後、パウリとユングの話題となる占星術実験やテレパシー実験などもこのような文脈で考える必要がある。

2　付録1参照。

36 ユングからパウリへ

共時性に関する草稿に対するコメントの依頼

［キュスナハト］一九四九年六月二二日
［タイプ打ちカーボンコピー］

親愛なるパウリ様

あなたが私に共時性に関する考えをまとめるように提案してくださってからかなり経ちました。私はついに、この提案に結果を出して私の考えをある程度まとめることに成功しました。[1] 疑問符がつけてある記述に批判的な校閲をしていただければありがたいと思います。今日、物理学者はそのような観念に熱心に取り組んでくれる唯一の人々です。もし口頭でお伝えいただく方がよろしければ、七月初旬ならけっこうです。私はそのころにはボリンゲンにいることと思います。私はそこの方がくつろげますし、十分な時間が取れることと思います。しかしその前に、あなたの全般的な印象を手短に伝えていただければ幸いです。

私の無理な要求があなたの貴重なお時間をあまりお取りすることがなければと思います。この件に関するあなたのご判断は、きわめて貴重ですので、私はこの件に関してあなたのご意見をすべて受け入れる所存です。

それではよろしくお願いいたします。

敬具
［C・G・ユング］

[訳注]

1 「共時性」の原稿は、パウリのケプラー論文とともに『自然の解明と心』（チューリッヒ、ラッシャー出版、一九五二年）*Naturerklärung und Psyche* (Rascher: Zürich, 1952)［邦訳『自然現象と心の構造』河合隼雄・村上陽一郎訳、海鳴社、一九七六年］として出版された。また、それに先立ち、一九五一年にエラノス会議で発表され、「共時性について」Über Synchronizitätとして『エラノス年報一九五一』（一九五二年）に収められた（*Eranos-Jahrbuch 1951*(1952)）。［高橋巌訳「共時性」『エピステーメー』二／七六所収、朝日出版社、一九七六年］

ラインのＥＳＰ実験と共時的現象

37 パウリからユングへ

チューリッヒ州ツォリコン、一九四九年六月二八日

［手書き］

拝啓ユング教授

興味深い原稿と好意的なお便りをお送りいただき、どうもありがとうございました。まず私がおおむね強調したいのは、ラインの一連の実験[1]で生じた現象は、そのほかの、あなたによって挙げられた「共時的」な現象とは別の種類であるように見える、ということです。それというのも、前者の場合には、いかなる元型的な基盤も見つけることができないからです（それとも、私の思いちがいでしょうか）。ところで、この元型的な基盤は、その現われが元型的な内容の意識化に対して補償的である、というあなたの以前の確認（『エラノス年報』一九四七年[2]）と同じく、問題になっている現象を理解する上で、私にとっては本質的です。あなたの新たな論考において、この事情にまったく言及されていないのは、とても残念です。それについて、なおいくらか付け加えていただく、というのはいかがでしょうか。そうすれば、ともかく理解されやすくなることでしょう。というのは、それによって、共時的な現象の出現が一定の**意識の様態**（この術語は故意にやや漠然としたものとして選ばれました）に固定されると思われるからです。

あなたによって提案された、既婚者と独身者のホロスコープ（天宮図）についての統計上の実験は、確かにより大がかりかつ厳密な条件のもとで、確実に遂行されるべきです。その結果がどうであろうと（私は否定的なものも考慮しています）、われわれの知識を増やすことでしょう。[3] 個人的には、私は外的な出来事が夢と符合するような事件に、統計上の分布が示す傾向よりも、はるかに強いつながりを覚えます。前者については、私はいくつかの個人的な経験があるのですが、後者に関しては、私の直観は萎縮してしまいます。それで私は、夢に見られたスカラベと現実の昆虫との符合についてのあなたの報告をより詳細に吟味し、この状況に感情移入してみました。私は、以下の然るべき関連において、このことに立ち返るでしょう。

以下では、私は何よりもまず、問題の認識論的な側面をいくつか扱い、それから、お送りくださった書簡の末尾に持ち出されている、心理学と物理学の関係にかかわる問いを論議したいと思います。私にとってそのことは、当時は単にキーワードとして現れていたにすぎない「放射能」の象徴を論じることを通して、「背景物理」についての昨年の私の論説を補足する機会になります。そのことがまた、私があなたの問いに対して与えうる、今のところ最良の答えになります。

偶然における意味の観念――すなわち、時間において符合する、因果的に結合していない出来事について――は、ショーペンハウアーによって、「個人の運命に宿る意図らしきもの［についての超越的思弁］」という論文において、きわめて明瞭に言明されています。[4] 彼はそこで、私たちに「力」として現われ、「すべての事物――因果の連鎖がどんな結合もなしに相互に存在させているものも含めて――を、必要な瞬間において符合するように結び合わせる」、「**必然性と偶然性の究極の統一**」を自明のこととして仮定します。その際彼は、因果の連鎖を時間の方向に位置している子午線と対比するとともに、あなたの「意味のある横の連絡」に正確に対応する同時的なものを緯度圏と対比します。「不完全かつ遠くからであっても」彼は、「個人の人生行路におけるすべての出来事の明らかな偶然性と、個人に対す

る超越的な合目的性に従って人生行路を形成する、出来事の道徳的な必然性との間の――あるいは通俗的な言い方では、自然経過と摂理との間の」反対の**一致**を見ているのです。

あなたの研究においてショーペンハウアーのこの論文を参照してくださらないでしょうか。彼は彼であなたが詳細に引用している東アジアの考えに影響されているだけに、なおさらのことそう思います。ショーペンハウアーの論文を知っている物理学者の数は比較的少ないと思うのですが、それでも原理的な問いにおいては、先にあるものに続きうるのは常に好ましいことです。[5]

私には、ショーペンハウアーのこの論文は、きわめて持続的かつ魅惑的な影響を及ぼしており、自然科学における将来的な転機を先取りしているかのようです。ショーペンハウアーが彼の時代にあってなお、どうしても古典的な物理学の意味における厳密な決定論にしがみつこうとしていた一方で、今や私たちは、原子のレベルでは、物理的な現象が時間と空間を通して因果の連鎖をたどらないことを認識しています。あなたの研究の基礎になっている「配置する要因としての意味」という観念は、それゆえ今日、ショーペンハウアーの当時よりも、物理学者のもとでかなりな程度で受け入れる用意ができていると思われます。

したがって個人的には、そのような観念に対して、私は原理上は少しの疑念もいだいておりません。しかしながら私には、あなたの見解における「非因果的」という概念には精密さというものが、また時間概念の特殊用途にはさらなる説明が必要だと思われます。物理学者にとって「因果的」とか「因果性」という言葉は、「決定論」という言葉のような不動の意味を有してはいません。とりわけ「非因果的」という言葉のもとに、いろいろな著者が異なって理解しています。「共時的」な現象に対するあなたの見解（私はあなたの論文のとりわけ二〇―二二頁を指しています）では、その現象は、ともかく**具象的ではない配置するものの重複**（duplicatio）**もしくは増殖**（multiplicatio）によって生じますが、その外的な出現は対もしくは複合です。**この**意味では、配置するものは確かに、共時的な現象の原因とみなされるでしょう。またこの原因は、いずれにせよ空間と時間においては考えられないでしょう。逆に客観的なものだけが時間と空間において原因とみなされるならば、その場合は共時的な現象は実際に「非因果的」に出現することになります。ミクロ物理学におけるのと同じように、状況に特有なのは、因果性の原理と、空間と時間における現象の配置とを同時に適用することの不可能性です。

この「非因果的」に関する定義上の問いよりも、私にとって根本的に扱いにくいのは、「共時的」という言葉へ時間概念を入れ込むことです。さしあたっては、「共時的」でもって、通常の物理的な意味における定義にとって**同時**であるべき現象が、はっきりと特徴づけられています。後になって（二一頁上）[6]しかしあなたは、同じ時には起こらない、時間的な予見のような現象をそれに含めようとしています。「共時」（synchron）という言葉はその場合、あなたがそれを、通常の時間とは本質的に異なる時（クロノス Chronos）[7]に関連させようとしなければ、私にはいくらか非論理的に思えます。ここには、形式論理的なだけではなく、事象的な困難が存立しているようです。というわけは、同じ像ないし意味の現実を表現している出来事が、なぜ**同時**でなければならないのかは、初めから直ちには分からないからです。**時間**の概念は、**意味**の概念よりも大いに私をてこずらせます。

ところで、**意味と時間はどのように関係するのでしょうか**。試みにあなたの見解を解釈すれば、およそ次のようになります。第一に、意味と結合した出来事は、それが同時であれば、はるかに**容易**に知覚されえます。しかし第二に、同時性は、意識内容の統一がもたらす特性でもあります。したがって、「共時的」な出来事が、あなたによって「類心的」と名づけられた意識の前段階を形成するかぎり、事実それが（いつもではないが、多くの場合に）同時性のこの統一特性をすでに示していれば、よく分かります。また、意味―連関が一次的な動因として、時間を二次的なものとして現わすという見解も理解されます。（これらのあやふやな文言が、あなたとの口頭での協議の際に、明瞭にされればよいと思います）。満足できると私に思われるのは、類比的にはミクロ物理学においてもそう見えるように、時間（クロノス）を特別の場合として含むところの、「意味によって構成されている」配置する要因が、男性的な原理として、女性的で破壊されえないもの（狭い意味における因果性、エネルギー、集合的心）に対立している、ということです。

さて、あなたの問いに向かいますが、それはあなたによって挙げられた、いくつかの物理的な事実と共時性仮説とを結びつける可能性についてでした。その問いは、私の夢に主に現われた「背景物理」についての私の個人的な経験と部分的に関連していると思われるので、とてもやっかいです。エネルギー量子とラジウム崩壊の半減期が、それらが基本的かつ基礎的な特質を有するがゆえに、あなたによって挙げられた二つの他の現象よりも、この関連の解説には一層実質的に適しているように見えます。エネルギー量子については、おそらく私たちはなお口頭で立ち返ることができるでしょうから、私たちの目的のためにはまず、放射能の物理的な現象を選びたいと思います。

この問いに対する私の前提と立場とを理解していただくために、あなたと仮定の思考実験をすることをお許しください。あなたによって記述されたスカラベにかかわる出来事[8]の次の晩に、見知らぬ男があなたを訪れると考えてみてください。その際、彼は例えば、あなたに次のようにいいます。「先生！　おめでとうございます。ついに**放射性物質**の作製に成功しました。あなたの患者の健康状態は、直ちに改善されるでしょう」。あなたの家で放射性物質など感じられず、放射能の雰囲気さえ徹底的にないというあなたの確言を、見知らぬ男はまったく承知しません。それどころか、彼はその答えとして、放射性物質の半減期および残留放射能について、その詳細を説明するのです。

一定の規則に従って演じられ、また多くの方法を有しているように見えるので、単に妄想とはみなしえないこの種の芝居を、私は一五年ほど前から心得ています。最初私は、見知らぬ男を無造作に放り出そうとしましたが、もともと友好的な訪問者が、その時とても感じが悪くなりそうだったので、やがてあきらめました。さて、放射能についてのあなたの問いから直ちに私が推測するのは、あなたが見知らぬ男と共謀しているということであり、それどころか私は、あなたがこの推論に同意するだろうことを期待しています。見知らぬ男が何を意図しているのかを私は、いつも間接的に、私の知的な仮説に対する彼の反応からしか推論しえません。私は、そのことを確信しているわけではないのです。その上彼は、例えば私の思考実験の際に、私に対する彼の「放射能」についての論評とともに私が前提としたように、容易にそれと見分けられるような機会には決して訪れて来ません。そこで私は、彼が理解する「放射能」の意味について何かを認めることに取りかかる前に、見知らぬ男が誰なのかについて、まずは合理的に受け入れられる観念を形成しなければなりませんでした。

それについて私が目下、私自身のために役立てている仮説は、次の通りです。

1 「見知らぬ男」は、私たちの時代の科学的な概念の体系を通して付置された、元型的な背景である。

2 この背景から自発的に生じている表現「放射性物質が作製された」ないし「放射能が存立している」は、理性の言語へと次のように翻訳される。すなわち「意味に従って結合された（通常は同時的な）出来事において、配列するものの複合的な現象形式に伴われた意識態が生成されている、もしくは端的にそこにある」と。

背景の言語は、何よりもまず**比喩的な言語**です。それは理性に、意識的な働きを通して、その必要条件に十分な、「物理的」と「心的」の区別に関して**中立的な言語**へと翻訳することを求めているように見えます。この中立的な言語は、今はまだ知られてはいませんが、しかし、比喩的な言語において同じ言葉で特徴付けられるものの差異と同様、類比を注意深く分析することによって、その構造へ向かって前進することを企てることができます。

話に出ている「放射能」という例は、錬金術師が「赤の染料の作製」とみなしたものと著しく類似しているという、さしあたり心理学的な側面から私の注意を引きました。その経験はつまり、あなたが「**結合過程**」と名づけるものが、（「見知らぬ男」によって「放射能」とみなされた）「共時的」な現象が起こるのにおおむね好都合である、ということを私に気づかせたのです。より厳密に言えば、このことは、**対立する組がお互いに可能なかぎりバランスを保つときに**、優先的に発生するのです。易においては、この瞬間は「震」（雷）の卦によって特色づけられます。あなたによって報告されたスカラベの場合は、長びく治療が先行したとあなたが述べているので、私はそのような瞬間が提示されていたことを、かなり信じて疑いません。あなたが自由に使える材料から、共時的な出来事が生じる際の結合過程とその状態とが、容易に確認されるに違いありません。この結びつきにおいて、その年の何月にその出来事が起こったかを、ぜひお聞きしたいと思います。というのは、**春分もしくは秋分の日**が、このためにはとりわけ申し分ないからです。場合によっては、一対四でそれが九月あるいは三月であった方に、また一対二でそれが月の後半であった方に、私は賭ける用意があります。（ホロスコープを信じている人たちは、そのような出来事の時機における星の位置を占う気になるかもしれません。――あなたの報告に従えば、確かに精神的な誕生が起こっていますが、それは物理的な誕生に対して、少しも本質的な区別をつけることができません）。

この関連で「赤いチンキ染料」という錬金術的な表象が放射性物質という表象に置き換えられているとすれば、私はそれを私たちの知識の進歩とみなします。というのは、引き合わせられた現象の間には、次のような、さらに啓発されることの多い類比が存在するからです。

1　物理学では放射性物質（「活性沈殿」から生じるガス状の物質）がただちに実験室全体を放射能で「汚染する」ように、共時的な現象もまた、何人かの人の意識に**伝播する**傾向があるように見えます。

2　放射能の物理的な現象の本質は、活性物質の原子核が、不安定な初期状態から、放射能が結局は止む、安定した最終状態へと（多少の段階を踏んで）移行することにあります。類似して、元型的な基盤に基づく共時的な現象は、不安定な意識態から、共時的な周辺現象が元どおりに消えてしまう、無意識と平衡状態にある安定した新しい事態への移行を伴います。

3　私にとって最もやっかいな状況は、やはりここでも**時間**概念です。物理的には、ご存じのように、（ほぼ秤量によって探知しうる）放射性物質の**量**、あるいはその対数は**時計**として利用できます。ある一定の（十分に短く選ばれた）時間間隔においてはいつでも、そこにある原子の同じ小部分が崩壊しますが、初めにあった原子の同じ小部分がそこで崩壊すれば、二つの時間間隔は逆に同じものとして定義されえます。しかしながらここでは、本質的には自然法則の統計上の特性が働き始めています。この**平均的**な結果をめぐっては、常に不規則な変動が起こっていますが、その変動は、そこにある活性原子の選択が十分に大きいときにのみ相対的に小さくなります。典型的な**集合現象**なのです。少ない（例えば十の）原子でしか構成されていない放射性物質は、もはや時計としては利用されません。原子時計は、**個々**の原子が崩壊する時間の契機は、そもそも自然法則的には決定されず、現代の見解に従えば、それは適した実験における**観測に依存せずには存在すらしていない**のです。個々の原子の（この場合はエネルギー準位の）観測は、**これをそのほかの原子との状態**（すなわち意味）**関連から放ち**、その代わりに（意味に準じて）観測する者と**その人の**時間に結びつけるのです。

結果として、元型的な基盤に基づく共時的な現象とは、次のような類比が生じます。すなわち、原子時計の個々の原子によっては、それが放射性崩壊の初期状態にあるのか、あるいは最終状態にあるのかは確定されないという事例は、個々の個人が、彼には意識されていない元型的な内容を通して集合的無意識と結びつけられていることと対応しています。個人を集合的無意識から助け出し、共時的な現象を消滅させる意識態を確定することは、個別の実験を通して個々の原子のエネルギー準位を規定することに相当するのです。

やっとここまでたどり着きました。この問いについて引き続きあなたと話し合い、同じくまた、ことさらに放射能についてというよりも別の事例についても議論することを、とても楽しみにしています。

私がC・A・マイヤーと話し合ったところでは、七月一四日の木曜日が、私たち二人にとって、あなたをボリンゲンに訪ねるのに適当であるということになりました。なお、この日のご都合がよろしいかをお聞きするために、彼はあなたと連絡を取ることでしょう。簡潔に述べることができなかったことを申し訳なく思いつつ

敬具

W・パウリ

[訳注]

1　J. B. Rhine, *Extra-Sensory Perception: New Frontiers of the Mind* (Boston: Boston Society for Psychical Research), 1934.［J・B・ライン／J・G・プラット共著『超心理学概説――こころの科学の前線』湯浅泰雄訳、宗教心理学研究所出版部、一九六四年、参照］。ラインの実験は、実験者が開いたESPカードを被験者が当てるというものであった。それを何万回も繰り返して、五感に寄らない超感覚的知覚の存在を証明しようというものであった。パウリは、共時的現象の根源には「元型的な基盤」があることを洞察し、ラインの実験にはそれが見られないことをここで指摘しているのである。それは確かに

正論であるが、ＥＳＰカードの内容と被験者の直観した内容の一致、同時性、非因果性という観点から見れば、共時的現象ということができる。また、ユングは後年、超感覚的知覚の背後に「一なる世界 unus mundus」という元型的な存在を見ている。

2　パウリが言及しているると考えられるのは、以下の個所である。「すべてを見る星座と時間との同一視には特別な意味があるので、その意味についてここで述べておきたい。すなわちこれは無意識の元型の世界が時間の《現象》と関係があることを、つまり元型的な出来事のもつ共時性を示して」いる（三二八頁）。「無意識内容が意識の中に入りこむと、それは共時的な現われ方はしなくなり、逆に主体が無意識状態の中に移されると（忘我的）共時的現象が起こる。さらに同じような相補的関係は、医師がよく経験している多くのケースでも観察される。つまり、病的な症状に対応した無意識内容が意識化されるとその症状が消えるのである」（三六四頁）。Jung, "Geisit der Psychologie," *Eranos Jahrbuch 1947*, Rhein Verlag, pp.385-490.［林道義訳「心の本質についての理論的考察」、ユング『元型論』増補改訂版所収、一九九九年］

3　これは、いわゆる占星術実験と呼ばれるものをさしている。ユングは、四八三組の夫婦のホロスコープを統計的に処理して、占星術上「吉」とされている夫婦が有意に認められるかどうかを調査した。結論的に言えば、必ずしも有意に認められなかったが、再度統計処理をすることによってその割合が減ったことを理由に、ユングは、関心の度合いが結果を左右するという結論を得た。Jung, "Sychronizität als ein Prinzip akausaler Zusammenhänge," pp.44ff. ユング「共時性：非因果的連関の原理」、五八頁以下。

4　Arthur Schopenhauer, "Transzendente Spekulation über die anscheinende Absichtlichkeit im Schicksale des einzelnen," *Arthur Schopenhauer Sämtliche Werke*, Bd. IV, (Darmstadt: Wissenschaftliche Buchgesellschaft, 1977).［有田潤訳「個人の運命に宿る意図らしきものについての超越的思弁」、『ショーペンハウアー全集』第一〇巻、白水社、一九七三年］

5　ユングは、パウリの意向を受けて、「共時性」論文でショーペンハウアーのこの論文についてくわしく論じている。Jung, "Synchronizität als ein Prinzip akausaler Zusammenhänge," pp.10ff. 邦訳、一四頁以下。

6　ユングが展開していた共時性の原稿は、チューリッヒ工科大学図書館の歴史史料室に保管されている。Zürich, file HS1055:867,1 & 2. パウリの序言でユングが変更した点に関しては、一九五二年版の著書と書簡の中の論点を比較することによって明らかにすることができる。［英訳注による］

7　パウリはここで、「通常の時間とは本質的に異なる時」としてクロノスを挙げているが、一般的には、これはむしろ、カイロス(kairos)(機会や時機と訳される)を指していると考えられる。言い換えれば、クロノスは通常の等質的な時間であり、カイロスは質的な濃淡を持つ時間である。パウリが指摘しているのは、まさしく同時的という意味での「共時的」と、同時ではないが機会を同じくする共機的(synkaironistisch)ともいうべきものが混同されているということである。

8 パウリがここで述べているスカラベの事例というのは、ユングが共時性を考えるきっかけとなった体験である。彼は知的合理主義で固まっていたある女性患者の治療に行き詰まっていた。彼女は自分が見たスカラベ(古代エジプトの神聖甲虫、霊的再生の象徴)の夢について話していたとき、ユングの背後の窓ガラスでコツコツ音がした。見るとコガネムシがその習性に反して明るい戸外から暗い室内に入ろうとしていた。彼は窓を開いてコガネムシを捕まえて、「ほら、これがあなたのスカラベですよ」と手渡した。このときの体験が彼女の合理主義にショックを与え、その後の治療が進んだという。(Jung. "Synchronizität als ein Prinzip akausaler Zusammenhänge," p.33.[「共時性:非因果的連関の原理」、二八頁])。このような彼女の内的経験と外的経験の一致の事例を「意味ある一致」と呼ぶ。この事例は、ユングが共時性の考え方を立てる機縁になった。パウリは、この場合のユングの時間のとらえ方があいまいであると指摘している。それは客観的な時ではなくて、主体(人間)がその状況の中に置かれているタイミング(時機)のことではないか、と主張しているのである。

38 パウリからユングへ
夢の送付

チューリッヒ州ツォリコン、一九五〇年六月四日
[手書き]

拝啓ユング教授

昨日の対話の続きとして、共時性の現象についてのあなたの原稿を昨年読んだ後で見た二つの夢を記録したものをお送りします。[1] これらの夢は今もなお、この現象に対する私の態度と関連して、私の念頭を離れません。ここで夢の全体にわたって、なおいくつかの注釈的な(あなたにとって「資料」の一部となるでしょう)所見を付け加えておきたいと思います。

1　最初の夢で話題となっている時間概念は、物理学の時間ではなく、「暗いアニマ」のそれです。それは、もちろん季節とも結びつけられる、外的な状況の特性に対する直観的な判定です。物理学者にとっては時計の針の位置であるものが、この直観的な時間概念にとっては、つまり意識的かつ無意識的である「対立する対の事態」なのです。例えば、夢が生じた当時、あなたが叙述したスカラベの事例はたぶん三月か九月に起こったにちがいない、と私があなたに書いたとき、そこでは――夢の言語では――「暗い少女が、時間を規定するために小旅行をしていた」のです。この時間概念は、外的な状況と同じく、夢の状況にも適用されうるわけです。

2　二番目の夢の最初の部分（「見知らぬ男」が姿を見せる前）に適用されれば、それは「夏である」ことを表していることになるでしょう。この夢では（後の夢に出てきた）暗い少女が欠けていること――あるいは、同じことですが、四人の子どもたちではなく三人だけがそこにいるという事情[2]――は、女性的な（つまり情緒的―直観的）側面において光が優位を占めていることとの条件となっています。女性的な明るさはエロス的―霊的なものであって、しばしば概念構成の前段階として現われますが、一方の女性的な暗さは多くの場合、物質的な物体界（外的自然）における状況の現実化に向かいます。後者が欠けていることが、二番目の夢における最初の状況にあっては、ある種の対称性の不足となっているのです。夏はなるほどよろこばしい季節ですが、一面では［それだけでは］不完全です。ちなみに、一九四八年の秋には、四人の子どもたちが出てくる別の夢を見ました。

3　これは明らかに、二人の少年の判定をめぐる、私の意識的な態度と無意識（アニマ）との間の――合理的な基礎に立っては解決できない――葛藤ときわめて直接な関係があるにちがいありません。私は、二人の少年が何であるのかを残念ながら知りません。いずれにせよ、思いついたのは、私がホロスコープ（天宮図）や占星術に対してきわめて拒否的で意識的な姿勢をもっていて、それが年少の少年への批判につながったということですが、この夢の断片には、おそらくこれよりももっと一般的な意味があると思われます。

4　成立した状況は今や明らかに、私にはよく知られている、また「見知らぬ男」として現われる元型を「布置」しています。彼はいわゆる魂の導き手（Psychopompos）という性格をもち、常に「アニマ」を含む状況の全体を支配しています。もともと彼は、一つは明るい外観、今一つは暗い外観（後者は夢において、ときには「ペルシア人」として現われました）という二つの外観を示していました。しかし一九四八年には、対立する対における両極の接近をもたらす変化がさらに彼に起こり、その結果、彼はそのとき、しかし暗いか逆に明るい衣装をまとった金髪の男として、しかしながら明らかに同じ男として現われました（ちなみに彼は白髪ではなく**少しも老いていなくて**、むしろ若い男です）。この人物像を理解するために、私はあなたの論文「メルクリウスの霊」[3]から多くを学びました。それというのも、彼はつまり、錬金術師のもとでの水銀と同じ役割を演じているからです。私の夢の言語では、彼は「放射性の核」と同一であることが確認されるでしょう。

5　ここに挙げられた二番目の夢において、彼は今や、明るい少女が持っている本（彼は自分が少女にその本を与えたと言います）について重要な証言をします。

この本について、目覚めと同時に私の心に浮かんだのは、ヴィルヘルムが翻訳した『易経』です。（ゴシック文字は、これが印刷されたドイツをほのめかしています）。私は好んで、これを夢の状況の解釈に関係させます。「通常の」数学は、私にとって代数学、またとりわけ微分・積分計算ですが、それはもちろん『易経』には存在しません。しかしその内部には、しかし何重もの基礎的な算術が見られ（四を通しての可分性のように）、その上六十四の符号（卦）はライプニッツの数学的な表象力を刺激しました。[4]したがってこの意味では、おそらく『易経』を「民間に普及している数学書」とみなすことができます。「見知らぬ男」は──物理学的な概念への結びつきと並んで──それとは別に、現代の数学の応用範囲を不十分であると評価する傾向も有しています。「物質的」と「心的」との区別を彼はまったく心得ていませんし、また数学を、私たちが「心というヘルメス的な［不可思議な］世界」と呼ぶものにも適用します。これが質的であって量的ではないという異議は、ほとんど説得力がありません。それというのも、一方で（位相幾何学のように）数学の多くの部分は量的ではなくやはり質的で、また他方で心（Psyche）では、整数が本質的な役割を演じているからです。興味深いことに、「見知らぬ男」は、あなたの分析心理学からあからさまに取り出された概念を、概して使用しません。彼はふつうそれを物理学的な概念と取り替えるのですが、その場合彼は、物理学的な概念をしきたりに反して、拡張された意味で用いています。

ところで、当面の夢で彼は、小柄な明るい少女が本来なら私と同じように数学ができるはずであるということを含め、長い目で見た一種の要求として、彼女がこれを習得するであろうと主張します。それに比べて、彼は「民間に普及している数学書」が過渡的段階であると評価します。

これがつまりは資料ということです。夢に出てきた二人の少年（そして葛藤に関しては両方のうち年少の少年）を正しく理解できれば、共時性の現象に対する私の態度に関して、私は重要な一歩をさらに進めるだろうと思います。あるいはあなたは、それに加えてなお多くのことを思いつくかもしれません。子どもたち——ともかく本来は四人であるべきで、確かにときおりはそうでしたが——をあなたの機能図式[5]と結びつけることは、容易に推測されるでしょう。しかし私は、あまり基礎づけられていない思弁に、我を忘れたくはありません。

プリンストンで私は——予期しなかった仕方で——何度か、共時性の現象について議論する機会がありました。その際進んで私は、同時性より意味をより強調するために、また古い［ラテン語の］「correspondentia」に結びつくために、「共時性」の代わりに、「意味の照応」という術語を用いました。さらに進んで私は、現象の**自発的**な（あなたが報告したスカラベの事例のような）出現と、占い（易あるいは「土占い（ars geomantica）」）の場合のような（予診あるいは儀式を通して）**誘発された**現象との間の区別を強調しました。ことによると、二人の少年はこの区別とかかわりがあるのでしょうか。

私は六月二四日に予定されているあなたの講演を心待ちしており、それが（例えば物理学における「自然法則」の概念や、心理学における「元型」の概念についての）啓発的な議論に至ることを期待しています。

ともかくも、心からなるご挨拶をもちまして

敬具

W・パウリ

［訳注］
1　これらの夢の内容に関する記録はここには残されていない。
2　ユング派の理解では、三は完全性を表し、四は全体性を表す。三は、意識や光、明るさなどを象徴するのに対して、四は、影を含む意識と無意識の全体を象徴すると考えられる。
3　"Spiritus Mercurius," *Eranos Vortrag 1942*, Rhein Verlag, Zürich, 1943.
4　ライプニッツ Gottfried Wilhelm von Leibniz（一六四六―一七〇一）は、イエズス会士ブーヴェ Bouvet と『易経』の数学的特質に関して一連の書簡（一六九七―一七〇一）を交わしている。Cf. Leibniz, *Zwei Briefe über das binäre Zahlsystem und die chinesische Philosophie*, (Stuttgart: Belser Verlag, 1968). 易の卦は六十四あり、四で割り切れる。［英語版補注による］
5　この機能図式とは、ユングが『心理学的類型』で展開した心の四機能、つまり思考、感情、感覚、直観を指していると考えられる。ユングは、これらが各人において優越機能と劣等機能として分化していると指摘し、もっとも発達した優越機能と二つの補助機能の他、もっとも未分化な劣等機能があるとした。ときとして現れる第四の子どもは、多くの場合無意識に隠れている劣等機能を表していると考えられる。Jung, *Psychologische Typen*, G. W. 6, (Zürich: Rascher Verlag, 1960) 高橋義孝他訳『心理学的類型』Ⅰ・Ⅱ、人文書院、一九八六年、一九八七年。林道義訳『タイプ論』みすず書房、一九八七年。

夢に対するコメント

39　ユングからパウリへ

［キュスナハト］一九五〇年六月二〇日

［手書き］

親愛なるパウリ様

残念ながら、共時性についての私の講演は、ふたたび延期されざるをえなくなりました。[1] 今はまた具合がよくなっていて、あなたの夢についてよく考えてみる余裕も出てきました。いくつか思いついたことを、以下に記しておきます。

夢1　飛行機＝直観。見知らぬ人々＝未だ同化されていない思考。あなたは、共時性の場合においては時間概念が相対的でありうることに関して、それに手を焼いていると言えるでしょうか。アニマは「小旅行をしなければならない」、つまり一定の時間に到達するために、**その場所を変え**なければなりません。それほどにアニマには、たぶん少しも決まった時間がなく、つまり無意識のうちに生きているのです。したがって、時間を規定しうるためには、意識に移植されなければならないわけです。

夢2

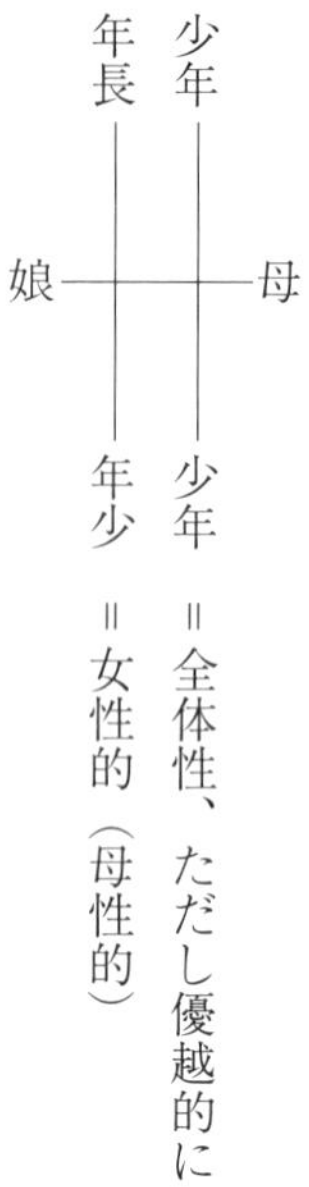

年長の少年［夢には出てこないが］おそらく＝自我、年少＝影。意識はそれに応じて、男性的―男の子らしさ、つまり実証主義的な立場をとらされているのでしょう。そのため、**母性的な**全体性によって補償されるわけです。自然科学的―実証主義的な立場は、実験がいつでも一定の問いを通して強いられた自然の答えでしかないので、少しも自然の全体的な解釈を媒介しません。それによって、あまりに知的に左右されすぎた、あるいは先決された自然の像が成立します。自然のあるべき全体的な統轄は、それによってその出現が妨げられます。その理由から、いわゆる占い的な偶然の方法は、共時性つまり意味に従った一致をとらえるために、できるだけ条件を立てません。

影は意識からは過小評価され、無意識からは過大評価されます。「見知らぬ男」は、アニマつまり人格の女性的で感傷的で感じやすい側面を動かして数学を学ばせますが、それも整数がなお（質的な）**秩序の元型**である、「元型的」な数学を学ばせるのです。そのお陰で、つまりは共時性の現象がとらえられ（占いの方法！）、より統一的な世界像が樹立されるのです。

御多幸を祈って。

敬具
CGJ

［訳注］
1　ユングは、翌年の一九五一年一月二〇日と同年二月三日にチューリッヒの心理学クラブ（ユング研究所の前身）において「共時性について」という講演を行った［ドイツ語版注による］。おそらく、それらの講演にもとづいて、同年、エラノス会議で以下の同名の講演が行われたと考えられる。Jung, "Über Synchronizität," G. W. 8. 高橋巌訳「共時性について」『エピステーメー』２／76所収、朝日出版社、一九七六年。

40　パウリからユングへ

ユングの解釈に対するコメント　アニマによる魅了

チューリッヒ州ツォリコン、一九五〇年六月二三日
［手書き］

拝啓ユング教授

お手紙をありがとうございました。そのなかで、とりわけ私の興味を引いたのが、夢に出てきた二人の少年のうち、年長のほうが「自我」、年少が「影」と判断されるという、あなたの見解です。私はまったくもっともだとは思いますが、何の疑いもなく同意するわけにもいきません。二人の（年少の）男たちのうち、一方だけが私と話をするという主題は、

以前の夢でも繰り返し現われており、私にはよく知られたものです。

例の、私が時間概念に手を焼いていることに関しては、〈意味にしたがった一致〉について話されうるためには、いったいどのくらい正確な時間的な一致が必要なのか、ということに関連しています。〈アニマ〉は物理学的な時間の外で（すなわち無意識において）生きているからこそ、意味に従った全体性を〈知っている〉のではないでしょうか。アニマが一方で劣等機能としてたいていは無意識に「汚染され」ていながら、他方で元型への近さのゆえに卓越した知識を有するように見えるという逆説は、いつもながら私を魅了します。

「見知らぬ男」の目的が、（通常の自然科学的な立場では表現されない）自然の全体的な解釈を媒介することにあるということを、私は少しも疑っていません。私は、狭い意味での現代物理学の解釈が、その適用範囲の限界内ではなるほど正しいが、本質的には**不完全**であるとみなします。元型とその傾向に対する私の抵抗力は、それに応じて衰えます。私は昨年の秋に、「彼［見知らぬ男］」が私にかさばった原稿を持ってきたという夢を見ましたが、私はまだそれを読んでいなくて、まず背景にいる見知らぬ人々がそれを問題にしなければなりませんでした。私の経験によれば、そのような場合には、単に待ち通すことが最善です。「まだ同化されていない思考」は、いずれにせよ私の場合には少しも欠点ではありません。

ご健康をお祈りし、延期されざるをえなかった共時性についての講演を、引き続き心待ちにしつつ

敬具
W・パウリ

チューリッヒ州キュスナハト、一九五〇年六月二六日
［手書き］

41 ユングからパウリへ

不手際に対する遺憾の意

親愛なる教授

三月二日に口述筆記させた、あなた宛の手紙が投函されずにそのままになっているのを、たった今発見しました。私はその中で、あなたの尽力と、占星術上の数が純粋に偶然な性質のものであることの厳密な実証に感謝しました。多数である場合に合わせられる平均値への接近は、すでに以前から私には疑わしく思われていました。私の秘書のこの見落としのせいで、あなたの貴重な助力への感謝の気持ちを、あなたに知らせぬままにしておいたことは残念です。そうしている間に私は他のことで忙しく、事実またしばらくの間病気でした。

［C・G・ユング］

42 パウリからエンマ・ユングへ

ユング夫人宛　円卓の騎士の物語

［チューリッヒ州ツォリコン］一九五〇年一〇月一一日
［タイプ打ちカーボンコピー］

拝啓教授夫人[1]

ケプラーについての私の論文[2]のなかで、私は新たに、下位にある大地の三一性の元型（フラッドの場合の、当時私がもくろんでいた、下に映された三角形を参照）に突き当たりましたが、それは私には、自分自身の初期および後期の夢から、〈クラブのエース〉のカードの形[3]や三本の簡素な木材による形で）よく知られていたものでした。それ以来、それをどこかで見つけるたびに、常に私の関心が強く呼び覚まされました。

今年の夏に私は、春にパリでM・フィールツ氏が教えてくれた、『円卓物語』[4]をフランス語の新しい版で読みました。その時、マーリンの物語に出てくる、三つの木製の紡錘（trois fuseaux de bois）が同時に私の注意を引きました（『円卓物語』六五頁）。この物語（五六―七八頁）は、それ自体が興味を起こさせる神話です。一つ目が白、二つ目が赤、そして三つ目が緑である紡錘が、神秘的な、回転する島で発見されます。ところで、この島に関する段落は、多くの錬金術の論文のように、四つの要素から始まります。紡錘はそれから、イブが直接楽園の木から地上に持って行くことを許された枝に由来する、一本の木に連れ戻されます。この楽園的な木の地上的な分身が、順に白、赤、そして緑だったわけです。ソロモンの妻は、その分身から神話に従って紡錘を作り上げさせ、それをダビデの剣に添えます。剣と紡錘はそのあと、結局その島で発見されるまで、一世紀の間、船で漂うことになります。

紡錘の場合、またもや大地の三一性の元型――それはこうして、いずれにせよ特別の形で、聖杯の歴史へと直接に関連づけられるでしょう――が問題であるという見解に与するものとしては、次の理由が挙げられます。三という数は引用された本において、よりしばしば直接に三一性と結びつけられ（例えば七八頁を参照）、また紡錘と剣を載せる船については、後になって（三六四頁）それは教会であると主張されます。紡錘は地上の起源（木）を有し、（確かにフィールツ氏が強調したように）女性的な道具を表わしています。したがって紡錘と船の比は、三位一体と教会の比に等しいのです。

ここではこの元型が、三本のふつうの木材ではなく、三つの紡錘によって表現されていることは、しかし私には新たに現われた特質です。紡錘にはもともと女性の紡ぎ手が必要ですが、神話においてはそれが欠けています。この欠けている紡ぎ手は、パルカ（モイラ［運命の女神］）と同定されるでしょう（辞典では〈紡錘（fuseau）〉という言葉のもとでパルカに言及されています）。神話ではこの［女性の］紡ぎ手は、一種のキリスト教的な「検閲」[5]の犠牲になっている気がします――「検閲」でもって私は、必ずしも外的な法廷ではなく、すべての異教的な主題を同化しえないとして抑圧するという、聖杯の歴史の本来の語り手が有する傾向を考えています。（ディアーナ［月の女神］とは、紡ぎ手はいずれにせよ別の場所であまり関係がありません）。その上、紡錘が後の物語では、少しももっともらしい登場の仕方をしていないのは、それに似つかわしいことです。ガラハッドが聖杯の秘密を見て、そして死ぬ前に、彼は三つの紡錘とともに寝床で眠る、と語られるだけなのです（三九七頁以下参照）。それからフィールツ氏は、回転する島がプラトンの作品、それも『国家』の最後に出てきて、そこでは三柱のモイラ［運命の女神］が「アナンケ［必然性］の紡錘」を囲んで座っていることに、私の注意を向けさせました。[6]（語られてはいないにせよ）パルカとの関連を通して、元型が示す運命的なものが強調されます。

　私が結局はこの一冊の本を読んだだけである一方、あなたは聖杯伝説について詳しく研究しておられるので、お尋ねしたいと思うのですが、三つの紡錘は聖杯伝説の別の異本においても何らかのかたちで出てくるのでしょうか。もちろん、ここで試みられた、紡錘の「下位の三」の元型を通しての解釈が、あなたに十分にもっともらしく、また資料に裏付けられていると思われるかどうか、私は大いに関心があります。

　前もって感謝しますとともに、ユング教授にもよろしくお伝えください。

敬具
［W・パウリ］

［訳注］
1　この書簡は、エンマ・ユングが聖杯伝説に興味を抱いていることをパウリが知ったことによって送られたものと考えられる。エンマは約一〇年後、マリー＝ルイーゼ・フォン・フランツと共著で『聖杯伝説』という大著を著している。Emma Jung und M. L. von Franz *Die Gralslegende in psychologischer Sicht*, Band 12 der *Studien aus dem Junginstitut* (Zürich: Rascher, 1960).
2　この論文は、後年以下の表題で出版された。W. Pauli, "Der Einfluss archetypischer Vorstellungen auf die Bildung naturwissenschaftlicher Theorien bei Kepler," in *Naturerklärung und Psyche*, (Zürich: Rascher, 1952).［村上陽一郎訳「元型的観念がケプラーの科学理論に与えた影響」、C・G・ユング／W・パウリ『自然現象と心の構造――非因果的連関の原理』河合隼雄・村上陽一郎訳、海鳴社、一九七六年。
　この個所でパウリは、chthonische Trinität という言葉を使っている。chthonisch に関しては、注2の図版の下半分の三角の中の地球を指していると考えられる。chthonisch は、字義通りには、大地の中もしくは下を表す言葉であり、通常は、冥界的と訳される。しかしながら、パウリは、天上的なものとの対比でこの言葉を使っているため、冥界的ではなく、大地的が相当すると考えて大地的と訳した。

　また、Trinität に関しては、一般的には三位一体と訳される言葉であるが、三位一体にはキリスト教神学上の定義があり、神は、一つの実体でありながら、父と子と聖霊という三つの位格において永遠に存在するという意味をもっている。しかしながら、パウリは、Trinitätという用語を三角や三つ組と言いかえられるような使い方をしている。そのため、ここでは、神学的な定義のない三一性という訳語をあえて用いている。

　パウリが言及している図版は以下のものと考えられる。

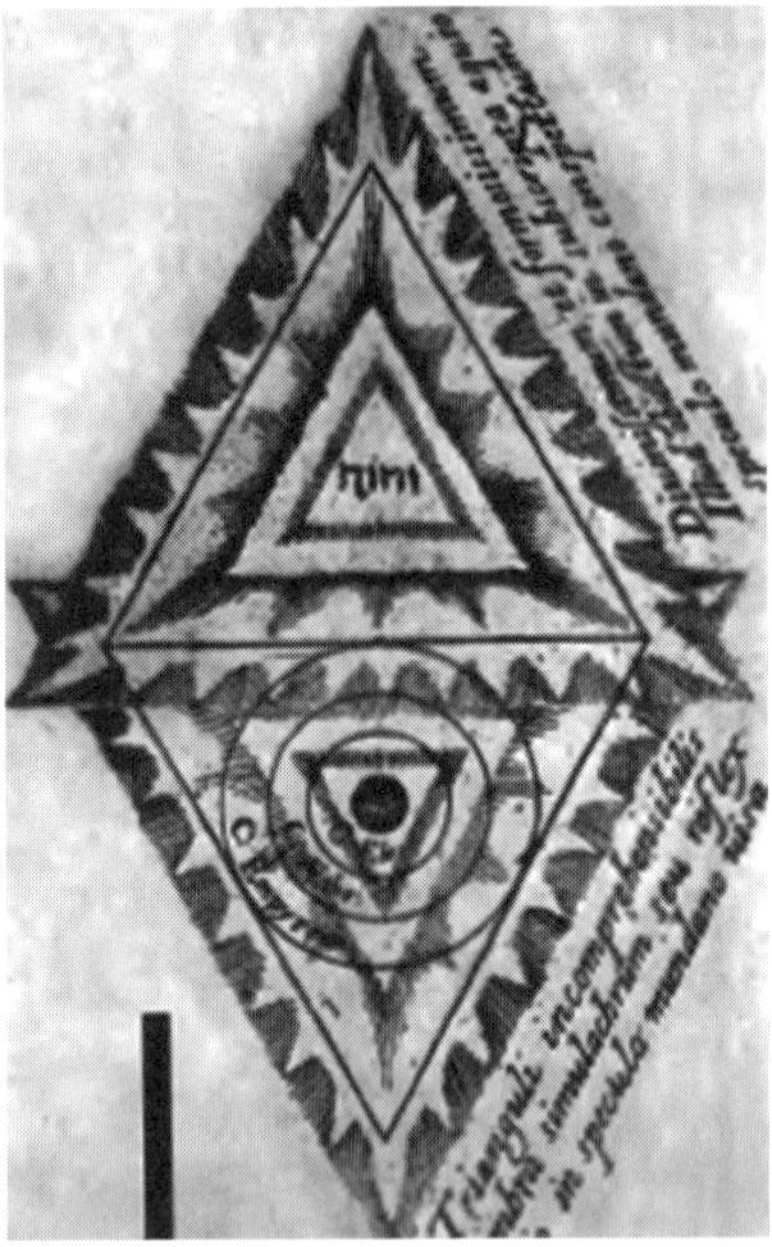

3　書簡18参照。これは、『心理学と錬金術』Ｉ（一一〇頁）に掲載された夢のモチーフである。*Psychologie und Alchemie*, p.97.

4　Jacques Boulanger, ed., *Romans de la Table Ronde*, (Paris: édition Plon, 1941).［英語版補注による］

5　ここでパウリは、Zensurという言葉を用いている。パウリがここで彼なりに与えている定義は、フロイトの精神分析における「検閲」の概念と近似的な関係にあるため、「検閲」と訳すことにする。

6　この辺のくだりは、プラトン『国家』第一〇巻（ステファヌス版全集六一七Ｂ―Ｃ）に見られる。田中美知太郎、藤沢令夫訳『プラトン全集』第一一巻、岩波書店、一九七六年、七四九頁。「紡錘はアナンケの女神の膝のなかで回転している。そのひとつひとつの輪の上にはセイレンが乗っていて、いっしょにめぐり運ばれながらも、一つの声、一つの高さの音を発していた。全部で八つのこれらの声は、互いに協和し合って、単一の音階を構成している。／ほかに三人の女神が、等しい間隔をおいて輪になり、それぞれが王座に腰をおろしていた。これはアナンケの女神の娘、モイラ（運命の女神）たちであって、白衣をまとい、頭には花冠をいただいている」。

共時性論文第二草稿の送り状

43 ユングからパウリへ

［キュスナハト］一九五〇年一一月八日

［タイプ打ちカーボンコピー］

親愛なるパウリ様

共時性についての論文を同封して送らせていただきます。ある程度、現状で完成したものになっていると思います。どうぞ、忌憚のない眼でご批評下さい。ご助言を感謝します。

敬具

［C・G・ユング］

ユング夫人宛　聖杯伝説と四一性

44 パウリからエンマ・ユングへ

［チューリッヒ州ツォリコン］一九五〇年一一月一六日

［タイプ打ちカーボンコピー］

拝啓教授夫人

啓発されるところの多いあなたのお手紙に、お返事できる範囲内ではありますが、聖杯説話についてのあなたの二つのご研究を学んできました。[1] 即座に私が強調したいのは、聖杯説話についてのあなたご自身の見解にまったく同意するのみならず、私自身の一群の夢が示す一般的な型を見て取り、またすでにある程度まで、そもそも聖杯説話を通して魅惑された私の状態そのものが、あなたの見解の正しさを裏書きしているかもしれない、ということです。これに関して、私に本質的と思われるのは、以下のことです。まず、聖杯の四一性（第Ⅰ部結論および第Ⅱ部五一頁以下）との関係です。その際、フランスの異本では話が聖杯の消失で悲劇的に終わるのに、ヴォルフラムの異本の大団円は、より心理学的であることが判明しています。次に、キリストに対するユダ、ないしはキリストの座に対する危険な座（siège périlleux）という鏡像の主題です。これは上位と下位の領域の間の対立を示しています。(1) さらに、無意識を通してのキリスト教の受容（同化の過程）を表現したものとしての、聖杯伝説の把握です。この過程のもとで、さしあたり下位の領域（「下位の三位一体」を含む）の元型が印象づけられ、しかしそのときに程度の差こそあれ、この「下位」を伝統的なキリスト教の意味における寓意を通して取り除くことが試みられていた、とおそらくそういえるでしょう。マーリンの明るくかつ暗い形態に、私は特別な注意を向けました。あなたご自身が、「半ばキリスト教的―人間的」、「半ば悪魔的―異教的」という彼の「二層性」を何といっても際立たせておられ（第Ⅱ部、七六頁）、さらには彼が救いを必要としていることを強調しています（第Ⅱ部、九五頁）。マーリンを自然的存在以上とする、ジョフロアの異なった描写について聞くこともまた、私にはとても貴重なことでした。

さて、このあなたによって定式化された聖杯伝説の一般的な見解との関連で、三つの紡錘およびそれと直接つながりがあるものという特別の問題に、ふたたび立ち返りたいと思います。あなたはご親切にも、お手紙のなかでこの問題を論じてくださり、われわれの最近の短い対話でもさらに補足されました。次の点で、われわれはまったく同じ意見であると思います。つまり紡錘（fuseaux）が必ずしも何か紡ぐこととは（それゆえパルカ［ローマ神話の運命の女神、ギリシャ神話のモイラに相当］とは）かかわり合いがないにちがいないということ、ところが人間の手が加えられた第一質料（prima materia）[2] として、また女性的なもの（ソロモンの妻）とのつながりによって、それはやはり下位の領域に属する、という点です。今や私は、そもそも三つの紡錘に関してあなたに書く気にさせた私の以前の夢を、どうしてもあなたにお伝えしなければならないと感じています（同封の紙片を参照）[3]。この夢では、明らかに元型的な意味において三本の木材が現われており、また今年の夏にブーランジェの校訂版で三つの紡錘について読んだとき、私は即座に夢の気分に連れ戻されたように感じました。夢における川は明らかに母の胎内に対応しており、このなかで元型は私のために、つまり明るくかつ暗い、「二層の」という、今まで決定的であった形態を受け取ったのです。ところでこの元型は、すでに前もって**木材**とともに出てきており、またあるときは私に丸い木片をもたらしました。私の夢のなかで、第一質料の**自然状態**と対照的に「魔術的」な効果を発揮するのは、いつも人間の手が加えられた**木材**です。この事態ならびに以下に叙述されるさらなる夢の体験は、私の夢と聖杯神話との外的な類似だけでなく、その時々の時間に制約された問題性におけるすべての差異にもかかわらず、**元型が意識へと関係することの広範な一致**が問題であるということを、私にもっともらしく思わせます。夢を神話との比較を通して解釈しうるのと同じように、神話は夢が引き合いに出されることによってよりよく理解されます。どちらの方向に進むかは、両方のうち、その時たまたま習熟しているものによって制限されるように思われます。

　この意味で次に、なにはさておき、例の（話し合われた夢では川から上がってきましたが、しかし別の形ですでにそこにいた）「見知らぬ男」の人物像を、あたかも彼が物語の人物であるかのように、あなたに描写してみたいと思います。その際私は、一九四六年までさかのぼるより早期の夢と同じく、より最近の夢の資料をも顧慮します。その「見知らぬ男」は明らかに、「マナ人格」または「魔術師」の元型です（私が「老賢者」について語らないのは、単に私の抱いた像が**年老いて**はいないからで、むしろ私よりも若いと思われます）[4]。ユング教授が『メルクリウスの霊』について言うことのすべてが、彼にはぴたりと合います。ところが、あなたの研究を読んだ際に、この人物像が［魔術師］**マーリン**と本質的に類似していることに、私は気づきました（とりわけロベール・ド・ボロンの版で）。その上、私の夢の人物像は、一方で卓越した知識に関する精神的な輝く姿、他方で大地的な自然霊というように「二層的」です。しかし、その知識が彼を繰り返し自然へと連れ戻し、彼の大地的な根源が事実また彼の知識の源泉であることによって、ついに両者は同じ人格の二つの局面であることが明らかになりました。彼は、いつでも彼に付き従う、四一性（Quaternitas）の先駆者なのです。多くの場合、理解しがたいにせよ、彼の行為はいつでも決定的であり、彼の言葉は確定的なのです。女たちと子どもたちが喜んで彼に従い、彼はしばしば彼らに教えてやろうとします。総じて彼は、彼の周囲の人々すべて（特に私）を、彼自身と比べてまったく無知で教養がないと思っています。魔術についての昔の書き物を彼は拒絶しませんが、それを教養のない人々のための（例えば私のための）通俗的な前段階にすぎないと思っています[2]。しかしさらに、ようやく本来注目すべきもの、つまり「反キリスト」に相当するものが現われます。ところが彼は少しも反キリストではなく、ある意味において「反科学者」です。その際「科学」のもとに、ここでは特に自然科学的な考察方法、とりわけ今日単科大学や総合大学で教えられているものが理解されるべきです。この総合大学を彼は一種のツヴィングリ（Zwinguri）[5]、つまり彼が（私の夢では）ときおり放火さえする、彼の抑圧の場所と象徴と感じています。彼は無視されればされるほど、あらゆる手だてを尽くして、例えば共時的な現象（しかし彼は「放射能」と呼ぶあるいは抑鬱状態または訳の分からない激情を通して、目立とうとします。その場合、「引き受けられないことを要求されて仮病を使って休む、あるいは思わしくない行動をとるという契機は、意識の成熟した内容で成り立っているという」あなたの確認（第Ⅱ部、八六頁）は、文字どおり当てはまるのが常です。「見知らぬ男」が今日の自然科学に対してとる態度は、アハスヴェル[6]がキリスト教に対してとる態度によく似ています。その「見知らぬ男」は、およそ三〇〇年前に自然科学的な世界像が受け入れなかったものの一部であって、集合的無意識において破裂させられた部分のように自発的に動き回り、その際ますます「マナ」を背負い込みます（とりわけ「前に述べた」私の科学、つまり物理学が少し行き詰まっているときに）。同じことが、また別の言葉で表わされるでしょう。仮に科学における合理的な方法が持続していなければ、およそ一七世紀以来時代の意識から押しのけられ、無意識のうちに沈み込んだその内容が「活気づく」のです。ときのたつうちに、その内容はそこで、絶えず今ある「マナ人格」の原像を自分のものにします。「マナ人格」は結局この内容によってあまりにも強力に包み込まれているので、この原像がいつかは意識から破裂させられた部分によって「マナ人格」の相貌を決定するのです。しかし「見知らぬ男」の自然科学への関係は、最終的にはマーリンのキリスト教への関係と同じように、少しも破壊的ではありません。彼は今日の科学の概念、物理学（放射能、スピン）と同じく数学（素数）を徹底的に利用し、ただ慣習的ではない仕方でそうするだけです。彼は最終的には理解されようとしますが、われわれの今日の文化にはどこにも居場所がないかぎり、彼はマーリンのように救いを必要とします。彼にとって解放の「山の焚火」[7]は、まずは四一性が有効に表現される文化の形において燃やされるように、私には思われます。それが、いつまたどのように個別に起こりうるかについては、しかし私には、さしあたってまだ決まってないように見えます。確かにそれは、われわれにとっては、**ジョアッキーノ・ダ・フィオレ**〔ヨアキム・デ・フローリス〕[8]による「第三の王国〔聖霊の時代〕」に代わるような期待です（第Ⅱ部、四一頁）。

以上述べてきたことを通して、意識に対する元型の事態が、一方で聖杯伝説、他方で私の夢において一致することが明らかになっていればよいと思います。あなたの手紙とのさらなる私の「冒険（aventure）」は、このようにして、少なくともまったく期待されないようなものではない、ということになるでしょう。

何はさておき、あなたの手紙でテキストから引用された、紡錘（fuseaux）[3]の配列の記述が、独特な仕方で私を魅了し、刺激しました。情動的な関係と情緒的な状況とが生じました。私は、たとえ紡錘が糸を紡ぐこととはかかわり合いがないにせよ、それが回転しないというのはやはり奇妙ではないか、ということを熟考し始めました。すべてが私には、紡錘の回転を妨げる仕掛けのように見え、回転はむしろ、四つの要素から現われ、人間の影響を受けていない第一質料の原形をとどめるものとして、島に留まり続けたのです。そこで私は、あなたの手紙とこの問題についてC・A・マイヤーと話し合い、彼は紡錘が民間伝承においてどのような役割を演じているのかを調べてみたいと言っていました。彼は、有害な「魔術的」な作用がときとして紡錘の回転のせいであって、そのため、ある一定の時機（例えば収穫する間）には禁じられていたという記載を見つけました。こうして私には、「紡錘の回転―魔術的あるいは共感的な作用」という連想が成立しました。およそ二晩の後、同封の紙片[9]に書きとどめられた夢が生じ、そこではとても思いがけない仕方で、あなたの手紙に記述されていた紡錘の配列は秤に変わっていました。夢の意味は確かに、ユング教授が共時性についての新しい論文のなかで議論した問題と、大いに関わりがあります。さらに強調しておきたいのですが、ユング教授の新しいテキストを私が手にしたのはついこの間であって、夢がそれによって**影響された**ということはありえません。夢は**かなり以前**に生じており、それゆえあなたの手紙を読んだ結果として理解されるべきです。

はっきりと申し上げておきたいのは、私が夢をお送りするのは、何かある解釈をあなたに期待したからではない、ということです。その反対で、この種の夢の場合に私は、そもそも「解釈」に対してかなり懐疑的です。私にとって最も役に立ったのは、一方で文脈に属す問題一般の熟考とともに可能なかぎり広く文脈を「照らすこと」、他方で幾年にもわたって夢を観察することでした。こうして、無意識の「立場」をある程度心得ることが、また同時に意識の立場の長く続くゆっくりとした移動が実現します。それにもかかわらず私は、聖杯伝説に対して私が関心を抱いたもともとの理由と、同じくまたあなたが呼び起こした作用について、あなたにお知らせしようとしたわけです。(これら二つの夢をユング教授にもお見せするかどうかは、すべてをあなたにお任せします)。

あなたのすばらしいご研究に今一度心から感謝します(今少し手元に置いておいてもよろしいでしょうか)。ユング教授にもよろしくお伝えください(彼には、共時性についての新しい研究を十分に学んだあとで、直ちに手紙を書くでしょう)。

敬具

[W・パウリ]

[パウリによる注]

(1) 個性化の道としてのパーシヴァルの生涯の物語の解釈(第Ⅱ部、八四頁)、つまり同時に四一性への道の探究としての解釈。

(2) さらに、魔術的神秘的態度に関するあなたの解説(第Ⅱ部、二五頁)参照。

(3) 「その一つはベッドの前側に固定され、第二のものはベッドの背面に同じように固定され、第三のものはベッド全体に交差上に置かれ、他の二つに回してはめられたりはめあわされたりしていた」。

[訳注]

1 残念ながら、エンマ・ユングのパウリ宛の書簡はこの往復書簡集には収録されていない。推測されるのは、この往復書簡集がユングの秘書が管理していたファイルに基づいているため、エンマ・ユングが直接投函した書簡はその管理下になかったということである。他方で、パウリからエンマに送られた書簡については、パウリの名前のついたファイルに入れられていたのだろう。

聖杯伝説は、中世ヨーロッパに端を発する騎士道文学のジャンルに属する物語であり、聖杯を追い求めることが主題となっている。聖杯とは、キリストが最後の晩餐のときに使ったとされる杯、また、別の説では十字架にかけられたキリストの血を受けた杯のこと。処女マリアがイブの堕罪をあがなったように、救世主の血は聖杯によって堕天使ルシファーの罪をあがなうという伝承がある。スイスの騎士ヴォルフラム・フォン・エッシェンバッハの作品『パルジファル』はよく知られている。

M・L・フォン・フランツがエンマ・ユング（一八八一—一九五五）の著書『心理学的観点から見た聖杯伝説』（一九六〇年）に寄せた序文によると、エンマは三〇年にわたって聖杯伝説を研究し、いつかまとめて刊行したいと願っていた。ただし、この手紙の時点では、パウリは、彼女がこの主題を扱った論文を二点だけ読んだだけで手紙を書いている。その第一は、「聖杯伝説」四講であり、第二は「聖杯伝説2——ロベール・ド・ボロンの聖杯物語」である。不幸なことに、フォン・フランツが聖杯資料を改訂したり拡張したりしたため、一九六〇年に出版された著作の中に一九四四年の正確なテキストをすべて位置づけることはほとんど不可能であるし、ある場合には断片だけが残されているにすぎない。基本的には、初期のエンマ・ユングの資料の最初の部分は一—一五章に見出され、第二の部分は一六—二四章に見出されるが、一九六〇年版では章立ての番号が付されていない。［英語版補注による］。Emma Jung und Marie-Luise von Franz, *Die Gralslegend in psychologischer Sicht,* (Zürich: Rascher Verlag, 1960). 二〇〇一年に以下の出版社から再版されている。Emma Jung und Marie-Luise von Franz, *Die Gralslegend in psychologischer Sicht,* (Düsseldorf: Patmos, 2001). 英語版は以下の通りである。Emma Jung and Marie Luise von Franz, *Grail Legend,* trans. By Andrea Dykes, (New York: Putnam, 1970).

2　アリストテレスの形而上学の用語で、何らの形相（かたち）も性質ももたない純粋な質料（現実の物質に素材を与えるもの）であり、現実には存在しない仮説的な存在である。アリストテレスは、現実に存在するもの（第一実体）が質料と形相からなるという質料形相論を唱えた。また、それらに動力因と目的因を加えて、四原因説を唱えた。

3　紛失。英語版補注によれば、ヘルベルト・フォン・エルケーレンス Herbert von Erkelens は、『ヴォルフガング・パウリの錬金術的探求』の研究の中でその要約版「ヴォルフガング・パウリと中国人のアニマ像」を出版したが、チューリッヒ工科大学図書館科学誌資料アニエラ・ヤッフェ資料集ファイル番号一〇九〇：七一にこの夢を見出した。

4　魔術師や老賢者はいずれもマナ人格と呼ばれる精神／霊の元型である。Jung, *Die Beziehungen zwischen dem Ich und dem Unbewußten*, G. W. Bd. 7.［野田倬訳『自我と無意識の関係』人文書院、一九八二年。松代洋一・渡辺学訳『自我と無意識』第三文明社、一九九五年］

5　ウーリ地方の人々を支配するためにシレーネンに築かれたハプスブルク家の砦［ドイツ語版注による］

6　アハスヴェル（Ahasver）とは、一般に「さまよえるユダヤ人」、「永遠のユダヤ人」と訳される人物である。ヨーロッパの伝説では、イエス・キリストが十字架を担って刑場に赴くとき、アハシュエルス（Ahasuerus）という靴屋の家で休息を求めた。ところが、彼はこれを拒絶したのだった。そのとき、キリストは、「私が来る［再臨する］まで待ちなさい」と彼に言って立ち去ったと言われている。それ以来、アハシュエルス（アハスヴェル）は、故郷と安息を失って、最後の審判のときまで死ぬことなく、地上をさまよう運命を追わされたとのことである。

7　一二九一年八月一日にもともとの州（ウーリ、シュヴィーツ、ウンターヴァルデン）の解放の際の合図の炎［ドイツ語版注による］

8　ジョアッキーノ・ダ・フィオレ Gioacchino da Fiore［ヨアキム・デ・フローリス Joachim de Floris］（一一三五―一二〇二）フィオーレのヨアキムとも呼ばれる。イタリアの神秘思想家。世界の歴史を父・子・精霊の時代に分け、一二〇〇年頃から千年王国つまり精霊の時代、第三の王国が到来すると説いた。黙示録的終末思想の先駆者として知られている。

9　紛失。

45　パウリからユングへ

共時性論文への返答

［チューリッヒ州ツォリコン］一九五〇年一一月二四日

［タイプ打ちカーボンコピーに手書きの追加あり］

拝啓ユング教授

あなたの共時性に関する研究の新稿を、きわめて興味深く学びました。自然の解明にかかわる、因果律とは区別される新しい原理の可能性と効用について、またラインの実験を考えに入れる必然性についても、すでに以前から、私たちの間では原則上の一致が成立していました。第二章「占星術の論拠」がいまや転換したことに応じて、私たちの立場はさらに接近するように思われます。

1　昨年の秋と冬に何度も議論して（ちなみにそれは確かに、思いがけない場所で、あなたの「共時性」概念に対する強い関心を確かめる機会を私に与えました）、私は繰り返し、そのような転換が生じるだろうという私の希望を述べてきました。例えば私は当時、M・フィールツとC・A・マイヤーに向かって「いまや物理学者が、心理学者たちに対して統計的な調査の際には無意識を除外してはならない、と言わなければならないのはまったく逆説的である」と言いました。ところが無意識は、新たに「被験者の生き生きとした関心ないし占星術師の心的な状態」に化けて入り込んでおり[(1)]、そのために、あなたの統計的な調査全体の根本的な結果として、「統計的な方法が共時性の数字上の確定に破壊的な影響を与える」（三五頁）ことが確認されるのです。[1] この「破壊的な影響」の本質は、関与者の心的な状態を無視して等しく統計的な平均値がもくろまれることによって、その心的な状態の事実的な影響を除去することにあります。それは、私が実際に「共時性」概念の定義にさえ採用したい、共時的な現象の一般的かつ本質的な特性であるように私には思えます。つまり、もし実験に関与した個人の心的な状態を顧慮することなしに統計的な方法が適用されようとも、そのような「破壊的な影響」を示さ**ない**ならば、その場合は何か本質的に共時性以外のものがからんでいたのだ、ということです[(2)]。私はこの観点に、ミクロ物理学における不連続性と結びついて、以下でくわしく立ち返ります。

先に挙げた、被験者の絶えず更新される関心が決定的である、というあなたの調査の帰結は、それどころか占星術を、この帰結が成立するための**副次的**なものとして出現させ、ラインの実験の際の「的中」との類比で、伝統的な占星術にとっては好都合な結果をあてがいます。

（ここで少し途中の質問があります。ラインの実験の場合、「否定的」な効果を示す、つまり的中するのがいつでも統計上の期待に応じるよりも**少ない**、そのような被験者も考えられるでしょうか。また、既婚者と未婚者における天宮図の比較についてのあなたの統計的な実験の場合、例えば太陽―月の合がまさしく逆に未婚者の場合に、それも彼らの心的な状態が占星術に対する特別な抵抗を示すため優先的に成立する被験者もいるのでしょうか。ここで「優先的」とは、統計上の偶然よりもしばしば期待されるという意味です。占星術の事例とラインのＥＳＰの実験が、はたしてこの点で類比的にふるまうだろうということを、私はある程度確信していますが、しかし他方で、両方の場合に元型が入り込んで活動することによって「否定的」な被験者の可能性が妨げられるかもしれません）[2]。ＩからＶまでの表の統計を私はくわしくは吟味していませんが、そのわけはこれが私には多くの時間と労力がかかるからで、またまちがっていなければ、この資料の全体は、この資料にすでにいくらか熟練しているＭ・フィールツ氏によって、いずれにせよ先に追試されているだろうからです。（これが私の思いちがいでなければ、この際も彼に重ねて相談することをお勧めします。彼の目下の、たぶんだいたい一九五一年四月末までの有効な住所は、［アメリカ合衆国］ニュージャージー州プリンストン高等研究所です）。いずれにせよ、あなたが示した結果は、今やまったく私の期待に添うものです。それに対して、占星術師の心的な状態に左右されない肯定的な結果は、私たちによく知られた事象の因果性と矛盾するでしょう。実際、自然はまさに――物理学におけるボーアの「相補性」に相当して――因果性と共時性との間の矛盾が決して突き止められない性質のものなのです。

２　このことが今や、その論議がこの手紙の主要部分をなしている次の問いへと私を導きます。つまり、現代の量子物理学においてまとめられたデータが、共時性の新しい原理の助けであなたによって解釈された例の別の現象に対して、どのようにふるまうのかという問いです。さしあたり確かなのは、現象の二つの種類が、「古典的」な決定論の範囲を超えているということです。ところが、それと差し向かいでは、あなたの研究の第一章および第四章の幾つかの個所で触れられたこの問題は、まだ答えられていません。当然ながら、私にとってこの問いは、物理学者としてとりわけ重要なことで、一年前から私はそれを大いに論じ、また熟考してきました。

あらゆる実験的な自然科学において、少なくとも原則的には再現可能な事象に関連するという、自然法則に向けられた要求（あなたによって同じく二頁に挙げられた）は、私には根本的に重要であると思われます。というのは、原子物理学では結局、この自然法則の統計的な規則性は、再現性へのこの要求を満たすことに対して支払われなければならない代償である、ということが明らかになっているからです。ところで、詳しく言えば物理学では、本質的に一回的なこと（物理的な自然法則においてはそのためにどのような場所も用意されていない）が意外な場所で明らかになります。その場所とは観測そのものなのですが、それが一回的（お望みならば、一種の「創造行為」）であるのは、観測者の影響を測定可能な修正を通して削除することが不可能だからです。個々の場合の不連続と、あらかじめより大きな統計上の総体（近似の）において現実化された連続との間を媒介するようにして成立した、個々の場合についての命題にもはや還元されえない統計的な法則の型は、「統計的な対応」とみなされる可能性があります。[(3)]（放射性崩壊の際の半減期の法則は、この種の特殊なケースです）。少なくともミクロ物理学における自然法則の**統計的**な規則性は、それでもやはり（観測者の心的な状態に左右されずに）**再現可能**です（例えば今挙げられた半減期のように）。これは私には（この点については、上に定式化された、共時性に対する統計的な方法の破壊的な影響を判断する基準を参照）、非因果的な物理的な現象（例えば放射能あるいは物理学の「対応」に属する何か他の不連続性のような）の、狭い意味での「共時的」な現象（例えばＥＳＰの実験あるいは占いの方法のような）との基本的な相違点でもあるように見えるので、私はそれらを**異なった段階での現象ないし効果**として把握することを提案したいと思います。[(4)] この異なった段階の場合は、一回的な対と持続的な系列との間の区別に似た差異が重要です（その際、後者にとっては少なくとも統計的な特徴は再現が可能です）。二つ目の事例でも、自然法則の古い決定論的な形態によってはもはや把握されえない何かが問題になっているとはいえ、しかし私は物理学者として、共時性の立場から見られれば、量子物理学の「統計的な対応」は古い因果性のきわめて**弱**い一般化として現われるという感じです。これは、ミクロ物理学はなるほど観測方法の非因果的な仕方の余地があるが、それなのに「意味」概念の役には立たない、ということに示されています。[(5)] 私はだから、あなたが例えば五八頁でしているように、物理的な不連続性と共時性とを同じ段階に置くことに対してかなり疑念を抱きます。私の疑念に同意できない場合、あなたの反証をお聞かせいただくのは、とても興味深いことです。

　ミクロ物理学の事例と、心的なものが含まれるすべての事例との違いを強調するために、私は「背景物理」[3] についての一九四八年の未発表の論説において、異なった対立の対が両者の事例に対応すべき、四つ組みの図式を提案しました。——

物理学に属する対立の対：

不滅のエネルギーおよび運動量
　　一定の空間─時間的経過

心理学に属する他の対立の対：

無時間的な集合的無意識 ——— 自我─意識、時間

もちろん、当時提案された四性がそのまま、現実の「共時性」にふさわしい表現であると主張することはできません。この図式のそれ以上の、私にとって重要な特徴は、現代の物理学者がつまりとりわけいやがるにもかかわらず、空間と時間とがお互いに対立させられていないということです。

私は、このニュートン物理学における三次元的な空間と一次元的な時間の対立（それについてはすでにケプラーの場合に始まっていると言えます）が、現代の相対性物理学や量子物理学におけるよりは自明に見えるということをやむをえず認めますし、空間の場合は類例がないのに対して、記憶（回想）の存在が未来と比べて過去を際立たせるかぎりで、時間と空間とは心理学的に異なっていることも心得ています。それでもやはり、五九頁のあなたの図式における空間と時間の対立は、ほとんど同意できないように私には思われます。第一に、これは少しも現実の対立の対をなしてい

ませんし（ともかく空間と時間はそのまま**同時**に現象に適用できるので）、また第二に、一七頁に定式化されたあなた自身の根拠[6]が、空間と時間の本質的な同一性にとってとても重要になるのです。

それゆえに私はここで、四つ組みの図式を論議するために、時間と空間の対立を回避し、あなたの図式と一九四八年に考えられた私の以前の図式、それぞれの長所を一つにするかもしれない、次の**妥協案**を提示したいと思います。

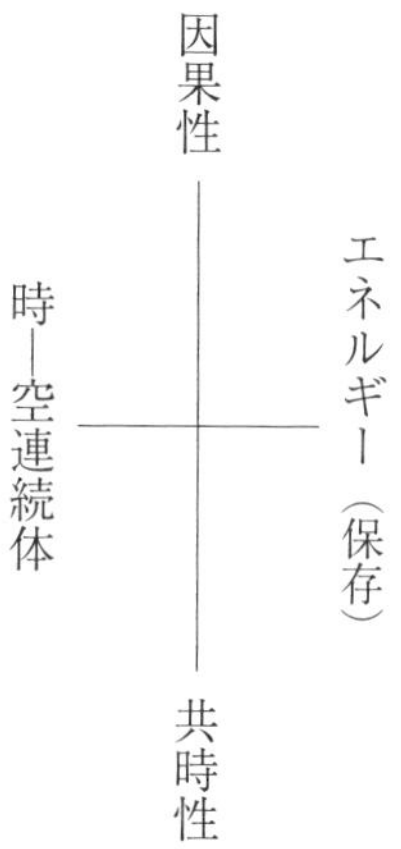

その上で、「三つ組みの世界像」が話題になっている六一頁で、「空間、時間、因果性で」（下から八行目）の代わりに「そして因果性」と言うかもしれません。[4] その方が、やはり「三原則説」という言葉にふさわしいでしょう。それというのも、**連続性**（自然は飛躍をなさず natura non facit saltus）がなるほど、（古典的）な自然科学の時代の特色を示す**原理**とみなされうるからです。

3　心理学的な概念あるいは事態を説明するために、あなたが物理学的な概念を用いるとき、しばしば私は、あなたの場合は夢のようなイメージ像[7]が扱われているという印象を受けますが、この印象はその場合、あなたの書いた文章がまさに、本来なら始まるべきところで終わってしまう、という感じに伴われるのが常です。こうして例えば、**九頁**に（時間における符合について）「この点についての物理学的な類似は」「放射能あるいは電磁場である」とあります。また**一〇頁**には、元型に関して「それらは、放射能と比較しうる一種の力の場を表わす」とあります。そのような文章を、物理学者は少しも理解することができません。というのは、つまり物理学者は、**そもそも力の場**（電磁でも何かほかでもなく）を放射能と比較しないからです。

物理学的な力の場の概念は、根源的に、空間を貫き通る「エーテル」の応力の状態という具象的な理念に基づいています。この状態は、物体間（例えば電気的物体と磁気的物体）における「動重力的」効果の媒介者として用いられました。場の概念は、応力の状態が必ずしも試験体によって目に見えるようにされないときでも、それに物的な実在が帰せられたことによって、（ファラデー以来）自活してきました。後になって、応力の状態やエーテル媒質の具象的機械的な像は放棄されましたが、それは取りも直さず、当該の物理学的な状態が、空間―時間座標の然るべき連続する関数によって数学的に記述されるという抽象的な把握のお陰で、目に見える像が断念されたからです。「場の物理学」の課題はその場合、どのようにこの関数が試験体を用いて少なくとも原則的には測量されうるのか、という決まりと同じく、この関数が応じる法則を挙げることでした。（この物理学的な場の概念が心理学的な無意識の概念に相当することについて、またこの両概念の展開の時間的な経過における平行については、私自身幾つか考えがあるのですが、しかしここであなたの判断を予断するつもりはありません）。

放射能に本質的なのは、エネルギーを運ぶ放射線の放射（場合によっては異なった仕方で）を伴う、化学的な元素の変換です。この放射線は「活動的」で、すなわちそれは、物質にぶつかるところでさらなる化学的また物理学的な作用を発生させます。

元型の あるいは 共時的な符合
――――
放射能 あるいは 力の場

このような類比は、しかし比較のための第三であるもの（tertium comparationis）［比較点］（ことによってはまた相違であるもの）が挙げられることを前提にすれば、興味深いかもしれません。私の個人的な願いは、引用した文章をあなたが削除せずに、それを拡張させて説明するだろうということです。

---

4 あなた自身が言うように、あなたの研究の運命はラインの実験次第です。私もまた、この実験の経験的な結果がなかなかよく根拠づけられているという見解です[8]。共時性の原理に対するESP実験の重要性を考慮に入れて、あなたが八頁で言及している、いわゆるPK（「念力 Psychokinese」）の実験が、あなたの考えではどのように解釈されるのかをとりわけ説明していただければと思います。この場合、サイコロを振ることの結果に関して願望を述べる人は、サイコロの次の目を前もってイメージしているのでしょうか。これに関して、あなたはなるほど心的な「質量の相関性」に言及しますが、しかしそれをあなたがどう解釈するのか、またそのような仮定がどのようにPK実験を解説するのかについては、あなたは何も言いません。この場合も、私にはあなたのもとでの「夢のようなイメージ像」に対する疑念があり、それについてはさらなる説明が望まれます。

あなたの研究には、そのほかにも関心を引く細部（例えば占いの方法と数概念の心理学との関係）があるのですが、それについてはなお引き続きよく考えてみるつもりですし、目下のところあなたにお知らせすることはありません。なお未解決の問題、またなお存在する私たち双方の見解のあらゆる相違が、この手紙の初めに強調された原則的なものについての一致によって一掃される、という望みを述べて、さしあたりこの長い書簡を終えたいと思います。

敬具

［W・パウリ］

［パウリによる注］

（1） この点については、私にとって決定的である、あなたの研究の三三一―三五頁を参照。

（2） あなたによって、もちろん単に可能性として推測的にほのめかされたにすぎない、肉体と魂の関係を共時性関連として把握することは、私にはまさにこの理由から疑わしく思われます。ちなみに、そのような見解は、ゲーリンクスの古い「二つの時計理論」と本質的に一致するでしょう。しかしながら私は、「精神物理的な平行論」が「ことごとく不可解」であるという点では、あなたとまったく同じ意見です。〔訳注　アーノルト・ゲーリンクス Arnold Geulincx（一六二五—一六九九）はフランドルの哲学者〔英語版注による〕。「二つの時計」理論とは、ゲーリンクスが、デカルトの心身二元論のアポリアを克服するためにいわゆる機会因論を説き、心と体があたかも同調しているように見えるのは、時刻を合わせられた二つの時計が同じように時を刻むのと同じであると言ったとされることに由来する。〕

（3）あなたが、ボーアの「対応」概念の使用についての私の論評を引用しているのを、とてもうれしく思いました。（それについて私は「Experientia」誌（一九五〇年）における論文の八頁でもさらに短評を付け加えています。〔訳注　W. Pauli, "Die philosophische Bedeutung der Idee der Komplementarität," *Experientia* VI/2, Basel 1950. 並木美喜雄・岡野啓介訳「相補性という概念の哲学的意味」、パウリ著『物理学と哲学に関する随筆集』シュプリンガー・フェアラーク東京、一九九八年〕）

これに関したあなたの注は、四二頁aの代わりに、物理学的な不連続性が話題になっている、六一頁にあるほうがもっといいかもしれません。

（4）これは、両者の間の比較が可能であるということを排除しません。異なった段階の情動には事実また、差異の傍らでそれらの類似があるのです。

（5）それでもミクロ物理学における非因果性が、あなたの「共時性」概念への一種の「前段階」を示しているという見解は、議論の余地があります（証明できないにせよ）。その場合は、量子物理学における「状態」あるいは「物理学的な状況」という概念が、あなたの一般的な「意味—連関」という概念への前段階になるでしょう。

（6）そこでは「空間と時間はたぶん根底においては同じものであり、だから〈時間〔時の間〕〉について語られるのであり、すでにユダヤのフィロンが〈時は運動する空間である tempus est spatium motus〉と言っている」と述べられています。〔訳注　決定稿では以下に相当するだろう。Jung, "Synchronizität," p.31. ユング／パウリ『自然現象と心の構造』、三九頁。邦訳では以下のようになっている。「空間と時間は、運動する諸物体の概念的な座標だが、それらは根底においてはおそらく同一なのであろう。（それだからこそ、私達は、「期間（space of time）」の長短について語るのである）。そして昔、ユダヤのフィロン Philo は「天体の運動の延長は時間である」と言ったのである。」〕

（7）私がそのように仮定せざるをえないのは、あなたのイメージ像にしばしば自分自身の夢に由来するモチーフを再認識しうるからです。

(8) 先日、R・A・マッコンネルの研究(*Scientific Monthly*, 69, 121, 1949)が私に送られてきました。[訳注 Robert A. McConnell, "ESP—Fact or Fancy?," *The Scientific Monthly*, Vol. 69, No. 2 (aug. 1949), pp.121-125.] 著者はピッツバーグ大学の**物理学**科(!)でラインの試みを反復し、確証し、拡張させました。この研究もまた、なかなかよい印象を**私**に与えました。

[訳注]

1 パウリが引用している文章をそのまま決定版に見出すことはできないが、ここでの議論は、ユングの以下の一文を示唆していると思われる。「一般に、統計的手法は非日常的な事象を公正に取り扱うのにはたいへん不適当であるにもかかわらず、ラインの実験はそれでも、統計法の破壊的な力によく耐えてきた。それゆえ、それらの諸結果は、共時的現象のいかなる評価に際しても、考慮されねばならない」(Jung, "Synchronizität," p.65.)(ユング「占星術の実験」、ユング/パウリ『自然現象とこころの構造』所収、八六頁)。また、ユングは、以下のように述べている。「種々の資料が私の興味を挑発したのであった。だから私は、はじめは熱狂的な一被験者の立場であったが、あとになると、ESP実験に慣らされるようになって冷静になる。それゆえ、実験数がふえるにつれて結果は悪くなった」(Jung, ibid., p.67.)(邦訳、八八頁)。要するに、ユングが占星術実験を遂行したわけであるが、当初は強い関心を抱いて熱心に行っていたものの、だんだん実験数が増えるにしたがって熱中度が下がってしまい、その結果、あまり有意な結果が出なくなってしまったというのである。ユングもパウリもこのような現象も共時性に分類している。パウリは、これを心理学的な統計実験における「観察者の問題」と考えているのである。しかしながら、これには決定的な問題がある。なぜなら、占星術実験においてユングは被験者ではなく、実験者だからである。占星術実験の場合、被験者に相当するのは、むしろ自分たちの婚姻の天宮図に関してアンケートに答えた人々の方であろう。その意味で、パウリとユングの間では了解が得られたのであろうが、論点がずれていることは否めないであろう。この点に関して、ユングは以下のように述べている。「自然に生ずる共時的現象は、観測者を現在起こっているものの中に、またときには彼をその行為の付属物にさせるようにひっぱり込んでゆくということを、私はこういったことの長い経験から知っている。そのことは、あらゆる超心理学実験における固有の危険性である。ESPが実験者と被験者の感情要因に依存していることはその適例である。したがって、その結果にできるだけ完全な説明を与えること、および、統計資料ばかりでなく、興味をもっている関係者たちの精神過程が、共時的調整によっていかに影響を受けたかを示すことは、科学上の義務であると私は考えている」（Jung ibid. 63. 邦訳、八四頁）。このことから推測されるのは、ユングがパウリの求めに応じて、結果的にミクロ物理学における観測者の問題を占星術実験に導入することになったということである。

2　ESPテストなどの的中率がランダムな確率よりも有意に低くなる現象（サイ消失現象 PSI-missing と呼ばれる）については今日多くの文献がある。［独語版注による］

3　付録1参照。

4　パウリの提案は、ユングの脱稿版に反映されている。Jung, "Synchronizität," p.102. 邦訳、一三六頁。

パウリのコメントに対する返信

46　ユングからパウリへ

ボリンゲン、一九五〇年一一月三〇日

［タイプ打ちカーボンコピーに手書きの訂正あり］

拝啓教授

好意ある手紙をお送りいただき、また私の原稿に寛大にも注目していただき、ありがとうございました。あなたの批評は資料的にも、また観点の相違に関しても私にはきわめて貴重です。

1について。場合によっては「否定的」になる共時的効果についての質問には、ラインは、はじめは肯定的な的中数が奇妙な反対に転じるといういくつかの例を挙げている、と答えることができます。占星術的な実験手順の場合に似たような事態が生じることは、たぶん私は容易に想像がつきます。しかし状況が錯綜している場合、私が、その関心が抵抗に転じなくてはならない被験者であるので、事態を確認することははるかにむずかしくなります。この目的のためには、私はなお数百のホロスコープを収集して調べなければならないのですが、それもそのことが吐き気を催すほど ad nauseam いやになるまでずっと続けなければならないわけです。しかしそのときになってはじめて、否定的な数値が期待されるでしょう。

2について。あなたがきわめて適切にも「統計的な対応」とみなしたものは、例えば放射能を特徴づけますが、あなたがやはり言うように共時性を特徴づけるわけではありません。それというのも、前者においては半減期の規則性が、個々の事例が多数の場合によってのみ確かめられるのに対して、後者においては共時的な効果の少数によってのみ確認され、しかし数が多くなれば消えてしまうからです。この点で、半減期の現象と共時性の間には、実際に少しの関係も認められません。しかしそれにもかかわらず、私が二つの現象を関係づけるとすれば、それは私にはきわめて重要だと思われる、別の類推に基づいてなされます。なぜなら、共時性はたぶん、たとえ「原因」が確定されえなくても、「似ているもの」が符合する配置としても理解されるだろうからです。それで私は考えてみるのですが、考えられうる原因をもたない（またそれゆえ潜在的に確定されうるのでもない）、それぞれの「かくある存在」が共時性の概念に属するのではないでしょうか。言い換えれば、なぜ共時性がいつも、二つの心的な状態あるいは心的な状態と心的ではない出来事との符合だけになるのか、私はその根拠を少しも知らないわけです。恐らく、心的ではない出来事の間のこの種の符合も存在します。例えば、半減期の現象がそのようなものかもしれません。私は心的な状態相互の関係、あるいはそれと心的ではない出来事との関係に対して、「類似」概念を心的に適合させた書き換えとして「意味」という術語を用います。心的ではない出来事の符合の場合にはもちろん、むしろ「類似」概念の方が用いられるでしょう。（途中の質問ですが、ラインのサイコロ実験の注目すべき結果、つまりサイコロを振る数が少ない場合は結果が悪く、多い場合（二〇―四〇）はしかし肯定的である、ということがここで考慮されるでしょうか。純粋に共時的な効果は、サイコロを振る数が大きい場合と同じくらいに、小さい場合でも考えられるでしょう。数が大きい場合の肯定的な結果はしかし、サイコロを振ること自体の間の、付加的で共時的な要因を示唆しているのではないでしょうか。ラジウム原子が多数の場合に、少数の場合に見落とすような、似たような調和が現われないでしょうか）。

共時性が私にとって、何はさておきむき出しの存在を示しているかぎり、私は因果的には考えられない「かくある存在」が問題になっているすべての場合を、共時性の概念に包含する傾向があります。［その際］心的な共時性または半ば心的な共時性の場合が一方の小区分で、心的ではない共時性の場合が他方の小区分になるでしょう。ところで、物理的な不連続性がこれ以上因果的には還元されえないことが判明するかぎり、それは共時性のそれぞれの場合と同じく、「かくある存在」、および一回的な配置、あるいは「創造行為」を示しています。この「効果」が異なった水準にあり、概念的に差異化されるべきである点で、私はまったくあなたに同意します。私はまさしく、共時性の一般的な像を描くことが、さしあたり一度は気にかかっていたわけです。

さて世界像の四つ組み（quaternio）［四一性］に関しては、私たちの意見の解離は観点の相違（そのことを私は冒頭で指摘しました）に基づいています。私の物理学的な概念における「夢のような性質」は本質的には、それがあなたの場合は抽象的―数学的な性質であるのに、単に具象的であることによります。現代の物理学は空間時間連続体の概念がないと困るのですが、それは現代の物理学が、結局は考えられることの彼方に突き出てしまっているからです。心理学が無意識に入り込むかぎり、たぶんそれは、「不明瞭さ」ないしは時間と空間を区別しえないこと、同じくまたそれらの心的な相関性を認識せざるをえません。古典物理学の世界が存在することをやめる範囲では、意識の世界もまた無意識に対するその妥当性を失うわけです。空間的な度量の単位と時間的な度量の単位とは、それらが同時に現象に適用されるにもかかわらず、異なったままです。メートルとリットルはどこまでも比べられない概念であり、授業時間は一〇キロメートルの長さだった、と言う生徒などいないでしょう。こうして空間と時間もまた、具象的な世界像においては永遠に別れて対照的である直観概念です。ここで抽象的な概念ではなく、直観概念が関係しているところでは、心理学的な判断の手段が考慮されなければなりません。空間と時間はこの場合、背景上の一致にもかかわらず、空間が静止する三次元、時間が流れる一次元であるかぎりで対立しています。同じく因果性は、安定して検証されうるので、信頼できる仮説です。それにもかかわらず「偶然」の世界がうごめいており、その事実はしかし、原因と結果の必然的な連関を現実に証明するためには、まちがいなく実験室を必要とするくらいであることを明らかにしています。「因果性」は心理素 Psychologem[1]（また根源的には魔術的な力）のようなもので、それが出来事の結びつきを定式化し、これを原因 causa および結果 effectus として具象化します。同じことを、別の仕方でする他の（比べられない）直観が、共時性です。両者は、「関連」とか「結びつき」という高次の概念においては、お互いに一致します。経験的また実際的にはしかし（すなわち具象的な世界では）、それらは空間と時間のように、比べられないしまた対立するのです。

あなたの妥協案はとても好都合です。というわけは、それが具象性を超えて、具象的な世界像を背景的なそれによって補足するという思い切った試みを成しており、つまり私の図式のように単に前景的〔表層的〕ではないからです。あなたの提案は私をとても刺激し、私はそれをより全体的な世界像という意味で、まったくおあつらえ向きだと思います。あなたが空間—時間関係をエネルギー保存—空間時間連続体に取り替えるように、私は「因果性」の代わりに「結果による（相対的に）恒常的な関連」を、また共時性の代わりに空間時間的な偶発性、ないしは類似あるいは「意味」による（相対的に）恒常的な関連をおくことを提案したいと思います。つまり次の四つ組〔四元数〕によってです。

結果による恒常的な関連（因果性）

不滅のエネルギー — 空間—時間連続体

偶発性ないし類似による非恒常的な関連（共時性）

私の前景的図式が具象的な意識の世界を十分に定式化しているように見えるのに、この四つ組みの図式は一方で現代物理学の要求を、他方で無意識の心理学のそれをかなえています。この図式の元型界 mundus archetypus は本質的に、元型の**偶発性**によって特徴づけられており、それが一部はその不明瞭さの、一部はその非局在性の条件となっています。（元型は持続的に「枠を超えること」をなし、すなわちその（非因果的な）関連の自律性に応じて、一定の因果経過における偶発的な要因を相手にすることによって、一定の原因の有効範囲を乱すのです）。

3について。放射能および場についての九頁（同じく一〇頁）の文章を、私は十分に説明することができないので、定めし削除しなければなりません。そのために、私は実際の物理学的な知識をもたなければならないのに、残念ながら事情はそうではありません。放射エネルギーと場の応力は、なるほど物理学的には比べられないものとして現われますが、心理学的には元型での偶発性によって「枠を越えること」と対応関係があり、つまりそれらの物理的な符合を形成することを、私はあなたにほのめかすことしかできません。あるいは私は、この考えをさらに展開するためには、心理学的にも知らなすぎるのかもしれません。

４について。心的な「質量の相関性」は、質量が空間概念なしには規定されえないし、またそれが動いたならば、時間概念なしには規定されえないかぎり、もともと論理的には時間と空間の心的な相関性に由来します。この二つの概念がしなやかであれば、質量は規定されえず、すなわち心的に相関的であろうし、もしくは質量が任意に振る舞う、すなわち心的な状態に付随的である、と言ってもいいくらいです。被験者の前もってかたどられるイメージについては、何も知られていません。そのようなものが起こるところでは、私の考えでは、それはただ実験を乱すだけでしょう。

質量の相関性という概念でもって何も説明されていないのは、時間と空間の相関性についてほとんど説明されていないからです。それは、ただ表明されているだけです。

「質量の相関性」のもとに、何が**より厳密に**理解されるのか、見通しが立ちません。サイコロの動きの偶然性の内部で、ある「心的」な配置が生じます。この変容は、サイコロが重くなるとか軽くなるとか、その速度が加速するとか減速するとかによるのでしょうか。被験者の「知識」がありそうでないことに達するように、ありそうなものの枠は質量（すなわちサイコロ）によって確かに超えられるでしょう。このことの説明を私は、時に因果律の恒常性を廃棄し、偶発性によって物理的な事象と心的なそれとを相互に同化させる、元型の独特な本性に求めます。この共時的な出来事は、心（プシュケー）あるいは質量の特性として記述することができます。前者では心が質量を魅惑し、後者ではその逆に質量が心に魔法をかけるでしょう。したがって両者が、ともに背後関係としては偶発的であり、それらに固有の因果的な規定を気にせずに相互に干渉し合うという、同じ特性を有していることは比較的ありそうです。他の可能性は、そのような特性を所有しているのが質量でもこころでもなく、それらがそのせいだとされるべき第三の要因が存在する、ということです。

第三の要因とは、こころの領域において、またここから観察されうる、つまり（**類心的** psychoid）元型であり、それはその本性的な不明瞭さおよび「侵犯性」によって、二つの比べられない因果経過を突然（いわゆるヌミノーゼ numinose の瞬間において）相互に同化させ、共通の応力の場（?）を発生させ、あるいは両方とも「放射性の」（?）ものにします。

以上、わかりやすく述べることに成功していればと思います。

あなたの刺激的な批評に今一度感謝しつつ

敬具

ＣＧＪ

追伸　お願いがあるのですがＲ・Ａ・マッコンネルの研究をお貸しいただけないでしょうか。[2]

［訳注］

1　ユングによれば、「心理素 Psychologem」とは、「きわめて古い元型的心的構造」を意味する。G. W. 9I, p.278. (par. 465). 林道義訳『元型論』増補改訂版所収、二二〇頁。

2　書簡45、注（8）参照。

47　パウリからユングへ

共時性の定義の問題

［チューリッヒ州ツォリコン］一九五〇年一二月一二日

［タイプ打ちカーボンコピーに手書きの訂正あり］

拝啓ユング教授

お送りいただいた長文のお手紙は、今や多くのことを私に明らかにしてくれたので、私はそれをうれしく思っただけでなく、さらによく考えてみるようにと励まされました。

2について。この前の手紙で私は、共時性を狭い意味で定義することを提案し、その結果それは、個々の事例が少数の場合には明るみに出るが、しかし多数の場合には消えてしまう効果を有する一方で、さらにあなたは共時性の定義によって逆の道を進み、共時性は広い意味では各々の非因果的で――また私が付け加えたい――全体的な配置を包含することになります。こうすることによって、心的ではないものがこの配置に属し、つまり量子物理学においてまとめられた「統計的な対応」の事実もまた一般的な概念に入るようになるわけです。

より一般的に定義された概念のもとでは、心的な共時性もしくは半ば心的な共時性にとって固有なものの多くがほとんど失われてしまうかもしれないと恐れていたため、私は、より広く把握された概念を使用することを今まで避けてきました。量子物理学では、数が小さくなく大きい場合に明るみに出て、また「意味」の概念がここではふさわしくない効果（それについてはあなたがやはり詳細に書いています）が扱われているだけでなく――（心的あるいは類心的な）元型の概念もまた、自然なありように反するミクロ物理学の非因果性の場合には適用されます。そのため、共時性についての広範な定義を用いようとすれば、配置する要因としての元型の場合を特例として包含する、より一般的な場合はどれなのかという問いと取り組まなければなりません。量子物理学では観測者は、相互に排除する実験手順［配置］の間で、彼の意識の管轄下に置かれた（いつも犠牲を含む）選択をします。この人間の手順［配置］に対して、自然は次のような仕方で反応を示します。つまり、個々の事例における結果は予測できず、また観測者によって影響されることもありませんが、しかし同じように配置された実験が繰り返し遂行される場合には、再現できる統計的な規則性が成立し、その規則性自体が新たな自然の全体的な配置になります。実験手順はその際、ある全体を形成しますが、その全体は、結果を本質的に乱して変化させることなくしては部分に分割されることができません。その結果として、原子物理学では、「現象」の概念の定義には常に、それが生じる実験手順の全体が申告されていなければなりません。(1)

それゆえ、より一般的な問いは、自然における全体的で非因果的な配置およびその出現の条件の異なった型についてであるように私には思えます。この出現は自発的か、さもなければ「誘発的」である――つまり人間によって工夫されて遂行された結果である——可能性があります。後者は占いの方法の場合も事情は同じで、やはり「実験」（例えば託宣の際に硬貨を投じること）の結果はここでは予測されえず、ともかく物理的な事象の結果と、それを遂行する人の心的な状態との間に、「類似による関連」（意味）が成り立つことによってのみ受け入れられます。心的ではない非因果性の場合は、それに対して統計的な結果そのものが再現可能であり、そのためにここでは、「配置する要因」（元型）の代わりに「蓋然性の法則」について語られます。占いの方法が数の概念における元型的なものを示唆するように、量子物理学における元型的なものは、（数学的な）確率［蓋然性］の概念、つまりこの概念のおかげで見積もられた期待が、経験的に測られた頻度と事実上一致することにあります。この結びつきにおいて「数学の基礎」という特殊な領域が目下、大きな混乱状態にあることが注目に価します。その混乱は、この問題を意のままにしようとするという大規模な試みの反動のせいです。その試みは、一面的かつ自然から遊離していたため成功しなかったのです。この数学の基礎研究の領域では、「数学的な確率論の基礎」は一方で奇妙な最低の状態にあります。この課題に捧げられたある専門誌の特集号を読んで、意見の解離に私はまったく仰天させられました。後で耳にしたことですが、専門家は「周知のごとく」そのことで和解しえないという理由で、この対象に関する議論を可能なかぎり避けるそうです。だからこの場合、心理学的な観察方法が持ち出されるばかりではなく、それはたいそう有用でもあるのです。

あなたが第四章において物理学的な不連続性について語るとき、一方で心的ではない非因果的な配置と、他方で半ば心的な共時性や心的な共時性との間の差異を概念的に明確にすることが、私には無条件に必要であると思われます。あなた自身がすでに手紙でこのことを約束しています。

次に私は、この前提のもとに今一度綿密に、「共時性」についての狭義の定義と広義の定義の長所と短所を比較検討しました。純粋に論理的に言えば、一方の定義か他方の定義のいずれかを取り入れるかは、私たちの自由に任せられています。その場合、未来を指し示す直観が決着をつけますが、しかしそれは心理学であり、それも私がとりわけ関心をもっている自然科学的な概念形成の心理学です。ところで、私には直観的な機能が全体的な構造を把握する傾向があまりにも強いので、結局はすべての反対理由にもかかわらず、私の場合もあなたの広義の定義の方が一定の優位を占めています。ミクロ物理学では元型概念の直接的な適用が不可能であることと結びついて、私は、あなたの広義の定義それ自体が適当でないとするよりも、今日の「元型」概念がまだ不十分であると思う傾向にあります。それというのも、『エラノス年報』一九四六年版所収のあなたの論考[1]以来、「元型」概念はかなり変化してきていると私には思われますし、私は、ただ直観的にですが、さらなる変更を将来に期待したいからです。その際、ことさら意図されることなく同等性（類似）、非因果性、配置、対応、対立の組、全体のような、いくつかの他の重要な概念が心理学と物理学に同時に適用されることが、やはりとても重要になります。

それで今度は、因果性の反対原理をさらに理解しようとすれば、私は、「世界像の四つ組」（あなたの手紙の四頁）というあなたの新しい定式が、私の以前の願いに十分に応じつつ、そのためにまったく適切な表現であることを疑いません。このように補足されたあなたの第四章は、その場合何か別のもの、ある点においては単なる「まとめ」以上のもの、つまり将来への自然哲学的な展望になるでしょう。

3について。あなたの手紙の中で、放射能と場に関するあなたの文章について言い表されたあきらめの気分に、私は少しびっくりしましたが、それというのもそのようなあきらめには、少しも客観的な根拠がないと私には思われるからです。しかし、この点について私自身の立場を説明する際に、あらゆる本質的なものに触れるためには、今や私は、やむをえず自らが心理学的にならなければなりません。この論議の場合、私は喜んで、交換された役割でもってあなたの批評の重みに身をさらします。

さしあたり、あなたの物理学的な概念ないしは表象一般における「夢のような性質」に関しては、それは、抽象的—数学的な性質が欠けていること、また、その「具象性」によるとあなたが手紙の中で言われるとき、あなたは、条件付きながら的を射ているように私には思われます。私は、実験的な側面から物理学に近づく多くの人々（化学者あるいはエックス線医学者のように）を知っていて、彼らがみな、数学的な公式一覧は手に負えないゆえに、物理学的な概念を「具象的」に思い浮かべざるをえないと確信しています。しかし私は、彼らのうちだれの場合も、彼らの表象が「夢のような性質」をもっているとは言わないでしょうし、それどころか彼らのイメージが「具体的」であると言うでしょう。あなたの物理学的な表象の「具象性」はむしろ、物理学的な表象の意識的な使用に付随する、主観における心的な背景事象を同時に表現する、内向的な直観という意味で理解されます。それが、私の考えでは、あなたの表象の夢のような特性の原因となり、類似を際立たせ、また相違を気にかけないのです。この背景事象はふつう知覚されませんが、しかし私は、無意識においてはそれが絶えず存在していると思います。私自身はそれを「物理学的」な夢からとてもよく知っていますし、またそれゆえに、あなたの物理学的な表象が関心を引くのみならず、それを単純に夢の象徴のように取り扱わないならば、意味のある、道理にかなった説明が可能であると私は思います。その際私は、（あなたによってとても好意的なやり方で引用された）私の（心理学的にも物理学的にも解釈しうる）中立的な言語の理念を引き合いに出し、そのようにして物理学的な表象の「心理学的な対応物」を探り出すつもりです。

（私がこの前の手紙で述べたように）物理学者によって一般には相互に比較されない、場と放射能の場合、あなたは物理学的な概念の相違に、その心理学的な対応物における類似が向かい合っている点に、特別の難しさを覚えているように見えます。しかし私は、この難しさは見かけにすぎず、あなたの手紙の表明では、放射能に対する心理学的な対応物の場合、本質的な部分が欠けていることに由来していると思います。実際は、場に対する心理学的な対応物と放射能に対するそれとは相互に異なっているように、私には思えます

中立的な言語で表現されれば、両方の概念には、空間的に（またあるいは時間的にも）離れた、目に見える現象の間の関連の、目に見えない実在による媒介という理念が共通しています。その際、目に見えると目に見えないとは、日常生活の意味で理解されます。これによって、電磁場も、放射性物質によって放出された放射線も目に見えませんが、物体へのその力学的あるいは化学的な作用だけは目に見えます。中立的な言葉で表わされた理念の心理学的な解釈を見つけ出す際には、非因果的な連関が思われているときでも、具象的な表象はいつでも因果的な把握に従うことが考慮されなければなりません。目に見えない実在はその理由から集合的無意識でありうるし、目に見える現象はやはり意識的な表象であり（これはともかく表象する主体に「目に見える」のです）、そして媒介された関連は共時的なそれでありうるのです。

さらに放射能の表象に移れば、（静的な）場の概念から区別する目印として、直ちに放射性の核の化学的な変換の過程が目につきます。核は原子の中心であり、放射線は一般に、そこで物質に当たる、新しい放射性の中心を発生させます。それゆえ、放射能を中立的な言語で表現すれば、次のようになります。すなわち、最終的には安定した状態へと導く活動的な中心の変化の過程は、倍加し（「増殖し」）また拡張し、さらなる変化と結合した、目に見えない実在によって媒介される現象に伴われるのです。

ところで、この中立的な表現の心理学的な解釈を見出すために、広く求める必要はまったくありません。私には夢の象徴としてよく知られている「活動的な核」は、錬金術師のラピス［賢者の石］と著しい親和性があり、それゆえあなたの術語では「自己」の象徴になります。(2)変容過程は、心的な過程として、今日でも錬金術の作業（opus）において析出されるのと同じものであり、「自己」の意識的な状態への移行をその本質とします。この過程には（少なくともある種の段階では）「増殖 multiplicatio」、すなわち元型（これが「目に見えない実在」です）の多様な現象形態が伴いますが、これは一方また、あなたの手紙における、元型の「偶発性によって枠を越えること」あるいは「侵犯性」と同じことです。

変容過程がつまりは、あなたの手紙で放射能に対する心理学的な対応物の場合に欠けている部分です。心的な過程は錬金術師の場合と同じですが、しかし放射能の物理学的な過程の場合は、化学的な元素の変化がそのとき現実になるばかりではなく、私たちの意識的な自然科学的な理念においてもさらに非因果性が加えられます。象徴解釈はそれゆえ、錬金術師たちに比べてより洗練され、またより進歩しているようです。ところで、あなたの研究の九頁と一〇頁における放射能と場についての文章を、あなたが削除するか、あるいは詳しく説明するかは技術上の問題ですが、恐らく説明は回りくどくなるでしょう。

4について。あなたが「質料の相関性」およびサイコキネシスの実験について述べることは、なおまだかなり曖昧であるように私には思えますが、しかし私たちの知識の今日的な水準では、もはやそれ以上に言うことはできないのかもしれません。その他の点では、被験者の前もってかたどられたイメージについては、私はよくは分かりませんが、無意識的かつ無意識から作用する前もってかたどられたイメージだと思われます。サイコロを振る数が多い場合に、ラインの実験が肯定的な結果を示すことについての、あなたの途中の質問に関しては、その答えを私は知りません。

私はこの往復書簡をとても喜んでいます。それというのも、これら境界問題のすべてについて、二つの側面からの現実的な話し合いが今や可能になる気がするからです。

マッコンネルの研究を同封します。あなたの原稿をお返しする必要があれば、お知らせください。

敬具
W・P

［パウリによる注］

（1）ボーアは「個別性 Individualität」の概念をも非因果的な個々の事例に適用しますが、彼はその際、意図的にこの言葉の「不可分性 Unteilbarkeit」との語源的な関連をほのめかしています（英語では individuality や indivisibility）。

（2）私自身の言葉の使い方としては、私は「自己」という言い方にまったく慣れておらず、むしろ「活動的な核」と言います。物理学者としての私には、サンスクリットの文献学者よりも錬金術師のほうが精神的に近いとしても、あなたはびっくりしないでしょう。

［訳注］

1　Jung, "Der Geist der Psychologie," *Eranos Jahrbuch 1945*, pp.385-448.〔林道義訳「心の本質についての理論的考察」『元型論』増補改訂版所収〕

自宅での面談の申し出

48　ユングからパウリへ

［キュスナハト］一九五〇年一二月一八日
［タイプ打ちカーボンコピー］

拝啓教授

残念ながら、あなたの好意的なお手紙に対して、お返事をまとめる準備がまだできていません。しかし事柄全体について、一度お話をすることができれば、私のためになるだろうと思います。もしよろしければ、来週の土曜日（一二月二三日）夕方六時に、キュスナハトまでご足労願えませんでしょうか。そのとき、後で夕食をとっていただければ、うれしく思います。

あなたの詳細なお手紙にとても感謝しています。立場の相互の歩み寄りは、私にはきわめて好都合です。

敬具
［C・G・ユング］

狭義の共時性と広義の共時性　元型と共時性

49　ユングからパウリへ

ボリンゲン　一九五一年一月一三日
［タイプ打ちカーボンコピーに手書きの追加あり］

拝啓教授

私の勇気を鼓舞してくださり、とても感謝しています。私がさらに厳格な意味で sensu strictiori 物理学的ないしは数学的な思考の領域に入るときはいつも、私にとって概念は把握しにくくなり、それはあたかも底知れない霧の中へ入り込んでしまったかのようです。この感じはもちろん、あなたにはよく見えているでしょうが、私の概念における物理学的あるいは数学的な関係を、私が見ていないことに由来しています。たぶん似たような理由から、あなたには心理学的な概念が曖昧だと思われるでしょう。

さて、あなたがきちんと説明してくださった、共時性概念の狭い意味と広い意味に関しては、私には狭い意味におけるΣ（共時性の略号）が、元型的な条件の観点によるだけでなく、非因果性の観点によっても性格づけられるように思われます。元型は心的で半ば心的なΣ事例の特徴をよく示すのですが、しかし私は、いわゆる因果律の「異常」ではなくまさに非因果性が、心的で半ば心的なΣ事例の探求しうる元型的な基礎よりも、より一般的な目印あるいは上位の規定ではないのか、と自分でよく考えてみます。前者は確かに内省によってのみ現にあるものとして確認されるのですが、しかし局外者には、私の観察を伝えない限りは隠されたままです。後者は、もし私の洞察を知らせないでおけば、ことに元型的な比較の第三点 tertium comparationis［比較点］が明白ではない例の事例において（例えばスカラベの事例におけるように）、非因果的な「かくある存在」のみが確認されうるのです。それというのも、私が当時、ミサにおける変容の象徴の心理学に従事していたとき、錬金術に由来するのですが、蛇が自分には大きすぎる魚を呑み込もうとすることがありました。蛇はその結果、窒息しました。魚は通常とは異なった聖体の糧であり、それをわが物にするのはこの場合、人間ではなく下界の霊、すなわちメルクリウス神の蛇 serpens mercurialis です。（魚＝キリスト。蛇＝キリストと女性的な暗黒の原理）。私はその頃、共通の元型的な基礎ではなく、一致のみを確認しえた局外の観察者の位置にあり、すなわち私は、どうして蛇がミサと対応するのか、理解していなかったわけです。しかし私は、この事例を意味のある一致として、つまりささいなかくある存在などではないとして、きわめて強く感じ取りました。この事例においては、唯一の目印が非因果的な現存であり、ほかならぬこれが私に、そのようなまた似たような場合に、非因果性がより一般的な規定であるという考えをもたらしたのですが、他方で元型は、ほとんど偶然に洞察が可能になるところで、いわばおりにふれて事実として確認しうる目印を示しています。さてそれどころか、心的な領域において「不可解」なΣ事例があるとすれば、それは半ば心的な領域あるいは物質的な領域においてはもっとありそうです。言い換えれば、そのとき、一般的な場合が非因果的なかくある存在であり、他方でΣが、かくある存在の「見通された」個別の状況 casus particularis を示すことがあきらかになるでしょう。

私はしかしまた、論証を逆転させて言えるのですが、内省は私に、元型がΣの特徴を示すこと、すなわちΣは、元型が（超越論的な）基礎として認識されうる、非因果性の特殊例であることを教えてくれます。この認識が可能になるのは、半ば心的な領域ではより少なく、また物質的な領域ではまったく不可能であるような何かが、内省を通して内から認識されうる非因果的な事例が（偶然に）心的な領域で起こるという理由からです。元型の単に類心的（超越論的）な本性のもとでは、その物質的なだけの出現は、決してありえないことではありません。元型はそれゆえ同じようによく、純粋に心的な、半ば心的なΣの、そして物理的な非因果性一般の基礎でありうるのです。不断の創造 creatio continua および照応 correspondentia という古い教えは、結局は自然の全体に広がっており、決して心的なものにのみ該当するわけではなかったのです。

私は心的な領域のΣが、ミクロ物理学の不連続性から概念的にわけられなければならないということで、あなたとまったく意見が一致します。しかしながら、心的なΣの事態つまり元型的な目印を、一般的な非因果性に包含すべきなのか、それともその非因果性を元型の全般的な有効性に従属させるべきなのか、という問いは未解決です。後者の場合には、範型としての元型界 mundus archetypus とともにプラトン的な世界像が成立するでしょうし、前者の場合には、非因果性が一般的な因果性の物質的な異常とみなされるべきであるにせよ、その心的な「異常（アノマリー）」として元型的な目印とともにΣが出現するでしょう。

元型には、数学における確率の概念が相当するというあなたの考えは、私にはとても啓発的でした。現に元型は、心的な生起の確率を示す以外の何ものでもありません。それはある程度まで、心的な統計の形象的に先取りされた結果なのです。このことはたぶん、繰り返しみずからを更新しまた確認されるという元型の傾向に一番よく見て取られます。（キリスト教のオリュンポス山［神々の座］におけるある女神の復権を参照！）。

私はもちろん、あなたがΣ概念の拡張を本気で考慮する傾きを示していることを、とてもうれしく思います。こういう事情では、あなたが元型概念の新しい理解を求めるときには、あなた自身にすべての権利があります。私には、この目標への道は、元型―確率の類比を超えて導くように思えます。物質的には確率はいわゆる自然法則に相当しますが、心的には元型に相当します。法則と元型とは両方とも、様態 modi および抽象的な典型例であって、それらは経験的な現実においてそのつど変更された仕方で現われます。この見解は、「行動様式」としての元型という私の定義に応じています。ところが、自然科学においては法則がもっぱら経験から導かれた抽象として現われるのに、私たちは心理学においては、すでにでき上がった、あらゆる測定の及ぶ限りではア・プリオリに存在する像に出会います。それは自律的に例えば夢に現われ、あたかも誰かがすでにあらかじめ権威をもって「今起こっていることはたいへん重要である」と説明したかのように、自律的なヌミノースを有しているのです。これは私には、自然法則のア・ポステリオリな性格とは顕著な対立をなしているように思えます。そうでなければ、例えば放射能の像がもうずっとあったとして、その実際の発見はこの特別な像の意識化を示しているにすぎないことを、受け入れざるをえないことになるでしょう。あなたがラピス［賢者の石］の像を取り扱うやり方は、ラピスに伴う象徴が、例えば増殖 multiplicatio のように、結局事実上は、心的なものと物質的なものに共通の超越的な基礎を示唆しているのではないのか、と問う気に私をさせます。つまり、放射能とその法則がア・ポステリオリに認識されたものであるとどうしても見せかけるにせよ、自然法則が根本においては、私たちが心理学において元型とみなすものに基づくよりも、何か極端に toto caelo 別のものに基づくことを証明することは、やはり原則的に不可能です。それというのも、自然法則は結局、その公然の経験的な由来を侵すことなく、何といってもいつも心的な形成物でもあり、またいやおうなしに nolens volens その根源を同程度に心的な前提に有するからです。こういう事情では、一方で元型とそれから発する布置の作用と、他方で活動的な核のその周囲への作用との間の類比は、単なる隠喩以上の何かを意味するでしょうし、また心的な変容過程は、あなたが際立たせているように、放射能の本来の対応物であるでしょう。

　さて私は、私たちの申し合わせの意味で、私の原稿を補足することに取りかかりますが、わかりやすく述べることができればと望んでいます。

今一度、あなたの好意的な関心や助力に大いに感謝しつつ

敬具
CGJ

50 パウリからユングへ

共時性論文校訂版送付への謝辞とコメント

［チューリッヒ州ツォリコン］一九五一年二月二日
［手書き］

拝啓ユング教授

あなたの原稿の校訂版をお送りいただき、どうもありがとうございました。私はとりわけ最終章としての第四章を入念に読み、それが問題の今日的な状況をよく再現しており、現代物理学の立場から見て今や論駁しえないと思いました。

私は、今度はA・シュパイザー[1]との議論にかなりの紙数が費やされていることに、少々不意を突かれました。はっきり言わなければならないのですが、あなた自身の見解とは反対に、シュパイザーの見解は私には多くの場合わかりにくいものです。彼の見解は私にはやはり一部は古くさくなっているように思え、とりわけ「法則によってのみは規定されない初期状態」、それから「時間を通して十分に合法則的になってゆく」というのは、古典的な物理学の立場に相当し、現代の原子物理学のそれではありません。後者においては、ともかく原則的には、各々の観察は現象の因果的な関連を遮る干渉なのです。——さらに概念一般を「ないもの」として言明することは、（「唯名論」と「実念論」の間の中世的な論争の意味における）極端な「唯名論」への復帰ではないでしょうか。

しかしながら、これはもちろん、私が今一度心を込めて同意したいあなたの新しい第四章の全体の取るに足りない細部にすぎません。

あなたが土曜日に講演するのを聞けるのを楽しみにしています。

敬具
W・パウリ

［訳注］
1　アンドレアス・シュパイザー Andreas Speiser（一八八五―一九七〇）　数論、群論、リーマン幾何学などの研究をした数学者。多方面に関心を持ち、音楽や哲学でも業績を残した。ストラスブール大学、チューリッヒ大学、バーゼル大学で数学を講じた。
パウリへの謝辞　同封書類の説明

51　A・ヤッフェからパウリへ

［キュスナハト］一九五一年三月一四日
［タイプ打ちカーボンコピー］

拝啓教授
共時性の研究をご返送いただき、どうもありがとうございました。ユング教授は最近、もう一度それに書き込みをしたいと望んでいるとしても、もはやそれにとりかかってはいません。［書き込みをするにしてもそれは］私の知るかぎり、物理学と関係がありません。
同封物（手紙を含む）は、私が少しばかり前に、ユング教授の謝意とともにあなたに送り返すべきであったものです。遅くなって申し訳ありません。この頃私は仕事が遅れ気味です。
楽しい復活祭の日々をお祈りしつつ
敬具。
A・J

「スイスの対話」参加依頼をめぐる相談

52 ユングからパウリへ

［キュスナハト］一九五一年三月二七日
［タイプ打ちカーボンコピー］

拝啓パウリ様

お手紙でお邪魔することをお許しください。さて、ゴンセト教授[1]が私にこの「スイスの対話」（ないしはチューリッヒ国際フォーラム）に参加しないかと問い合わせてきたので、私は少しばかり困惑しています。彼が私の名前を挙げたいだけなのではないかと思われます。実際、私はそのような哲学的な会話に参加することは徹頭徹尾できませんので、お断りするのが最善なのではないかと思います。しかしながら、私はゴンセト氏に不親切にしたいわけではないですし、あなた自身参加されるとお伺いしたので、あえてあなたに助言をお願いする次第です。手短な情報と適切な助言をいただければ幸甚です。

敬具
［C・G・ユング］

［訳注］
1　フェルディナン・ゴンセト Ferdinand Gonseth（一八九〇―一九七五）　スイスの数学者で哲学者。スイス連邦工科大学の高等数学教授および科学哲学教授。『ディアレクティカ Dialectica』誌の創刊者であった。

「スイスの対話」の後援を勧める

53 パウリからユングへ

チューリッヒ、一九五一年四月一七日

[手書き]

拝啓ユング教授

三月二七日付のお手紙は残念ながら、私がほぼ三週間、休暇で南イタリアとシチリアにいたので、しばらく放っておかれていました。(1) 今日さっそく電話でゴンセトと話をしましたが、あなたが「チューリッヒ国際フォーラム」の後援に同意して下されば、とても喜ばしいとのことでした。それによっていかなる義務も負いませんし、なおのこと哲学的な会話に参加する必要もありません。そういう次第で、この解決策はゴンセトの望みも、あなたをも満足させるでしょう。

さて私は、ケプラー研究を数日中に仕上げることができればよいと思います。

敬具

W・パウリ

[パウリによる注]

（1）この手紙のめぐり合わせにおけるさらなる錯綜（「パウリ効果」？）が、クィスペル氏[1]宛の手紙の住所が、私宛の別の手紙と取りちがえられていたことによってもたらされました。そのため、まず私宛の手紙はオランダを訪れ、次に私に届いた手紙を私は、休暇から戻ってやっと昨日転送することができましたので、クィスペル氏はいくらか遅れて彼の手紙を受け取ることになるでしょう。この補足に関しては、シュミットさん[2]にくれぐれもよろしくお伝え下さい。

[訳注]

1　ジル・クィスペル Gilles Quispel（一九一六—二〇〇六）であると考えられる。オランダの神学者、キリスト教史家、グノーシス主義の研究者。ユングの書簡集にクィスペル宛の一九五〇年四月二一日付の書簡が収録されている。Cf. Aniella Jaffé, hrsg. *C. G. Jung Briefe II: 1946-1955.* (Ostfildern: Patmos Verlag, 2012), S.185-187.

2　マリー＝ジャンヌ・シュミット Marie-Jeanne Schmitt は、当時のユングの秘書。[ドイツ語版注による]

ユングの書評に対する謝辞

54　パウリからA・ヤッフェへ

［チューリッヒ］一九五一年一二月三日
［タイプ打ちカーボンコピー］

拝啓ヤッフェ様

ホイルについての書評をお送りいただき、どうもありがとうございました。私はそれに急いで目を通しましたが、ホイルと彼の本についてとてもよく描いていると思います。私はホイルをかなりよく知っており、チューリッヒでの彼の講演を聴いたこともあります。彼が空想と科学を混合しているのは、私には趣味が悪いように思えます（私はそれを女性的だと思います――より厳密には、私はホイルを感情タイプだと思います）。彼の「背景の物質」や無からの継続的創造は、私にはまったくの無意味に思えます。私は、物理的エネルギーの保存［の法則］を疑う根拠がわかりません。この種の宇宙発生論が、まったく**物理学ではなく**、**無意識の投影**であることは、私にははっきりわかっています。またそれとともに、私たちは再び、「背景物理」についての私の古い論文におけるテーマに至っています。

これとのある一定の関連において触れておきたいのですが、私は最近さらに「核の象徴」（C・G・ユングの「自己」あるいは「神の像」に従って）をよく考えてみて、A・ハクスリーの「永遠の哲学」にも取りかかりました。それには、私がこの間読んだ（ちなみにハクスリーによってとても高く評価された）「ドイツ神学」と似たような欠陥があるように私には思えます。要するに、なぜ「根拠 Ground」が創造と呼ばれる「時間への没落」をなしたのか、またそれがどうしてまた、人間の意識によって認識されるという欲求をもちうるのか、ということがわからないのです。言い換えれば、ハクスリーの仮定は、私にはあまりに直線的―仏教的―プラトン的で、クザーヌスにおける対立物の一致 coincidentia oppositorum、悪くすると相補的な対立の組における逆説に関しては何も含んでいないわけです。

私は今まで、論理的に矛盾を含まない宗教哲学的な系統を、二つだけ知っています。つまり一方は静的―道教的（老子）で、他方は進化論的で、これは本質的には、人間的（ないしはすでに前人間的）な意識の、「核」への（「神の像への」といってよろしい）仮定された遡及作用に基づきます。[1] 後者の場合、とかく私は、この男性—女性的な象徴（この点についてはA・ヤッフェ女史の諸論文を参照）のちょうど女性的な部分（物質、エネルギー——私の背景物理についての論文を参照）が無時間的で変化せず、男性的な部分がしかしおそらくは変化する「クロノス」にとらえられている、と思い浮かべがちです。

それで最後にあなたに問いたいのですが、これが客観的に正しいとあなたは考えますか、それともあなたは、そのような思いつきはむしろ男性的な思考タイプとその特有の心理の特色を示している、と思われるでしょうか。

敬具
W・パウリ

［パウリによる注］
（1）私は、「神の像」のそのような展開を仮定することを**ありうる**とは思いますが、証明されているとは思いません。——仏教では「生への意志」は「誤謬」とみなされています。しかしその場合、まちがいのあからさまな結果として生がそもそもありうるのだと考えることは、私の手に負えません。

55　パウリからユングへ

『アイオーン』に対するコメント

ツォリコン、一九五二年二月二七日
［タイプ打ちカーボンコピーに手書きの追加あり］

拝啓ユング教授

私があなたとじっくりとお話をしてからずいぶん経ちましたが、その間にさまざまな資料を集めましたので、それらについて喜んであなたにお伝えしたいと思いますし、提供したいと思っています。さて、学期末に私の講義が終わりましたら、ずっと心に抱いてきたこの計画を実行に移すことができます。問題は、御高著『アイオーン』[1]が私に呼び起こした、いろいろな考えや敷衍なのです。私たちの見解は占星術に関しては共有されていないでしょうが、私の関心を引いたことがまだとても多く残っており、実際、一方で第五章［「キリスト、自己の象徴」］のテーマ、他方で第一三章［「グノーシス主義における自己の象徴」］と第一四章［「自己の構造と力動性」］のテーマが重要です。そこで取り扱われた問題が、通常とは異なった側面から観察されているのを見るのは、おそらくあなたの関心を引くことでしょう。

ご承知のとおり、私は宗教的な観点や哲学的な観点では、老子とショーペンハウアーの系統です（その際私は、時間に制約された、後者の決定論的な観念を、現代物理学の精神にのっとって、相補的な対立の対の観念や非因果性によって容易に補うことができるでしょう）。この基礎から私には、あなたの分析心理学は——思うにおおむねあなたの個人的な精神的態度も——いつも十分近づきやすいのに、実を言うと、特殊キリスト教的な宗教性、とりわけその神の概念は、今日まで情緒的にも知的にも、実際近づきがたいままです。（ヤハウェ［旧約聖書の神］のような気むずかしい暴君という観念に対しては、私は少しも情緒的な抵抗を感じないのですが、しかしこの観念が内包する宇宙における途方もない専横は、やはり私には自然哲学的には根拠のない擬人観のように思えます）。老子の世界像においては、とりわけ『道徳経』第五章（「自然は人間的な愛をもっていない……」（ヴィルヘルム訳）、［「天地不仁」（天地は仁ならず）］）から結果として出てくるように、悪の問題はほとんど存在しません。ところが老子の構想全体は、西洋的な自然科学とその認識にはかけ離れて対立していますが、中国人の直観的な世界像にはよく適合するのです。それで私は、老子の立場が私にとってやはり満足のいくものと思われたとしても、それが西洋にとってこの問題に対する最終的な解答であるとあえて主張したいとは思いません。他方で、ショーペンハウアーの哲学は——西洋と東アジアの間を媒介するため——御高著『アイオーン』への接近を本質的に容易にしてくれました。それというのも、私は依然として、まさしく善の欠如 privatio boni[2]が、ショーペンハウアーを（彼の表現では）「テオス theos」（ギリシャ語で神）の棄却に導いたつまずきの石であったという意見だからです[1]。ショーペンハウアーはつまり、悪が神に跳ね返ってこなければならないからこそ、「その［善の欠如へと導く］テオス」をはねつけるわけです。私が絶えず情緒的にショーペンハウアーに引きつけられたのは、まさにこの点でした。

しかしながら、私は、それに対して自ら批判的に言っておきたいのですが、**ここではねつけられるのは、神が人間に似た意識をもっているという観念だけ**なのです。私は実際、ショーペンハウアーのいわゆる「意志」（彼のこの言葉の用法は、なるほど決して市民権を獲得しているわけではありませんが）を、『アイオーン』の二七八―二八二頁［邦訳、二二〇頁］で話題になっている、グノーシス派の「知っていない神」（theos anemnoētos）と同一視してもよいと思っています。そのような「知っていない神」は罪のないままですし、道徳的に責任を問われることもありません。そのとき、神を罪や悪の現存と一致させることのむずかしさは、情緒的また知的に問題にならないわけです。

「悪の問題」との情緒的また知的な対決が、まさしく現代の人間にとって新たに差し迫った必要性になっているというあなたの意見に、私は喜んでくみすることができます。それどころかこれは、巨大な破壊の目的で物理学の成果を利用する可能性が目前に迫っているという事情によって、物理学者にとりわけ当てはまります[3]。この物理学の応用と**直接の**かかわり合いがなくとも、この対決を思いとどまることは場合によっては、（その場合は、無意識においてリビドーと、それとともに狭い意味における物理学についての関心が流れ去ってしまうので）、結果として物理学における一種の停滞になります。善の欠如の教理がこの際演じている中心的な意義（今日とても多くの人々が――あなたや私とおなじくらい――それを拒絶しがちであろうと思いますが）を踏まえて、私はまずこの教えの歴史的な起源をさらにたどってみました。

ケプラーについての私の研究は、（ケプラーがプロクロス［（四一〇―四八五）ギリシャの新プラトン主義者］やフラッド――後者はもちろん錬金術師としてプラトンや新プラトン主義者よりももっぱらアリストテレス［（紀元前三八四―三二二）古代ギリシャの代表的哲学者］を手本にしましたが――やイアンブリコス［（二四五―三二五）シリアの新プラトン主義者］から強く影響されていましたので）新プラトン主義にも徹底的に取り組むように私を導きました。さて、そういう事情で私は、いかに（私の感じでは少ししかキリスト教的でない）スコトゥス・エリウゲナ［（八一〇―八七七）アイルランドの神学者］が善の傑出した告知者であったかだけではなく、プロティノス（昨年の夏に私は翻訳で読みました）もまた、これをある程度は完成した教理として主張していることを見てとりました。同時にこの場合、この教えに対して、グノーシス派の側からの力強い抗論が存在していたことが印象的です。[2] プロティノスに従えば、**質料（ヒュレー hylē）**もまた単なる欠如（privatio）であり、その上「まったくの悪」であるということ、さらに悪は、パルメニデスの意味においては明らかに「存在しない」とみなされたことが、私の注意を引きました。ところで先日、私がある会合でホーヴァルト教授[4]に出会い、新プラトン主義について尋ねたとき、彼はご親切にも、H・R・シュヴィーツァー博士[5]がちょうどプロティノスについて、とても念入りな研究を著わしたところであることを指摘してくれました。[3] 彼とは実際、文通[6]をしたのですが、それによって私は、善の欠如の歴史についての知識をなお本質的に広げることができたのです。要するに、プラトンの場合はヒュレー（質料）という言葉もステレーシス（sterēsis 欠如）という言葉も使われていないのに、アリストテレス[4]（それもパルメニデスと彼の学派と結びついて）はすでに、質料（ヒュレー）と欠如（ステレーシス）の同一視に対して論駁しています。そうだとすれば、すでに当時、特質（quale）のない質料（ヒュレー）は単に「イデア」の欠如（ステレーシス）にすぎないという観念があって、それには名のある代表的人物がいたにちがいありません。（実際、プラトンをそのように解釈できると言っていいくらいですが、* それは私には、いずれにせよプラトンに関して根本的に荒っぽいと思われます）。［注＊　可視的な物体はプラトンの場合、「ヒュレー」と「イデア」の混合物です。ヒュレーは受容者（hypodoxē）、イデアに対する場所（khōra）、乳母（tithēnē）です。］私は、**この質料（ヒュレー）と欠如（ステレーシス）の同一視**において、**後の善の欠如の基礎になった、より古い自然哲学的なモデルを認めるほうに傾い**ています（物理学者としての私にとっては、それ自体としても興味があります）。後にさらに新ピュタゴラス学派によって、質料（ヒュレー）は悪（ト・カコン to kakon）とみなされました。[5] そのころ――あなたの書物『アイオーン』の見解と一致して――すべての対立の対が**一つ**の、今やたいそう重要になりつつある対立の対「善い―悪い」に関係づけられたようです。それと平行して、やはりすでに早期のプラトン解釈者たちのもとで始まる、「一なるもの」と「善いもの」

との同一化が進行します。私は、これがあなたによって言及された、神は最高善である（deus summum bonum）という神学的な公式だと思います。[6] プロティノスの場合はすべてが一つの教理に仕立てられ、[7] また知性（ヌース nous）の一（ヘン hen）との区別を通して豊かにされます。（この後者の区別は、一者（ト・ヘン to hen）・知性（ヌース）・魂（プシュケー psyché）という、各項がキリスト教の三位一体の場合のように同等ではなく、上下に等級づけられるプロティノス的な三位一体のきっかけを与えています）。

キリスト教に一度も触れていないプロティノスが、聖書を知らず、彼へのキリスト教徒の影響は少しもなかったということについては皆が同意見である一方、逆にプロティノスのキリスト教神学、とりわけアウグスティヌスの神学への（そしてまたあなたが引用しているバジリウスへの）影響はたやすく証明されます。初期のキリスト教神学者には、新プラトン主義の知的な定式化は、まるで思いがけない幸運に巡り会ったという印象です。彼らは、それを聖書およびその神の概念と一致させるために、わずかしか編集する必要がなかったのです。

さて私はここで、パルメニデスこのかたの古代哲学の展開全体が**心理学的**に意味することについて、論議のために質問したいのですが、それについてのあなたの見解に私はとても関心があります。私自身の受けた印象では、とりわけプラトン解釈の歴史が、すでに早期の**統一的な元型の明るい方**（新プラトン主義者）**と暗い方**（グノーシス派）への分裂に**対応**しています。[8] この配分は察するところ、いくらか後にキリスト教において、「キリスト」と「反キリスト」として現われるものと同じです。私はその上、パルメニデスにおける「在る」と「在らぬ」事物が、心理学的に「在るべき」（望まれている）と「在らざるべき」（望まれていない）に相当する、ということを疑っています。パルメニデスは、ヘラクレイトスへの反作用です。後者にとっては、永遠に生ける火として「生成」のみが存在し、対立の対が対称的に取り扱われ、神が（後にクザーヌスの場合にキリスト教的な形態におけるように）対立の一致 coincidentia oppositorum です。パルメニデスの場合は、生成は存在せず（「在らぬもの」については、つまり生成についても、それが特性をもたないゆえに、考えられることができません）、対立の対は、**不動の球**として表象される「在るもの」のために、非対称的に（ゆがんで）取り扱われます。心理学的には、それは「万物は流転する」と説いたヘラクレイトスの争い

（戦い）に対する、平静と平穏（衝突のないこと）へのあこがれなのです。後に続く非常に強力な、質料の価値低下は、私には一種の合理的な世界逃避だと思われます。心理学的に意味があると私に思えるのは、まさしく**生成の否定者たち**が、時が経つうちに質料の、その場合は単なる「欠乏」としての悪の解釈を、静的な「望ましい世界」と結びつけた、ということです。

　これらの哲学的な観念が、創造の上になお同時に「全能」で、「単に善」で、また「全知」である**創造神**という聖書的な観念と結びつくとき、情緒的には「挑発」へと、思考上は論理的な矛盾へと先鋭化されることが、私にはよくわかります。[9] ご覧のように、あなたの第五章は、私をかなり遠く古代へ（そして古典学者に）連れ戻しました。さて、この歴史的な補説の後で、私たちはふたたび、私がショーペンハウアーの「意志」とグノーシス派の「知っていない神」とを同じものとして確認した点に立ち返ります。ところで、神に道徳的潔白を守ることを可能にする、**神の「不知 Agnosie」**は、**引き続き現代の人間**を哲学的また情緒的に**支え**うるのでしょうか。[10] これは根本的な難問ですが、私は形而上学を追究しているわけではないので、それに対して**直接**に態度を決めることはできません。しかし、この問いを**心理学的**に考察してみるならば、私はその代わりに、**別の問い**方をする必要があります。つまり、私自身の無意識への（またとりわけその、「見知らぬ男」のように優れて男性的な姿への[11]）情緒的な関係が、ショーペンハウアーの彼の「意志」へのそれと似ているのかどうか、という問いです。そこで私は直ちに、本質的なちがいがあることを認めます。ショーペンハウアーの意志への情緒的な態度は、消極的―悲観的です。ところが私の「見知らぬ男」への情緒的な態度は、彼が**救済を必要としている**と感じるゆえに、彼を**助け**たいというものなのです。**彼が得ようと努めるもの**は彼自身の**変容**であり、そのことに自我―意識は、同時にみずからが拡張するように協力しなければなりません。この変容の最終的な目標および原則については、未解決のままにしておかなければならないのですが、しかしこの問題は、『アイオーン』の第一四章で取り扱われた問いと密接につながっています。[12] 一九五一年の春に、私の夢の中に（数学から取られた）「**自己同形**」という言葉が舞い込んできました。これは、あるシステムのそれ自身への写像、つまりそのシステムのそれ自身における反映に対する、したがって内的な対称性、つまりシステムにおける関連の豊かさ（関

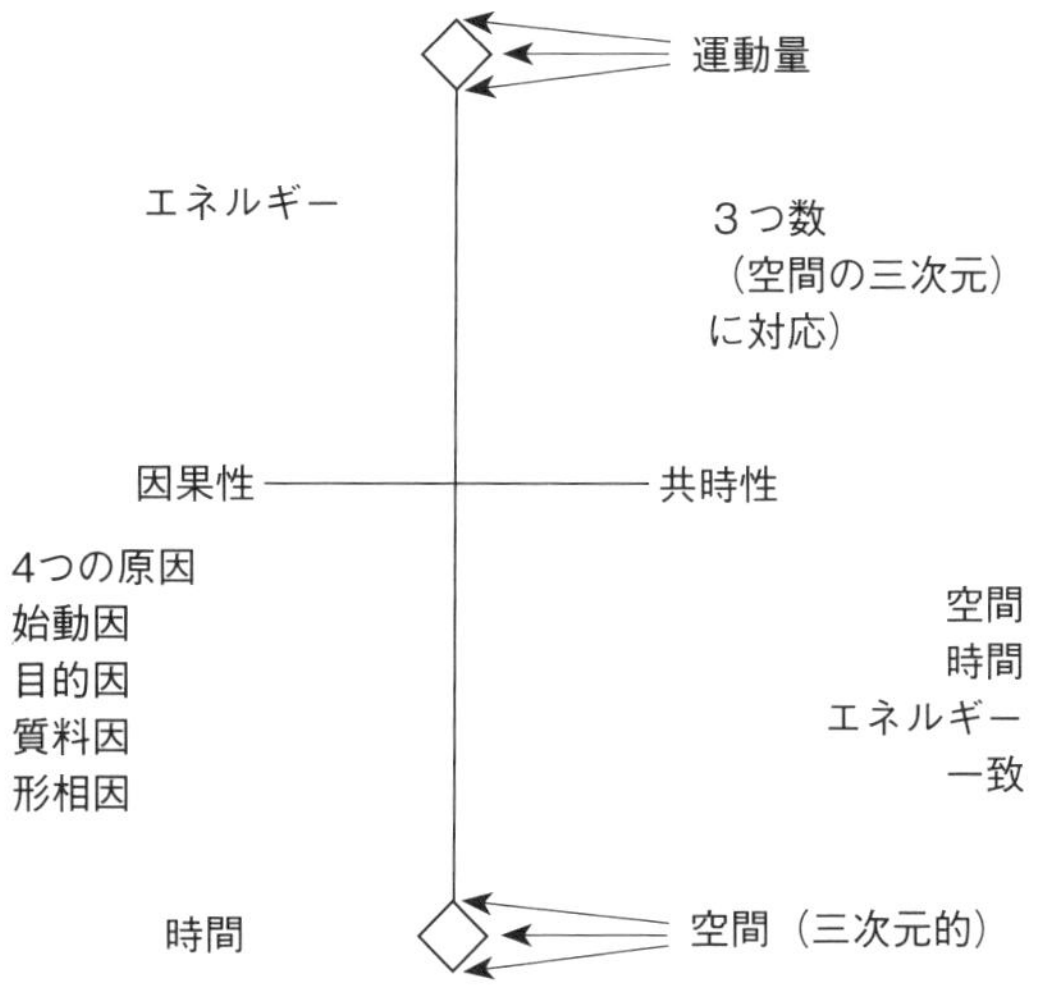

係）が明らかになる過程に対する言葉です。抽象的な代数学においては、事実また「自己同形を生み出す要素」が存在し（ここで詳述することはできませんが）、これと類比的に対応するのが察するところ、あなたが一九四六年に定義し解釈したような、配置する要因としての「元型」です。私は当時の夢（それは、試験官としての「見知らぬ男」との正規の試験でしたが、「自己同形」という言葉が「マントラ Mantra（真言）」のように作用していました）を、あなたの元型の概念も、物理学的な自然法則のそれをも包括すべき、**上位概念**が求められていたのだと解釈しました。

私はその理由から、『アイオーン』が出たとき、この本の三七〇頁のあなたの式をきわめて大きな関心をもって考察しました。数学者には、「**自己同形**」概念を、小さな四角の大きなそれへの関係に適用することは、きわめて理解されうることでしょう。それから直ちに私は思いついたのですが、あなたの共時性研究の九六頁における四一性 quaternio［四元数］（それについて私たちはすでに一致しています）は、三次元的な空間が一次元的な時間に、またそれに相応して（同じく不壊の）運動量（三つの構成要素が三つの空間次元に相応しつつ）が（一構成要素的）エネルギーに属するかぎりで、次［上図参照］のように記すこともできます。

その場合、小さな四角は空間—時間—連続体の四次元性、またエネルギー**および**運動量に対する四数に相応します。こうして、「自己同形」という上位概念にはこの場合、特にそれが（ピュシスとプシュケーに関して）中立的な言語に属しており、また統一と数多性（ないしは唯一性と一般性、『アイオーン』九九頁を参照）の相補性を示唆しているので、さらなる進歩の可能性があるように私には思われます。

ところで、「自己」（あるいは神の子［キリスト］）のそのいろいろな像が、その変容の法則あるいは宿命もしくは必然性（アナンケー anankē）に左右されるかぎり、それらは救済を必要としているものとして現われ、そこでそれらと人間（ないしは彼の自我—意識）との心理学的な（事実また情緒的な）関係が成立します。[13] これらの変容がすべてふたたび自分自身に還流するのかどうか、あるいはそれらが知られていない目標への進化を表わすのかどうか、私たちは知りません。[14]（後者をあなたは、三七〇頁のあなたの式との関連で、変化ないしは統合の過程によって到達される、「高次のレベル」に言及することを通して示唆しています）。

さて、これが実際の生活において、倫理的あるいは道徳的な問題に対する態度にとって意味するものについては、喜んで私は一度あなたと口頭で語り合うことでしょう。

この手紙の結びは、またもや私を歴史的な補説へと連れ戻します。「欠如 privatio」の観念を生み出したのは、生成の否定者たち（「静止論者たち」）でした。それゆえに、現代思潮のもとで、あなたのように、今日新たに対立の対の対称的な取り扱いに尽力する人々が、事実またふたたび、静的な存在（パルメニデスの不動の球）よりも**生成**にもっと近い立場に立っていることは、私には不思議ではありません。[15] 今やあなたに、「自己の力動性」として「高次のレベルで」またもや現われているのは、**ヘラクレイトスの火**なのです。

この手紙が長くなってしまったことの言い訳として、私は、今日この手紙を書き終えるまでにほぼ一年を要したことを挙げることができます。心からのご挨拶をもちまして

敬具

W・パウリ

［パウリによる注］

（1） この点については、以下［（a）と（b）］を参照。

（a）『意志と表象としての世界』第二巻、第五十章「疑似哲学」。ショーペンハウアーはここで、特に**スコトゥス・エリウゲナ**を善の欠如の決定的な支持者として以下のように批判しています。「スコトゥス・エリウゲナは、汎神論の意味でまったく首尾一貫して、あらゆる現象を神の顕現であると説明している。しかしその場合、この概念は、恐ろしくてひどくいやな現象にも転用されなければならない。とんでもない神の顕現だ！」。それから引き続き汎神論一般について「……『彼らの神（theos）はその栄光を展開するために、悪くすると賛美されるために、楽しみにanimi causa顕現するということ。神がこの際抱いた虚栄は別として、それによって彼らは、世界の法外な悪を見掛けだけでも遠ざけなければならない状況におかれる。ところが世界は、あの空想されたすばらしさとのはなはだしく恐ろしい矛盾で行き詰まっている。」

（b）『哲学小品集Parerga』第一巻「哲学史のための断章」第九節「スコトゥス・エリウゲナ」：「……神はいっさいのものを、つまりいっさいのものをいっさいのものにおいて創造した。これは確かである。〈したがって悪と災いをも。〉この避けられない帰結は消去されなければならず、エリウゲナはどうしても、字句の惨めな理屈を持ち出さざるをえなくなる。つまり、災いと悪はまったく存在しない、それゆえ何もない、と。――何ということだ！……」。[Arthur Schopenhauer, "Fragmente zur Geschichte der Philosophie," *Parerga und Paralipomena I, Arthur Schopenhauer Sämtliche Werke*, Bd. IV, (Darmstadt: Wissenschaftliche Buchgesellschaft, 1977), p.83. [有田潤訳「哲学史のための断章」『ショーペンハウアー全集』一〇巻，白水社、一九七三年、九八頁。]「字句の惨めな理屈」は、あなたの第五章で批判的に解説された、エリウゲナが（プロクロスおよびディオニュシウス・アレオパギタを経て）非キリスト教的な新プラトン学派の人たちから受け取った、善の欠如の教理にほかなりません。

（2） 今や学者たちはみな、これに関して異教的な、キリスト教的ではないグノーシス派が問題であるという点については同じ意見であるようです。後になって秋ころ、**クィスペル**が彼の著書『世界宗教としてのグノーシス』で、プロティノス（一二三頁上を参照）における善の欠如にはっきりと言及しているのを確認することができ、私はうれしく思いました［Gilles Quispel, *Gnosis als Weltreligion : die Bedeutung der Gnosis in der Antike*, 2. Aufl. (Zürich: Origo Verlag, 1972)］

（3） *Real-Encyclopaedie d. klassischen Altertumswissenschaft* (Pauly-Wissowa etc). Artikel **Plotinos**, Band XXI, Spalte 471-

592 (1951). Supplement Bd. XV. Spalte 310-328 (1978).『古典古代学事典』（パウリ＝ヴィッソーヴァ他）、「**プロティノス**」の項目、二一巻、四七一—五九二段、一九五一年出版。並びに補遺一五巻三一〇—三二八段（一九七八年）。

（4）彼の『自然学』A9, p.192a を参照。——アリストテレスでは、ヒュレー（質料）はなるほど（男性的な）形相と対比されて、女性的な原理として**あまり重要ではない**のですが、単なる欠如にすぎないものではありません。質料はアリストテレスの場合、女性的なものが男性的なものにあこがれるように、形相にあこがれるのです。

（5）これは遅くとも**モデラトス**（紀元一世紀）の場合に起こっており、その教えについてはアリストテレスの注釈者である**シンプリキオス**が報告しています。（アリストテレス『自然学』注解、A7 p.230 以下）

（6）プロティノスの場合、対応する公式は次のとおりです（Ⅱの9、Ⅰ、5—6行）。「われわれが〈一者〉そして〈善いもの〉と言うときはいつも、それによって同一の本性が理解されなければならない。」（ハルダー、第Ⅲ巻[7]）

（7）とりわけⅠの8（悪はどこから生じるのか）を参照。（悪は「存在せず」、「形がなく」、存在するものの「影」、「欠乏」であり、悪はしかし人間以外に起源があります。物質は「特性がないかぎり悪」であり、それどころか「無条件の悪」です。欠如 privatio としては、これは思惟によっては把握されることができません。さらにⅡの9（「グノーシス派に対して」）を参照。

（8）プラトンの『法律』896e における悪しき世界霊魂が、ふたたびグノーシス派のもとで現われます。ところが、新プラトン主義者の場合それは、ちょうど『テアイテトス』176a における「すぐれた善いものには、何かそれと反対のものがなければならない以上、劣悪なものがあるのは必然なのだから」[8]という箇所と同じように、消えうせています。

（9）プラトンはこの点で、彼のデミウルゴスが棟梁として、**あらかじめ彼に与えられた材料**を用いて世界をできるだけうまく構築せざるをえないので、ずっといい状況にありました。イデアとコーラ（場所）つまり「物質的」な空間との間の、起こりうる齟齬に対しては、したがってプラトンの場合はだれにも責任がありません。

それに対してプロティノスは、彼の一者（ト・ヘン to hen）＝善（アガトン agathon）が創造神のあらゆる特性をもっているので（Ⅴの1に従えば、事物の原因があるだけではなく、それもまた創造されたのです）、すでに「世界の法外な悪を見掛けだけでも遠ざける」ことをしなければなりません。とはいえ、精神的な事態は彼の場合、彼が別の箇所で「一者」についていわゆる「否定神学」を展開するとき、いくらか曖昧になります。それというのも、それに従えば、一者については肯定的なことは何も述べられることができず、それどころかこれは善を超えるもの（hyperagaton）だからです（Ⅵの9）。

プロティノスのこの別の考察方法は、マイスター・エックハルトを強く思い起こさせます。（私にはプロテスタントの友人たちがいるのですが、彼らもやはりまた好んで「否定神学」のこの立場に引きこもり、上に挙げた神の属性を「もともと無意味である」として始めからあきらめています。この立場に従えば、神は倫理的な基礎に立っては到達しえないでしょう）。「プロテスタントの中のこの集団とは、私は個人的に最も親密にしています。彼らは、神＝最高善という公式に対するあなたの論駁に関して、次のように言うことで、あなたをまったく正しいと認めるでしょう。つまり、「善は倫理に由来する抽象的な概念であり、〈神は神である〉。両者の間には直接のつながりはない。なるほどいまだに、牧師の約八〇パーセントが、神は倫理的な基礎に立っても到達しうると言うが、もちろんそれはそうではない」と。心理学的には、この少数派のもとでは、事情は**「神―人間」関係自体がひとつの〈欠如〉**になっていることにあるように、私には思えます。彼らと私に共通しているのは、現代人の場合はここで、充たされることを求める空虚が存在しているという気持ちです。」しかし、新プラトン主義的な一者の「否定神学」（また同じくキリスト教的な神の類似の「否定神学」）は、なぜ一者（ないしは神）が依然としてあるのみならず、神の顕現（まずは人間へとなればなおさら）が必要であったのかが、その場合ほとんど理解されないという別の難点を抱えています。（この難点は、神ないしは「一者」の厳密な恒常性という、新プラトン主義的な前提に起因しています）。

(10)　この場で私は、意識概念一般について言っておきたいのですが、私はそれを自我―意識に限定し、「**無意識における意識**」のような逆説的な術語を用いないことを優先させています。自我―意識の特性を示すのは区別であり、無意識の特性を示すのは非差異性（例えば四機能あるいは対立の対）です。無意識における「明」と「暗」の区別のような、中間段階があるかもしれません。光輝性に対する「**多重意識**」（一九四六年）というあなたの表現は、それが自我意識の外の「意識」のことを言っているのならば、誤解にさらされるように私には思えます。

(11)　この人物像は「明るく**かつ**暗い」ものとして、一方で聖杯物語のマーリン（これについて私は、一九五〇年一一月一六日付のユング教授夫人宛の手紙でくわしく述べてあります）と、他方で錬金術のメルクリウスと関係があります。

(12)　無意識の人物像は、変容の間に多くの場合、重複あるいはそれどころか増殖を経験します。

(13)　このニュアンスがショーペンハウアーの場合に欠けていることは、彼には女性との情緒的な関係が欠落していたことと、きわめて密接に関連しているかもしれません。私は、彼のむく犬が彼のアニマを外観化しているといつも感じていたのですが、後になって果たして、彼が彼のむく犬のうちの一匹に「アートマ Atma（世界霊魂）」と名づけていたことを読みました。

（14）あらゆる進化論的な観念は、老子とは正反対です。
（15）中国では荘子が生成の側で語られています。

［訳注］

1　C. G. Jung, *Aion: Untersuchungern zur Symbolgeschichte*, (Zürich: Rascher, 1951)［野田倬訳『アイオーン』人文書院、一九九〇年］

2　中世哲学において神は、存在と同一視され、神が創造したすべての被造物もまたそれ自体としては善であると考えられた。そのため、「悪がどこに由来するのか」が大きな問題とされ、悪とは、あるべき「善の欠如」privatio boni という定義がなされた。つまり、悪は存在ではなく、善が欠けていることなのであるということである。それに対して、ユングもパウリも悪がそれなりのリアリティをもっていることを強調する立場に立っている。そこで、このような議論が出ているのである。

3　パウリが示唆しているのは、核兵器の開発のことであろう。この点について想起されるべきは、パウリは、第二次大戦中、ユダヤ人としてナチスドイツの迫害を恐れて、パウリは戦争の間ずっとプリンストンに滞在していたが、良心上の理由から「マンハッタン計画」に協力することをまったく拒絶したということである。

4　エルンスト・ホーヴァルト（一八八七—一九六七）はチューリッヒ大学古典文献学教授。また学長。

5　H・R・シュヴィーツァー（一九〇五—一九九三）は、チューリッヒ生まれの古典ギリシャ語学者でプロティノスの専門家。

6　付録2を参照。

7　『プロティノス著作集』リヒアルト・ハルダー独語訳、ハルダーによって着手され、ルドルフ・ボイトラーとウィリー・タイラーによって引き継がれて、ギリシャ語のテキストおよび注が付いた改訂版、六巻、フェリックス・マイナー出版、ハンブルク、一九五六—七一年。［ドイツ語版による注］。日本語訳としては、『プロティノス全集』（一—四、別巻、中央公論社、一九八七—一九八八年）がある。

8　ドイツ語版注によると、この文章の出典は、シュヴィーツァーのドイツ語訳『プロティノス全集』（I 8, 6, 16-17）であるとのことである。

晩餐への招待の謝辞　受肉、聖婚、不断の受肉、空飛ぶ円盤

56　パウリからユングへ

ツォリコン、一九五二年五月一七日
［手書き］

拝啓ユング教授

あなたと過ごすことができたすばらしい夕べに、今一度心から感謝したいと思います。お話し下さった多くのことについては、それを根本的に自分のものにするために、なお時間をかけてよく考えてみます。私にとってもっとも印象深かったのは、「受肉」という概念が、自然科学的な研究仮説としてとらえられ、あなたの思考システムで中心的な意義を占めているということでした。この概念は、それが第一に超宗派的であるので（インド人にあっては「アヴァターラ（化身）」）、また第二に精神―物理的な統一を表現しているので、とりわけ私の関心を引くのです。私たちの時代の精神的な全体状況への手がかりを、なおさら精神―物理的な課題において私は見るようになり、不可視で潜在的な、その作用を通して間接的にしか推定されえない現実性を記述するにちがいない、新たな（「中立的」な）精神―物理的な統一言語の緩やかな発見が、私にもまた、新しくあなたによって予言された聖婚（ヒエロス・ガモス hieros gamos）が実現するための不可欠の前提条件として現われています。

私はまた、あなたがどのように、その他の点ではまったく（道徳の基礎についての著作における）ショーペンハウアーのように、より深い心的な層における自我と同胞との一致を基礎づけている、倫理（「他者になすことは、自分自身になすことである」等々）と受肉の概念を結びつけたのかがよくわかりました。あなたの立場を「不断の受肉 incarnatio continua」とみなすことができるでしょうか。

心的な進化（生物学上のそれと区別して）に関しては、二つの本質的に異なる意見があります。一つは周期的な回帰についてのもので、それは例えばインドで［絶えず繰り返される四時期（ユガ Yuga）］、しかしまたヘラクレイトスの場合に見られます。彼に従えば、世界は常に新たに「火」から生じて、結局はふたたび火によって呑み込まれます。

今一つはキリスト教的西洋的な、結局は永久的な静止状態で終わる、世界の一回限りの成立についてのものです。私にはさしあたり、両方の見解の間で客観的に決定を下す見込みはありません。

ところで、ヘラクレイトスの火に私は事実また、すでにこの前の手紙で触れているのですが、それは当時、古代にあっては、それが精神─物理的に統一的で、物理学的なエネルギー象徴でも心的なリビドー象徴でもあったからです（火は彼によれば何と言っても「理性を具えている」はずです）。今や精神─物理的な統一の課題が、「高次のレベルで」立ち返っているようです。

「空飛ぶ円盤」については、私はまださらに情報を入れるでしょう。六月に私は物理学者の会議でコペンハーゲンへ行く必要があり、そこでアメリカから来た人たちとそれについて語り合うつもりです。この場合、二つの相互に相いれない意見が対立しており、一方によれば、それは幻覚〔神話や伝説上の〕「大海蛇」また似たような「海の怪物」のようなもの）で、とりわけ実験物理学者のもとでは今でもなお信奉者があります。他方によれば、むしろ軍事的な立場から流布されているのですが、その現象は現実であって、軍事上の目的のためのアメリカの発明、つまり特殊な飛行機ないし気球（したがって「袋状のもの」）が関係しています。

お宅からの帰途、ツォリコン駅から山の斜面を上がって行ったとき、私はなるほど「空飛ぶ円盤」ではないのですが、とりわけ美しい、大きな**流星**を見ました。それは（いつもの遠近法による理由で）比較的ゆっくりと西から東の方向へと飛んでゆき、印象深く美しい火花を放ちながら、しまいにははじけました。私はそれを、私たちの時代の精神的な課題に対する私たちの一般的な態度が、カイロス（kairos〔好機〕）の意味で、つまりむしろ「意味にかなう」ことを示す、精神的な「兆し」とみなしました。

今一度、心から感謝しつつ

敬具

W・パウリ

57　ユングからパウリへ

受肉、不断の受肉＝不断の創造、一なる世界、空飛ぶ円盤

チューリッヒ州キュスナハト、一九五二年五月二〇日
［タイプ打ちカーボンコピーに手書きの追加あり］

親愛なるパウリ様

好意的なお手紙を興味深く拝読しました。私は「受肉 Incarnatio」という表現を、偶然のように、いずれにせよ宗教的な象徴的意義に則っていることが見て取れるように選びました。「不断の受肉」として、それは「不断の創造」と同義で、本来潜在的に存在している現実性の顕在化、つまり創造の第一日目の「潜在的世界 mundus potentialis」、ないしはいまだ区別が存在していない［未分化な］「一なる世界 Unus Mundus」の現実化を意味しています。（これは錬金術的な哲学の一断片です）。似たような観念は荘子にも見出されます。

私もまた実際、「回転」つまり出来事の経過が、それ自身において周期的なのか、あるいはらせん状に生じるのか、という問いに決定を下す十分な見込みがありません。私たちは心的な領域においては、初期状態は無意識ですが、最終状態は意識的である、ということしか経験できません。生物学的な領域において私たちには、低次の有機体が引き続き存続する傍らで徐々に高度に複雑な生物が最後に反省された意識（つまり「私は、私が意識的であることを知っている」）という無比の現実が生じている、という事実があります。この事実は少なくとも、「存在の類比 analogia entis」の可能性、つまり存在のこの部分的な局面がその一般的な特性に対応するだろうことを示唆しています。

心理学的な課題が実際、現代的な問題性の中心にあるように私には思えます。このつまずきの石に肉迫することなしには、統一的な自然の記述あるいは解明は不可能でしょう。

「空飛ぶ円盤（flying discs）」に関しては、私は今まで「集団幻覚」（それが何であろうと）に関係しているという意

見でした。[1] しかし今やその現象は、問題になっているアメリカの上級軍事決定機関によってまじめにとられているようで——したがって好奇心がそそられます。
流星は好都合で、実際にカイロス（好機 kairos）です。すべて善きことはカイロスにあり。[2]
ご挨拶とともに、いつも並はずれて刺激的な談話に感謝しつつ

敬具
C・G・ユング

［訳注］
1　ユングは、ここで空飛ぶ円盤に対する興味を示しているが、一九五八年になってそれに関して『現代の神話——空に見られるもの』と題する著書を出版している。Jung, *Ein moderner Mythus: Von Dingen, die am Himmle gesehen warden*, (Zürich: Rascher, 1958).［松代洋一訳『空飛ぶ円盤』朝日出版社、一九七六年。同訳『空飛ぶ円盤』ちくま学芸文庫、一九九三年］
2　原文はギリシャ語で書かれているが、ここでは訳文のみを掲載した。

58　パウリからユングへ

「心理学、宗教、『ヨブへの答え』の考察」

［チューリッヒ］一九五三年二月二七日
［タイプ打ちカーボンコピー］

モットー「存在している」のか、それとも、「存在していないのか」、それが問題だ。[1]

親愛なるユング教授

最後にあなたに手紙を書いてから、さて一年がたち、今が私には、すでに長い間心に抱いてきた計画を、ふたたびあなたに書いて実行に移す、ちょうどよい時であるように思えます。私がこのために今回選び出したテーマは、たとえば「**心理学、宗教、そしてあなたの〈ヨブへの答え〉についての不信心者の考察**」と名づけることができます。あ

なたの『ヨブへの答え』[2]を引き合いに出す（とりわけ意識的あるいは無意識的に強い疑念に悩まされており、この疑念を和らげるために、あなたの心理学が歓迎されるだろう神学者たちからの）、とても多くの投書をあなたが受け取ったことを、私は疑っていません。しかしこの手紙は、たぶんあなたには、あなたの豊かな経験にもかかわらず、いくらか異例に思われるでしょう。私のテーマは、ユダヤ・キリスト教的な神の像の歴史的な展開全体にも、あまりに一般的な世界観的な問いにも関係するはずではありません。そうではなくて、私は引用されたあなたの著書において、アニマの問題、それゆえ自ずとカトリシズムとプロテスタンティズムの対立、そして個性化の過程が、本質的にあなたの宗教心理学的な考察に関与している、とりわけ最後の四章を好んで選び出したいのです。それというのも、それによって、選ばれた表題［テーマ］において私が意図的にほのめかした、あなたの新著のこれらの章と、以前の貴著『心理学と宗教』との関係が明らかになるからです。あなたの著書のような個性的な書物に、要するに私がそのように個人的にしか反応しえないのは、当然の成り行きです。したがってこの手紙は、純粋に科学的には扱われえず、また情動的な側面や無意識にさえ発言させるために、私は夢さえも利用します。この場合私は、モチーフが長年にわたって変化を伴いつつも、いつも繰り返し私に出てくる限りで、きわめて典型的であるような夢を選び出しました。

たとえ私の反応と、この課題に対する私の立場が個人的で独自であろうとも、私たちはみな――著書の終わりや数々の実り豊かな仕事を終えた後で、新しいヒエロス・ガモス（聖なる結婚）が近づいてくるのを見る心理学者、一七世紀の自然科学的な先駆的成果に続いて生じる偏りを補正しなければならない物理学者、そして古い民間信仰を裁可しつつ、新しい教義を布告する教皇――二〇世紀の子どもとして、私たちの意識的な態度がどれほど異なっていようとも、無意識においては同じ元型的な出来事によってとらえられていることが、私にははっきりとわかっています。そうであれば、意見の色合いのあらゆるちがいにもかかわらず、このむずしくも人生にとって重要な問題において、私たちの間には理解のための十分に広い基盤が用意されていることを期待して、以下のことを私は書いて報告します。

I

御著書『ヨブへの答え』の読書のために、ちなみにいくつかの抵抗を克服して、私は昨年の秋の秋分の時期を選びました。九月一九日の夕方に初めの一二章（つまり黙示録の前まで）を読みました。私の心持ちは少しも批判的ではなく、反対に私はこれらの章を、そこにちりばめられた辛辣なあざけりの言葉とともに、快い娯楽読み物のように私に働きかけるままにさせて、うきうきした、しかしいくらかうわべだけの気分でした。それでも、この読書に続く夜に、私は次のような夢を見ました。

〈最初はボーア氏と列車に乗っている。それから私は列車から降りて、小さな村々がある景色の中に一人でいる。それで、左の方へ行くために、駅を探す。私はまた、すぐにそれを見つける。新しい列車は右から来るが、明らかに小さなローカル線である。列車に乗り込むとき、私は車両の中に直ちに、**見知らぬ人々に取り巻かれた**「暗い少女」を目撃する。ここはどこなのかと聞くと、人々は「次の停車場はエスリンゲン［チューリッヒ市から南東二〇キロほどの田舎町］で、すぐにそこに着きます」と答える。われわれはそのようにまったく面白みのない、退屈な場所に向かっているので、**とても不愉快に思って**目が覚める。〉

こうして、夕べの娯楽は朝の不愉快な気持ちにひっくり返りました。明らかに、夢では「暗い女性」が求められています。彼女の住まいはチューリッヒ高地の地方、つまり私の主たる活動である（ボーアによって代表される）理論物理学も研究されている首都チューリッヒ市とはほとんど結びつきがない、きわめて田舎くさい、まさにエスリンゲンであるようです。不愉快な気持ちの理由は明らかに、暗い女性を見つけるために、そのように辺鄙《へんぴ》な田舎くさい地方に赴かなければならないことにあります。

ところで、しかしそのことは、あなたの著書と何かかかわり合いがあるのでしょうか。実に、とても多くのかかわり合いがあり、私は事実また直ちに関連を見てとりました。暗い女性は私にとって、いつでもプロテスタンティズム、あの「女性の形而上学的表現を少しも知らない男性宗教[1]」の対極でした。カトリシズム・プロテスタンティズムという対立の対は、長い間いろいろな夢[2]で私を悩ませてきました。それは、理性 ratio を受け入れない、あるいはほとんど受け入れない一方の態度と、魂 anima を受け入れない他方の態度の間の葛藤です。この対立の対は後になって、例えば次のように、繰り返しさまざまな形で現われました。

フラッド－ケプラー
心理学－物理学
直観的感情－自然科学的思考
オランダ－イタリア[3]
神秘主義－自然科学

つまり明らかに、結合 Coniunctio による克服を必要とする、対立の対です。

ところで、聖母マリアの肉体が天へ受け入れられたことにかかわる新しいカトリックの教義[3]が、著書『ヨブへの答え』の結末の辺りで論じられることを、私は前もって知っていました。この教義の告知は、ある一定の脈絡において、また私には個人的に初めから与えられていて、今日でもなお与えられている、ある一定の印象において、確かに私の注意を引いていたのです。

それについての私の情報源は、主に（プロテスタント）の同僚であるゴンセトで、彼はローマでカトリックの知識人（とりわけトミスト［トマス・アクイナスの教説を奉じる学者］たち）とそれについて（彼によって支持される哲学の方向性と関係して）議論していました。彼の報告では、これらの知識人は教皇の具象化傾向のためにいくらか当惑していて、新しい教義を素朴な民衆への譲歩、同時にまた共産主義に対する「形而上学的な駆け引き」とみなしていました。

ところで、政治が以前からずっとこの世の君 princeps huius mundi［悪魔のこと］の特権であったかぎり、しかも政治を動かすだれもが（そしてこれはカトリックの聖職者の大部分に当てはまります）、心理学的に言えば親密な「悪魔との付き合い」があるかぎり、新しい教義の主導権は（あなたの著書『ヨブへの答え』の術語で表現すれば）やはり悪魔に由来することになり、悪魔に対する対抗策が問題です。もちろん二〇世紀における私は、教皇が「天」でもって意味するものを、もはや直接理解することはできません（また**彼**が意味するものに、私は事実またまったく関心がありません）。ところが、私がここで「天」を「天空を超えた場所」、つまり**プラトンの哲学**によれば「イデア」が存在するべき、非物理的な空間と同一視すれば、結果として私にとって近づきうる意味が生じます。これは、何といっても歴史的には、キリスト教が多くの言葉と概念とをプラトンおよびプラトン学派から受け継いだかぎり、必ずしも恣意的ではないと思います。その場合「駆け引き」とは、新プラトン主義の時代以来、単にイデアの欠如、悪ないしはキリスト教的には悪魔とみなされた**物質への、譲歩**がなされるべきである、ということになるでしょう。新しい教義においては、何しろきつく「消毒された」物質が問題であるので、この譲歩で十分であるかどうかについては疑われるかもしれません。しかし私には、物質がその無機的な形においてではなく、ただもう魂、女性の「形而上学的」な表出との結びつきにおいて、イデアの世界に取り入れられることを通して、物質主義［唯物論］に（政治的には共産主義に）陥ることが避けられるという見解は、いずれにせよ有意義で受け入れられると思われます。この形において、この「駆け引き」はまったく筋が通っていると思われます。社会的な実践に置き換えられれば、魂のない精神病院の発生を回避することは、きわめて恵まれた成り行きということになるでしょう。

物質と魂 Seele の一元論的な統合の象徴として、あの「被昇天」はしかし、私にとってなおさら深い意義があります。どんな深い現実も、つまりどんな「物自体」も、私にとってはいずれにせよ象徴的で、「現象」だけが具体的です（一七頁参照）。現象の経験的な世界では、なるほど「物的」と「心的」という区別が絶えず存在しなければならないのであって、具体的な化学的過程に一元論的（中立的）な言語を適用することは、錬金術の思いちがいです。しかしまた、物質が現代の物理学者にとっては抽象的で、**不可視の現実**となってから、精神物理的な一元論に対する見込みは、とても時宜を得たものになりました[4]。それで、元型的な象徴の現われる機能が、同時に宗教的かつ自然科学的である可能性を私が信じるかぎり[5]、新しい教義が告知されたという事実は、**精神物理的な課題**が今や科学的な領域においてさえ新たに布置されていることの、私にはより確かな前兆であったし、今もそうです。あなたが遠くからその曙を見ているヒエロス・ガモス（聖なる結婚）が、この課題の解決をやはりもたらすにちがいありません。

直ちに話題にするでしょうが、新しい教義と個性化の過程[6]のある一定の段階との、あなたによって際立たせられた類似性は、この見解に対する強力な支えであるように私には思われます。しかし、私はまず、あなたの著書を終わりまで読んだときの、私のさらなる情動的な反応について、なお手短に報告しておきたいと思います。

もちろん私は、新しい教義のくだりに至るとき、物質について、また精神物理的な課題についてあなたが述べるだろうことを、張り詰めた期待をもって読みました。しかし私は、まずはかなり失望したことには、後者については何も述べられておらず、また物質は「被造的な人間」や「神の受肉」という表現においてかすかにほのめかされているだけで、やはり本質的には問題にされていないと思いました。私は「教皇が〈天〉でもって意味しているものを、私は知らない。しかしそれは、確かにこの本の問題ではない。なぜなら、この本では物質が取り上げられていないからだ」と考えてみました。ちなみに私は、精神物理的な課題との関連に言及しないことの原因を、しかし私には初めから見込みのないことであるように思われた、神学者との論議を始めるあなたの努力のせいにしました。ところが、今は私には、それに対するまだ別の理由があるように思われます（下の注28を参照）。

II

不愉快な気持ちに語らせてから、私は直ちにその気持ちが、すでに挙げた夢の後の目覚めの際に、以前にもう存在していた気持ちと同じであると認めました。したがって、一方でこの夢は、あなたの著書を終わりまで読んだ後の私の反応の先取りでしたし、他方でそれは、今や私を主観の段階に連れ戻しました。この瞬間私は、「偶然」私の書き物机の上に、果たしてマッコンネル[4]によるESP現象についての研究があるのを見て、あなたが故意に『ヨブへの答え』と共時性という、あなたの二つの研究をほぼ同時に出版させたことが、直ちに思い出されました。ところでESP現象は、精神物理的な課題の側面をも反映しており（物的なものにおいて心は実際どこで終わるのでしょうか）、二つの著書はいっしょにされて、こうして本質的にあまり「田舎くさい」ことはない雰囲気がすでに生じていました。ところで、主観の段階ではずっと前から、夢や夢想において、カトリック・プロテスタントの対立（あるいは挙げられたリストの似たようなさまざまな対立）の彼方の第三 tertium として、「暗い女性」の独特の姿、つまりかなり特徴的な切れ長の目をした、**中国女性**（または異国の女性）が現われていました。この目は、独特の全体的な直観をほのめかしていますが、私の合理的な自我とはまだ十分なつながりがありません。女性の（アニマの）姿として、彼女はそれでも、**対立の対の活気づけあるいは刺激**を伴う、**情動的な関心**と関係があります。彼女は通常の時間とは別の関連を見ていますが、何といっても私にはいつも、再生産（「自己同形」）されやすい「形姿 Gestalt」[7]が、「中国女性」の認知の基礎になっているように思えます。この「形姿」（ある意味では「元型」とさえ呼ぶことができます。後述一二頁参照）は心的かつ物的で、またそれゆえに中国女性はまず、性から微妙なＥＳＰ現象までの「精神物理的な秘密」の担い手として現われたのです。私は、ＥＳＰ現象の根底にも、絶えず**対立の対**の活気づけがある（『易経』の占いと同じように）と思います。

それから私の注意は、上述の夢で暗い女性を取り巻いていた、見知らぬ人々[8]に向けられました。彼らは私には、まだ十分に理解されていない、つまりあの暗い女性の「中国的」（全体的）な様相とかかわりがある、前意識的な観念を示唆しているように思えました。このことは、次の夢を通して確認されました。

夢　一九五二年九月二八日

中国女性が先に立って行き、私について来るようにと合図する。彼女ははね上げ戸を開け放って階段を降りて行く。彼女の動きは独特でまるで踊っているようで、彼女はものを言わないが、まるでバレエのように、常に身振り手振りで自分を表現する。私は彼女について行き、階段が**講義室**に通じているのを見てとる。そこでは、「見知らぬ人々」が私を待っている。中国女性は引き続き私に、教壇に上がって人々に向かって話し、明らかに彼らに講義するように合図する。それで私がまだ待っている間、彼女はひっきりなしに、律動的に繰り返し階段を下から上へ、開けられた扉を通って外へ、しかもまた下へと「踊って」いる。その際、彼女は始終、左手の人差し指を左腕とともに高く掲げ、右腕と右手の人差し指を下に向けたままにしている。この度重なる律動の適用は今や強く作用し、次第に回転運動（光の循環）が生じる。これとともに、二つの階の間の差異は、「魔術的」な仕方で縮小されるようである。それから、私が実際講義室の教壇に上がるとき、私は目を覚ます。

私には印象深いこの夢とともに、今やある一定の前進がなされます。さしあたり、私がその前で**講義**すべき**見知らぬ人々のいる講義室**[9]という**モチーフ**があります。このモチーフはすでに以前の夢に現われており、**新しい教授職への招聘**があったが、しかし私はまだこの招聘を受諾していない、という夢と密接に結びついています。例えばインドへの旅行で、スペインとポルトガルに沿って南へ向かったとき、私は、教授としての招聘に応じるために、**オランダへ**行く夢を見ました。「見知らぬ人」がそこで私を待ち受けていました。自然科学に対する対抗姿勢としてのオランダについては、上の表［一四一頁の表］を参照。インド人の態度は、おおよそこの対抗姿勢に対応しています。まだ就いていない教授職というモチーフは、それが「教授職」に対する意識の抵抗を示しているがゆえに、私にはとても重要に思えます。無意識は私に対して、私が具体的な何か、つまり何か信条のようなものを世間の人々に知らせないでおいて、それで型通りの抵抗から私への「招聘」に応じなかった、という非難を表明しているのです。

これらの抵抗は、時には**影の人物像**に、ほとんど凝縮されています。この影は私の場合、以前は父に投影されていましたが[10]、私は後になって、この影を現実の父と区別することを学びました。ちなみに、夢の人物像はその時、目に見えて若返っていました。この影は常に知的かつ冷淡で、精神的には厳密に型通りです。

その際、数学的な自然科学が私にとっても、それに従事する他のだれにとっても、伝統への、ちなみに典型的に西洋的な伝統への、たいそう強い連係を意味している——強みであると同時に束縛でもある、ということが顧慮されるべきです。**R・ヴィルヘルム**の場合のような道教への、あるいは**A・ハクスリー**の場合のようなインド的な神秘主義への転向は、思うに、自然科学者の身の上にはほとんど起こりません。この伝統また私の意識的な態度にのっとれば、自然科学の対抗姿勢に属するいっさいは、情緒と結びついているがゆえに、個人的な事柄です。それに対して講義室における人々は、自然科学も、それに対立する情緒的直観的な立場も、ことによるとそれどころか倫理的な課題を含めて講義する、教授を待ち受けているのです。講義室の人々は、私の抵抗に反して、この「講義」の拡張された対象が、個人的であるにせよ、やはり世間の人々にとっては関心があるのだ、という立場です。

それから、夢は**踊り**というモチーフを含んでいます。長い期間にわたる経験に基づいて私は、ここで表現されている律動的な感覚は、**元型的な反復**[11]の内的な知覚によるという結論に至りました。対立の対の秩序原理はもともと時間的ではないので、拍子は随意であり、律動は速くなったり、遅くなったりするようです[12]。私はボンベイ近くのエレファンタ島で神々の像を見てから、インドにおける輪廻や世界周期の律動的な表象、またとりわけシヴァの踊りが、似たような体験に基づいているとある程度まで確信しています[13]。けれども西洋人には、彼は自然科学的な時代を通ってきているので、律動的な体験を具象的に自然における律動的な事象に投影することは、やはり素朴でまちがっていると思われるのです。

「中国女性」はなるほどカトリシズム―プロテスタンティズム、神秘主義―自然科学等々という対立の対の彼方にあり、彼女は自ら、人間の精神になお課題として現われる、あの心と自然の全体的な統一で**あり**、彼女は特別の仕方で見ながら、存在しています。しかし何かある合理化を免れて、彼女にはやはり、私の意識に可能な論理的な思考、数学などのような合理的な能力がありません。彼女はその理由から、**花婿**としてロゴス（ないしは私）を求めており、まだ最終の発展段階ではないのです。後の展開では、そのことから最終審として新しい明るくて暗い男性の人物像、つまり「見知らぬ男」が現われます。このさらなる展開は、例えば次の夢において示されています。

夢　一九五二年一二月二〇日、ボンベイにて

大きな戦いがある。私の味方は、中国人の夫婦である。私は、つかみ合いで敵方を撃退する。やっと自分と中国人たちだけになったとき、私は見知らぬ男を見つける。私は彼に、中国人の夫婦のために、正式の雇用契約を求める。

彼はそれを了承した旨声明し、中国人は大いに喜んだ。

これをもって、無意識との絶え間ない対決は、新しい段階に達したようです。しかし私はいまだに、「見知らぬ人々」や「中国人の夫婦」として現われている無意識の内容を、意識に同化させられる状態からはるかに隔たっており、そのことはきっと新しい「教授職」の本来の任務なのでしょう。私はやっと、さしあたりこの内容と結びついた文脈をいくらか探ることができただけです。

Ⅲ

講義室における講義を伴う新しい教授職への無意識のこだわりに、そして私の招聘に、私はいまだに、また繰り返し驚いており、「しっぽをつかまえたが――しかしそれを手でつかまえている」[14]（つまり理論物理学）だけではなく、おまけにそれに呑み込まれることなくして、また「単に夢見ること」なくして「頭をしっかりつかんでいる」[15]、そのような教授が何を言えるのだろうかと、私は今や［夢でそのような教授であることが求められている］自分自身に聞いてみるのです。

新しい結合 Coniunctio、つまりこの状況が求める新しいヒエロス・ガモス（聖なる結婚）を先取りすることはできませんが、しかし私は、わたしのケプラー論文の結びの部分でもともと言うつもりだったことを、もう少しはっきりと言ってみようと思います。要は、「しっぽ」つまり物理学をしっかりと手でつかまえることは、「頭をつかむこと」というより大きな企ての際にも利用できるかもしれない手だてを、私に思いがけず与えるのです。それというのも、「波動―粒子」という対立の対の克服を伴う**物理学の相補性**において、**例の別のより包括的な結合 Coniunctio に対する模範もしくは範例**のようなものが存在しているように私には思えるからです[16]。物理学の範囲での比較的小さな「結合」、つまり物理学者たちによって構成された量子力学ないし波動力学は、つまりその考案者たちの意図とはまったく別に、三頁に述べられた別の対立の対の克服にたぶん活用されうる一種の特徴を示しているわけです。

類推は例えば以下のとおりです。

物理学	個性化過程及び無意識一般の心理学
一方で位置、他方で運動量の測定のための、相互に排他的で相補的な実験手順	自然科学的な思考―直観的な感情
現象を本質的に変化させることなしに、実験手順を区分けすることの不可能性	意識的なものと無意識的なものとで成り立つ人間の全体性
あらゆる**観察**の際の、予測できない干渉	あらゆる意識化、特に結合の事象の際の、意識および無意識の変化
観察の結果は、一回的なものの非合理的な現実性である	結合の結果は、太陽の子 infans solaris、個性化である
新しい理論は、自然現象の**可能性**についての客観的、合理的な、またそれだからこそ象徴的な把握であり、一回的なものの非合理的な現実性をも受け入れるために、十分に広い枠である	個性化過程の心理学の客観的、合理的な、またそれだからこそ象徴的な把握は、一回的な人間の非合理的な現実性を受け入れるために、広く十分である
理論の手だてに、抽象的で数学的な記号ψ、空間（あるいはもっと多くの変数）や時間に従属する複素数（関数）はふさわしい	理論の手だては、無意識の概念である。「無意識」が、**意識における生起の可能性に対するわれわれの象徴的な記号**であり、あのψとそれほど似ていないわけでもないことを忘れてはならない

適用される自然法則は、統計上の確率法則である。確率の概念は本質的に「一と多」という主題を含む	自然法則の一般化は、「元型」とも呼ばれる、心的あるいは精神物理的な生起がみずからを再現する「形態［形姿］」の観念によって行なわれる。これによって成立する生起の構造は、「自己同形」とみなされうる。それは心理学的に言えば、時間概念の「背後に」ある
核と殻で成り立つ原子	「核」（あるいは「自己」）と「自我」で成り立つ人間の人格

私は、このきわめて暫定的な図式に、少しばかり認識論的な所見を付け加えたいと思います。もはやあらかじめ決定されてはおらず、また観察者に左右されずに存在していると解釈される出来事を許容し、可能性を利用することによって、量子物理学にとって特徴的な自然解明の仕方は、要するに「単に思い込むことの記述[17]」とはおよそ対照的に、「物理学は現実的なものの記述である[17]」と言うことができた古い存在論と衝突します。「存在していること」と「存在していないこと」とは、場合によっては相互に排除する、異なった配置での一連の統計上の実験によってのみ制御されうる特性についての、一義的な特色づけではないのです。

古代の哲学において始まった、「存在している」と「存在していない」とについての議論は、このような具合にその現代的な継続を経験します。古代ギリシャ・ローマの時代にあっては、「存在していない」は決して、一般にそこにないことを意味するのではなく、この特色づけはいつでも**思考困難**を示唆しています。存在していないのは、思考されえないもの、思考する悟性によっては把握されないもの、概念においてとらえられず、また規定されないものなのです。この意味で、存在と非存在が、古代の哲学にとっては問題であるように私には思われます[18]。この意味でとりわけ生成と変化は、したがって物質もそうですが、一種の心理学には、存在していない単なる「イデア」の欠如 privatio と思われました。それに対して**アリストテレス**は、争いを回避しつつ、「**可能性に従って存在している**［可能的存在］」という重要な概念を提起し、それを**質料** Hyle に適用しました。質料はなるほど現実には actu「存在していない」し、単なる（彼がイデアの代わりに言ったような）形相の欠如 privatio であるが、しかし可能的 potential にはやはり「存在している」し、単なる欠如ではない、ということです。これによって、科学的な思考における重要な分化が生じました。物質に関するアリストテレスのさらなる発言（彼はまったく何か受け身のもの、受け入れるものというプラトン的な物質の理解にとどまっていました）は、自然学においてはほとんど利用されず、アリストテレスの場合の多くの混乱は、彼がはるかに劣った思想家として、プラトンに圧倒されていたことからきているように私には思えます。彼は実際、可能的なものをとらえるという彼の意図を当時は貫き通すことはできませんでしたし、彼の試みは初期段階で行き詰まっていました。逍遙［ペリパトス］学派［アリストテレスの学派］の伝統、同じくまた本質的な部分では錬金術（フラッド参照）も、アリストテレスに基づきます。今日の科学は今や、私が思うに、アリストテレスによって（たとえ実際なお不明瞭な仕方であっても）始められた道を、さらに先に進みうる位置に達しています。電子（また原子）の相補的な特性（波動と粒子）は事実「可能性に従って存在している」が、それらのうち一方は常に「現実性に従って存在していない」のです。それゆえに、古典的ではもはやない自然科学が、生成に関する最初の真の理論であり、それはもはやプラトン的ではないと言えるのです。より新しい物理学の傑出した代表者であるボーア氏が、唯一の実にプラトン的ではない思想家として私に現われたこと[19]は、それにとてもふさわしいことであり、すでに二〇年代の初めに（なおまだ現在の波動力学が樹立される**前に**）彼は私に、「明晰性―真理」という対立の対を具体的に示し、あらゆる真の哲学は等しく**逆説**でもって始まらなければならない、ということを教えました。彼は、今もそうなのですが、（プラトンとは対照的に）二律背反的な思考の達人、卓越した双頭 kat exochen dekranos[20] でした。

したがって、この発展過程につれてこの考え方になじんだ物理学者として、不動の持ち主[21]は、「存在している」形而上学的な空間もしくは「天国」（今の場合キリスト教的であれ、プラトン的であれ）、あるいは「至高者」もしくは「絶対者[22]」と同じくらいに、私には疑わしいのです。すべてのこれらの形象のもとでは表現されていない、人間の認識（主体―客体―関係）がはらむ本質的な逆説は、後で、いずれどこかそれらの創始者には好ましくない場所でやはり明るみに出るのです！

この理由から私は、「存在している」と「存在していない」との間の争いからのアリストテレス的な打開策を、無意識の概念にも適用することを提案したいと思います。多くの人々が今日なお、無意識は「存在していない」し、単なる意識の欠如であると言います。[23]（それに、あなたの「心理主義」を非難するすべての人々も含まれるでしょう）。それに対する対抗姿勢が、無意識および元型を、イデア一般のように、天を超えた場所や形而上学的な空間へ移すことです。この見解はしかし、私には同じくらい疑わしく、カイロスの法則に反すると思われます。書き付けられた類推の図式において、それゆえ私は、（電子や原子の特性と同じように）無意識を「可能性に従って存在している」[24]ととらえる、第三の道を歩き始めました。つまり、それは意識における生起の可能性に対する正当な人間の標識であり、またそのようなものとして、「物自体」の真に象徴的な現実性に属しているのです。すべてのイデアのように、そのイデアに場所はなく、天もないので、[25]無意識は人間と自然において同時に存在しています。いわばすべてのイデアについて、「万物の中心で、その周縁がどこにもない中心 cuiuslibet rei centrum, cuius circumferential est nullibi.」（フラッドが古い錬金術の原典に従って神について言うこと――私のケプラー研究の一七四頁参照[6]）と言うことができます。四一性［四元数］を人間から遠く「天に」掛けるかぎり（そのような試みが、徴候として評価されて、どんなに喜ばしくまた興味を起こさせるとしても）、魚［無意識内容］は釣られず、ヒエロス・ガモス（聖なる結婚）は起こらず、また精神物理的な課題は未解決のままです。[7]

心理学的な課題の場合、一回的（個人的）な生物の、非合理的な現実性における可能性を概念的に把握することが問題です。この課題に私たちが迫るのは、自然哲学における「物質主義」―「心主義 Psychismus」という対立の対をも、私たちが総合的に克服しうる場合のみです。「心主義」でもって私は、例えば心理主義や何か心理学に固有なもので[26]はなく、取りも直さず物質主義の逆を意味しています。私は「観念論 Idealismus」と言うことができたかもしれませんが、しかしこれでは、時間的にはよく知られた、一九世紀においてカント以来支配的な哲学の潮流に限られてしまいます。これは（ショーペンハウアーを含めて）、インド哲学の全体と同じく、「心主義」という概念に属します。

ところが、錬金術師たちが果たして予想したように、物質 Materie はなるほど精神 Geist と同じくらい深まっていくのですが、何らかの発展の目的が絶対的な精神化でありうるかどうか、私は疑わしいと思います。人間によって作られた科学は——私たちがそれを望むと望まざるとにかかわらず、たとえそれが自然科学であっても——いつも事実また**人間についての言明**[27]を含んでいます。そのことこそ、私がまさに、この節における類推の図式でもって表現しようとしたことなのです。

科学と生存の目標はしたがって、結局はいつまでも人間ですし、あなたの著書『ヨブへの答え』もやはりそれでもって終わっています。要するに人間には、善と悪の倫理的な課題があり、人間には精神と物質があり、そして**人間の全体性**は四一性〔四元数〕の象徴で特徴づけられるのです。

その象徴が今日、人間の**全体性**の元型となっており、今や四元数的に成りつつある自然科学は、その情動的な原動力をそこから受け取っています。それに相応して、今日の科学者には——プラトンの当時とは異なって——合理的なものが善と悪の両面で現われています。果たして物理学は、善にも悪にも利用されうる、以前は予想もしなかった規模のエネルギー源を開発しました。これは何よりもまず、民族の場合も個人の場合も、道徳的な葛藤およびすべての対立の先鋭化に帰着したわけです。

人間の全体性[28]は、現実の二つの局面にはめ込まれているようです。その二つとは、一つは可能性に従って存在している、象徴的な「物自体」であり、今一つは現実性に従って存在している、具体的な「現象」です。第一の局面は合理的なものであり、第二の局面は非合理的なものです[29]（その際、私はこれらの形容詞を、異なった機能を特色づける場合に、あなたによってタイプ論でなされたものとの類推で用いています）。二つの局面の相互作用が、結果として生成を生み出しているのです。

カイロスおよび四一性〔四元数〕の意味で、この哲学の断章は「批判的な人文主義」と呼ばれるでしょうか。

この長文の書簡は論文のようですが、それでも個人的なもので、分析心理学の側からのあなたの批評に供するため

に、手紙の形式であなたに個人的に捧げられています。何はさておき第Ⅱ節において私は、ご存じのように、このために少しばかりの資料を提供しました。この研究がすでに、あの「見知らぬ人々」が私の講義から聴こうとしたすべてを含むとは、私は決して思いませんし、これはむしろ、引き続きこれと対決しうるために、私の立場を予備的に明らかにしたものなのです。

折にふれてこの書簡を改めて取り上げてくだされば、なおさらのことうれしいのですが、そうは言っても少しも急を要しません。書簡の長たらしさは、一部はインドの影響です。この土地は私の妻の健康状態にとても悪く作用したのに、私にはそれは——そこ自体が極端な対立の場所で——私の中のあらゆる対立を活気づけることによって、非常に刺激的な効果を与えました。これは、「しっぽ」と「頭」の要求に応じて、私がインドからの帰還からこのかた書いてきた、もともと第二の研究なのです。

ご健康を心から願いつつ

敬具

W・パウリ

［パウリによる注］

（1）『ヨブへの答え』（ドイツ語版）一六〇頁。［C. G. Jung, *Antwort auf Hiob*. (Zürich: Rascher, 1952), p.160. 野村美紀子訳『ヨブへの答え』ヨルダン社、一九八一年。林道義訳『ヨブへの答え』みすず書房、一九八八年。村本詔司訳「ヨブへの答え」『心理学と宗教』所収、人文書院、一九八九年］

（2）ちなみに、『心理学と宗教』（ドイツ語版）四五頁以下であなたが注釈した夢に現われています。［Jung, *Psychologie und Religion*, pp.45f.］

（3）この並列は、「国々のマンダラ」にかたどられて投影された、私の夢の機能図式に対応します。

（4）この点については、私の「中立的な言語」の観念、およびあなたの著書『アイオーン』（ドイツ語版）三七二頁と三七三頁を参照。

（5）ケプラーについての私の論文における結末を参照。
（6）『ヨブへの答え』（ドイツ語版）一四七頁。
（7）あなた自身がこのつながりで、すでに『アイオーン』（ドイツ語版）の二六〇頁において「形姿 Gestalt」という言葉を用いているのを見て、私はとてもうれしく思いました。そこであなたは、「したがって元型のもとで、**人間の本能の形姿**として現われたもの以外の、何かあるものが理解されるにはいっさい及ばない」と言っています。
（8）あなたがかつて、「見知らぬ人々」が現われた、私の以前の夢を好意的な仕方で注釈したとき、あなたはこれを「いまだ同化されていない思考」と判断しました。（一九五〇年六月二〇日付のあなたの手紙）。
（9）講義室は「集まり」の場所でもあります。この点については、『心理学と宗教』（ドイツ語版）六五頁の夢を参照。
（10）この点については、『心理学と錬金術』（ドイツ語版）一〇八頁以下における夢15を参照。
（11）この点については、あなたの著書『転移の心理学』［Jung, *Die Psychologie der Übertragung*, (Rascher, 1946)］およびA・ヤッフェ夫人の『黄金の壺』を参照。
（12）『心理学と宗教』第三章における「宇宙時計」を参照。
（13）西洋では、律動はヘラクレイトスの火（エナンティオドロミー）やピュタゴラス学派の天球の音楽に現われています。
（14）ケプラーの言葉、私の論文一五一頁上。
（15）フラッドの言葉、同上、一五二頁。
（16）この問題について興味深い議論ができたことに対し、私は**M・フィールツ**氏に大いに感謝しなければなりません。
（17）**アインシュタイン**の言葉。
（18）悪は「存在していない」、単なる**善の欠如** privatio boni である、という新プラトン的な定式に行き当たったとき、あなたはこの古い論議にほとんど入り込んでいます。この表現を「無意味」（『ヨブへの答え』三九頁、注6）とするあなたの特徴づけを、私は今日の神学者の悪癖にもっと多く関連させますが、彼らは、その意味を元の表現自体として以上にはなかなか理解しない、きわめて古い言葉を使用します。私個人としては今日の神学者はまったくつまらなく、それとは逆に、使われた言葉や概念のギリシャ・ローマの根源に立ち返ることが、そのような論議において**欠かせない**と私には思われます。
古代ギリシャ・ローマ人が「存在していない」と言った意味に該当するのは、私たちが今日言う「非合理的」あるいは「あいまい」です。

ところで、ソクラテスやプラトン以来、概念的には規定されえない悪とは対照的に、**善は合理的なものとして**感じ取られ、そうみなされてきました（徳でさえ教えることができる！）——偉大な観念と、私には思えそうです。悪はその際、この理解に従って、物質が観念的に（「存在している」）数学的な客体に対するように、善に比例します。物質は、プラトンの場合まさしく、観念的幾何学的な客体から、経験的な客体を区別するものとして**定義されて**います。両者に共通なのは、経験的な物体にあって理解されうるもの、明確なもの、善であり、両者を区別するものつまり物質は、理解できないもの、後の悪なのです。物質はしたがって、「存在している」として具象化された、幾何学的なイデアを受け取るという**受動的**な機能しかもっていません（それはイデアにとっての「養母」ないしは「乳母」です）。後のプラトン主義における善の欠如 privatio boni は、したがって次のことを意味しています。悪は**合理的**には、一般的な概念で表現されれば、「**一種の**」、**ユークリッド幾何学のように**恒常的に「存在している」イデアによって把握され、物質がイデアの欠如としてのみあるように、善の欠如としてのみ特徴づけられるのです。

（あなたの著書を読むたびに、いかに強く私がギリシャ・ローマ時代に押し込まれたかは、注目すべきことです。それは明らかに、あなたから私への人格的な作用ですし、私はあなたの『アイオーン』を読む前は、古代ギリシャ・ローマ時代にそれほどの関心はありませんでした）。

(19) イギリスの哲学者**A・N・ホワイトヘッド**はどこかで、ヨーロッパ哲学の全体はプラトンへの脚注で成り立っているにすぎないと言いました。［ホワイトヘッドは、「西洋の全ての哲学はプラトン哲学への脚注に過ぎない」と『過程と実在』*Process and Reality*（一九二九年）の中で述べている］

(20) 双頭——パルメニデスの信奉者の側から、ヘラクレイトスの信奉者に付けられたあだ名。

(21) 私はその際、**パルメニデス**と**ケプラー**を念頭に置いています。

(22) 後者はインドの哲学をほのめかしています。インド哲学の中でも、**S・ラダクリシュナン**教授のように「幻影」という言葉を経験的な世界に適用することを避ける人たちでさえ、「究極的な実在」と経験的な世界との関連の「秘儀」について述べるには、それをまさに「幻（マーヤ）」と名づけるしか手がないことを心得ています。

「絶対者」は常に、人間および自然から無限に遠く離れる傾向があります。私はここで進んであなた自身の次の言葉（『ヨブへの答え』一六七頁）を引用します。「私に働きかけるものだけを、私は現実として認識する。しかし私に働きかけないものは、存在しないに等しいくらいである。」

(23) この点については『心理学と宗教』(ドイツ語版) 一五三頁も参照。
(24) 『心理学と宗教』(ドイツ語版) 一八六頁下: 形式上の可能性としての元型。
(25) この立場を、フィールツ氏も引用された論議において代表しています。
(26) あなたは心理学者としていずれにせよ、心的なだけではないすべての現実を当然はばかっています。また、ミダス王が触れたものすべてが金になったように、あなたが考察したすべては時には心的に、心的なだけになるように私に思われます。この心的ではないものをはばかることが、なぜあなたが『ヨブへの答え』で精神物理的な課題に取り立てて触れなかったのかの理由でもあったのでしょう。
『アイオーン』(三七二頁) におけるすでに引用された箇所では、しかしあなたは、私の立場と一致する、ピュシス (自然) とプシュケー (心) の究極的な統一についての立場を主張しています。注 (28) と以下の頁も参照。
(27) 私のケプラー論文第七節、一六三頁参照。
(28) ここで、精神物理的な課題ときわめて密接に関連する問いが生じます。つまり、全体性の元型は人間に限られるのでしょうか、あるいはそれは、人間以外の自然においても明らかになるのでしょうか。この点については、あなたの論文「心理学の精神」(『エラノス年報一九四六』) 四八三頁以下を参照。あなたはそこで、元型を心的なだけではないとみなしています。
(29) パルメニデス以来の比較的古い古代の哲学者たちは、それゆえに具体的な現象を「存在していない」とみなしました。それに対して端的に「存在している」のが、変化しない特性 (アリストテレスの場合は「形相」) がある、一般的な概念および観念、とりわけ幾何学的な概念です。現象を「救う」sō zein ta phainomena という任務をみずからに課した、天文学上の研究が存在します。当時は明らかに、(現象を)「説明する」とは言いませんでした。純粋数学の問題には、私はここでは立ち入りません。

[訳注]
1 むろん、パウリは、通常「生きるべきか、死ぬべきか、それが問題だ To be, or not to be: that is the question.」と訳されるシェークスピアの『ハムレット』の一節を意識して書いているが、この文脈では、存在と非存在が問題になっているので、このように訳した。
2 Jung, *Antwort auf Hiob*, (Zürich: Rascher, 1953). [野村美紀子訳『ヨブへの答え』ヨルダン社、一九八一年。林道義訳『ヨ

ブへの答え』みすず書房、一九八八年。村本詔司訳「ヨブへの答え」『心理学と宗教』人文書院、一九八九年、所収〕

3 聖母マリアの被昇天 Assumption として知られる教理。聖母マリアがからだをもったまま天に上げられて復活したキリストの栄光に与ったという信仰伝承。キリスト教において、世の終わりにすべての信仰者のからだが復活するという信仰があるが、聖母マリアがそのことを先取りしたことを意味する。この信仰は、マリアを第二のイブとする教父思想にその萌芽があり、とりわけ東方教会でその信仰が発展したが、一〇世紀には西方教会においても一般化したと言われている。一九五〇年一一月一日にピウス一二世によって正式の教理として布告された。ユングの『ヨブへの答え』は、そのことに触発されている。「被昇天の教義は、ついでに言うと、宗教改革以来のもっとも重要な宗教的出来事だとわたしは見なしている」とユングは同書で述べている。(Jung, "Antwort auf Hiob," *GW11*, p.465.)〔村本訳「ヨブへの答え」『心理学と宗教』所収、四二八頁〕

4 書簡45、注(8)参照。

5 パウリの父親ヴォルフ・パシェレス Wolf Pascheles(一八六九―一九五五)は一八六九年にプラハに生まれたユダヤ人であったが、後にカトリックの洗礼を受け、一八九八年にウィーンでヴォルフガンク・パウリを名乗り、(それゆえにわれわれのパウリは彼の初期の研究に「ヴォルフガンク・パウリ二世」と署名した)、医学博士(プラハ大学)、ウィーンで私講師、有名なコロイド化学者。後に、引き続きこの領域でチューリッヒでカラー教授のもとで研究した。ここで、一九五五年一一月四日に亡くなった。最初の妻ベルタ・カミラ・シュッツ Bertha Camilla Schütz(一八七八―一九二七)がパウリの母親であり、「マリア」と呼ばれた。〔以上、ドイツ語版注による〕。彼は、一九二七年にマリアと離婚して別の女性と再婚した。そのことにより、パウリの母マリアは自殺してしまった。そのため、パウリの父親像は否定的なものとなっており、パウリにとっては影の人物像となっていたと考えられる。

6 ヘルメス・トリスメギストスは、神がすべての一なる事物の中心――中心であってその周辺部が存在しない――であると言う。(フラッドが何回もくり返した言明、『自然現象と心の構造』二一八頁)。

7 魚の象徴が自発的に無意識の中から発生する様。(『アイオーン』一七〇頁)魚釣りは、無意識内容(魚)を「釣る」あるいは把握しようとする直観的試みである(一七一頁)。

暗いアニマ、見知らぬ人々、第三の立場

59 ユングからパウリへ

キュスナハト、一九五三年三月七日
［タイプ打ちカーボンコピーに手書きの追加あり］

親愛なるパウリ様

重ねてお便りをいただき、とてもうれしく思います。あなたがまさしく「ヨブ」に携わっていることは、私には思いもかけぬ喜びであり、それについてあなたがそのようにくわしく報告することに骨折ってくださったことに、私は大いに感謝しなければなりません。物理学者がそのような決定的に神学的な課題に対して態度を決めるとすれば、それは実際に希有な出来事です。私がいかに緊張してあなたの手紙を読んだか、あなたには想像がつくでしょう。この理由から私は、相応の完璧さであなたにお返事することを、やはり躊躇しません。あなたの手紙はとても多くの問題にふれているので、あなたの詳説を逐一追うのが、おそらく一番よいでしょう。

あなたが寛大なやり方で、心理学や物理学そして――最後になりますが大事な――教皇自身に影響を及ぼしている、女性的なものの元型に信用を供与していることを、私は大いに歓迎します。「ヨブ」へのあなたの最初の反応は明らかに、夢が示しているように、読書を通して意識しえたすべてを含んでいるわけでも、意識化しているわけでもありません。その結果、あなたは夢では、取るに足りない、また意図しない（不相応な）場所（エスリンゲン）に到着しますが、しかしそこで、あなたの反応に欠けている部分、つまり**暗いアニマ**および**見知らぬ人々**を見つけるのです。あなたが以下に見るだろうように、この見渡しはまだほかに、つまりあなたによってそれがないことに気づかれた、聖母被昇天の物的な背面にまで及びます。[1]「エスリンゲン」は実際に、あなたがチューリッヒで支持している理論的な物理学とは比べられない、したがって見たところ関連のない、偶然の、無意味なまた無視してよい所です。意識から見れば、暗いアニマの場所はそのように見えます。暗いアニマがエスリンゲンに住んでいる、あるいはそこで会うことができるということを、あなたが前もって知っていれば、フォルヒ鉄道はあなたにたぶん別の印象を与えるのですが。しかし、何かよいことがナザレ（──エスリンゲン）に由来しうるのでしょうか。それに反して、物理学は大きな都会で、グロリア通り一丁目沿いのチューリッヒベルクの上の方に住まいがあります。意識の側に優位があり、また暗いアニマが、ファンネンシュティール山のふもとおよび背後に位置している、歓迎されず田舎くさい地方に留まっていることは明らかです。「……さまよへる、いとほしき魂よ！」animula vagula blandula.[1][2]

この事態は、暗いアニマとの、またそれが請け合うすべてとのあなたの関係に特徴的ですが、その関係については、私はあなたのリストに注意を喚起し、それに私はなお**心理学**─**哲学**の対立を付け加えたいと思います。

暗いアニマは、身体が驚くべき仕方で霊化されて現われる聖母マリアが一面的に明るい女神であるかぎり、聖母被昇天の教義と直接の関係があります。そのような［聖母の］人物像を強い調子で際立たせることは、無意識における暗い対立の布置を引き起こします。新しい教義は、多くの人々に対して威嚇するように作用し、それどころかそれがきっかけとなって、信心深いカトリック教徒たち（プロテスタントのことはさておき！）は**政治的**な駆け引きを考えるようになりました。この考えの後ろに、彼らが当然にも際立たせたように、悪魔が立っているのです。彼は、この価値を低下させる解釈の生みの親です。明るい形姿の一面性は彼を刺激して、この解釈を吹き込ませました。新しい教義が事実、政治的な策動にほかならなかったとすれば、いずれにせよ悪魔をその誘発者とみなさなければならないでしょう。しかしそれは、私の見解では政治的な策略ではなく、自らなる現象であって、つまりすでにずっと以前にセメレの被昇天がその息子ディオニュソスによって引き起こされた、あの元型の啓示なのです。

ともかく被昇天の教義は**暗**に悪魔への譲歩であり、それも第一に、それが（binarius［二進法］として）悪魔と類縁関係にある、女性的なものの地位を上げるからであり、また第二に身体の被昇天は**物質**の被昇天を意味するからです。女性的なものはなるほど純潔で、質料は霊化されていますが、あなたが当然にも批評しているように、永遠に更新される処女性は一方で愛の女神の属性であり、また質料は他方で魂を吹き込まれています。私はこの広範囲に及ぶ推論を、ヨブでは**明確**に叙述せ**ず**に、象徴を通して示唆しただけですが、それというのもヨブの枠内では、物質の課題はほとんど論議されえなかったからです。しかし私は、黙示録的な**石の象徴表現**の際に、また**太陽**─**月の子**の象徴として、つまり**哲学者の息子** filius Philosophorum **および賢者の石**として、救世主の息子が類似する際に、そのことを指摘してあります。

私の考えでは、質料の論議は、どうしても自然科学的な基盤から出発する必要があります。そのために私は、「ヨブ」と「共時性」とが同時に発行されることを要求したのですが、というのも私は後者の著作で、「存在しているものが意味に恵まれている」ということを仮定すること（つまり、元型の客体への拡張）によって、質料が「魂を吹き込まれていること」への道を開こうとしたからです。

「ヨブ」を執筆したとき、私は神学者たちに**まったく何も期待していなかった**——私はそのような人たちから、予見されたように、ほんとうにごくわずかの反応しか受け取っていません——のですが、私はむしろ、教会の「告知」、いわゆる宣教の無意味さや思慮のなさによってひるんだ、すべての人々のことを考えていました。事実また、たいていの反応はこれらの人々からのものでした。

あなたの手紙のⅡ部において、あなた自身がこの結論のすべてを引き出しています。「中国女性」は「全体的」なアニマを代表しているのですが、というのも古典的な中国の哲学が、精神物理的な対立の調和を直観することに基づいているからです。ＥＳＰは確かにこの関連の現象であって、この領域一般において何かが知られるかぎりでは、それはやはり、経験によれば**心的にも物的にも**現われうる「類心的」な元型に因っています

中国女性は夢では明らかに反対の立場を結合していて、そこから「循環」、つまり**回転**が発生します。後者と、**収縮**という意味における**空間の変容**が結びついています。そこからまた、**時間と因果性の変化**が生じます！　要するに、元型によって引き起こされたＥＳＰ現象、ないしは共時的な現象なのです。これが、あなたが「教授」として主張していたかもしれない、教えの具体的な一部分です。物理学の対象に適用されれば、物理学は、**物質的**（あるいは物的）**というレッテルを張られた表象についての科学**として定義されることになるでしょう。（それについては下記を参照！）

中国女性がアニマとして自主的な人物像を演じ、また一つになるという理念を代表しているかぎり、そこで対立物の結合 coniunctio oppositorum が実現する中間の土台は、まだあなた自身とは一致しておらず、外に、ほかならぬ

アニマの中にあります。つまり、それはまだ統合されていないだけなのです。アニマにその特別な意味と強さとを付与する原理は、**エロス**、魅力、そして関係性です。（昔のサバ人が「自然が私を引きつけ、私は魅了される Attraxit me Natura et attractus sum」と言うように）。知性が優勢であるところでは、もっぱら感情の関係性あるいは関係の感情を受け入れることが問題です。これはまた、単に男性的なロゴスにおける、分ける作用とは対照的な、聖母マリア被昇天の本質的な意味です。対立が一つになることは、決して**単に知性的**な出来事ではありません。それゆえ、錬金術師たちは「錬金術は全人格を必要とする ars totum requirit hominem！」[3]と言ったのです。それというのも、人間はその全体性からのみ、全体のひな型を創造しうるからです。

無意識に「周期的」な特性があるということは疑う余地がなく、それはしばしば船酔いのような症候を引き起こす波とうねりであり、あるいは状態もしくは夢の循環的な回帰なのです。私自身の場合は、三年の間ずっと一二月半ばから一月半ばにかけて、同種のとても印象深い夢を見ました。

あなたの物理学的また心理学的な陳述の一覧表は、きわめて興味深くかつ納得がゆきます。私はただ、次のこと「類推」を付け加えたいと思います。

最小の質料粒子は、粒子と波動によって成り立っている	元型（無意識の構成要素として）は、一方で静的な形相によって、他方で可能態 Dynamis によって成り立っている

「存在」と「非存在」に関して、いわば非存在の概念を扱う人はみな、例えばニルヴァーナ（涅槃）概念の場合のように、それによって取りも直さず**別の**存在を理解していることは明らかです。それゆえ私は、決して「存在」についてではなく、それも**今ここ** hic et nunc における**確かめられる**と**確かめられない**とについて語ります。確かめられないものは無気味であるので、こうしてギリシャ・ローマ時代は（未開のように）それを恐れ、またそれが現実となれば、いつも期待とは別になるので、その意味でそれは悪になるのです。**プラトン**は、シュラクサイのディオニュシオスとい

う二人の僭主のせいで、そのことを経験しました（『精神の象徴表現』三四一頁、参照）[4]。「善い」と「在る」との、また「悪い」と「在らぬ」との測りえない混同は、本質的には原始的な無差別の名残のように私には思われます。

アリストテレスの場合、可能性をもつ物質という存在は、それに対してたいへんな進歩を意味しています。現実的なものと非現実的なものとが、今ここにおける「確かめられる」と「確かめられない」として、消すことのできない観察者との関連で存在することをも考慮するのに対して、存在と非存在は、私の考えでは混乱を引き起こすだけの、認容できない形而上学的な判断にすぎません。

ボーアの独創性を何とかして傷つけることをせずに、やはり私は述べておきたいのですが、すでに**カント**が、一切の形而上学的な陳述の避けられない二律背反を証明していました。これは明らかに、それ自体としては確かめられないものであるがゆえに、無意識に関する陳述にも当てはまります。無意識がそのようなものであるかぎり、それは可能性に従って存在しているものか、あるいは存在していないものか、どちらかです。しかし私はなお、無意識にかかわるこれら二つの概念を、すべての存在概念がともかく入って然るべき、形而上学的な判断の範疇に組み入れるでしょう。アリストテレスは、存在概念の単なる公準としての特性を見抜くためには、プラトンの影響をどうしても、十分に免れることができなかったのです。

「唯心論」と「唯物論」は、存在についての陳述であることによって、形而上学的な判断を叙述します。［しかし］それらは、統覚の過程における必然性として、つまり「これは精神（ないしは観念）に由来する」あるいは「物（ないしは物質）または生理に由来する」というような、表象範疇によるレッテル張りとして許容されるだけです。形而上学的な判断はそれに対して、心的なものという部分を絶えず外部におき、それによってその都度、イデアと質料とが一つになることが妨げられます。二つの領域の結合は、第三の媒体（プラトンの第三形相 triton eidos、『精神の象徴表現』三三九頁以下、参照[5]）においてのみ行なわれうるのですが、そこでは物質と同じくイデアから、その仮定的な即自および対自存在が奪われ、第三のもの、つまり**観察者の心**（プシュケー）に適応させられます。個人の心における以外のどこでも、結合はなしとげられず、そしてイデアと物質の本質的統一は体験また認識されえません。私は形而上学的な判断を――この異端をお許しください――、個人的な意識の成立に対する主たる障害をなす、原始的な神秘的融即 participation mystique の遺物とみなしています。その上、形而上学的な判断は、心の多かれ少なかれ高貴なまたは重要な部分を天におくか、あるいは地上の物事におくことによって、精神化あるいは物質化のような一面性へと誘惑し、そのようなものとしてそれは、その場合は必要とあれば人間の全体を招き寄せ、それでもって彼の中間的な位置を奪うのです。

私たちが認識論的な自己規制において、精神と物質それ自体を確かめられないとみなす場合は、それでもってそれらの形而上学的な存在においては、私たちはそれに到達することがまったくできないので、ともかく何も削られません。しかし私たちは、それでもって心的なものの外部への投影を阻止し、またそれと同時に人間の全体性における統合を促進したのです。

第三の形相としての、また媒体としての心は、精神と物質との、両方に関与しています。私は、それ（心）が一部はもともと質料的であることを確信しています。例えば元型は、一方でイデア（プラトンの意味における）と、他方で直接に生理学的事象と結びついており、また共時性の場合はそれどころか、物的な状況の調整者として現われ、その結果それを質料の特性（その「意味負荷性」）とさえみなしうるのです。その位置が決定されえないのは、その存在の確かめられなさにふさわしいことです。このことは、特別に全体性の元型に、つまり自己に当てはまります。元型は一にして多、一にして全 hen kai pān です。人間の全体性は、あなたが当然言うように中心をもちますが、それも作用するから**現実的**である元型界と、作用するから同じように**現実的**であるピュシス（自然）の間においてです。ところが、両者の原理は知られておらず、したがって確かめられないのです。その上で、次のように推測する根拠があるのです。つまり、両者は同一の原理の異なった観点にすぎず、したがって一方では、同一のあるいは類似の物理学的かつ心理学的な命題を立てる可能性があり、また他方では、宗教的な啓示を心理学的に解釈しうる、と。（神学者は心理学者に対して物理学者と同じ抵抗を示し、前者は**精神**だけを、後者は**物質**だけを信じています）。

私たちの見解が大体において類似しているという事実を私はとてもうれしく思い、あなたがあなたの意見をそれほどくわしく述べてくださったことに感謝しています。すでにあなたが優れた知的な活動を成し遂げ、長い道のりを進んできて、それについていくらかでも「見知らぬ人々」に伝えるかもしれない、と私には思われます。あまりに先に行きすぎると、しばしばかつてどうであったかを、もはや理解しようとすることができなくなり、しかも聴衆には理解できなくなります。

私がここで簡単に私の見方を示したら、多くが断定的に聞こえるかもしれませんが、決してそういうつもりではありません。それどころか私は、いかに私の簡潔な表現が暫定的で間に合わせであるか、またいかに私があなたの好意的な理解を頼りにしているか、よく心得ています。

私の健康状態はまだあまりよくありません。いまだに時折、頻脈と不整脈の発作に苦しんでおり、何はさておき精神的な疲労を警戒しなければなりません。この手紙は度を越えており、しばし控えなければなりません。結合coniunctioは将来の課題であって私の力を超えており、したがってこの方向でそのような大きな骨の折れる仕事に乗り出せば、私の心臓はそのつど持ちこたえられないのです。一九四六年の「心理学の精神」についての論文[6]がきっかけとなって、そのころから私には重い頻脈が起こるようになり、共時性が私の命取りになりました。

大いに興味を引かれるのですが、折にふれてあなたのインドの印象について、何かお聞かせいただけませんか。私の健康が信頼するに足る状態になるまで、私はもう少しだけ待たなければなりません。私は今まで、午後は休息しなければならないので、朝だけ訪問客を迎えることが可能でした。私は辛抱強くあらねばならず、またそれでもって他者に同じ徳を強要せざるをえないのです。

敬具

[C・G・ユング]

[ユングによる注]

(1) カバラの「神の背後posteriora Dei」との類推で！

［訳注］
1　当時、スイス連邦工科大学チューリッヒ校の物理学棟があった場所。［ドイツ語版注による］
2　出典は、ハドリアヌス帝辞世の詩の発端部分。訳は、『ギリシャ・ラテン引用語辞典』（岩波書店、一九三七年、三六頁）に依拠した。
3　ラテン語の日本語訳は『岩波　哲学・思想事典』（岩波書店、一九九八年）の「錬金術」の項目によった。
4　Jung, *Symbolik des Geistes*, (Zürich: Rascher, 1948), p.341.［村本詔司訳「三位一体の教義にたいする心理学的解釈の試み」『心理学と宗教』所収、一〇七頁］
5　Ibid., p.339.［邦訳、一〇四頁］
6　Jung, "Geisit der Psychologie," *Eranos Jahrbuch 1946*, (Zürich: Rhein, 1947).［林道義訳「心の本質についての理論的考察」『元型論』増補改訂版所収、紀伊國屋書店、一九九九年］

精神、心、質料の関係

60　パウリからユングへ

［チューリッヒ］一九五三年三月二一日
［タイプ打ちカーボンコピーに手書きの追加あり］

親愛なるユング教授

詳細でとても啓発的なお手紙でご意見をくわしく述べて下さり、大いに感謝したいと思います。例えばマリア被昇天の解釈のように、そこで述べられた多くの問題が今や私には、完全に満足できる仕方で解き明かされているので、もはやそれらに立ち返る必要はまったくありません。しかしながら、認識論的な問題にはなお少しばかり論評を加えたいのですが、とりわけやはり、あなたによって形而上学的な判断に数えられた存在陳述は私にはまったく重要ではなく、(1)あなたによって用いられた術語「確かめられる」と「確かめられない」でもって、私が考えていることさえも私はもっとよく言い表しうることがはっきりしてきます。それゆえに、私はまずこの立場から、認識論的な事態が私にはどのように思われるのかをくわしく述べておきたいと思います。その場合、私が精神的にどこから来ているのかを報告することが、私には自然な成り行きになりますが、私がどこへ行きたいのかについては、むしろこの手紙の第二節で話題になるでしょう。そこでは、精神、心そして質料の関係という、私のとても気にかかっている問題の論議をあなたの手紙を踏まえてもう一度取り上げるつもりです。その際は暗黙のうちに、いったいどうしてまた私が物理学者として、あなたの著書『ヨブ［への答え］』の基礎になっているような「そのような決定的に神学的な課題」に対して態度を決めるに至ったのかも明らかになるでしょう。つまり、神学者たちと物理学者としての私の間には、反目し合う兄弟という（元型的な）関係が成立しているのです。あなたが手紙の六頁ですでに示唆しているように、なるほど両者の間のよく知られた「ひそかな（無意識的な）一致」もありえます。事実、無意識は私に純粋に物理学的な言語でイメージや言葉を示しているのですが、その解釈は反形而上学的な立場からさえ、いくつかの神学的な陳述に似てくるのです。このことを私は、この手紙の第二部で例を挙げて説明し、またその際はやはり、精神—心—質料の関係に対する私自身の態度をあなたの態度と比較するつもりです。

1　杯の中のカード

精神（観念）に由来するか、さもなければ物（ないしは生理）に由来するという、あなたの言う表象のレッテル張り、(2)またそれに対応する二番目の種類の表象に由来する科学というあなたの物理学の定義は、私の中で若い時の古い記憶をよみがえらせます。

私の書物の間にいくらかほこりをかぶったケースがあり、その中にユーゲントシュティールの銀の杯があって、その中にさらにカードがあります。さて私には、この杯から落ち着いた、優しくて常に朗らかな、古くさい時代の精神が立ち上っているように見えます。私が見るに、彼（精神）はあなたと親しく握手をし、あなたの物理学の定義を、たとえいくらか遅れた洞察でも喜ばしい徴候として歓迎し、いかにレッテルが彼の実験室によく合うかを付け加え、そして最後に、形而上学的な判断をかなり全般的に（彼がよく言うように）「原始的なアニミズムという影の領域に追放した」[3]ことについて、彼の満足感を述べているようです。ところでこの杯は、洗礼の杯［受洗者に贈られる杯］で、カードには古風な飾り文字で「E・マッハ博士、ウィーン大学教授」と書かれています。[1]私の父は彼の家族ととても親しくしていて、当時は精神的にまったく彼の影響下にあり、そして彼（マッハ）は親切にも、私の名付け親の役割を引き受ける意志をすでに表明していたわけです。彼はたぶんカトリックの聖職者よりも強い人物で、その結果として私は、カトリックの代わりに、このように反形而上学的に洗礼を受けたようです。いずれにせよ、カードは杯の中に残っており、またその後の私の大きな精神的な変化にもかかわらず、それは実に私自身に貼られている、つまり「反形而上学的な由来である」というレッテルであり続けているのです。事実、マッハはいくらか簡略化すれば、形而上学を地上のあらゆる悪の原因――要するに心理学的に言えばまったくの悪魔――とみなし、またカードが入ったあの杯は、悪い形而上学的な霊を払いのける、永遠の水 aqua permanens の象徴であり続けました。

あなたにエルンスト・マッハをさらにくわしく叙述する必要はありません。それというのも、外向的感覚タイプについてのあなた自身の記述をお読みになれば、あなたはE・マッハをも知ることになるからです。彼は熟練して実験をこなし、また彼の住まいにはプリズム、分光器、ストロボスコープ、起電機などがごろごろしていました。私が訪れたときはいつも、彼は私に、いつでも当てにならない錯覚や誤謬の原因となる**思考**を一部は除去し、一部は修正しつつ支持するために行なわれる、すてきな思考実験を示しました。彼自身の心理学を一般的なものとして前提にしつつ、彼はすべての人々に、劣っている補助機能をできるだけ「節約して」利用すること（思考経済）を勧めました。彼自身の思考は、感覚的な印象、器具と装置に厳密に従ったのです。

この手紙はそうは言っても、物理学の歴史や、ましてE・マッハ［感覚タイプ］と思考タイプであるL・ボルツマン[2]との、タイプの対立という古典的な事例を取り扱うつもりはありません。[4]私が最後にマッハを見かけたのは第一次世界大戦の前でしたが、彼は一九一六年にミュンヘン近郊の別荘で亡くなりました。

あなたの手紙との関連で関心を引くのは、物理学の内部においてさえ心的な所与（感覚データ、表象）を根拠とし、またとりわけ「物質」という概念をできるだけ取り除こうとするマッハの試みです。彼はこの「補助概念」を、哲学者および物理学者の側からあまりに過大に評価されていると、また「仮象問題」の源泉とみなします。彼の物理学の定義は本質的にあなたによって提案されたものと重なり合い、また彼は繰り返し物理学、生理学、そして心理学が「調査方向によってのみ区別され、その対象によってではない」ことを強調しました。その対象は、ともかくあらゆる場合において、いつでも心的な「諸要素」なのだ、ということです（彼はそれらの単純さをいくらか誇張しますが、実際はいつもかなり入り組んでいます）[5]。私は、後に「**実証主義**」（マッハはこの術語を広く使いました）と呼ばれたものに対するあなたの度重なる批判にもかかわらず、あなたとこの傾向との間に、とにかく根本的な一致もまた存立していることに驚きました。両者の場合に問題になっているのは、**思考過程の意図的な除去**です。表象に対するレッテルとそれに対応する物理学の定義に異論の余地すらありませんが、中でもそれはやはり、意識的に「表象」と「客体」とを同義に用いた、ショーペンハウアーの観念論的な哲学にもっともよく調和しています。しかしながら、すべては**それからどうするのか**にかかっています。マッハがやろうとして、しかしやりとげられなかったのは、「今ここで確かめられない」もののすべてを、自然の解明からすっかり取り除くことでした。ところがその場合はたぶん、もはや何も理解されないことが、やがてわかります。つまり、他者にも心を関係づけなければならない（確かめられるのは何といってもいつも自分自身の心だけです）ことも、いろいろな人が同一の（物的な）客体について語ることも、理解できなくなるわけです（ライプニッツにおける「モナド」の「窓のなさ」）。それゆえに、悟性と同じく本能の要求を満たすためにはどうしても、「**それ自体としては確かめられない**」、何かある**宇宙的な秩序の構成要素を導入する**必要があるのです。私には、あなたにおいては主として元型が、この役割を果たしているように思えます。

その場合、何を「形而上学」と呼び、何をそうでないとするかは、ある程度まで依然として趣味の問題であるというのはそのとおりです。それでもやはり私は、形而上学的な判断を避けるという要求には実践的に高い価値があるという、あなたの意見とまったく同じです。それで意味されるのは、導入された「それ自体としては確かめられない」量（概念）が経験による制御を免れることはまったくなく、また**それによって必要以上のものは導入されないだろう**

ということであり、つまりそれは、今―ここにおける確認の可能性について陳述をする際の役に立つわけです。この意味で「可能性」という概念は考えられており、またこの意味で私は、そのような概念を「象徴的な物自体」そして「現実の合理的な局面」と呼ぶのです。[3] この「物自体」について、あなたが至極当然にも述べたように、形而上学的な意味において存在を陳述する必要はまったくありません。自然科学においてはそれについて有用性に関して実用的な陳述がなされ、数学では無矛盾性（一貫性 consistency）に関して形式論理的な陳述がなされるにすぎません。心理学においては、無意識と元型が、あの「それ自体としては確かめられない」概念に属し、原子物理学にあっては、すべてが同時に「今ここにおいて確かめられる」のではない、原子系という特性の総体です。

現実的に「今ここで確かめられた」ものを、この前の手紙で私は「具体的な現象」および「現実の非合理的な局面」と呼びました。それは、ふだんは「由来のレッテル」であるとしても、いつも観察者の心の中にあります。ところがこの箇所で、「心的」という特徴づけあるいは「心」という概念は、いったい「今ここにおいて確かめられる」もの以上に広く及びうるのか、という問題が起こります。私はこの問いには否定的に答え、また確かめられるものの可能性に対する概念的な標識として導入される「それ自体としては確かめられない」構成に、「心的」というしるしではなく、「中立的」というしるしを与えがちです。

この考えは私には、やはりプラトンのメソン meson（中項）とトリトン・エイドス triton eidos（第三の形相）という表現によって支えられ、両者は「中立性」（＝中間の位置）へ向かう私の要求を満たすどころか、どうやらそれをまさしく強調しているように思えます。プラトンはそれでも心という言葉を自由に使え、その代わりに別の言葉を使用した場合は、それには考慮を要するより深い意味が内在しているはずです。この意味は私には、その心の中で今ここにおいて確かめられるものとして起こる個人の体験と、「それ自体としては確かめられない」ものとして有用な一般的な概念との間をはっきりと区別して、ある中間の位置を占めるという必然性にその本質があるように思えます。したがって、あなたの心＝トリトン・エイドスという同一視は、私にはプラトンに対する後退、一種の概念的な差異化の喪失を意味するように思えるのです。

「中立的」な一般的な概念への要求とともに私は、私にはとても根本的であると感じられたあなたの論文「心理学の精神」とも調和しており、あなたはそこで次のように述べています。[(6)] つまり「元型には……、確信をもって心的とはみなされえない性質がある。――私が純粋に心理学的な熟慮を通して至ったのに、そこでは元型の心的なだけの性質が疑われる、等々」と。[4] 私には、あなたがこの疑いを無条件にまじめにとり、新たに**「心的」なものを広げすぎるべき**ではないように思えます。あなたが「心が一部はもともと質料的である[(7)]」と言うとき、それは物理学者としての私にとっては**形而上学的な陳述**の様相を呈します。私は、心と質料は共通の、中立的な「それ自体としては確かめられない」秩序原理によって支配される、と言う方がよいと思います。(心理学者とは別に、物理学者には「無意識」の代わりに、例えば「無意識の場」と言うほうがとても易しく思えますし、それでもって「概念の中立性」がすでに確立されているでしょう)。

それでも、あなたがこの一般的な観点に同意しうるという私の希望の根底には、あなたの分析心理学の**負担を軽減する**必要があるという印象があって、それを強調することが私にとってはとても大事です。この分析心理学は私には、エンジンが過負荷にされたピストンで動く乗り物のように思われ(「心」概念の拡張傾向=超過圧力)、それゆえに私は過重を取り除き、蒸気を放出したいのです。(これについてはなおさらに以下の一〇頁で立ち返ります)。

心概念の影響範囲をはっきりさせることが、心は心理学的な象徴であるだけではなく、「物的な由来である」というレッテルを伴う表象でもあるという事態を、あなたが道理上承認することを含みますように。E・マッハによる劣等機能の節約は、たとえそれがあからさまに思考ではないとしても、しばしば当を得ているのです!

2 同質(ホモ・ウシア Homo-ousia)[5]

私は実際に、あなたがそれを手紙の六頁で定式化したように、教養としてではなく研究仮説として、元型界とピュシス(自然)の本質的統一(ホモ・ウシア)[6]を信じています。この仮説が当てはまるならば――また物理学的な命題が心理学的なそれに類似する可能性がそのことを保証しているのですが――、しかしそれは概念的に示される必要があります。これは私の考えでは、プシュケー（心）―ピュシス（自然）の対立に関して中立的である、そのような概念を通してのみ起こりえます。

　ところで、そのような概念はすでに存在し、それも数学的な概念がそれです。つまり、ピュシス（自然）においても適用される数学的な観念の実在は、私には元型界とピュシス（自然）の、そのホモ・ウシアの結果としてのみ可能であるように思えるのです。この立場ではいつも数の元型が考えに入れられ、またそのように私は、私の無意識（特に「見知らぬ男」の人物像）のやはり決定的に新ピュタゴラス学派的な心性を説明しています。いずれにしても、**数学の対象が心的である**(8)、とは言われないでしょう。なぜならば、数学的な概念と、数学者の体験とは区別されなければならない（後者は確かに彼の心において起こります）からです。他方で私には、数概念の元型的な背景が忘れられないことが重要であるように思えます。（数学者たち自身の中には一時、数学的な陳述を単なるトートロジー［同語反復］に格下げするという、奇妙な傾向が存在していました。ところがこの試みは、この方法では数学の無矛盾性を洞察することが不可能であったので、失敗に帰したようです）。物理学において、数学の適用をついに可能にするのが、この数―元型なのです。他方で同じ元型が心との関係をもっており（三一性、四一性、占い等々、参照）、その結果私には、ここにピュシス（自然）、プシュケー（心）について、また精神（観念等々）についても、ホモウシア（同質）を概念的に表現するための本質的な手掛かりがあるように思えるのです。そのように私は、私の夢では数と数学一般とが強調されていることを説明しています。

　この同質を表現するために適切な概念的言語は、まだ私には知られていないように思えます。しかし一九四八年のある夢(9)を例に挙げて、私はなお、同等かあるいはやはりとてもよく似た事態に対する、**全部そろってはいないにして**も、異なるいろいろな表現法をお互いに比較したいと思います。

a　私の夢の物理学的な象徴言語

私の最初の物理学の師匠（A・ゾンマーフェルト Sommerfeld）[7] が私に現われ、「水素原子の基底状態の分裂における変化が肝要である。金属板には青銅の音が刻み込まれている」と言う。それから私はゲッティンゲンへ行く。（「分裂」は、後に続く夢が示したように、一種の反射で成り立っています。別の夢では「分裂」の代わりに「同位体の分離」も、また反射の代わりには「より重い同位体の沈殿」が出てきます）。

b　神学的形而上学的な言語[10]

はじめに、対立物の複合 complexio oppositorum である神がありました（ヘラクレイトス、ニコラウス・クザーヌス）。これはさらに、神の似像（ヘルメス・トリスメギストス）どころか、第二の神である（プラトン）暗い世界の底に映し出されます。

この神の像は、「鏡の中に人間像を見るように似ている」（フラッド）とされます。肝要である修正は神の受肉で、それは結果として反対の結合が、形相 forma（イデア）―質料 materia として人間にも見つかり、また繰り返し中間の領域において太陽の子 infans solaris を生み出すことになります。

c　心ないしは分析心理学の言語

夢においては心的な実在性、つまりだれにでも起こりうる個性化の過程が扱われています。その経過は、ティマイオス[11]に叙述されているものとたいへんよく似ています。最初の状態は、その陽子が「同一のもの」に、その電子が「他のもの」に対応する、[12]二進法的な元型（水素原子）です。意識の[13]「反省」を通して、ここから四一性［四元数］が成立します。金属板は女性的で不壊のもの、またピュシス（自然）の象徴としてティマイオスの身体的に「分けられるもの[14]」に対応し、音ははかなく精神的なものの象徴として、男性的な原理また「分けられないもの」に対応していま す。ここで物理学の師匠の姿形で登場する「自己」は、ピュシス（自然）が音（eides）の像（eidolon）を永遠に担い、それだから両者の同質（ホモ・ウシア）が成り立っていることを告げています。夢の終わりに出てくる、数学の都市であるゲッティンゲンへの旅行は、音に続いてピュタゴラス的に、数と数学的な公式（象徴）が直ちに生じることを意味しますが、これは次の夢で確認されます。

反省あるいは意識化は根源的な元型を、一方で意識には同化されえないままである（無時間的な）局面へ、他方で新しい意識内容の鏡像として自我（そして時間）のわりあい近くにある局面へと**二重**にします。したがって、「同位体の分離」（より重い元素の沈殿を伴う）と同じく「分裂」は、元型の**受肉**の象徴であり、受肉はさらにこの象徴のヌミノースな特性を明らかにします。以上が、要するに三つの言語、つまり形而上学的、心理学的そして物理学的という夢の言語なのです。私は、心理学的な言語に重要な真理内容が含まれていることを疑いませんし、またあなた自身がこの言語を、私よりもはるかによく取り扱うだろうことも疑っていません。

それにもかかわらず私は、これもまだ究極の真理ではないという見解です。それは夢の象徴が表現するすべてを、例えば分離された同位元素の原子が数によって特色づけられた**質量**（原子量）を有するという事実を言い表してはいないのです。

ところで、夢における**重力**はしばしば無意識の内容の、意識への**エネルギーの傾斜**を意味しています（例えばゆったりとした浮遊＝この傾斜の中止、またそれに応じて意識が解放されてあること）。無意識は要するに、**元型のこのエネルギーの傾斜**を量的に数によって特色づける傾向をもっているので、（瞬間の）**質量値**はそのつどの**元型と意識**（つまり空間と時間に対しても！）**との間の魅力あるいは親和性**を、その度合いに応じて測るでしょう。夢における数の場合は単に物理学におけるような尺度が扱われているのではなく、むしろそのような数は、やはり新たに和をもつ、個々の数字から成り立っている個体でもあるのです。手短に言えば、そのような数は、そのほかにより広い無意識の内容を背負い込んでいるわけです。ここには、そのうちきっとより広く研究されるかもしれない、無意識の新ピュタゴラス的な要素がかかわっています。

ところが、私にとって決定的なのは、夢が物理学的な象徴言語をずっと使い続け、心理学的なそれではないという事情です。実を言うと、これは私の理性的な予期に反しています。昼は何といっても物理学者であるので、夜の夢は代償的に振る舞いつつ、心理学的に私に語るのだと私は予期したのでしょう。そうであったなら、私は直ちにそれを受け入れたでしょうが、しかしどうしてもそうはならないわけです。むしろ夜の夢には、物理学を不確かなものへと拡張し、しかし心理学はそのままにしておく傾向があります[15]。それだから結局は、私の無意識には心理学から何かを取り除くことによって、その負担を**軽減する**傾向があるのです。今やすでに何年にもわたって私の夢には、あたかも物理学の分析心理学からの**逆流**が起こっているかのように見えるので（傾斜の方向：心理学からの**流出**）、私はあえて次の診断上のまた予後の推測をしています。つまり六頁の「蒸気」は、思いがけなくもあなたの分析心理学に時の経つうちに蓄えられた、無意識の物理学であることが判明します。将来の進展は、心理学からそれた無意識の内容の流れに影響され、ことによると生物学と共同で、無意識の心理学がそれに受容されうるような、**物理学の拡張**を必然的に伴うはずです。それに対して無意識の心理学は、自力では、ただ自らだけでは発展する可能性がありません。（それを知ることなしに、あなたがこの流れに逆らって泳ぐときはいつも、あなたの研究には心臓の症候が付随すると思いました）。

この見地に則って、また無意識によってせきたてられて、私はすでに両方の言語、つまり無意識の物理学的な夢の言語と、意識の心理学的な夢の言語とを逆の方向でも関連させ始めました。そのうち二つの言語の間を取り成す**辞典**をもてば、**両**方向へ翻訳することができます。あなたと了解し合うために、私は喜んで（私の能力に応じて）私の夢の言語をあなたの心理学のそれへと翻訳してみます。しかし自分だけには、私はそれをしばしば**逆**にします。そのとき、あなたの心理学の（私の夢では決して使われていない）概念において、なお何かが欠けているように私には思えるところを、私はもっと良く見てとります。これは私には、長い目で見れば、将来に対する課題であるように思えます。

三つの言語を伴う状況は、民間伝承に由来しており、**ボッカチオ**［『デカメロン』］によって（後にレッシング［『賢者ナータン』］によって）利用されて形を整えられた、有名な**三つのそっくりな指輪の物語**[16]を鮮やかに私に思い出させますが、しかし一方で現実の本物の指輪、つまり「第四としての**一**」はかつてそこにあったが、行方が分からなくなり、いつかきっと見つけ出されるべきです。もともと、三つの信仰告白［ユダヤ教、キリスト教、イスラームという三つの宗教］の関係を象徴するために考案されたのですが、私の受けた印象は、今や私たちはそれを、精神―心―物質（ピュシス）とその言語でもって、より高い水準で新たに体験しているということです。

ここには、第四の本物の指輪がありうるのは、あなたがそれを手紙（三頁下から四頁上）でとても納得のゆくかたちで述べたように、つまり人間的な**関係**（またまったく知性的概念的ではない）においてであるという興味深い可能性が存在しています。女性的なものが作用するところでは、結局はいつもエロスと関係とが扱われ、したがって元型の「受肉」（同位体の分離）は常に関係という課題でもあるのです。そのような課題は私の場合、実際にいくつかあり、また私の無意識の表出に統合されています。私がこの前の手紙ですでにほのめかしてあるように、例えば私の妻への関係という課題があり、彼女はインドへの旅行以来いろいろと肉体的に苦しんでおり、徐々にですが回復しています。

それからたぶん、あなたの人格から決して切り離されえない、あなたの心理学との関係という課題もあります。[17] そこでもまた、引き続き私は無意識に指導されるだろう（「心的」であれ「中立的」であれ）ことを請け合うことで、喜んで私はこの手紙を終えます。私には、あなたのこの前の手紙と関連している私の見解すべてを、あなたに率直に伝えるのがよいように思えました。あなたの健康状態をおもんぱかって、あなたにぜひお願いしたいのですが、**長い目で見れば**ともかく意見交換のつもりである、この手紙の返事をさしあたり出さないでください。いずれそのうち、この対話を継続する機会が訪れるでしょう。

好意的なお骨折りのすべてに大いに感謝し、ご健康をお祈りしつつ

敬具

W・パウリ

［パウリによる注］

（1）それで、認識論においてすでに存在している形而上学的ではない傾向に従って、私は実際に喜んで存在陳述を放棄する用意があります。それに対応して、まさに心理学的にも、マンダラの中心は私の場合は空虚です。

（2）それはすでに早くから、あなたの講演「今日の心理学の根本問題」（『魂の現実』一号参照）において私の注意を引いています。当時もそれは、やはりすでに似たような効果をもたらしていました。

（3）あなたの手紙の五頁を参照。「この異端をお許しください」というあなたの言葉に出会ったとき、私がある種の微笑を

こらえることができなかったことを、あなたは理解するでしょう。——ちなみに、私にとってしばしば許しがたいのは正統だけであって、「異端」はむしろ私を始めから穏やかな気分にさせます。

(4) しかしそれでも私がある逸話をここで挙げたいと思うのは、それがきっとあなたを格別に楽しませるだろうからです。取り澄ました風がまったくなく、彼の時代のあらゆる精神的な傾向に関心があったマッハは、かつて**フロイト**と彼の学派の精神分析についても判断を下しました。彼は「これらの人たちはヴァギナ［膣］を望遠鏡として用い、それを通して世界を眺めようとしている。しかしそれはその生理的な機能ではなく、そのためにはそれは狭すぎる」と言いました。これは長い間、ウィーン大学で人口に膾炙した言葉になりました。それはマッハの**道具的**な思考の特色をよく示しています。精神分析は彼において直ちに、そこにふさわしくないかたちで誤って適用された道具、つまりあの女性的な器官の生き生きした具体的なイメージを目の前に喚起するのです。

(5) 物理学におけるマッハの主要業績は、絶対空間に対する彼の批判です。したがって元型による空間の収縮という問題に、マッハとあなたの手紙の内容とのさらなる結び付きが存するのですが、しかし私はもはやそれに立ち入ることができませんでした。

(6) 『エラノス年報一九四六』、四八三頁下および八四頁上。［訳注4参照］

(7) あなたの手紙［書簡59］六頁——この陳述は私にはゆゆしくも、やはり「すべては心的である！」という**内容が空虚**な陳述に歩み寄るように思えます。「心的」が意味を獲得するには、何かある心的ではないものが想定されなければならず、またこのためには、私には「それ自体としては確かめられない」ものが**中立的**として適しているように思われます。

(8) そのような陳述は、**内容が空虚である**と私は思います

(9) これは四一性的な全体性への道を指示する、引き続きとても重要な夢によって従われて、「背景物理の現代的実例」[8]と題された一九四八年六月の論文に載っています。あなたは当時すでに好意的にも、これらの夢について詳細に私と話し合ってくださり、それゆえに私は今では、それでもってあなたにご苦労をかける必要はもはやまったくありません。

(10) その際私は、私には特に関心を引くようには思われない**今日の**神学者たちのことをそれほど考えてはいませんが、むしろ私はここで神学を超宗派的、しかし「形而上学的」であると理解しています。ここで語られている神学の模範として、私には一方で**プラトン**が、他方で**フラッド**（この点については、私のケプラー論文、一四八頁参照）が使われています。神学は一般にやはり質料と関係があり、けれどもただ「双魚宮の時代」にはそれはとても強く霊化されています。より古いスト

ア派は身体的な神（theos）（それに対しては、微細な**質料**としての**プネウマ Pneuma**（霊）も参照）をもっていましたし、またキリスト教においては、いつも物質親和的な異端の底流が存在していました。中世では錬金術が、やはり古代ギリシャ・ローマにおける物質としての「創造されざるもの Increatum」に拠り、今日では新たに共産主義が、多くの人々（私も含めて）に異端のキリスト教的な分派として現われています（特に、やはりそれにつきまとっている終末論的な待望のせいで）。

(11) この点については、『精神の象徴表現』［ドイツ語版］三三四頁以下参照——あなたの手紙がきっかけとなって、そのとき私はこの第三部をもう一度念入りに読みました。——ディオニュシオスという二人の僭主との関係を含むプラトンの手紙を、私は二年前に**ホーヴァルト**[9]の新しい版で、それも現場つまりシチリアで読みました。政治を行なう同僚のための真の信心書！

(12) 明らかにティマイオスと関係する、後期古代の新ピュタゴラス学派的な思弁において、奇数（全体として）が「同一のもの」と、偶数が「他のもの」と同一視されることは、私には重要であるように思えます。

(13) この点については、『精神の象徴表現』[10]［ドイツ語版］三八七頁、特に注8を参照。

(14) 同書三四三頁下。

(15) 引用された夢において決定的なことを言ったのは、ご存じのように心理学者ではな**く**、やはり**物理学者**でした。

(16) J・ブルクハルト著『ルネサンスの文化』第二巻、第三章にある、物語についての出典一覧、注も参照。

(17) 追伸。私は今やまったく、「ホモ・ウシア」の一般的な**関係**——二つの指輪の間**と**人間の間——がすでに**一つの**、「空虚の中心［何もない中心[11]］」を包み込む、本物の指輪であることを信じて疑いません。それは私には、あたかも私がこうして私自身の神話を発見したかのようです。

［訳注］

1　エルンスト・マッハ Ernst Mach（一八三八—一九一六）著名な物理学者、プラハ大学（一八六七—一八九五）およびウィーン大学教授。受洗の杯は今日、ジュネーヴにあるヨーロッパ素粒子物理学研究所 CERN の「パウリ記念室」に置かれている。［ドイツ語版注による］

2　ルートヴィッヒ・ボルツマン Ludwig Boltzmann（一八四四—一九一六）ウィーン、マッハの後任、統計的な熱力学の創始者。［ドイツ語版注による］

3　書簡58参照。
4　林道義訳「心の本質についての理論的考察」三六三頁。
5　本来は、キリスト教神学において三位一体の解釈にあたって、ホモウシオス homoousios（同一本質の）という形で使われた、父なる神と子なるキリストが本質において同一であることを示すギリシャ語である。三二五年のニカイア公会議において正統教義とされた。
6　ホモ・ウシアのドイツ語訳として本質的統一という概念が示されているのは、すでにこの前の書簡59でユングが「イデアと物質の本質的統一 Wesenseinheit」と言っているからである。しかし「本質的統一」と言われることの背景には、精神史的に「同質」という考え方があることを踏まえて、パウリはここで持論を展開しているのであろう。
7　アーノルト・ゾンマーフェルト（一八六八—一九五一）　ミュンヘン。パウリによって一生涯心から尊敬され、パウリは彼を好んで彼の「最初の物理学の師匠」と呼ぶ。主著『原子構造とスペクトル線』。
8　付録1参照。
9　Ernst Howald, *Die Briefe Platons*, (Zürich: Seldwyla Verlag, 1923).
10　Jung, "Grundproblem der gegenwärtigen Psychologie," G. W. 8. 江野専次郎訳「「現代心理学の根本問題」『こころの構造』（ユング著作集3）所収、日本教文社、一九七〇年」
11　注（1）におけるマンダラの中心が空虚であることに対応。
「類心的」とは　中立的言語への接近

61　ユングからパウリへ

［チューリッヒ］一九五三年五月四日
［タイプ打ちカーボンコピー］

親愛なるパウリ様

マッハとの関係の詳細な叙述に、私は大いに関心を引かれました。どうもありがとうございました。ただ確かめられるものだけでは人は決して満足できないというのは、当然のことです。そのときはつまり、はたしてあなたが言うように、人はもはやまったく何も理解しないからです。おまけに私たちの思考は、やはり科学的な好奇心や探求心のように、何よりもまず確かめられないものによって挑発されます。認識の本来的な活動は、確かめられるものと確かめられないものの境界線で起こるのです。けれどもただこの状況では、私がどこで「実証主義的」であるべきか、またそのために「思考過程を取り除く」べきであるのかが、多少わかりにくくなります。私が物理学を、物質的というレッテルが張られた表象についての科学とみなすことでもって、「精神的」な表象の原産地と同じように、この表象の物質的な生産地が否定されるわけではありません。この考えは認識論的な定義を言っただけであって、実践的なものではないのです。人は相変わらず確かめられないものの領域について思索し、また直観し、そして今までどおりそこから確かめられるものを引き出すでしょう。その際はただもう認識されたものと、今ここにおいて確かめられないものとの間には心（プシュケー）の範囲が横たわっていることが、決して忘れられるべきではありません。私が心理学者としてむしろ元型に従事するのは、物理学者が原子を扱うことと同じくらいに自然なことです。私は心的なものの概念を、確かめられないものにまでは広げません。そこでは私は「**類心的**」という思弁的な概念を用いるのですが、それはその概念が、心的ではない本質の現存をほのめかすかぎりで、**中立的**な言語への接近を示すからです。この「本質」を「質料」という概念で満たすのは自由です。論理的な立場からは、プラトンのトリトン・エイドス（第三の形相 triton eidos）を中立的な概念と解することができますが、例えば——いくらか別の意味で——錬金術師たちがアニマを肉と霊のきずな ligamentum corporis et spiritus とみなしたように、私が心に媒介する「第三の」位置を認めるとはいえ、その中立的な概念のために、すでに述べましたように、私はプシュケー概念を使わないでしょう。心はそうは言っても、そこにおいて身体的あるいは精神的な由来の**表象**が起こる「媒体」（ほかならぬ「第三」のもの）です。同じものと他のものというプラトンの概念は、形而上学的な概念である彼の心とは何の関係もなく、それゆえに彼は事実また、トリトン・エイドス triton eidos を心と同一視するきっかけを少しももたなかったのでしょう。私たちにとってはもちろん、トリトン（第三の）とエイドス（形相）は心理学的な要件です。その上に私たちにとって、心は形而上学的ではなく、経験概念です。ところでもし私たちがこの「第三の」もののジレンマを解こうとすれば、物質と精神が、対照的なものを示す二つの異なった概念であり、また異なった由来の表象として心的であることを私たちは確かめなければなりません。ところがあなたのもくろみは、心的ではないものを表わすことにあります。心が二つの形而上学的な、つまり直接には確かめられない本質を概念として表象するかぎり、それは二つの対照的な本質を、両者に心的な現存形式を付与し、そういう方法で意識へと高めることによって一つにします。心を隠喩的にトリトン・エイドスとみなすことができるかぎりは、それはつまり私がもともと考えていたことなのです。ところが私たちが、この事態に関する本来のプラトン的な概念を取り上げるならば、その場合は形而上学的な要件が問題で、そのことに従事するのがデミウルゴス[1]です。この状況を考慮すれば、心理学的な説明は、どうしてもティマイオスの陳述を背景の事象に関連させる必要があり、そこではデミウルゴスが「意識させるもの」を、また四つの混合されうる特性が意識化を強いる識別の四一性を表わしています。意識させるものは不確定な意識化の傾向と解され、また四一性は四つの機能的な局面と解されるかもしれません。確かめることはどうしても不確定ですが、それは形而上学的な量ないしは要請が扱われているからです。それらは、それでもって明確に何か心的なものに変えられることもなく、その形而上学的な現存を奪い取られることもありません。この説明が、トリトン・エイドスの本来の概念を正当に評価します。

最初に触れた第三のものの**隠喩的**な見解は、あなたが**個人の体験**として**一般概念**から区別しようとするものに対応しています。後者は、第三のものの**形而上学的**な概念に対応します。

もしあなたが、心の質料的な本性に関する私の所見が形而上学的な判断であると言うなら、私はまったくあなたの言うとおりだと認めざるをえません。それはもちろんそのようなものとして考えられているのではなく、文字どおりに取られるべきではありません。所見は心の本性が、二つの仮定的な直観である精神と質料に関係し、またこのように確かめられないことを指摘しているにすぎません。この指摘の意義は、何か質料的なものが存在すれば、心もまた一部はそれに属していることを示唆することにあります。全体的な判断においてはそのことは、精神的なものが存在するかぎりは心がそれに関与している、という命題によって補足される必要があります。この関与は確かめられ、表象が存在するかぎりは、その一部は精神的な起源という、また他の一部は物質的な起源というレッテルが張られるのです。ところが、この関与が実際にどのような仕組みでそうなっているかは、確かめることができません。それは質料、心そして精神が、それ自体としては未知の本性、またそれゆえに形而上学的であり、あるいは自明のこととして仮定されたものだからです。だから、あなたが「心と質料は共通の、中立的な等々、秩序原理によって支配される」と言うなら、私はまったく同意見です。（わたしはなお、「精神」をそれに付け加えるだけです）。

こういう事情では、そうしたいと思ってみても、どうしてまた心理学が私の場合に負担をかけられすぎなのか、あるいはどこに心に関する私の概念の拡張傾向が存するのだろうか、これを見てとることは不可能です。

私たちはある対象について、それが単に表象として確かめられる場合には、それは心的であると言うことができます。ところがそれが、その心的ではない自己存在に注意を向けさせる特性をもつ場合には、私たちは当然のことながら、それを心的ではないと認める傾向があるでしょう。これを私たちは、例えば妄想として「純粋に」心的ではないかぎり、あらゆる知覚を用いて行ないます。これは、あなたが際立たせているように、**数**や元型一般についても当てはまります。それらは単に心的ではなく、さもなければそれらは**虚構**でしょう。ところが実際には、その自己存在が質料的な対象のそれに対応する、それ自体として存在する精神的な（ないしは類心的な）**実在**があるのです。

心の質料的ないし精神的な局面、あるいは対象の自己存在に関するこれらの陳述のすべてでは、私が決して過小評価しない、大いに発見的な意義があります。確かに心は私たちの認識の唯一の道具であり、またそれゆえにどんなかたちであれ、確かめることにとってはなくてはならないものです。ところがその認識の対象は、ほんとに少ない部分だけ心的であるにすぎません。すべての対象はなるほど心という媒体において、またそれを通して表象されるのですが、しかしそれによってこれらの対象は実体があるままでは組み入れられず、またこうしてそれらの存在は損害を受けるのです。

そこまでは、私たちは意見がよく一致していると思います。もしあなたが負担をかけられすぎた心理学という話題を論じ、しかもあなたの夢の心理学的ではない傾向を前提とするならば、ここでは異なって解釈されうる主観的な状況が問題であるということが、何よりもまず確認されなければなりません

1　あなたは物理学的に夢を見ますが、それは「犬はパンの夢を見、漁師は魚の夢を見る（canis panem somniat, piscator pisces)」という原則により、これがあなたの自然な言語だからなのですが、しかし夢は何か別のことを意味しています。

2　無意識はあなたを物理学に引き留めるというより、むしろあなたを心理学から引き離しておく傾向があるのですが、それは何らかの理由で心理学がふさわしくないからです。

私は決して物理学的には夢を見ませんが、たいていは神話学的であり、つまり**同じように心理学的にではありません**。あなたの夢が象徴的な物理学を含むように、私の夢は象徴的な神話学、つまりユングという個人の神話学を含んでいます。これはよりくわしく吟味すれば、**元型的な神学あるいは形而上学**を意味しています。しかしこれは、元型的な象徴が指示するものを見つけ出す努力を私がするときに、ようやく明らかになります。この場合、私は夢の形姿を私の意識言語に翻訳し、またそれでもって夢の意味を私の主観的な状況に還元します。ところが私はまた、形而上学者として夢の表出の客観的な意味を、したがって心理学を離れて調べることができるでしょうし、またその際は精神ないしは意味の領域に入り、そこから私はもしかすると元型的な物理学を予感するかもしれません。

無意識は確かに心理学を生み出しますが、しかしそのようにせき立てれば立てるほど、なおいっそうそれとは逆になり、これはあなたにも私にも当てはまります。無意識における心理学的な性向が見出されるのは、心理学的な洞察が切に必要なところでだけです。意識化の過程は何といってもとても注文が多く、本性においては決して俗受けする出来事ではありません。したがってたいていは物理学あるいは形而上学をよしとし、その時は両方の場合に魅惑するもの Fascinosum が布置された元型に存しています。これが私たちをあたかも心理学から解放し、つまり後

者は「負担が軽減され」るのです。心的ではないもの、とりわけその元型的な段階に従事することがどれほど重要で、また興味深くあろうとも、やはり純粋な直観において我を忘れるという危険が現にあります。ところがそれとともに、心的ではないものの正当な評価が直観する者と関係づけられることによってのみ生じる、創造的な緊張が消えてしまいます。私はそれでもって、例えば所産がその客観的な関係に関してだけではなく、主観的な関係に関しても批判的に考察されることを言っています。物理学においては、これは観測者が演じる役割を、あるいはある理論の心理学的な前提条件を確かめることを意味します。アインシュタインがある世界公式を立てたとして、それがどんな現実に対応するのかについて彼が知っていないとしたら、それはどういうことなのでしょうか。それだから例えばC・A・マイヤーは、アスクレピオス［ギリシャ神話の医術の神］の神話と祭祀が心理学的に何を意味するのか、つまりどのような心的な現実がこれらに対応するのかという問いを、自らに課すのがよいとしたのでしょう。[2] あなたはケプラーの天文学における元型的な前提条件、また、それに対するフラッドの哲学の対抗という認識でもって二歩進みましたが、現在あなたは第三歩目に、つまり**パウリはそれについて何を言うのか**という問いに直面しているようです。

問題の立て方が部分的であれば、アスクレピオスの場合のように、医者の自己反省が答えには十分です。ところが、問題の立て方が物的な自然解明の原理に関係する、またしたがって宇宙的一般的である場合は（アインシュタインの場合におけるように）、答えるものにおいては小宇宙（ミクロコスモス）が、つまり個人のあるがままの全体性が挑発されます。それであなたの夢には、チューリッヒベルクの向こう側の暗いアニマが課題として出され、また「師匠［ゾンマーフェルト］」の形姿があなたに現われるのです。

私は、職業的に心理学に従事してきたことの結果として、むしろ自然の神話学的な局面に、つまりはいわゆる**精神**（あるいは意味）に直面してきました。そのために私は、そのつど**観察されるのを望まない**、そして私が干渉する場合は私に頻脈の発作を引き起こす、印象深い動物たち（象、雄牛、ラクダ、等々）の夢を見るのです。（共時性と私の心臓障害との関連は間接的です。ありふれた疲労が問題です。したがって発作にはなお多くの別の原因があり、例えば大陸の気団と海洋の気団との交換、ジギタリス製剤［副作用のある強心剤］、精神的な緊張、等々です）。

私は動物をもともと意識化して統合するべきであったのですが、それはどうしても不可能でした。なぜならば動物は無意識で、意識の能力がないからです。私の夢によれば、これらの動物は見受けるところジャングルを貫く道路の建設に従事しており、またその際邪魔されることを望みません。したがって私は心理学を断念し、無意識が自分で何を産出するかどうかを待たなければならないのです。

あなたのゾンマーフェルトの夢（あなたの手紙の七頁）[3]もやはりまた、私が考えていることのよい例証です。夢の物理学的な確認（a）は簡単明瞭です。「神学的形而上学的」な理解（b）はすでにいくらかより詳細であり、また心理学的な理解（c）はすべてを意味に従ってまとめます。「それにもかかわらず」あなたは、あなたが書いているように、「これもまだ究極の真理ではないという見解」です。もちろんそうではなく、なぜならばそれは、単に心的に理解できるものや叙述できるものを含むにすぎないからです。全体的な真理と比較すれば心的な像は、自己との比較における自我と同じくらい不完全ですが、しかしそれは私たちが手にしている現実の**その**表象なのです。すでに述べましたように、潜在的な現実が私たちの表象の向こう側にあることは明白です。なぜなら、経験が示すように、私たちの世界像が見受けるところかぎりなく拡張できるからです。また、自然科学はいわば、私たちの表象が物自体に十分な程度で対応していることの純粋な証明から成り立っています。ところが、私たちはどこでも、ほかならぬ表象された像より完全な真理に到達することはできません。それゆえ、あえて言いますが、私たちは、私たちの監獄を全世界へと広げることができるとはいえ、まるで心に幽閉されているも同然なのです。この熟慮がライプニッツを、窓のないモナドの観念へと導きました。私はもちろん無窓性を認めませんが、かえって心に窓があると信じており、それを通して私たちは先へ先へと現実に忠実な書き割りを知覚することができるのです。

これらの理由から私は、現実の心的な局面が実際的にもっとも重要である、という見解です。私たちはここで公然と、再び古典的な四一性を相手にしています。

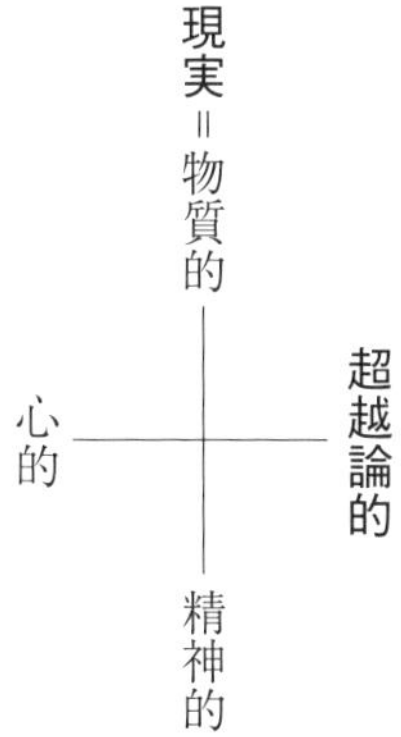

つまりいつものように3＋1、その際に第四のものが統一および全体をなします。

意識の四一性に関するあなたの説明は興味深く、私はそう思うのですが、正しいです。ここにはおそらく、さらに数の「起源」あるいは「発祥の地」があります。いずれにせよ、それはここで作用しはじめます。四つのストイケイア stoikeia［ラテン語の elementum（元素）に対応するギリシャ語］あるいは元素でもって、分離している物事の世界が始まります。

数が元型であるかぎりでは、もとより数字の1に実体があり、2が個々の形態を示し、3が意味を表わし、そして4が他の元型への親和関係をもつ、と推測される十分なわけがあります。私はすでに一年ほど前から、基数の特性をいろいろな観点から調査することを始めているのですが、しかし行き詰まっています。（1から9までの数の数学的な特性には、もともと体系的なまとまりは存在しないのでしょうか）。神話学的なアプローチは興味深いのですが、しかし残念ながら象徴研究においてとても多くの仕事を必要とするので、私にはもはやなしとげることができません。

あなたは適切にも、『賢者ナータン』を想起しています。ところが私には、あなたは三つではなく、つまり一方では物理学、他方では心理学（あなたの手紙の一〇頁）という、ただ二つの指輪だけを意のままにしているように見えるのです。第三の指輪は精神で、それは神学的形而上学的な説明に責任があります。レッシングの意味で[4]、あなたは第四の指輪において、第四として三とともに統一を作り出す人間的な関係を推測しています。心理学的なレベルではこれは、アガペー agapē あるいはキリスト教の隣人愛 caritas christiana（いずれにせよキリスト教的な信仰告白の毒のある影響を免れて）によるすべての課題の解決として、確かにそのとおりです。ところが、隣人愛による多数の総合は、詰まるところは超越論的な統一、つまり私たちのこの世の世界における実現があらゆるキリスト教の徳を挑発するので道徳的な能力を超えがちな予定調和 harmonia praestabilita ［ライプニッツ］の反映なのです。それは何よりもまず個性化、またそれとともに影の承認、投影からのアニマの解放、同じもの［アニマ］との対決、等々を必要とします。これらは、私たちが心理学的な負担なしには果たしえない課題ですが、流れはいつも心理学から離れて対立に注ぐので、今だけは軽減を意味しています。それによって心理学は、まったく自然に「負担を取り除かれて」います。それが物理学や生物学の枠内で受け入れられても、それからは何も削られないでしょう。世界像は、始終また至るところで表象であり、つまりは心的なのです。

思考が多くの場合つまずく大きな困難は、対立がピュシス対プシュケーではなく、ピュシス対プネウマ[5]であって、両者の間の媒体を表わすのがプシュケーであることに存します。近世史において精神は、プシュケーに関係させられ、また知性の機能と同一視されました。それによって精神は、いわば私たちの視界から消え去り、またプシュケーに交替させられて、その精神に私たちは、ためらわずに物質に与えるような、自律性や実在性を承認することが難しくなるのです。対称的な直観への私の意向が偏見にすぎないのかどうか、私は知りませんが、相補的に考えることが私には絶対必要であるように思われます。つまり質料ではないものが質料の一部であり、下が上の一部であり、不連続性が連続性の一部です。一方は他方の条件なのです。

敬具

［C・G・ユング］

［訳注］

1　プラトンの宇宙生成論である『ティマイオス』で描かれている構築者としての神。デミウルゴスは、材料（質料）を使って世界を構築するのであって、ユダヤ・キリスト教的な創造神ではない。

2　Cf. C. A. Meier, *Antike Incubation und modern Psychotherapie*, (Zürich: Rascher, 1948). Meier, *Der Traum als Medizin*, (*Zürich*: 1988). マイヤー著『古代のお籠もりと精神療法』ラッシャー、チューリッヒ、一九四八年、今は再刊されて『医術としての夢』、チューリッヒ、一九八八年、参照。関連文献の邦訳としては、「古代ギリシャにおける夢と神殿治癒におけるその利用」（秋山さと子訳『ソウル・アンド・ボディ』法蔵館、一九八九年、所収）参照。

3　書簡60。

4　レッシングは『賢者ナータン』において、『デカメロン』に由来する「三つのそっくりな指輪の物語」（書簡60注（16）参照）を用いて、ユダヤ教、キリスト教、イスラームのいずれが真の宗教かと問うことの無意味さとともに、隣人愛の実践が重要であることを説く。

5　ギリシャ語のプネウマ pneuma は、もともと気息の意味があるが、精神や霊などを表す。ドイツ語のガイスト Geist（精神・霊）は、この言葉に対応すると考えられる。

62　パウリからユングへ

ユングに対する反論

［チューリッヒ］一九五三年五月二七日
［タイプ打ちカーボンコピーに手書きの追加あり］

親愛なるユング教授

1　私のこの前の手紙に何とかお返事をいただき、お礼を申し上げます。今回のお手紙は、新たに多くのことを明らかにして下さいました。とりわけ、確かめられないものの必然性についての正当な評価（一頁）、「心的ではない本質の現存をほのめかす」類心的というあなたの概念による中立的な言語への接近の説明、あなたがそれになお精神を付け加える（二頁下）「心と質料は共通の、中立的なそれ自体としては確かめられない秩序原理によって支配される」という私の定式への同意、（私にはまったく新しい）心的なものと超越論的なものとの対照（五頁の四一性における）がそれらです。これらすべては、これらの問題に立ち返ることがもはや必要ではないほどに、今や私には解き明かされているように思えます。

精神と心の関係に関しては、あなたと同じく私も、精神と知性とを厳密に区別します。それに対して、心と精神とをどの程度分離しうるかについては、私はまだ最終的な意見をもっていません。そこで察するところ、元型的な像によるのが最良です。その一つが母子相姦であり、これにとても近いのが精神の母という像ですが、ところがその母は同時に彼の娘なのです(1)。

「見知らぬ男」(師匠の形姿)(i)という私の夢の形姿は、これらの像に応じて、そもそも広範囲に錬金術のメルクリウスとの類似性をもつようです。彼は一方で、あるときは、メルクリウスのように「川から上がってきた」[書簡44]が、その際、夢では川が母でもあったことがとても明らかでした。他方で、彼はまた、あるときは神話でアテネがゼウスの頭から出てきたように、「熱狂して」彼の肉体から女を切り離しました。これは母のない女の元型ですが、ところがこの女自身が母なのです。このような像はまったく本能的に、心―精神の関係にとってよいひな型を提供するように私には思えます。

母親元型は私には、内的な現実として無意識的な生一般が属す、本能的無意識的な**人間**の関係にも対応しているように思えます。**この場合、あなたの類心的な元型は、たぶん母親元型の特殊な局面、**つまり無意識的な、**身体的な、**何か目的のあるまたは意味のある存在(生)**なのでしょう。**

このように、私たちの往復書簡が、決して堂々巡りするのではなく、先へと進もうとしているのを目にして、私はうれしく思います。そしてまさにそのことで、私はとにかくもう一度よりくわしく、それも物理学と心理学の関係のからみ合った問題全体について、またこれによって引き起こされた全体性という課題について書くつもりになりました。私はあなたと、「人間は全体性からのみ、全体のひな型を創造しうる」(三月七日付のあなたの手紙[書簡59]、四頁)こと、無意識の所産は、「その客観的な関係に関してだけではなく、主観的な関係に関しても批判的に考察されなければならない」こと、また「心的ではないものの正当な評価は、直観する者と関係づけられることによってのみ生じなければならない」(あなたの手紙[書簡61]の四頁)ことについて、完全に意見が一致しています。私の場合は、自然の解明における全体性の課題が、個人の心（小宇宙）における全体性の課題、つまり個性化の過程と、とても密接にまたきわめて直接に結びついているということに、私はなお、この手紙の終わりで立ち返るつもりです。

それでも私たちの間には、私の物理学的象徴的な夢の解釈について、現に意見の相違があります。（これらの夢はおよそ一九三四年に始まり、また概算で私の夢の総体の三分の一になります）。それについてあなたが「ここでは主観的な状況が問題である」と言い（あなたの手紙の三頁）、また次のように付け加えています。

「1　あなたは物理学的に夢を見ますが、それは「犬はパンの夢を見、漁師は魚の夢を見る（canis panem somniat, piscator pisces）」という原則により、これがあなたの自然な言語だからなのですが、しかし夢は何か別のことを意味しています。

2　無意識はあなたを物理学に引き留めるというより、むしろあなたを心理学から引き離しておく傾向があるのですが、それは何らかの理由で心理学がふさわしくないからです。」

これはいずれにせよ私には、事柄の本質をよく言い当てていないように思えるのです。あなたの最初の陳述は、それどころか少しばかり私の心を痛めました。私の夢における物理学的また数学的な概念の言語上の適用は、そうは言っても初めは私には自然の正反対であるように思われ、たいていの親しいものがあからさまにきわめて見知らぬものとして現われており、そこで私は数年にわたって、夢の物理学的な部分を本来のものではないとして説明しようとしました。ところが、それへの私の無意識の反応は冷たくかたくなで、結局私は私の還元的な説明のすべてを退け、それで私の夢の物理学への関係が事実上存在することを認めざるをえなくなったのです。もちろん夢は、単に現代の通常の物理学を意味するのではなく、それは私に総合的に、一種の**心理学的な事態と物理学的なそれとの間の照応correspondentia**を構成しています。**その際、物理学的また数学的な概念は象徴的に、一般には無意識に、個々別々には個人の心にまで広げられます。**(2)私はここでは相変わらず、たとえこれらの夢が主観的な形で現われていても、これに関しては客観的な状況が扱われているという見解です。

あなたの第二の陳述に関しては、すべては、「心理学がふさわしくない」とされる、それらの理由にかかっています。まずこの第二の陳述はとても一般的に述べられているので、私自身の見解もまたそれに属し、それによればこれらの理由は次のようになります。つまり数学や物理学の概念体系は、心理学のそれと比べてみるといっそう広く、より洗練され、より生産力がある一方、私の心理学への関係は情緒的に生き生きとしていなければならないし、単に知的なものへとそれてはならないというわけです。

心理学的な内容が物理学や数学へと流れ込むことが起こるという作業仮説を私がたてたとき、この仮説は心理学が物理学（場合によったら生物学と共同で）に受け入れられるまでずっと継続されざるをえないのですが、いつでも私は、その場合——あなたが手紙の六頁で至極当然に言うように——それによって心理学の現実からは「何も削られないだろう」ということについて、はっきりとわかっていました。ここではむしろ、例えばひな型としては化学が私の頭に浮かぶのですが、化学についてはすでに今日、原則的にはやはり物理学に受け入れられていると言うことができます(3)。そのことはもちろん、そのために今日もはや化学者が存在しないとか（その反対です！）、あるいは化学の現実において、それ以来何かが削られていることを決して意味してはいません(4)。それでもやはり、以前は二つにわかれていた科学的な分野におけるそのような概念的な融合の場合は、**受け入れられた方と受け入れている方**とを区別することができます。受け入れているのは両方のうち、いっそう広く及び、またより一般化できる概念体系を有する方ですが、しかしそれはいつもまた、思い切ったよりいっそう強い変容を、それもまさにそれが広げられることによってこうむります。それで物理学は、プランクの作用量子［プランク定数h］の発見の後に、古典物理学から現代の量子物理学への発展によって、化学が受け入れられる前に、根本的に変化せざるをえなかったのです。私の作業仮説は、心理学—物理学の関係の場合は、前者が受け入れられたものに向かって、それに対して第二は、受け入れられうるものに向かって展開するということです。この手紙の第二部において、私はこれをもっとくわしく基礎づけてみるつもりです。

何はさておき、あなたが手紙で親切にも触れて下さり、私がとても関心をもった、あなたの夢についてのなおいくつかの論評。〔私は以下の［夢の］判読でもって、私の手紙の残りでもってよりも、なおいっそうあなたの批判に身をさらすことを自覚しています〕。直ちに私の注意を引いたのが、動物によってジャングルに道が作られることは**目標に合わせた**行動であること、さらにとりわけ象が、人間が罰せられないままに相対することが許されないデュナミス**Dynamis**〔可能態〕[1]を表わしていることでした。私の最初の判読はしたがって、あなたの夢は、しかし一般的な意識の表面がまだ届いていない、集合的無意識の超個人的で客観的で心的ないし精神的な発達を表わしているということです。私の次の判読は、あなたの像は正確に、私には心理学から物理学へと内容が流れ込むこととして現われるのと**同等の**展開に結びついているということです。流れもまた、人間が罰せられないままに相対することが許されないデュナミスですが、野生の象とつきあうことはほとんどできないのに対して、もちろん流れに沿って泳ぐことはできます。同じ客観的な状況が、あなたが心理学者であり、しかし私は物理学者であるという事情に応じて、とても合目的なやり方で主観的に異なって表わされているにすぎません。もちろん私には、そこからあなたのために結論を引き出すつもりなど毛頭ないのですが。しかし、動物があなたによって観察されるのを望んでおらず、あなたは単に受動的にじっと待たなければならないという結論を、あなた自身が引き出すなら、私は喜んであなた自身の判断に従います。それというのも、これは私には、心理学が、受け入れられうる科学に向かって展開するという、私の像にとてもよく合うように思えるからです。そのような場合には、私はまさしくア・プリオリに待ち受けるのですが、心理学者は、これに関して受動的また期待しつつ振る舞うべきであるがゆえに、神話学的に夢を見るでしょうし、しかし物理学者は、彼の科学における概念の拡張に積極的に取りかかるべきであるため、心理学的でも神話学的でもなく、物理学的に夢を見るでしょう。

2　私の物理学的な夢の象徴表現を論議するためには、それらの発生の時期を、物理学における客観的に精神的な問題性と、私の個人的な人生における主観的な問題性との、それらのとても特徴的な布置とともに呼び戻すのがよいと私には思えます。それでこの回想はとても生き生きと、またもやあなたが手紙〔四頁〕でいわば投げかけた**アインシュタイン**という名前と結びついて起こりました。[2]

一九二七年に、新しい相補的な思考の精神に則って、波動と粒子に関する古い矛盾の解決をもたらした波動力学の新しい理論が完成したとき、アインシュタインはこの解決に甘んじるつもりはあまりありませんでした。彼はそれ以来、とても機知に富む論拠でもって、繰り返し新しい理論はなるほど正しいが、しかし**不完全**である、という命題を主張しました。それに対して**ボーア**は、新しい理論は、その有効範囲一般の内部では有意義に定式化されうる、あらゆる合法則性を含んでいることを示したのです。その際は、波動力学において理解された物理学的な実在性の**客観的**な局面と、その統計的な自然法則とが、どの物理学者にとっても自明に思われた、次のような前提条件を用いて考慮されました。

1　観測者の個人的な特性は物理学においては存在しない。

2　測定結果は、観測者が実験手順を一度選択した後は、観測者によっては影響されない。

物理学の理論には確かに、ミクロ物理学（微視的な物理学）の対象は、**どのように**（いかなる手順でもって）測定されるかに左右されないので、その状態がもはや定義されえないかぎりで、主観的な局面もありました。ボーアの論拠は信頼させるに足るものでしたし、また私は、アインシュタインの抵抗が、切り離された観測者(5)という古い理想にまたもや立ち返る、**退行的**な傾向であるとわかったので、直ちにボーアの側につきました。私は当時ボーアに、アインシュタインは、実際は生の内部における物理学の不完全さであるものを、物理学の内部における波動力学の不完全さと思っている、と言いました。この言い回しを、ボーア氏は直ちに受け入れました。それでもって私はいずれにせよ、たとえ物理学の外部であっても、やはりどこかに不完全さがあったことを認め、それ以来アインシュタインは、繰り返し私を彼の味方に引き入れようとしました。

現在では私は、ここでは**客観性に対する完全性**という対立の対が問題であり、いずれにせよアインシュタインが望むようには、両者を同時にもつことができないことがわかっています。ここにおける新たな「**犠牲と選択**」という状況は、量子物理学自身における不確定性関係の場合と同じです。アインシュタインのような退行的な方向ではないにせよ、それでも私自身はこのジレンマに陥っていました。**原則的に統計的な自然の記述の仕方が、相補的に個々の場**

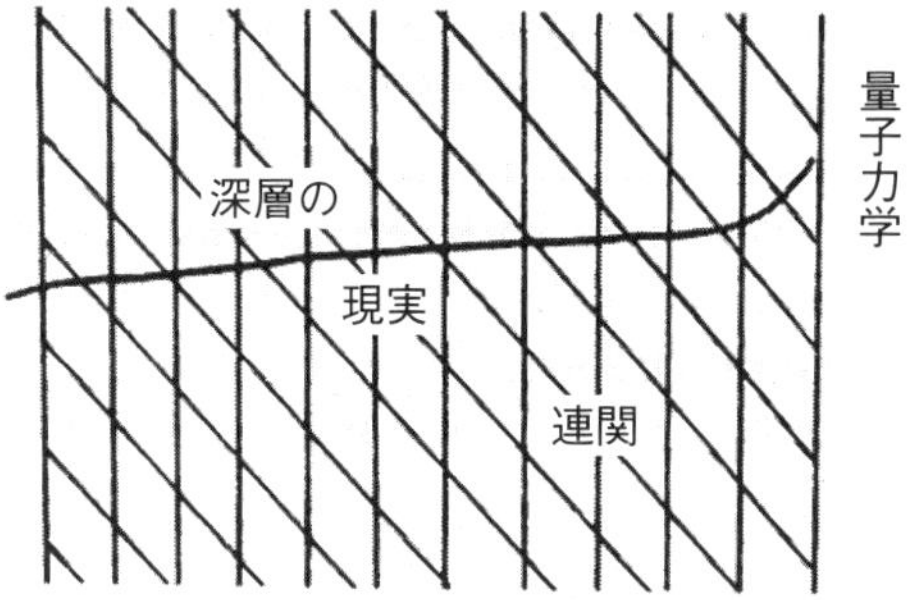

（曲線に貫かれ、陰影として細かい平行線が引かれた平面）

合をも把握したがることを、私はやはり否定できませんでしたが、しかし私は同時に、新しい理論の確率法則が、自然法則一般の客観的な（つまりここでは心的ではない）範囲の内部で期待されうる精一杯のところであったことを見抜いていました。

そうこうするうちに、私における情緒的な課題がより重大な個人的な危機を引き起こし、それで分析的心理学を知るようになりました。それは、私の思いちがいでなければ一九三一年で、私があなたと初めて個人的に知り合いになったときでした。当時私は、新しい次元のように無意識を体験していました。私が一九三四年に結婚して、私の分析的な治療が終わって間もなく、例の物理学的な夢の象徴表現が始まりました。なかでも私は当時、何年も私をわずらわせた次のような夢を見ました。つまり、「アインシュタインに似ているように見える男が、黒板に次のような図［上図］を描いている」という夢です。

これは、叙述された論争と明らかなつながりがあって、それでそれに対する無意識の一種の答えであるように見えました。それは私に、二次元的なより意味のある世界の、一次元的な切り抜きとして量子力学、またそれでもって公認の物理学一般を示しており、その第二の次元は、定めし無意識や元型でのみありえました。今日私は実際、測定の結果（ラインの実験においてサイコロを振る場合との類推で）においてであれ、同じ元型が場合によっては、観測者による実験手順の選択の際に現われると信じています。また私は今日、影の役割をアインシュタインが演じていて、[6]それから夢は、いかに影に「自己」もまた含まれているかを私に示していたと思っています。

この時以来、無意識は私に、初めはとても強い意識的な抵抗に逆らって、物理学（数学とともに）と心理学の間に照応 correspondentia を総合的に築きました。現今の物理学とは逆に、またそれに対して相補的に、無意識の立場は先に挙げた客観性の伝統的な前提条件（それどころか邪魔になると感じられた）を犠牲にし、また、それに代わって（自然と一致して！）完全性を選択したのです。

そのことを踏まえて私は、物理学と心理学への私の関係を、試しに次のような四一性によって表わすことができます。図においては、人物たちは精神的な態度を請け合い、またあなたはもちろん分析心理学を代表しています。

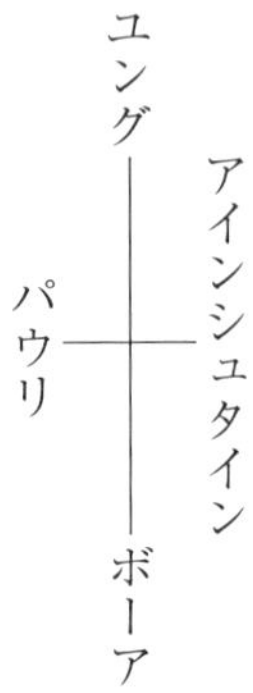

統計的な自然法則を扱っている物理学が、完全性を求めざるをえないのは避けられない宿命です。しかしそれと同時に、ほかならぬ観察者の無意識や心が物理学に欠けているものであるので、それは必然的に無意識の心理学に突き当たらざるをえないでしょう。

さて、**物理学が完全性を求めるのと同じくらいに**、**あなたの分析心理学は故郷を求めています**。それというのもこれらが、精神の正統ではない子どものように、一般に認められたアカデミックな世界の外で、秘教的な特別の存在を取り扱うことを否定できないからです。**しかしこれによって**、**結合 Coniunctio の元型が布置される**のです。この結合が実現されるかどうか、またいつそうなるのかを私は知りませんが、しかし私は、これが物理学にも心理学にも、思いがけなく起こりうるもっともすばらしい運命であるだろうということを疑っていません。

3　例の物理学と心理学の間の対応は、私のこの前の手紙の寓意における、第三の指輪に対応する形而上学的精神

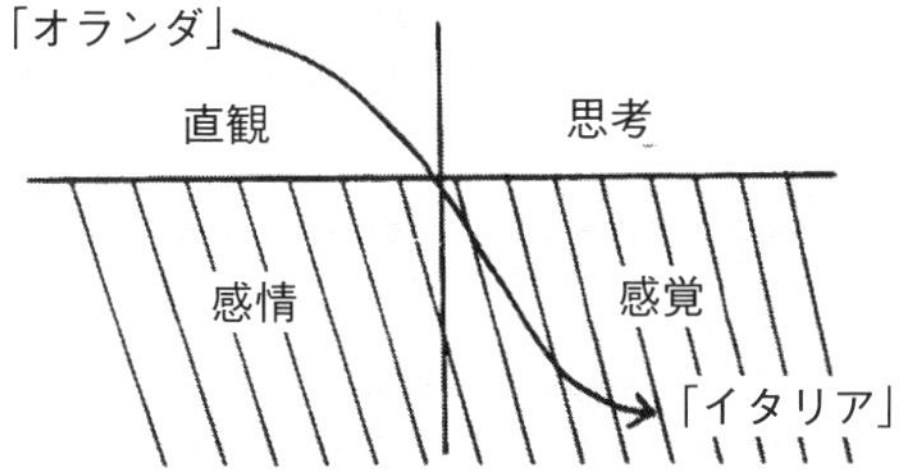

[ii]

的な思弁です。私はたぶんそれについて何かを手にしているのですが、しかし今までは、私はだれにもそのことを伝えることができていません。それというのも私は、あなたのように人間的に成熟していて、心理学的な経験があるゆえに私の無意識の所産を理解することができ、またその上さらに、数学的かつ物理学的に教育されているだろう人をだれも知らないからです。こうして「第三の指輪」は私を精神的な孤独へと追い込むのですが（伝えるという課題は未解決のままに）、しかしそのために、人間的な関係という第四の指輪がまたもや補償的に存在しているわけです。

さてこれが直接に私を、私の無意識の所産のすべてを、やはり直観する者に関係づけるというあなたの要請へと誘導します。私にあっては主観段階に存在する個人的な課題は、あなたがそれを著書『タイプ論』（とりわけ第五章）で叙述したように「対立の課題」です。私の場合、機能の図式は次［上図］のとおりです。[7]

陰影として細かい平行線が引かれた部分は、あまり差異化されていない（より無意識の、劣等の）機能で、そして対立の課題が左の半分と右の半分の間に存続しています。（絵を描くことができれば、私は喜んで左にエスリンゲン、中間にファンネンシュティール、右にグロリア通り[3]を描写するのですが）。ここでは一方また、**右側は完全性を、しかし左側は故郷を求めている**ようです。後者は、直観が、私の意識の世界および一般に認められた価値に何よりもまず異様に対立してきた、特性および心的な要素を明るみにもたらしてきたかぎりで当てはまります。[8]

決して単に知的ではなく、常に感情体験によっても伴われる個性化の過程のうちに、この対立の対の間における中間[4]が徐々にはっきりしてきました。その際に生じている無意識の所産がまさに、果たして物理学の象徴的な拡張によって私に、現代の物理学と心理学の間における中間を徐々にはっきりさせてくるものなのです。こうして私の場合、両者は空虚の中心（「自己」）において、自然の解明における全体性にとってのひな型の条件である、小宇宙としての個人の全体性についての、あなたの解説との完全な一致の上で重なり合うのです。区別する意識にとってのみ、以前に論じられた心理学―物理学という対立の対は、四つの機能の左半分と右半分という対立の対（「イタリアに対するオランダ」）とは異なるのですが、しかし無意識の心にとっては、両者はまったく同一です。この事態を、空間的な模型によって示すこともできます。つまり、前の段落（八頁）の四一性を垂直の円に、この段落のそれを水平の円に配置するとき、二つの円はただ一つの、共通の中心をもつことになるのです。

それゆえに私は、単なる知的な思弁によっては、例の物理学と心理学の間の対応を見つけ出すことはできず、それは個性化の過程のうちでのみ、それに付随する客観的な表出として有効に成立できます。心理学と物理学の関係に布置されている、全体性ないしは結合という同じ元型が、私の夢の「師匠の形姿」を用いて私自身の内的な全体性を配置します。それゆえ私は、例の形而上学的で精神的な思弁という「第三の指輪」を、同時に関係という第四の指輪が発効していないならば、やはり取り扱うことはまったくできないのです。

これが思うに、私の無意識の所産が、一方で自然の客観的な全体性へ、他方で直観する者としての私自身の主観的な全体性へと関係することの、目下のところ最良の定式化です。

あなたの準備中である結合についての著書を[5]、私は固唾をのんで待ち受けているのですが、それは私が、私の課題に応用できる多くをそれが含むだろうことを疑っていないからです。[(9)]

この往復書簡においても、私たちの間における中間が、徐々にはっきりしてくることを期待しつつ、心からの感謝とご挨拶をもちまして

敬具

W・パウリ

［パウリによる注］

（1）この点については、あなたの『精神の象徴表現』［ドイツ語版］における論説「メルクリウスの霊」、とりわけ一一二頁を参照。そこでは、私がとても満足したことには、聖杯伝説も引用されています（注一三二）。

（2）これらの夢の目的意味は、あるいは自然科学的な観察方法を、超越論的なもの一般の前提条件に制約された特例（下記六頁を参照）として現われさせるところにあるのかもしれません。

（3）光学が一般的な電気力学に取り入れられたときに、小規模ですがそのような融合が前世紀に物理学の内部で起こりました。

（4）**同じ**現実がただもう別の仕方で**呼ばれ**ます。価標 Valenzstrich の代わりに、例えば電子対およびその空間的な密度配分等々について語られるのです。

（5）私のケプラー論文、一六五頁参照。

（6）ほんとうに優れた発見は、相対性理論のように、**後になって**結果として後ろ向きに、何とか書き記されることになるのかもしれません。似たようなことが、**フロイト**にも当てはまるようです。

（7）この点については、二月二七日付の私の以前の手紙［書簡58］、第Ⅲ部を参照。

（8）暗いアニマが中国女性として現われたとき、それはともかく、何よりもまず彼女が主観的には**私自身に**異様に思われたこと、つまりまさに私が慣れ親しんできたものではないことを意味しています。今や私にはよく知られるようになった師匠の形姿を、私がさしあたって「見知らぬ男」と呼んだのも、同じ事情です。一九四六年には彼は例えばペルシア人として私に現われたのですが、彼は、そこで暴動の原因になった研究のために工科大学に受け入れられようとしていました。どうしても全体的なものは、主観的にはさしあたって、いつも見知らぬ者なのです。この点については「見知らぬ人々」をも参照。

（9）**錬金術**はいずれにせよ、私の物理学的な夢の象徴表現（個性化の過程の象徴としての実験室における「作業 opus」の観念のような、「核」～ラピス［賢者の石］、「師匠の形姿」～メルクリウス、等々）を理解するためにも重要な手掛かりを含んでいます。

［ユングの傍注］

（i）母の太古の息子。

（ii）　なぜ対立、ないしは右と左？

［訳注］
1　アリストテレスの存在論において可能態（デュナミス）は現実態（エネルゲイア）と対をなす概念である。
2　パウリはここで、量子力学の草創期におけるアインシュタインとボーアの論争を、自らをかかわらせながら、考え方のちがいとして整理している。
3　ファンネンシュティールとは、チューリッヒ湖畔の山脈であり、グロリア通りとは、当時のスイス連邦工科大学チューリッヒ校の物理学研究所の所在地である。［ドイツ語版の注］
4　この中間（原語でMitte）は、パウリがこだわってきた「中立的な言語」に対応する概念である。
5　C・G・ユング著『結合の神秘 *Mysterium Coniunctionis*』全三巻、チューリッヒ、ラッシャー出版、一九五五―一九五六年。ただし、第三巻は、『結合の神秘』の補巻とされ、マリー＝ルイーゼ・フォン・フランツの著書『トマス・アクイナスに帰せられた錬金術的な対立問題に関する文書〈立ち上る曙光 Aurora Consurgens〉』である。［Jung, Mysterium Coniunctionis, G. W. 14. I, II, III.］これは、同文献のドイツ語訳と注解からなっている。これは、ドイツ語版ユング選集には収められているが、英語版には収録されていない。Mysterium Coniunctionisは錬金術の心理学的意義を探る最後の著作である。邦訳『結合の神秘』は、それぞれ一九九五年と二〇〇〇年に、池田紘一訳で人文書院から出版されている。

返信できないことのお詫び

63　ユングからパウリへ

［チューリッヒ州キュスナハト］一九五三年六月二三日
［タイプ打ちカーボンコピー］

親愛なるパウリ様
興味深くまた好意的なお手紙にいまだお礼を申し上げることができず、申し訳ありません。すぐにお返事ができればよいと思っていたのですが。ところが最近はあまりに時間がとられ、またやはり調子がよくない感じでしたので、それで今まで私のもくろみはかないませんでした。
それゆえ、ご辛抱願います。

敬具
［C・G・ユング］

パウリの反論に対する応答　心と精神をめぐって

64 ユングからパウリへ

［チューリッヒ州キュスナハト］一九五三年一〇月二四日
［タイプ打ちカーボンコピー］

親愛なるパウリ様

今年の五月二七日付の内容豊かなあなたのお手紙［書簡62］に続いて生じた、私の長い沈黙をどうぞお許し下さい。時間の不足、疲れ、そしてよくない健康状態というういくつかの外的な理由と並んで、私の遅滞の主たる理由はやはり、あなたの手紙によって投げかけられたたくさんの課題にありました。あなたに適切に答えるという任に堪えないと、私は感じていたわけです。今私にそれができるかどうか、私は迷っています。私たちは何と言っても、今のところ考えられる、また知覚できるものの境目で揺れています。あなたの手紙は私の傍らで、影のような気がかりな物事に触れており、その間に私はそれを把握しようと一所懸命骨を折りました。私は折々、繰り返しあなたの手紙をまず前に置き、その内容を四方八方からよく考えてみましたが、今日もそうです。今は、あなたに答えてみることができるかのように、私には思えます。その際はいずれにせよ、この目的のために、どの方法を選ぶべきか、私にははっきりとはわかっていません。あなたの手紙の導きの糸に従うべきでしょうか、それともそれに関係なく、私が見るところで、課題のもつれを叙述すべきでしょうか。

さしあたり私は、ともかくあなたの手紙におけるいくつかの要点、とりわけ**心** Psyche と**精神** Geist[1] の問題をどうしても取り上げる必要があります。**心**は私にとって、あなたが知っているように、内界のあらゆる現象の「実体」を表わす一般概念です。**精神**はそれに対して、同じ一種のカテゴリー、つまり身体からも外界からも派生しない内容の、そのすべてを特色づけています。それらは、一部は抽象的な観念へと導く具象的な事象であり、また他の一部は意識的かつ意図的な抽象です。例えば、次のようです：

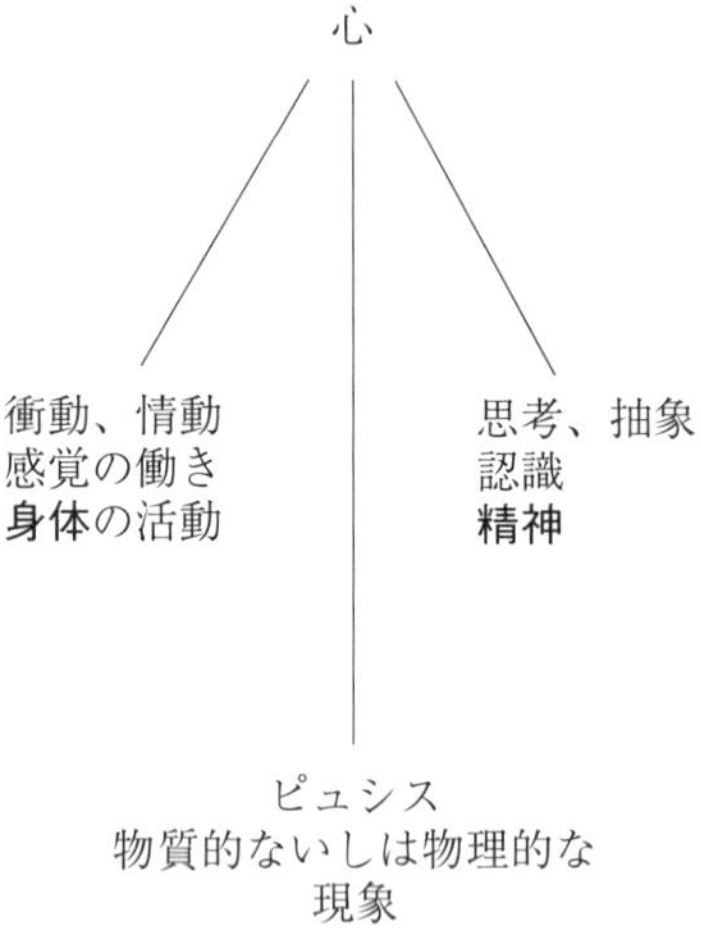

心は例えば、**物質** Materie（粒子＋波動）という物理学的な概念に対置されるでしょう。物質のように、心もまた**マトリックス**［母体］で、母親元型に基づいています。精神はそれに対して**男性的**で、また父親元型に基づいており、したがって精神は、父権的な時代に乗じて、物質と同じく心に対しても優位を要求します。精神はしかし他方で、その同胞である**ソフィア** Sophia として、無意識に近づけば近づくほど、はっきりと見えてくる女性的な局面を有しています。この**母権的**な領域においては、精神は母の息子（錬金術的な「母の太古の息子」）なのです。

霊（精神）（プネウマ）は昔から、身体に対立しています。それは、大地（物質あるいは質料 Hyle）と対照的に動的な息吹です。ところが「魂 Seele」は、「肉［身体］と霊［精神］のきずな ligamentum corporis et spiritus」と認められています。この古《いにしえ》の三分法[2]をいくらか混乱させたのは、精神が神性へと昇格したことで、それによって［三者の］バランスが崩されました。プネウマ（霊）的な神性が最高善 summum bonum と同一視されたことが、さらなる紛糾を意味し、それによって物質は必然的に「悪 malum」に近づくことになりました。私の考えでは、この神学的なもつれは回避されねばならず、そして心には、中間ないしは上位の位置が与えられなければならないのです。

心も物質も、二つとも「マトリックス」としてそれ自体X、つまり超越論的な未知数であり、したがってお互いに概念的には分けられず、要するに**実践的には同一**であり、また存在の異なった局面として付随的に区別されるにすぎません。

心的なものの実体には、なかでも**類心的な元型**が属しています。元型に経験的に特有なのは、心的主観的にだけではなく物的客観的にも明らかになる、つまりそれが場合によっては、心的に内的な出来事であると同時に物的に外的な出来事としても証明されうる、という属性です。私はこの現象を、心的なマトリックスと物的なそれとの同一性の徴候とみなしています。

さて、もしあなたが、あなたの夢は「数学的また物理学的な概念を象徴的に、一般には無意識に、個々別々には個人の心にまで」広げている（あなたの手紙の三頁）と確認するなら、私にはこの現象もまた、示唆された同一性に基づくかのように思われ、さもなければ心的な領域が比較できないため、そのような広がりはまったく不可能でしょう。この広がりが可能であるなら、それは心理学の領域においては、場合によっては物理学的な概念によって言い表される過程あるいは規則正しさが存在することを立証しています。あなたがこのため必要とする**化学**の類推は、私には特に具合がよいと思えます。（その上に化学は、錬金術 Alchemia という共通の母によって心理学の姉なのです[3]）。この魅惑的な類推にもかかわらず、心理学は、物理学には欠かせない（化学的な事象については決して主張されえない）、その対象への過程を有しており、それがつまりは観察、思考、そして認識です。

心的な過程が不可欠であることの結果として、存在の神秘への門が**一つ**あるだけではなく、その過程もまた少なくとも**二つ**なければならず、つまり一方で物質的な生起、また他方でその心的な反映です（その際、何が何を反映するかは、それぞれほとんど意味をなさないでしょう!）。

この事態を考慮して、二つの科学の使命は、両方に疑いもなく共通である、その領域を見つけ出し、記述することにあるようです。私の夢と私の直観は、私に自然数を参照させました。これらは、あらゆる元型のうち、もっとも単純かつもっとも基本的なものであるように見えます。それらが元型であることは、次のような心理学的な事実から明らかになります。つまり基本的な整**数**は、それらに直ちにまた遠慮なく、**神話学的な陳述**を通して自らを敷衍するチャンスさえ与えられれば、例えば1＝一なるもの、絶対者、空（アドヴァイタ advaita〈＝不二〉）、またそれゆえに無意識、発端、神等々、2＝一なるものの分割、対、関係、相違（主体―客体、男性的―女性的等々）、計算等々、3＝2からの一なるものの再生、息子、最初の男性的な数等々。それはともかく、整数は**外的であると同じく内的である**という、類心的な元型の特性を実に典型的な形で示しています。したがって、それが**発明されたかあるいは発見されたか**は問題ではなく、つまり数としてそれは**内に**あり、**基数**としては外にあるのです。それにしたがって、純粋に数学的な前提から考案されうる方程式が、後になって物理学的な事象の定式であることが判明する、という可能性もまた予想されうるのです。

それゆえに私は、少なくとも心理学的な面から見られれば、物理学と心理学の間の求められた境界は数の神秘にある、と信じています。だから適切にも、人間はなるほど数学を作ったが、整数を作ったのは神である[4]、と言われるのです[5]。心理学の領域においては数が、例えば自己の自発的な象徴表現が疑いもなく引き合いに出す、基本的な元型を示すように（とりわけ1―4）、それは物理学的な認識の手掛かりでもあるのです。

一年と少し前から、私の考えは数の神秘に魅了されてそれをめぐっており、それゆえ私はまさに、整数のあらゆる特性が完全に記述されればよいと思っているのですが、その場合、例えば**五次**方程式はもはや解けないという事実、もしくはある領域である数が享受する優位、またはある整数から自由に生じる拡充する陳述のような、例えば個々の事柄のすべてが一般にまとめられるはずです。言い換えれば、数学者が数字で何をなしうるかに私の関心があるのではなく、機会が与えられれば、数がそれ自体として何をするのかにあるわけです。それは何と言っても、元型的な表象の領域においてとても実り豊かであることが判明したやり方なのです。

それで、物理学的な直観形式が疑いもなく心的な領域にも適用されるにもかかわらず、心理学の物理学への関係を、さしあたって比べられない二つの領域という観点から考察する傾向が私には大いにあります。化学の場合に起こったように、一般的な理論物理学の中へ心理学を組み入れることは、私の考えでは、上に述べた認識論的な困難を完全に度外視しても、すでに心的な事象が測れないという理由でまったく不可能です。したがって私は、二つの領域の共通性をさらにくわしく調べることが、より見込みがあると思い、またそこではほかならぬ数の神秘的な本性が、何よりも心理学と同じく物理学の基礎になる対象であるように思えます。その際に私は、一般的な物理学に対する心理学の位置を、あなたがあなたの四一性（アインシュタイン―ボーア―パウリ―ユング）で告げているのと、およそ同じように考えています。マリア・プロフェティサの公理[6]が一なるもの（ト・ヘン）を意味するように、共時性（第四のものとして）の概念においては空間、時間そして因果性が、事実上また概念上 de facto et per definitionem、相対化ないしは止揚されています。

共時性は、数と並んで物理学と心理学のさらなる接点です。この場合その**意味**は、同時に起こる出来事の共通性（相対的）であるようです。事実またそれは、まるで多くの場合起こる（あるいは規則的な?）意味上同じような平行現象に対する元型的な条件であるかのようです。

ところで、心理学と物理学とを結合する二つの橋［数と共時性］がそれほど独特かつ把握しがたい性質で、またそのためにだれもあえてそれを渡ろうとしないかぎりは、心とその科学は底無しの空間に宙吊りにされ、そしてあなたが適切にも言うように、「故郷のない」状態です[(1)]。あなたは、それによって結合 coniunctio の元型が布置されている、と推測します。それは、私がちょうどこの一〇年間、いわばもっぱらこの主題に従事しているかぎりでは、当たっています。私は首尾よく、この問題ととりわけ興味深い仕方で取り組んだ、一六世紀の一人の錬金術師を見つけ出すことができました。それが、別の点でも注目すべき**ゲラルドゥス・ドルネウス** GERARDUS DORNEUS[7]です。彼は錬金術的な作業 Opus の目標を一方で、同時に神の認識でもある自己認識に、他方で物的な肉体がいわゆる、魂と精神で成り立っており、また自己認識によって実現する、精神的統一 unio mentalis[8] と一つになることに見ています。作業のこの（第三の）段階から、彼がくわしく述べるように、ウヌス・ムンドゥス Unus Mundus、一なる世界、プラトン的な太古の世界あるいは原世界が生じますが、それは同時に未来のないしは永遠の世界です。私たちはこの世界を、あなたの夢が追求する例の総合にほぼ対応して、無意識が見つけてそれを確立しようとするものと解釈してもよいでしょう。私の著書『結合の神秘』の最後の章［第六章「結合」］は、この錬金術的な試みの叙述に捧げられています。

あなたの図式「オランダ─イタリア」において、あなたはいくらか似たようなことをほのめかしているように、私には見えます。ところが、あなたが個性化の過程を全体的な陳述の有効性に対する必須条件 conditio sine qua non として考慮に入れるとき、あなたはさながらあからさまにそのことを表明しているのです。この点では、私はあなたに同意しうるのみです。

私たちの立場がいかにお互いに近づいているかを見ることは、私には大いに価値があり、それというのも、あなたが無意識との対決において、あなたの同時代の人からは孤立していると感じるとすれば、私はそれどころか孤立した領域に自ら立ち、またどこかで隔てている溝を越えて行こうと狙っているので、私にも事情は同じであり、そしてそれ以上だからです。いつも秘教徒と一般に認められざるをえないのは、何といっても結局は面白いことではありません。奇妙なことに、やがて二〇〇〇年になる課題が、つまりいかにして三から四へ至るのかということが、いまだに扱われているのです。

敬具

［C・G・ユング］

［ユングによる注］

（1）　あなたがあなたの四一性において私を、三人の物理学者に対する四番目として、無意識の心理学の代表者として配置するならば、それでもってあなたはプラトンのジレンマを繰り返すことになります。プラトンは彼のデミウルゴスを四番目のものとして「むりやり」宇宙的な対立の混合の中へ入り込ませるのですが、第四のものは明らかに、それ自体として混合に容易には編入されないような性質です（「精神の象徴表現」［ドイツ語版］三四三頁以下を参照）。三から四への移行は、歴史的な象徴表現によれば、三つのものが第四を否定するか、さもなければ第四が三つのものを統一において止揚するので（例えばマリアの公理のように）、時として起こる窮地なのです。

［訳注］

1　ユングは、ここでGeisitについてくわしく説明しているが、ここでかえってGeist概念のゆらぎが明らかになる。つまり、近代哲学の概念としては精神と訳されるが、古代の概念としては、むしろ精神よりも霊が相当するからである。とりわけ、霊―魂―体の三分法においてそのことは顕著になる。訳注2参照。

2　人間を身体・魂・霊の三つからなるとするキリスト教の考え方。

3　この点に関して、ユングは「精神現象としてのパラケルスス」（一九四二）において次のように述べている。つまり「私はすでに前々から、錬金術は、化学の母であるのみならず、現代の無意識心理学の前段階でもあることに気づいておりました」（榎木真吉訳「精神現象としてのパラケルスス」『パラケルスス論』所収、みすず書房、一九九二年、一三七頁。松田誠思訳『錬金術と無意識の心理学』講談社、二〇〇二年、一四六頁［こちらは英訳からの重訳］）と。Jung, "Paracelsus als geistige Erscheinung," *Studien über alchemistische Vorstellungen*, G.W. 13, (AG Olten: Walter, 1978), p.209.

4　数学における整数論に造形が深かったレオポルト・クロネッカー（Leopold Klonekker）（一八二三―一八九一）の発言に基づいた言葉。

5　クロネッカーは、一八八六年にベルリンにおける数学の会議で「整数は神が作ったが、他のすべては人間の仕業である」と言った。彼はそれでもって極端に哲学的な立場を主張し、それで彼の論評は論争的にデデキントに対して、またなかんずくカントルに向けられていた。後者には無限の陳述についての考えが啓示として生じたが、彼はクロネッカーの攻撃のもとでとても苦しんだ。［ドイツ語版による注］

6　「一は二となり、二は三となり、第三のものから第四のものとして全一なるものの生じ来るなり」。（池田紘一・鎌田道生訳『心理学と錬金術』Ⅰ、人文書院、一九九四年、四〇頁）」においては四（テタルトン tetarton）。Jung, *Psychologie und Alchemie*, p.38.

7　ゲラルドゥス・ドルネウス（Gerhard Dorn のラテン語表記）（一五三〇頃—一五八四）は、ベルギー生まれのパラケルス
ス派の医者・錬金術師。

8　ユングは『結合の神秘』Ⅱ（池田紘一訳、人文書院、二〇〇〇年）の第六章「結合」において「『精神的統一』unio mentalis において魂（anima）と結合されなくてはならない精神（animus）」（二五八頁）と述べている。Jung, *Mysterium Coniunctionis*, G.W. 14II, p.237.

書簡を同封したという短信

65 ユングからパウリへ

［チューリッヒ州キュスナハト］一九五三年一二月五日
［タイプ打ちカーボンコピー］

親愛なるパウリ様

あなたに関係する手紙を同封してお送りしますので、取り扱いをよろしくお願いします。

敬具
［C・G・ユング］

一つの同封物（紛失）

ユングに対する返信

66 パウリからユングへ

チューリッヒ7／6、一九五三年一二月一三日
［手書き］

親愛なるユング教授

この前のお手紙に、とりわけ数元型に関してくわしいお返事を書くことは後回しにさせていただいて（事実また私たちは一月五日に、四月の半ばまで旅行でアメリカへ行きますので）、今日私は、型通りではない、即興で行なうクリスマスの挨拶を通して、私の課題への多大のお骨折りと変わらない関心に対して、あなたに謝意を表するつもりです。

そういう次第で私は喜んで、身体と精神に対する心の、中間ないしは上位の位置へのあなたの要求、また存在の神秘への二つの道[1]についてのあなたの推測に、私が原則的に同意見であることを強調したいと思います。実際に私は、一方で自己の異なった局面の間の、他方でアニマの異なった局面の間の、同じ関係の課題が、私の個人的な課題においても、物理学の他の科学に対する、また人生の全体に対する課題においても現われるのを見てきました。

今日、物理学はその原動力を四一性の元型から受け取っているので、この場合は悪という倫理的な課題もまた布置されており、それは何といっても原子爆弾によって特に一目瞭然になっています。今や私には、これに対して無意識から補償的に、物理学を生の根底と源泉にいっそう強く近づける傾向が展開され、そしてこの場合は結局、類心的な元型が拡張された物理学へと同化することが重要であるように思えます。物質が心的な状態を指し示しているという古い錬金術の観念は、このような具合にたぶん、より高次の水準で現実化の新しい形を経験するでしょう。私の夢の物理学的な象徴表現は、ほかならぬこのことをもくろんでいる、という印象を私は受けます。物理学的な元型と結びついて、結局はあなた自身が（あなたの論説「心理学の精神」において）物理学的な象徴表現、つまり活動的な質量や分光色という表現を用いています。物理学者としての私の場合は、当該の象徴表現がずっと豊かで、細部にわたって潤色されていることは明らかです。超心理学の物理学への受容を目指すこの展開の系列と並んで、生物学に帰着し、「絶対の知」や共時性というあなたの概念と関連している、なお第二が存在するのですが、ここではそれを示唆することができるにすぎません。

ところで、あなたがお手紙で指摘した、ドルネウスのウヌス・ムンドゥス unus mundus［一なる世界］の観念は、拡張された物理学へのこの展開系列とも、婚姻における心理学的な関係とも、きわめて直接につながっているように私には思えます。婚姻がもはやアニマとアニムスの素朴な投影ではなくなった途端、つまり人生の経過においてますます、婚姻が例のウヌス・ムンドゥスのひな型であるべきことが明らかになるように思えるのです。いずれにせよ私には無意識から、私が二人でのみ「故郷へ」帰ることができるという厳重な指示が与えられたのですが、私はそのことを婚姻にも、あなたの「二つの道」にも関係づけました。また私には、私の場合は例のウヌス・ムンドゥスがすでに久しい以前から中国に投影されていたことがはっきりしており、その際にこれ［中国］は「中間の国」として特に適しているのです。

ご自身と奥様にクリスマスと新年のご挨拶を申し上げつつ

敬具

W・パウリ

［訳注］

1　原文ではWegeであるが、ユングの手紙では過程（Vorgänge）と言い表されている。書簡64を参照。

67　ユングからパウリへ

パウリの論文に対するコメント

［チューリッヒ州キュスナハト］一九五五年一〇月一〇日

［手書き］

拝啓パウリ様

『デイアレクティカ *Dialectica*』[1]に掲載されたあなたの研究[2]について、あなたにお手紙を書く必要な時間と余裕をやっと見つけることに成功しました。私はその研究を多大の関心をもって徹底的に調べ、またその際、あなたの平行論が完璧であることに当然ながら感心しました。数の神秘を除けば、あなたの叙述に付け加える重要なことは何も知らないのですが、ところが、数の神秘についても私は、不可解なことしか持ち出せないのではないかと心配するぐらい、自分には能力がない incompetent と感じています。ポアンカレ Poincaré の著書（『科学と方法』[3]）を読んだことがもちろん、彼が無意識を指摘し、あるいはその重要な役割を予想し始めているかぎりで私を勇気づけました。しかし残念ながら、彼には当時の心理学からは何も助けになることが応じず、それで彼は、［無意識を］矛盾したものから自由にすることができなかった段階で行き詰まらざるをえませんでした。物理学的な概念形成と心理学的なそれとの類似ないしは同一性がどれほどもっともらしくあろうとも、それはそれだけいっそう知覚されたり、少なくとも自明として仮定されたりする事実の背景における同一性や類似よりも、目に見えない客体にかかわり合うことを準備する認識論的にやっかいなことに基づいているのです。私には物理学と心理学に共通の根底は、概念形成の平行論にあるのではなく、むしろ数の、あなたが二九五頁で際立たせている、「例の古い魂のデュナミス［可能態］」にあるように思えます。**数の元型的なヌミノース性**は、一方でピュタゴラス的、グノーシス的、そしてカバラ的（ゲマトリア Gematria[4]！）な思弁に、他方で『易経』における占いの手続きである算術の方法、土占いや星占いに表われています。数学者たちですら、数が発見されたのか、あるいは発明されたのかについては、互いに意見が一致していませんし、それと対をなしているのが、元型が獲得されたのか、あるいは生まれつきなのかという現代のジレンマです。（私は両方とも真実だと思うのですが）。「オリュンポスの神々には永遠の数が君臨している」[5]という言葉は、数のヌミノース性に対する数学の側からの貴重な告白です。それに従えば、数に元型の特質を与えることには十分な動機があります。そのことは結果として、数には元型（数の「デュナミス」）の**自律性**もまた与えられて当然であることになります。数のこの特性は、数を結局は単に数えることや測ることという目的のための手段として用い、それで1＋1＋1等々と定義する数学者には、あまり歓迎されず、またほとんど知られていないようです。これは何といっても（アカデミックな）心理学における元型の宿命でもあって、無意識一般に対する偏見がもたらした明らかな結果です。ところが、数の疑う余地のないヌミノース性に直面してこの抵抗は無力になり、そこである一定の避けられない、つまり心理学がもはやかかわることができなかった結論を引き出さざるをえなくなり、それが要するに、心的な要因はそのデュナミスによって**自分自身**の陳述をする能力があるところに、その自律性がある、ということなのです。ところでここに、予期通り、あなたの批評もまた首尾一貫して始まります。あなたは私の「心的な陳述」という表現を冗語とみなしますが、それは「一般的な陳述」に関しては疑いもなくそのとおりです。しかし私はこの表現を決まって、理性の陳述ではなく**心**のそれが扱われている、つまり意識的な推論 ratiocinatio にではなく、神話素、夢、妄想観念等々のような客観的な心一般に直接に発するようなものが問題であるところで用いています。ここでは、推論があらゆる無意識をできうるかぎり排除し、したがって要するに心的なものの全体性をできるだけ普遍妥当的なもの、理性的なものに制限するのに対して、意識はせいぜい間接的かつ権威もなく関与しているにすぎません。

元型としての数は、その「デュナミス」のお陰で、神話的な陳述をする能力があります。もしそれに、そもそも自身の表現が許されるならば、それは自発的に「心的な陳述」をするでしょう。このことは、たとえ数学者が、数えることの手段としてしか数を知らないとしても、心理学者の眼には、数の絶対に必要な特性の一部なのです。数は、一方で重要な技術的工業的な意義を有し、しかし他方でその美しさのために、いっそう高次の愛好家的価値も有する、ダイアモンドになぞらえられるかもしれません。数のヌミノース性は、その数学的な使用性とはあまりかかわり合いがなく、しかしその大部分はたぶん、無意識一般に向けられてあらゆる抵抗がなされる、あなたの「避けられない」陳述と関係しているのです。

心理学においては、私たちは元型をそれ自身で拡充させるか、あるいはそれどころか、夢における拡充の過程を観察します。同じ実験が、数の場合に可能です。同時に私たちはここで、物理学と心理学がきわめて近く接する基礎を手にします。なぜならば、数は一方で自然界における物事のなくてはならない特性であり、他方でそれは同じように疑う余地なくヌミノース的、つまり心的だからです。

「犠牲」平行論に関しては、私は「犠牲」という表現が、物理学的な問題提起にとって適切なのかどうか疑わしいと思っています。物理学の実験者にとって、やはり本質的には単に**決定**が、また隠喩的にのみ「犠牲」が問題です。彼は、一方のものと他方のものを同時にもつことはできません。二つの可能性の間で、なるほど選択ないしは決定することはできますが、しかしこの行為を犠牲とみなすならば、それはたぶん修辞上の過剰あるいは「犠牲」の軽蔑的な使い方になるでしょう。それというのも「犠牲」は、損失勘定で à fond perdu 所有物を放棄することを意味するからです。「絶対知」という観念は、私がハンス・ドリーシュ[6]の本（『自然の基本的な要因としての魂』一九〇三年、八〇頁以下）を読んでいるときに思いつきました。それと結びついているのが逆の因果性、つまりすでに起こったことの原因としての将来の出来事という課題です。私にはこれは、原因と結果の法則は概念上 per definitionem、ほとんどエネルギーの流出のようにそれ自体としては逆転されえないので、仮象問題であるかのように思われます。それと、予知の不明瞭さが単に関係させられます。例えば生化学上のプロセスにおける誘因の場合は、今ようやく生物学にわかりかけてきたように、およそ化学ではなく、「ふさわしい」結合の元型的な選択が問題なのです。

あなたの研究はきわめて刺激的で、また賞賛に値します。あなたの考えの道筋が、あなたの限定された専門領域にも、実り豊かに作用するだろうことが望まれます。この頃の心理学はいずれにせよ、補わなければならないことがとてもたくさんあるので、それから何か役に立つことを長い間ずっと、ほとんど期待しえていません。私自身は私の上限に達しており、したがって何か決定的なことに寄与する状況にはおそらくありません。

あなたが果敢に私の心理学の課題を取り扱ったことは、私にとって大いに喜ばしく、また私を感謝の念で満たします。

敬具

C・G・ユング

［訳注］

1 「無意識に関する観念における自然科学的また認識論的な局面」、『ディアレクティカ』八巻四号、ラ・ヌーヴィル、一九五四年、二八三―三〇一頁。W. Pauli, “Naturwissenschaftliche und erkenntnistheoretische Aspekte der Ideen vom Unbewussten,” Dialectica,Vol. 8 Nr. 4 (La Neuville 1954), pp.283-301. W・パウリ著『認識論のための論説と講演集』［ドイツ

語版〕フィーヴェク、ブラウンシュヴァイク、一九六一年、参照。W. Pauli, *Aufsätze und Vorträge zur Erkenntnistheorie*, (Vieweg: Braunschweig, 1961). 〔ドイツ語版注〕。『ディアレクティカ』は一九四七年以来、理論的な哲学の論文を中心に、科学と哲学の相互理解を求めてスイスで編集され、刊行されている年報である。

2　ユングが八〇歳の誕生日を迎えたことをきっかけとして書かれたパウリの論文で、この間の往復書簡集で論じられたテーマが反映されている。したがって、ユングとの議論がきっかけとなって、パウリが自分の考えをまとめたものとして理解される。注1参照。

3　アンリ・ポアンカレ Henri Poincaré（一八五一—一九一二）はフランスの数学者。『科学と方法』一九〇八年。〔ドイツ語版注による〕

4　ゲマトリアとは、同じ文字数の語と入れ換えて隠れた意味を解読しようとする旧約聖書のカバラ主義的解釈法のことを意味する。

5　一九世紀前半のドイツの数学者C・G・J・ヤコービ（一八〇四—五一）の詩「アルキメデスとその弟子」に出てくる一節。

6　ハンス・ドリーシュ Hans Driesch（一八六七—一九四一）は生物学者としては生気論者で、後に哲学者（超心理学にも関心があった）。〔ドイツ語版注による〕

ヤッフェの謝辞

68　A・ヤッフェからパウリへ

〔チューリッヒ州キュスナハト〕一九五六年八月二七日

〔タイプ打ちカーボンコピー〕

親愛なるパウリ様

休暇から戻り、ヘア氏の研究についてJ・B・ライン博士に宛てたあなたの手紙の写しを手に入れています。かなり立ち入ってその件を引き受けて下さったことに対し、私から、そしてまたユング教授になり代わりまして、ぜひあなたにお礼を申し上げたいと思います。

そうこうするうちにあなたはイタリアで休暇中と思われますので、秋分になりましたら、お電話をお待ちしております。

敬具

A・ヤッフェ

〔追伸〕『結合の神秘』第Ⅱ巻が手許にありますので、直ちにその巻をあなたにお送りするでしょう。J〔ユング〕は、まだ何かを書き込むつもりのようです！）

69 パウリからユングへ

一連の夢の送付

チューリッヒ、一九五六年一〇月二三日

［タイプ打ちカーボンコピーにC・G・ユングによる手書きの注記（i）－（xiii）あり］

心の陳述

W・パウリによって、C・G・ユング教授にささげられる

彼の『結合の神秘』第Ⅰ巻および第Ⅱ巻に対する感謝として、

また彼の一九五五年一〇月一〇日付の書簡［書簡67］に対する返事として、

無意識への変わらない「信仰 Pistis」をもって。

夢　一九五四年七月一五日

私はスウェーデンにいて、そこにはグスタフソン（ルンド大学［スウェーデン］の理論物理学教授）が居合わせてい

る。彼は私に、「ここは**秘密の**実験室で、中では放射性同位体が分離されています。それについて何かご存じでしたか」と言う。私は、何も知らないと答える。

文脈　グスタフソンは私に、多くの門下生たちをチューリッヒに派遣してきており、そのなかにはとりわけ才能のあるG・**ケレン**[1]博士がいました。彼は一九五二年にはチューリッヒにいて、私は彼と連絡を取り続け、また一九五五年には彼と共同で一つの研究を公表しました。[2]私がこのことに触れるのは、ケレンが以下に特別の関連においてある役割を演じるだろうからです。私はルンド大学とは、他のスウェーデンの大学よりも、より密接な関係にありました。夢が生じる少し前に、私はこの大学から、私に名誉博士の称号を授与した旨の知らせを受け取っていました。ちなみに、この機会には**指輪**が与えられるのですが、指輪と常に関係する象徴表現のためにそれに触れておきます。

しかしそれ以上に重要なのは、夢が、**ルンドと南スウェーデンへの旅行**のほんの数週間後に生じたということです。この旅行は、名誉博士号に対する感謝と分光学の会議への出席のほかに、一九五四年六月三〇日に**皆既日食**を南**スウェーデン**で見るという、なお特別の目的がありました。とは言うものの、まったくの曇りで、だから太陽のコロナは見えなかったのですが、やはり昼日中に真っ暗になったのはとても印象深いものでした。そのような天文学上の出来事[i]は容易に心における「共時的」なフィードバックを引き起こし、そのことが、夢の関連でスウェーデンが登場することも、夢における同位体の「放射能」も説明するでしょう[1]。

ところで**スウェーデン**は、私の夢においてもうずっと前から重要な役割を果たしていました（ちなみにデンマークもまたそうなのですが、その時にはデンマークとスウェーデンとは区別されます）。例えば、私の分析が始まるところで（私の記憶に誤りがなければ、一九三一年ころ）すでに、「スウェーデンの子どもたち」が現われる夢が生じました。このモチーフは、後になって分析が進行するうちに繰り返され、とりわけ分析の最後（一九三四年）に再現しましたが、しかし決して明らかにはされませんでした。それだからこそ、私は今でも多くの場合そのことを考えます[ii]。

同位体の分離は、私にはよく知られている個性化の過程（二重化のモチーフについては、カストールとポルックスという双子の兄弟［双子座の命名はギリシャ・ローマ神話に派生した］、神でありまた人間であるキリスト等々を参照）における夢の象徴であり、いつも意識化が進行するうちに現われ、また元型が「受肉すること」と関係があります。「放射能の」という言葉は、私の夢の言語においては、C・G・ユングの「共時的」という言葉と同義で用いられています。**放射能**の特性はいつも一時的で、つかの間であるにすぎず、経過状態であって、少しも安定した最終状態ではありません。(iii)

「実験室」で私がすぐに思いついたのは、無意識とは、そこで個性化の過程が生じる実験室であるということです。実験室の秘められた特質が直ちに私の批判をかき立て、そして私は実験室を明るみに出す、つまり意識化することに取りかかる決心をしました。それがともかく夢の「目的」でもありました。実験室のモチーフは、以下で反復されます。ここでさっそく述べておきたいのですが、**夢とかかわり合うこと自体が一つの「実験」**であって、まず目覚める前に記録され、それから連想され、反省されます。最後のものは無意識へのフィードバックで、それがさらにおのずから二重化のモチーフにおいて、また実験室の像において現われるのです。(2) そうだとすると、この導入となる夢に対して最良となるのが、以下に示す一連の夢です。

夢　一九五四年七月二〇日

私はコペンハーゲンでニールス・ボーアと彼の妻マルガレーテのそばにいる。彼は私にたいそう格式ばった報告をする。「**三人の教皇**が君に家を贈った。三人のうち一人は**ヨハネス**という名前だが、他の二人の名前を私は知らない。私は教皇たちに、われわれ二人は彼らと同じ宗教的な信条をもっていないことを隠さなかったが、しかしそれでもやはり、彼らは君に贈り物をすることを確信していたのだ」。

それから彼は私に一種の贈与証書を呈示し、私はそれに**署名する**。同時に私はボーアと彼の妻から、**新しい家**に行くための鉄道の切符を受け取る。

私の妻がそこにいないことを、私はとても残念に思う。いったい私は彼女抜きに、新しい家をどうすればよいのだろうか。

（ここで私は少し目覚めるが、しかしやがてまた眠り込む。夢は続く）。

オーストリア出身で亡くなったカトリックのおじが夢に現われ、私は彼に次のように言う。「新しい家はあなたとあなたの家族のためでもある。あなたたちがそれに満足してくれればよいと思う」。

文脈　この夢はとても根本的で、私には、それをすでに「理解している」とは言えません。ニールス・ボーアは相補性の観念、および理論的な原子物理学を代表しています。彼にはその上に実際に特徴があって、人々の抵抗に対して、彼が正しいと思う実践的な措置を彼らに納得させることができます。彼自身の家は、**多くの人たちにとっての関係の中心**であって、彼の妻は好んで大きなパーティーの準備をし、それがとても熟練しています。さらにボーアには多くの孫たち（一九人ではなくて一一人）がいて、彼らのうちの何人かは多くの場合居合わせています。

さて、夢の元型的な部分になります。三人の教皇に対してすぐに思いついたのは、三位一体の地上の写しと同時にカトリックの伝統への結びつきです。これらは後になっても、やはりカトリックの親戚たちによって代表されています。教義とは対照的に、カトリックの典礼には「魔術的」な性質の経験が**数多く**保存されており、それらはことによると超心理学的に利用でき、また私の関心を引き起こします。私は例えば、ミサ聖祭は実験する者の変化を内に含む「実験」であることに触れておきます。**「実験室」と「教会」の間に、私の夢はつまり少しも原理的な区別をつけない**し（以下、および錬金術を参照）、「新しい家」はたぶん両方なのでしょう。対立の対は、この夢では自然科学（物理学）対カトリックの伝統です。新しい家はいつでも、**対立の対の合一、結合 coniunctio が実現する場所**なのです。

ヨハネス［という名前］に対して思いつくのは、なるほど福音史家は教皇ではなかったにせよ、やはり福音書記者とグノーシスです。さもなければ、三人の教皇はまさしく不確かなままですし、ところが三位一体は、**ボーアと彼の妻**によって補足され、たぶん結合 Coniunctio によく合うのです[iv]。

私の妻がそこにいないこと、または彼女が失われること（無意識の中に消えうせること）、あるいは彼女に電話で連絡しようとするが無駄であるような場所に私がいることは、私の夢に多くの場合現われるモチーフです。[v] 私はそれについては、私が私自身を知るかぎりでは、夢が私にはまったく現実の世界に対応するように見えるという簡単な理由から、**主観段階**での解釈を**提案します**。私の場合は感覚あるいは現実の機能がちょうど**劣等機能**を示すのに対して、私の妻は**感覚タイプ**です。ところが、この劣等機能にはそうは言っても、それを必要とするときはいつもそこにないという特性があり、夢の中で多くの場合私の妻がそうするように、後ろに下がっているか、あるいは無意識の中に消えうせます。それで新しい家ではたぶん、この劣った機能はよりよく協力するはずであり、さもなければ、外なる周囲との私の正しい関係が成立しえないからです。これを私は、現実の生活では確かに、広範囲にわたって私の妻に処理してもらっています。

このつながりで指摘したいのですが、私が自ら判断できるかぎりで私の場合は、一般的な機能図式における機能の評価が、人生が経過するうちにいくらかずれてきています。私が若いころは、私にはそう思えるのですが、思考機能がもっとも洗練されており、それに応じて感情は劣等機能でした。今では私は直観を私のもっとも洗練された機能とみなし、それに応じて感情とはうまくつきあっているようであり、また**劣等機能は外的な感覚です**。[vi]

夢において一般に物理学者たちの妻（ここではボーアの妻）が登場することに、私はきわめて根本的な重要性を認めるつもりです。彼女たちは、何か概念の言語による表現を免れる、**内的な現実**を示しています。私の男性的な意識に関連させれば、それは私には、**対立の対の彼方で意識を超えた統一**をさえ象徴しているように思えます。[vii] 超心理学のような境界領域は別として、私は女性特有の領域を、心理学以外の考察方法におけるどの試みにも「還元できない」とみなします。

夢　一九五四年八月一八日

私はスウェーデンにいて、そこに重要な**手紙**が来ている。手紙の始まりは思い出せない。しかしその後は、私の場

合は何か本質的にC・G・ユングの場合とは異なることを話題にしている。ちがいはつまり、私の場合は**206とい**
う数が306に変わったが、ユングの場合はそうではない、ということである。私は繰り返し目の前に、206から再三再四306になるのを見る。手紙は「アウカー」と署名されている。

文脈　これは、以前の私ではほとんど手のつけようもない、とても謎めいた夢です。とりわけ「アウカー」に対しては、私には何も思いつきません。ありそうなことだと思うのですが、ここにはやはり、私が思い出せなかった手紙の始まりがほのめかす、私なりの**抑圧**があります。「アウカー」を私はカムフラージュとみなし、また**私が思う**に、**夢の実際の意味**は私にはまさに**不快である**にちがいありません。習慣的に私は、数の因数分解を次のように書き留めました。206=2×103; 306=2×3×3×17[viii]。103が大きすぎて分解できない数（素数）として私には不自然に思われるのに対して、二番目の数ははるかに複雑であるけれども、潜在的な17は私には好意的に思われます。私の夢にC・G・ユングが現れるときはいつも、それを個人的な彼に関係づけないのが私の常です。むしろ私は、その際は分析心理学への**私の**関係が問題であると思います。2から3への変化は私には肯定的に、実現を示唆しているように思われます[3]。その場合に否定的なのが、分析心理学への私の関係が同時に変化しなかった、ということでしょう。作業仮説としてあえて私は解釈したいのですが、分析心理学は私の場合、**弟**（これは今の連想であって、夢には現れていません[4]）が自然科学（兄）に依存する関係であり続けていて、それ以上にはほとんど発展していないのです。ところが分析心理学は、ことによるとちょうど**第四のもの**であり、またそれでもって**全体**、つまり2対3の代わりに4対3をも示すのでしょう。一倍半比 sesquialtera の代わりに一倍三半比 sesquiterti a[5]！　ということです。

おそらくこの解釈は正しいでしょう。というのは、二年前には決して認めなかっただろうことを私は知っているからです。今では私ははるかに強く、**これらの夢のすべてはあからさまに科学的に論じられることはできず**、またそれどころか、それは自分自身の全体性（個性化）の問題であるという見解です。

夢　一九五四年八月二八日

私は路面電車の5番線で**新しい大きな家**に向かうが、それは新築のETH［スイス連邦工科大学］である。路面電車の駅から私は、つづら折りで次第に上の方へ曲がりくねる歩道を歩いて、ついに家の中に入って行く。そこに私は私の書斎と、そこの机の上に**二通**の手紙があるのを見つける。一通にはパルマン[3]と署名され、**フェリー運賃決算**とある。計算書は多くの＋とパーセントとともに、とても長い。総計は**568スイスフラン**で、私が払わなければならない。二通目は封筒に入っており、それには「哲学的合唱団」とある。私はそれを開けて、中にきれいな赤いさくらんぼを見つけ、そのうちのいくつかを食べる。

文脈　またも新しい家では**対立**の合一[ix]が起こり、つまりは**二通**の手紙です。新しい家は、今度は改革されたETHであって、したがって通常の物理学や数学が**やはり**そこで採用されるべきですが、ただし明らかに私もまた講義すべき、別の新しいものです。それというのもETHは確かに私立ではなく、公立だからです。**新しい家の公衆への関係**がどうあるべきかについては、私はくわしくはわかりません。**それは私には重大な問題です**。夢のパルマンを私は、実際のパルマンではなく、夢の形姿として私にはよく知られている「師匠」とみなします。（私は彼を以前は「見知らぬ男」と呼びましたが、そうこうするうちに彼は私にはとても親しくなっています）。彼は多くの場合公的な上司です。

568[x]という数をすぐに8×71という因数に分解します。前の夢の潜在的な17が、ここでは潜在的な71にひっくり返っています。他方また数字の合計7＋1は8で、8は要するにきわめて潜在的でありながら、568の最後の数字であることを明白に主張しています。この数は全体としては、事実またゆっくりと安定した数の上昇のせいで、私に好印象を与えます（その時に、それどころか明白に欠けている7は、71において潜在的に生じています）。ゆっくりと上昇しつつ数えることができるだけでも、「師匠」の要求は私にはかなえらえるように思えます。

「哲学的合唱団」という言い回しを私はそれ以来、時には覚めても用いました。それというのも、**現代**の専門的な哲学者たちの哲学が、実際には知性とは関係がないように私には思え、回りくどく言う感情的態度として私には現われているからです。しかし音楽と比べてみても、私はそれを椅子と腰掛けとの間に落ち込む、洗練されていないものへの退化とみなします。一種の風刺的な表現法はやはり、もともとても早い時期の夢で私は気づいていました。したがってこの夢では、私が最初の手紙をまじめにとったのに対して、赤いさくらんぼが入った第二の封筒はまじめにとっていなかったように見えます（本来は音楽であるべきだっただろう、と私は思います）。

フェリー運賃がまだ支払われていないので、二通の手紙の総合はまだうまくいっていません。[xi] そのような総合は、自然科学の情動的な源に、つまりはそれの根底にある元型とその力学に、どうしても迫る必要があります。その場合はしかし、それはもはや科学に留まることなく、宗教（以下の夢が示すだろうように）つまり、そこにおいて自然科学がそのありのままの位置を見出すべき全体性の宗教です。

哲学の合唱協会が面白かったとしても、赤いさくらんぼを食べることはやはり重大な結果になりました。それというのもその次に、私がまとめてコメントしようとする、二つのさらなる夢が続くからです。

夢　一九五四年九月二日

「ワレンシュタインが彼の死をもってあがなったところで、宗教が成立するだろう」という声が聞こえる。

夢　一九五四年九月六日

大きな戦争が起こる。私が、他の人に書いて知らせようとする「政治的」な通信が、検閲される。それで、私の**数学の同僚**であるAと彼の妻（私は二人を私のハンブルク時代から知っている）が現われる。Aが「**同形写像 Isomorphie** のために大聖堂が建てられるべきである」と言う。私にはもはや理解できない言葉がなおさらに続くが、A夫人によって書かれたテキストも、同じように私には読めない。（ハラハラしながらの目覚め）。

文脈　これらの夢は、とても**根本的**だと私は思います。それらは、この前の夢における二通の手紙の総合の問題に、それでもって新しい家の世間への関係にも該当します。大聖堂は、何と言ってもだれにでも近づきやすい。ここでは、文化ならびに私の実存の根底に触れられています。状況はそれでも**危険**で、慣習的な意識の側からの葛藤（戦争）ならびに抵抗（検閲）が生じることは、よく理解できます。

最初の夢の場合だけでもう、私は身構えざるをえません。ワレンシュタインは私を一七世紀のボヘミアへ、ケプラーと彼についての私の研究へ、そして三〇年戦争へと連れて行くのですが、それは宗教改革［一六、一七世紀］を、さしあたり一般的に文化的な裂け目（分裂）でもって休止させます。[4] それに対する私の感情的態度は、それがよくない始まりのよくない終わりであったというものです。愛の宗教であるキリスト教の歴史は、つまりアタナシウス派の人がアリウス派の人に他のほほを差し出さなかったとき以来、すでに血と火によって動かされています。[5] キリスト教の創立者自身が、あらゆる対立の対を極端に善いと悪い、霊的と物質的、アポロン的とディオニュソス的に引き裂く、時代に制約された無意識の流れの代表人物であったので、キリスト教の創立者の高貴な意図は逆転しています。その結末が、キリスト教に特有の新しい悪の形、つまり分派の争いと宗教的な迫害が西洋の世界に入ってきました。したがって宗教的な伝統が機能を発揮しないことが、私にはキリスト紀元における西洋の特性であると思われ、また私は**理性**と**典礼**の間のあからさまな衝突であり、宗教改革はつまりそのようなものであったと私には思われます。キリスト教神学の主張に反して、キリスト教が何か一回かぎりのものでは**なく**、宗教性 religiosum とヌミノース性 numinosum の単に独特な、時代に制約された現象形式であるにすぎないことが判明するだろうということに、人類の希望のすべてが向けられていなければならないと信じています。

私はつまり二〇世紀の特色ある西洋人（これはインドあるいは中国とは対照的にという意味で）として、宗教的な点では慣習の外にいるので、やはりどこかで伝統に根づかざるをえません。それが私の場合は、ちょうど一七世紀以来とても急速に発展し、その技術的な作用が今や脅威になっている数学的な自然科学です。この伝統もまたぐらつき始めると、状況は危機的になります。それでこの伝統も事実上、とりわけその倫理的な基礎が信じるに足りなくなっているので、もはや納得のいくものではありません。「影」としてその後ろ盾になっているのが、ますます独立してゆく力への意志（フランシス・ベーコン［一五六一―一六二六］曰く「知は力なり」と）です。それはヴィジョンにおいては、ちょうど「明るいアニマ」が影（悪魔、この世の支配者 princeps huius mundi）と秘密の関係に入り始め、またそれゆえにまさしくこの明るい女性の姿が疑わしくなるように、私には現われています。(6) **大地の**本能的な知恵だけが、私の考えでは、人類を原子爆弾の危険から救い出すことができ、またそれゆえまさしくキリスト教によって霊的ではないとみなされた物質的地上的なものが、ますます価値における正の記号を帯びることになります。このことはとりわけ、暗い地上的なアニマが今や優れていて、「師匠」の明るい（霊的な）面へのその関係が有望であると私に思われることで、はっきりしてきます。要するに私の場合は、明るいと暗いは、もはや善いと悪いとは符合しません。地の暗がりの底で女性の「被昇天」［聖母マリアの被昇天］が求められるのであって、人間から遠く離れた天においてではありません。すべてが破壊されうる、この不安定な苦境――精神病（ママ）による個人、核戦争による文化――において、しかし救済するものもまた成長し、対立の対の極同士が新たにいっそう接近し、また**結合の元型**が布置されます。**新しい家は、対立の合一、つまり結合 Coniunctio が生じる場所であり**、また実験室、単科大学、そして大聖堂は単に同じ家の異なった局面にすぎません。

新しい家では、**典礼と理性の間の対立は止揚されます**（一九五四年七月二〇日の夢の文脈を参照）。ところがこの可能性の予感が、個人をすでに現代の文化における可能性の彼方へと導きます。現代の文化には、夢に従事することが無意識の表明へとフィードバックされるという客観的科学的な段階と結びついて、例えば非医学的に夢に従事することは存在しません（C・G・ユング研究所においてさえ、それはありません）。私たちの文化においては、観測者の変化と犠牲が自然科学的な実践へと取り入れられておらず、また何と言っても「犠牲」という言葉はまず、そこで耳を傾ける物理学者の心の中に、無意識からどうしてもわき出てき始めるのです。(7) 今日ではまた、古い書物（聖書）あるいは教義（神の受肉の一回性のような）よりも、直接的な経験による人間の変容をより尊重する宗教も存在していません。

錬金術のような、物質に対して好意的なキリスト教における底流は、これらすべてを後に続くもののいくつかと同じように、おそらくはすでに知っていたか、あるいは予感していました。なぜならば、彼らは結合を知っていたからです。現代人によってはしかし、古い洞察を、私たち現代の自然科学的な知識および私たち現代の情況に順応した、新しい形で表現することが求められているのです。

そのことにかかわり合うのが、二番目の夢の「同形写像」という言葉です。さしあたり一般的に指摘しておきいのですが、私の夢が分析心理学の言語を用いることは**ありません**。つまり「元型」、「自己」のような言葉はそこに出てきません。その代わりに、夢においては体系的に言語が創り出され、それが「スペクトル線[6]」、「同位体」、「放射能」、「核」、「同形写像」あるいは「自己同形」のような言葉を含みます。二〇年間の傾聴を通して私は、次第にこの言語をあらまし学びました（たとえ私がおそらくはまだ、それらの微妙な点のすべてをマスターしていないにしても）。私にとってこの言語は、無意識における出来事を記述するにはまったく十分であり、また私自身にとっては、それらをC・G・ユングの心理学の言語に翻訳する必要は**ない**でしょう。それは、私が後者を、私の夢の言語よりもあまり分化されていないとみなすからです。

それでも、この数学的物理学的な夢の言語を理解しているのは私一人だけですので、仮に私が他の人に私の体験と推論をわからせようとすれば、やはり私はそれを別の言語に翻訳せざるをえません。C・G・ユングの分析心理学における術語への翻訳はある程度まで可能であり、それに対してはここですでに例を挙げてあります（「放射性同位体」）。（この点については、下の一九頁［ドイツ語原文］以下における言語学的な象徴表現を参照）。

数学から取られた同形写像（同一形態性、同じ形態の写し）という言葉の場合、私は翻訳者としてはとても好ましい状態にあります。それというのも、私が夢の言語を学んで間もなく、C・G・ユングの著作『アイオーン』が出て、その第一四章、とりわけ三七〇頁［ドイツ語原文］の公式が、その言葉によって意味された事象を再現しているからです。注釈されている夢において問題なのは、元型の多様な現われ方の秘密であり、錬金術師たちにはよく知られた、結合 coniunctio の際の**増殖 multiplicatio** です。これらはまさしく、私がたった今叙述した危険を内包しています。数学者A（同形写像が何かを知っている）はそれゆえに夢の中で、**大聖堂における増殖を典礼上**正常な状態に**戻す**ように忠告するのですが、それは結合から、つまりは意味のない、また目的のない、精神病的ないしは破局的な繰り返しではなく、上述の『アイオーン』で写し取られているように、**内的な同形写像**（自己同形）**を伴う新しい形態**を生じさせるためなのです。大聖堂はちなみに、もともとそれ自体が単一で一回的な新しい家の増殖です。

そのようにこれらの夢とそれでもって新しい家は、たぶん実際に一般の人々に対する意味をもつのですが、しかしこの現代ではおぼろげでそれとなくでしかない、個人の意識に迫る無意識の「企て」が現実化するには、自然科学と技術の発展が最近の三〇〇年間を要したように、はるかに一部は遠い未来における同じように大きな労苦を必要とするでしょう。

以下の夢は、結合のさらなる局面を示しています。

夢　一九五四年九月三〇日

私は妻と家にいるが、その家はしかし熱帯地方にある。部屋の床からコブラが這い上がって来る。私は、それが私には何もしないのを見る。私は努めてうまく、それを友好的に感じようとし、またできるだけ怖がらないようにする。その結果、それは実際にわれわれの方には向かわない。

ところがそこに、二匹目のコブラが**大地**から窓の前に出て来る。私はそれが、われわれではなく、最初のコブラを捜しているのを見る。二匹の蛇は一対であり、雄と雌である。

私が一対のコブラが現に存在していることに慣れた後で、私は二人の、私がよく知っている物理学者のB（スイス人）とA（オランダ人）の声を聞く。後に私は、**二人**がやはり家の前にいるのを見る。

所見　熱帯地方はコブラと同じく、私たちのインドへの旅行（一九五二年）の思い出です。最初のコブラについて私が思いつくのは、グノーシス派におけるヌースと楽園の蛇との同一視であり、何と言っても大地が起源である二匹目のコブラについては、つまりピュシスです。ヌースとピュシスの合一はそれどころか、グノーシス派の伝説によれば、最初の七つの両性具有的な存在と、七つの金属が成立するきっかけを与えます。付け加わる二人の物理学者は意識的な領域に属しているのですが、無意識のより深い層を代表する二匹のコブラとともにマンダラを形成し、それに私の妻もまた含められています。

二匹の蛇は、ユングが『結合の神秘』IIの二八二頁［ドイツ語版］で強調している、ピュシスと霊［精神］の鏡像性や相補性関係と結びつけられることができます。夢は、ピュシスの可能性が、ちょうどこの事態に基づいていることを陳述しているように見えます。この状況はしかし、心的な「自我の外なる存在 Ausser-Ich」[7]を包含することを迫るように思えます。そのことを扱っているのが次の夢であり、それを私は詳細に注釈してゆくつもりです。

夢　一九五四年一〇月一日

ボーアが現われて、**vとwのちがい**がデンマーク語と英語とのちがいに相当することを、私に説明する。私はデンマーク語だけで話し続けなくてもよいし、また英語に移らざるをえない。彼はそれから私を、新しく設立された彼の研究所（新しい家）の**大きなパーティー**に招待する。それで他の人たちが近づいて来るが、一部は見知らぬ、また他の一部は私によく知られた人たちであり、みなパーティーに行く。奥の方では、今や**イタリア語**の声が聞こえる。未知の中年のデンマーク人が彼の妻とその場に居合わせているが、チューリッヒ出身の私の同僚**ヨスト**[8]（理論物理学員外教授で私の親しい共同研究者）もまたそうである。私は、そのパーティーが盛大で重要な催しであることがわかる。

私は緊張で目覚め、その時に直接**vindue**という言葉が私の心に浮かぶが、結果として私はそれをなおまだ夢の一部であるとみなす。

文献学的な後奏曲　夢はすぐに私の特別な関心を引き起こし、また私は言語学的な象徴表現をよく考え始めました。何と言っても一〇世紀や一一世紀には、デンマーク語の多くの単語が（イギリスがデンマーク王クヌート大王によって占領された時に）英語に引き渡されています。**デンマーク語にはwという字母はまったく存在せず**、ところが英語では、vで始まるデンマーク語の単語（それは今日のドイツ語におけるw［ヴ］のように発音され、けっしてf［フ］のようではありません）はいつもwでもって綴られました。そのようにしてFenster［窓］（これはちなみにラテン語のfenestraに由来するのですが）という単語は、vindue（デンマーク語）→window（英語）になります。それ以外にも、私はすぐに思いつきます。

ドイツ語［意味］	デンマーク語	英語
Verkehrt［まちがった］	vrang	wrong
Welt［世界］	verld	world

それに対してラテン語に由来する英語の単語、例えばviewは、始まりはvでもって綴られます。私は、古代の古典的なラテン語にはともかく存在しない、wという字母の歴史をもっとよく知れたらよいと思うのですが。ところで、どのようにしてこの**二重化**に［w＝vの二重化］になるのでしょうか。夢ではどうやら、それは同位体の分離と同じモチーフのようです。何もいい知恵が私には浮かびません。さらに私は、私が中世のデンマーク語について何も知らないことを残念に思いましたし（この古ノルド語は、今日なおアイスランドで話されている言語に似ているのですが）、しかし私はそれを知らないのです。

国々、あるいは諸国家、あるいは諸言語が現われるとき、私の夢の場合にはいつでも適用されるべき、地上の国々のマンダラが私にはすぐに見えました。英語はちなみに、何と言ってもそれ自体がラテン語とゲルマン語の総合であり、また結合の象徴表現がよく見られました。（下の一九頁［ドイツ語原文］を参照）

この点までは万事よろしいのですが——しかしvとwに関しては、その背後にもっとたくさんありました。私がかつて別の件に関して**アベック**[9]に手紙を書いたとき、私はwの歴史についての質問も差しはさみました。彼は私に、英語英文学者の**ディート**教授に相談するように勧めました。私はこの人を知らなかったので、その問題をそのままにしておきました。

一九五五年の二月に数学物理学学生連合の集会が催されました。それが夜遅くに終わったとき、私は思いがけなく、さらにクローネンハレ［チューリッヒの有名なレストラン］に行ってみたい、やはりそこならだれか知り合いに会えるかもしれない、という気になりました。ちなみにいつもは、決して一人ではそこへは行きません。建物の廊下で、丈が高くたくましい男が、すばやく私に向かって来ました。私が急いでよけなければ、彼はもしかすると私を突き倒していたかもしれません。私は、英語英文学者のシュトラウマン教授[10]だと気づきました。笑いながら私は、よろしければいっしょに何か飲みませんかと提案し、彼は喜んでそれに応じました。彼はちょうどアメリカから戻ってきたところで、機嫌が良かったのです。

私が話題をwという字母の歴史の方へ向けたとき、彼はすぐにとても雄弁になりました。「あなたはやはり、英語における字母の名称［ダブリュー］はつまり〈［vの］ダブル［二重］であるw〉であり、〈二重のU［ダブル・ユー］〉を意味していることに、気がついているはずです。それから、英語におけるwの発音は、wの場合はなおまだuの音が残っていることによって、vの発音とは異なっていることを。wは最初に古高ドイツ語に見つかり、すでに最古の記録にあって、そこからイギリスに行ったわけです。たぶん確かであると想定しうるのは、英語に保存されていたvとwとの音声学上のちがいが、古高ドイツ語においても存在していたことです。ドイツ語では、それでもやはり後になって洗練され、消えてしまったのです」。

たくさんの考えがすばやく私の頭にひらめいたのですが、物理学者のもとで私は時に無意識に対して「U場」と言い、これを私は要するにV[11]でもって強く排除しすぎたので、それを私は思いつきませんでした。英語では夢の象徴としてwという無意識が意識と新しい総合において共振すべきであったのに対して、デンマーク語はその夢でたぶん理性ratioのわかりやすい言語を保証しました。この時から私はシュトラウマンとの会話の間じゅうずっと、彼は今や常に私の不意を襲って捕らえ、その罪を証明する優れた分析者であるという錯覚を抱きました。しかしもちろん、決して夢が話題になったわけではありません。

それに対して私はそのとき、英語のデンマーク語への関係に、また英語のwindow［窓］という単語のことに話をもっていきました。なるほどシュトラウマンはデンマーク語に由来する多くの英語の単語を知っていましたが、しかし彼はすぐに、スカンジナビアの言語をまったく知らないと言いました。やがて彼の注意は、windowという単語における第二音節に向けられました。彼がまず言ったのは、それは洗練されているが、しかし独立の語幹にちがいない、ということでした。彼はしばらくの間あれこれと考え抜いたあげく、やはり「それはWindauge［風の目］を意味するにちがいない。Auge［目］はデンマーク語で何と言うか、私に言えますか」と聞きました。私はよく考えて、それから「そうですね、øjne = Augen（複数）、jne = Auge（単数）です。（字母øは私たちのöに当たります）。たぶんそれで正しいはずです(8)」と言いました。シュトラウマンは満足していました。彼は別れ際に、私に「パウリさん、あなたはいつもなら、決してそのような文献学上の関心をおもちではないはずですが」と言いました。私はのらりくらりと、次のような返事をしました。「ええ、年を取ると、たまには副次的な関心の方に引かれてしまうものです」。

翌日の午前中に路面電車の5番線に乗ったとき、私の向かいの席にまたシュトラウマン教授が座っているのを見つけました（二重化）。私はもはや驚きませんでした。彼は講義に行く途中でした。私はまず、辞書でAugeに当たるデンマーク語の単語を調べたが、それが正しかったことに言及しました。「ええ、私に関心のあるところで何か説明できれば、うれしいです」と彼は答え、別れを告げて降りました。私は、彼にすぐにまた会うことはないだろうことは、今度はわかっていました。事実私は今日まで、彼とはもう話をしていません。

しかしそれでも、話はまだ終わっていません。一九五五年九月に、すでに述べたスウェーデン人の私の共同研究者ケレンが、私もまた出席していたコペンハーゲンでのある会で、「思いがけなく」次のことを言いました。「中学校の教養のあるスウェーデン人ならだれでも、やはり古い説話から、〈fönster〉（これは新スウェーデン語です）に対する古代スウェーデン語の〈vindöga〉(9)という単語を知っています」。私は「Windauge［風の目］」と言いました、するとケレンは「もちろん、この意味は私たちスウェーデン人にとっては明白です」と答えました。——もちろん私は、古いスウェーデン語の単語を知っていなかったのです。シュトラウマンのwindowについての語源学はしたがって、まっ

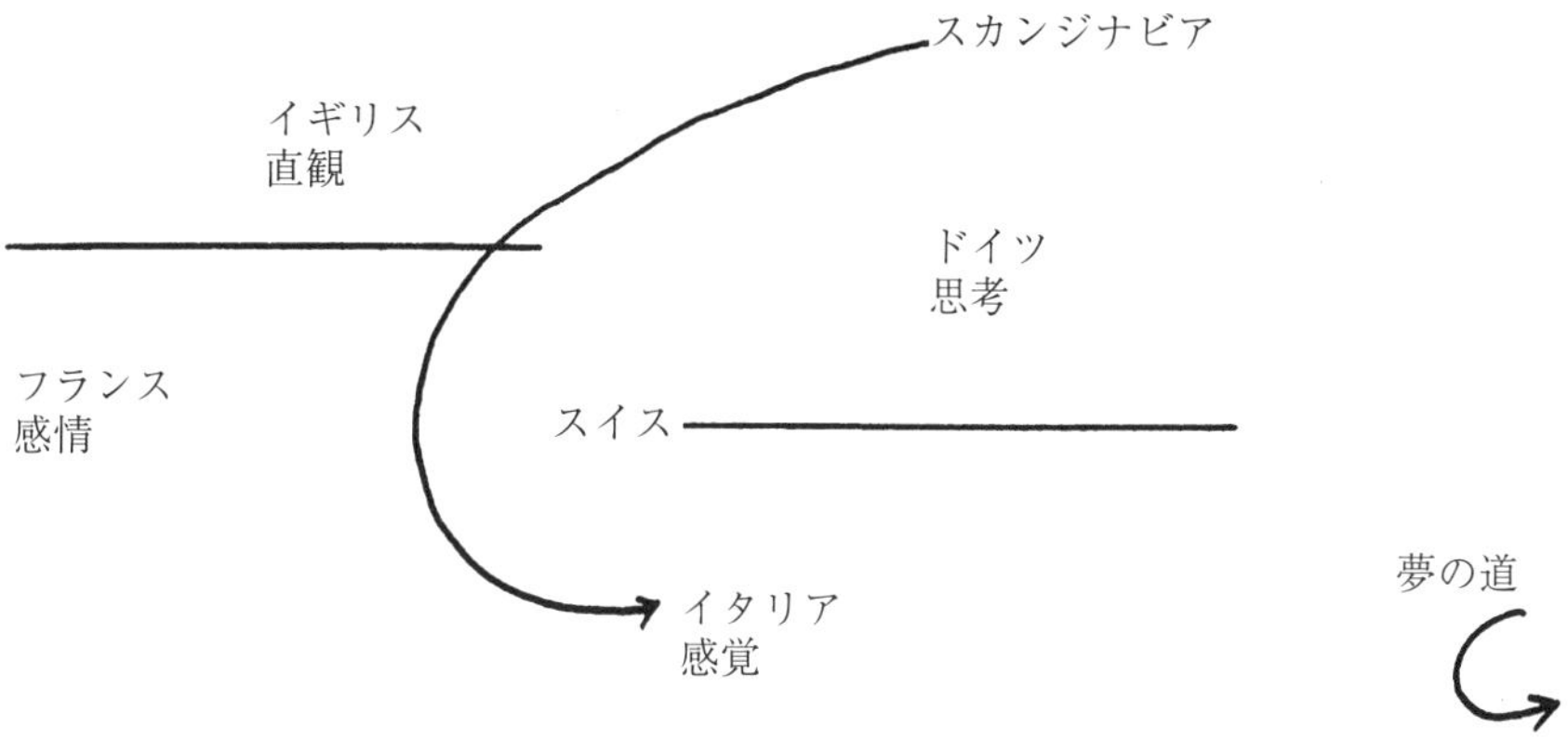

たく疑う余地がなくなりました。しかし私は、この情報を彼に届ける機会がありませんでした。

心理学的な文脈　さて私が今、（夢＋後奏曲）から要約を作成するべきであれば、試しに次の結論を引き出すつもりです。**夢とその像は、私の場合はWindaugen**［風の目］**であり、そこでは、守りつつ覆われたままであり続ける意識下のプネウマ**[12]（英語で表わせば、wind）**が、日中の通常の言語との総合において共振することによって、新種の視力が成立します。**

言語学的な象徴表現は、私の夢ではいつもなら決して存在していなかったのですが、それにもかかわらず後になっての夢［上を参照］が再度これに立ち返ります。この点について私の心に浮かぶのは、遠い過去の目の二重化についての一九三四年の古い素描であり、さらにこの時からの「ホライモリのことが多く話題になる、教会の祝祭日」についての夢です。その教会の祝祭日と、この夢におけるボーアの研究所でのパーティーは対比されえます。対立の対の配置については、［意識の］機能図式とも結びつけられる**国々のマンダラ**が説明します。

他の国々は、それらの地理学上の位置に応じて、さらなる小区分としてその間に置かれるべきです。

wはなるほどvから**二重化**を通して成立していますが、ところが二つの部分には分離されず、そうではなくて一つの新しい一体の音です（英語には保たれています)。

この夢の言語学的な象徴表現は明らかに、物理学的な夢の言語の問題性と、すでに際立たせられた(一一二、一一三頁[ドイツ語原文])、それの**物理学的**な日中の言語への関連に、関係づけられるべきです。**類似は明らかに、デンマーク語～日中の言語、英語～夢の言語です。**この点でやはり似つかわしいのが、夢では物理学研究所がデンマークに設立されていることです。さらにここで注釈された夢が、私における物理学的な夢の言語の成立(およそ一九三四年また一九三五年以来)と、一〇また一一世紀のイギリスにおいて、デーン人の侵入後に多くのデンマーク語の単語が英語に同化された、あの歴史的な事象の間の類似を私に強いるのを、私は十分に受け入れる気があります[xii]。イギリスに由来する**島国のような**性格は、そのとき「意識の島」[10]と比較されうるでしょうが、それはおよそ一九三四年には私にあったし、そこへ後で物理学的な術語が、同化されるためにヨーロッパ大陸から入り込んできたも同然です。その際、英語におけるwという二重字母と比較される新しい統一が合成され、つまり一方の他方に対する支配が成立することなしに、意識(v)も無意識(u)も含む統一が生じたのです。

夢　一九五五年四月一二日

私は太平洋岸のカリフォルニアにいる。そこには格別新しい家——実験室がある。その二階では実験が行なわれ、「二つのニュートリノで」という声がする。それから、いくつかの科学の何人かの権威がやって来る。最初に、他のすべてに先んじて、C・G・ユングがイタチのようにすばしこく階段を上がって行き、それから二人の物理学者と、最後に生物学者が後に続く。実験それ自体については、私は今回あまり見なかったが、それというのも装置がまさに見栄えがせず——それは特別の技術なしに、ブラインドとスクリーン等々で構成されている——また実際に部屋が暗いからである。ある物理学者が、それは「核反応」だと言う。

さて、私は家からまた外へ出て来て、「未知の女性」と自動車で北の方へ行く。学者たちを、われわれは後に残したわけである。彼女は私の左側に座っていて、その左には海もあり、われわれはともかく北の方に向かっているので、つまりは太平洋である。私は、車に乗っていくことの確かな目的を少しも知らない。ついに私は、私のとても気に入る、とても美しい所で止まる。道路と海の間の左側に今やさらに丘があり、その上には家々があって、また道端には木々の下に一軒のレストランがある――私はとても喜ばしい気持ちで目覚める。

文脈　最初にここで挙げられた夢（一九五四年七月一五日）においてすでに現われている実験室は、今やもはや秘密ではありません。そのことを私は、たとえ実験についてはまだ少ししか明らかになっていないにしても、最初の成果とみなしました。「新しい家」においては、分析心理学（先行する）、物理学や生物学の総合が行なわれ、また**四人**の学者たちは**マンダラ**を形成します。「二つのニュートリノ」は、試みに「意識との単にとても弱い相互作用における、二つの非対極的な無意識の内容」と翻訳されるかもしれません（というわけは、ニュートリノはとりわけ貫通する放射だからです）。「核」は通常、C・G・ユングが「自己」とみなすものを示唆しています。反応は**そこ**［自己］で起こり、結局は見ていたにすぎない、自我においてではありません。

それでも反応は私に勢いを与え、自然のままの美しさはあるが、しかし人間によって文明化されて居住される、喜ばしい場所に私を導きます。

生物学の原則上の問題と、マンダラに代表される残りの科学とのその関係について、私は最近の何年間かよくよく考えてみました。一九五五年に『ディアレクティカ』のために論説[13]を書いて以来、私は繰り返し確認することができたのですが、物理学の内部で古い決定論に立ち返る傾向を示さない比較的若い原子物理学者たちが、生体における生化学的かつ生理学的な事象を理解するために、われわれの現代の原子物理学は原則的に十分であるだろうという見解を代表しています。一九二七年における物理学の根本的変動[14]をともに体験したボーア、ハイゼンベルク、私と他の人たちは、決して同じ見解をもちませんし、慎重な生物学者たちはこの問題を未決定であるとして、未解決のままにしておきます。私自身の印象では、個々の物理学的化学的な過程はどれも、**切り離されて観察されれば**、それが生体の内部で起こるか、外部で起こるかに関係なく、量子化学のよく知られた法則に従って経過するにちがいない、という事実によってだまされる必要はありません。それは多くの物理化学的な過程の共演であり、生命の特色を示すものの制御装置なのです。遺伝学者が遺伝子と呼ぶものでさえ、結局はそもそもの初めに遺伝学者の言語の化学上の言語への翻訳が差し込まれているので、多くの化学的な反応の複合的な調和であることが判明するでしょう。重なり合って秩序づけられた、生化学的な「パターン」の階層的な構造は蓋然的であって、その発生および転移についてはまだほとんど知られていません。私の印象では、無機的なものにかかわる現代の原子物理学の法則をあらわに適用する場合に、この「パターン」の成立はあまりにもありそうにないでしょう。

それに対して私には、生化学はそれだからこそ大きな発展の可能性を内に秘めているように思われ、また私は可能だと思っているのですが、それは物質的な事象から将来は自発的に生命の法則の概念的な定式化に成功し、それから無意識の心理学の概念、とりわけ「元型」という概念と、今日可能であるよりももっと直接的に結びつけられるかもしれません。（この点については、生化学的な過程における「〈ふさわしい〉結合の元型的な選択」に関する、一九五五年一〇月一〇日付ユング教授の私宛て書簡での論評が適しています）。

ここに私は、将来の発展に対する豊かな可能性を見ていますし、それは私たちを次の夢の子どもたちへ移します。これらが「クローバーの葉」—元型（植物、下位の三位一体）との関係で現われることは、生物学が生命の物質的な基盤を扱っているので、この関連にさながら対応しています。

夢　一九五五年五月二〇日

私は再び実験室に入るが、そこでは今度はアインシュタインが実験を指図している。それは、光がスクリーンにとらえられるという実験である。スクリーンの上の方に「未知の女性」が立っている（今回はたぶんM嬢に似ているように見える）。それでスクリーン上には、主たる最大値と二つの最大値に近い数値で構成される、光学上の回折現象が生じる。そこで私はその像を物理学者として描き、それはおよそ次のように見える。

現象は葉に似ている。それから「葉」には斑点が現われ、そのとき女性は色あせて、結局はまるで消えてしまう。ところが形姿の両側に**子どもたち**が現われ、女性は去って忘れられているので、子どもたちと形姿だけが重要である。

文脈　アインシュタインを私は、「師匠」の現象形態とみなします。スクリーンの背後にあるものを、私は見ることができません。それは無意識であり、物的な障害（スクリーン）にぶつかるときにのみ、知覚されます。それでもそれには、光のように特有の自律のエネルギー論があり、スクリーンは同時にそれに対する防護です。

像を私は、下位の**地上の三つ組み**（クラブのエース Treff-Ass、クローバー［trèfle = Klee = trifolium］）とみなし、この頃それは私には、以前の夢（一九五四年七月二〇日）に現れた**三人の教皇の下位の鏡像として**現われています。三つ葉の出現と「アニマ」の消滅は裏返しに平行しており、下位の三つ組みが無意識的であればあるほど、暗いアニマは自我をいっそう意のままにします。子どもたちから生じるだろうものは、後になってみないとわかりません。

夢　一九五五年八月一二日

新しい家が私の妻と私に、「エンツ村」か「レンツ村」において正式に用立てられる。私は、その上でツォリコンにある私たちの今の家をどうすればいいのかについて、私の妻とずっと話し合いをしている。やっと私たちは、これを放棄するのではなくて、繰り返し訪れることを決め、**それで新しい家への招聘を受諾する。**
それから私は自然の中に切り開かれた一本の道を見つけ、それは牧草地や耕地を超えて新しい地方に通じている。そこは人が住んでおり、家々が存在している。その上私は、さらに私のいっそう親密な同僚であるヨストに出会い、彼は私たちに合流する。そのとき私は、道端で「師匠」にも出会う。

文脈　一年前における三人の教皇がクローバーの葉として下へ映された後で、今や私の妻は居合わせており（彼女は一年前には居合わせていなかったのに対して）、また新しい家が現実化されます。ちなみにレンツ[15]は、ハンブルクにおける私の以前の上司、エンツ[16]は私の現在の助手の名です。
私が前の晩にユングの新しい著作『結合の神秘』Ⅰの一部を読んだ後で、次のようなとても根本的な夢が生じます。

夢　一九五五年一〇月二四日
私は旅行している。ある像が現われ、その上にはバイパス［左の図］が描かれていて、それから急行列車の時刻表が現われ、その列車は示されていない場所から一七時に発車することになっており、ごくわずかしか停車しない。

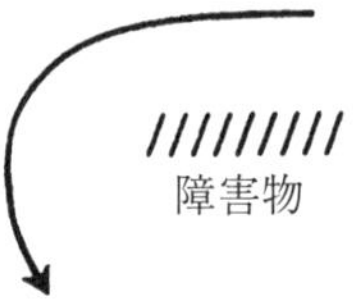

それから私の妻とスイス人の友人（物理学者ではない）がやって来るが、われわれは彼をXと呼ぶ。私の妻は、さ

てわれわれはとても有名な説教者の説教を聞きに行かなくてはならない、と言う。直ちにXは、それはきっととても退屈だろう、と異議を申し立てる。

それでわれわれは三人で教会の中へ入り、そこにはすでに何人かの見知らぬ人たちが待っている。前方には大きな黒板があって、私は長い公式をその上に書く。それは部分的には磁場の理論に該当し、また多くの＋と－の記号で成っている。ある表現は＋……$\mu HN/V$……である。(Hでもっていつも磁場の強さが特徴づけられる)。

そのとき「偉い未知の男性」、期待された、有名な説教者、「師匠」がやって来る。

彼は人々を無視して、黒板に取りかかり、さっそく公式にざっと目を通し、それによってとても満足させられ、**フランス語**で話し始める。

「私の**説教**の主題はこのパウリ教授氏の公式であるでしょう。ここには**四つ**の量に関する一つの表現があります」(彼は$\mu HN/V$を指摘する)。

それで彼は一休みする。見知らぬ聴衆の声がし、彼らは［フランス語で］次から次へと大きい声で呼びかける、「話して下さい、話して下さい、話して下さい！」。ところがここで、私は動悸がはげしくなったので、目が覚める。

文脈　旅行と急行列車についてば、後になってさらに話題になるでしょう。X氏は現実においても、そのように振る舞うのですが。彼は原則上の理由から領邦教会[17]には大いに賛成ですが、ところが彼自身が言うように、牧師とその説教をあまりに退屈だと思うので、もはや久しく教会には行っていません。彼はここでは私自身の、何と言っても慣習的な意味においては科学でも宗教でもないので、「やはり存在してはいない」ものに対する慣習的な抵抗を意味しています。ここでは、一九五四年八月二八日の夢において提起された、自然科学の元型的な源に迫り、それでもって宗教の新しい形に足を踏み入れるという課題こそが問題なのです。感情の国(国々のマンダラ)の言語としてのフランス語は、以前の夢における二つの**赤**いさくらんぼを食べることに対応しています。ちなみに私の場合、夢におけるフランス語は、時には覚めているときよりも、いくらかうまく話すことができます。

それから上と下の三位一体の後で、ここでは四一性が現われます。「磁場」を私はうまく翻訳することができませんが、それはいずれにせよ対極の源によって発生させられた場であって、夢ではそれは多くの場合「魔術的」な作用の発生器です[11]。

教会、つまり新しい家において、私は対立の対を免れ、**私自身と一体でした**。私の妻はその場に同じく居合わせ、**二通の手紙**[18]あるいは**二つの**言語はもはやそこにはなく、すべては**一つの**中心、つまり説教者に関係づけられていました。私がそれほど強い興奮で目覚めなければ、彼はたぶん、なお引き続き話していたのでしょうが。

死と再生に関する私的な後奏曲　一九五五年一一月四日に、私の高齢の父が心不全で亡くなりました。それは無意識におけるかなりの変化さえもたらし、また私の場合は、影の変化を意味すると私は推測しました。それというのも、影は私の場合久しく父に投影されており、それで私はまず徐々に、夢における影の形姿を、実際の父と区別することを学ばなければならなかったからです。それに応じて以前は多くの場合、明るいアニマの「悪い継母」(私の父が今や彼のはるかに若い二番目の妻として後に残した)と私の父に投影された影あるいは悪魔(それについては上の一〇頁[ドイツ語版]で話題になりました)への結合が現われました。ところが、外的な状況の背後にある内的な元型的な状況は、私には常に明らかでした。

一一月二九、三〇日と一二月一日の三日間、私は、久しく訪れていなかったハンブルク[19]で過ごしました。私はそこで招待されて講演を行ない、ある新聞には私の名前と、私が宿泊したホテルが載りました。これはあるロマンティックな体験のきっかけになったのですが、私が三〇年前にハンブルクでよく知っていて、しかしまったく忘れていた女性が、新聞を見て名乗り出ました。私は、彼女が当時お嬢さんであったときにモルヒネ中毒になり、また彼女を救いようがないとみなしたころのことをすっかり忘れていました。彼女は一一月二九日の**一七時**ころに私に電話をしてきて、一二月一日に私がチューリッヒ行きの**急行**寝台**列車**に乗る前に、二時間彼女に会いましたが、彼女は列車まで私を見送ってくれました。三〇年間の人生のすべてが私を通り過ぎて行きましたが、それは歴史的な背景としての戦争と国家社会主義とともに、彼女の治癒、結婚生活、そして離婚[20]に関しての、この二時間でした。

ところが私には、E・Th・A・ホフマンの物語の場合のように、内的な、おとぎ話のような、元型的な筋が平行して演じられているように思えました。私はとりわけ「魂の帰還」（『転移の心理学』参照）のことを考え、ちなみに一一月二九日は満月(12)でした。三〇年前の当時、私の神経症はすでに、女性との関係における昼と夜の生活の完全な分裂において、明らかに輪郭づけられていました。しかしこの時は、それはきわめて人間的で、またプラットフォームで別れを告げたときは、それは私には結合 Coniunctio のように思えました。チューリッヒ行きの急行列車の中で一人になって思い出したのは、いかに私が一九二八年に私の新しい教授職[21]と私のひどい神経症[22]に向かって同じ道を走ったかでした。今では私は、仕事をする能力が、あるいは当時に比べてあまりないかもしれませんが、しかし魂の均衡につれて、それに対するたぶんよりよい機会があるでしょう。

ところで、一九五五年の終わりとともに無意識における一定の新しい調整が続き、私がここで述べた、無意識的な過程の一部はさしあたり終わりになります。

回顧と展望として、なお一つ短い夢があるのですが、それは比較的長い注釈を付した、一九五四年一〇月一日の夢と結びつきます。以前の文脈においてすでに、必要なことはすべて述べてあるので、終わりに臨んで、この夢をそれ以上の注釈なしに引用しておきます。関心を引くのは、「英語とデンマーク語で**見る**」（「話す」ではない）という表現であり、それはやはり「装置」という表現と同じく、以前に「風の目」について述べられたことに従って理解されるでしょう。それはまた、ちょうど触れられた、内的かつ外的な筋と関係があります。それでも、「説教者」は外には存在していません。

夢　一九五五年一二月二六日

ある「王」の訪問が公式に私に告げられる。それからやはり本当に彼がやって来て、大いなる威光でもって私に、「パウリ教授、あなたは、同時にデンマーク語と英語で見ることができる装置をもっています！」と言う(xiii)。

［パウリによる注］

（1）「日食」についてはC・G・ユング著『結合の神秘』Ⅱ［ドイツ語版］二一八頁参照。そこではそれは、総合の「暗くされた」契機に対する象徴として挙げられている。

私は逆に、現実の日食の場合には、直接に観察されていないとしても、上述の箇所で叙述された経過が無意識において進行しているという仮説を論議するかもしれません。

（2）実験室は私の場合いつも、ユングが『結合の神秘』Ⅱ［ドイツ語版］の四七頁と四八頁で錬金術師のレトルトの中での経過を指しているような、「自我の外なる魂の存在 seelischen Ausser-Ich」[23]と関係しています。

（3）この夢の舞台もまたスウェーデンであることは、2から3への変化が「ひそかに」すでにそこで始まったことを示唆している。

（4）この点については、ほかならぬこの方向が進歩している、一九五五年四月一二日の夢を参照。

（5）2を「女性的」な数（中国語では「陰―数」）として解釈してみることもできます。その場合は分析心理学が「母性的」で、無意識から発する「息子」[24]は3とみなされ、つまりは物理学です。後に続く推論はしかし同じままです。

（6）フルヴィッツ博士は私に、この状況は、ユダヤ教の伝統における神の玉座からのシェキナー（神の住居）の追放[25]とある程度類似している、ということを指摘しました。

（7）「ディアレクティカ」一九五五年における私の論説および一九五五年一〇月のC・G・ユングの手紙を参照。

（8）スウェーデン語では øga。

（9）デンマーク語では vindue［窓］におけるように、末尾音節がはっきり発音されないのに対して、スウェーデン語ではそれはいつもはっきりと発音されます。

（10）島を意味するスカンジナビア語は ö であり、それはドイツ語の Au（「Ufenau」におけるように、やはり島という意味）に相当します。[26] Au と Auge の関係と同じように、ö と öga の関係がありえますが、それは両方の単語の「縁で限定された範囲」の意味が共通するからです。

（11）**ユング**は「磁石」を「自己」として解釈しています（『結合の神秘』Ⅱ、二六三頁［ドイツ語版］）。『アイオーン』第Ⅷ章［「自己のグノーシス主義的な象徴」］も参照。

(12) 月の象徴表現と月からの誕生については、ユングの『結合の神秘』II、一一〇頁と一一一頁を参照。そこでは王の象徴表現についても述べられている。

[ユングによる傍注]

(i) [出来事＝根本においては同位体を切り離す分離、また自己の「定義」]

(ii) [北―直観、「子どもの国」夢の国]

(iii) [放射能の＝ヌミノース、布置された元型]

(iv) [この三つ組み、三重冠[ティアラ]の父と母、王 rex と女王 regina]

(v) [パウリはここでは、レトルトの中でそれを行ないながら、彼自身がそのプロセスのうちにあることを知らない、錬金術師のようである]

(vi) [現実の生活に対する不十分な関係]

(vii) [自己の妻への投影]

(viii) [2+6=8=2
3+6=9=3
父と母
現実化が**行為**として不足している（劣等機能！）ために、すべてを実験室の中でそのままにしておく、母から男性性への浮遊状態を示す数列]

(ix) [写し？]

(x) [5+6+8=19
1+9=10=1]

(xi) [「すべて」＝1ではなく、**一つ**]

(xii) [v=5
w=2 × 5=10=1]

(xiii) [二重に見ることは、外と内をお互いの中へ見ること。v=5は、知覚する意識でもって外延に巻き込まれる、単に自然なままの人間。w=1は、「二重に」つまり外的な形式と同時に内的な「意味」あるいは意味充足性を見る、一人の完全な人間」

［訳注］

1　グンナー・ケレン Gunnar Källén（一九二六―一九六八）スウェーデンの理論物理学者。ルンド大学教授。

2　G・ケレンとW・パウリ「場の理論に関するT・D・リーの再標準化されうる模型の数学的な構造について」参照。［ドイツ語版注による］

3　当時のETH学長。［ドイツ語版の注による］

4　ワレンシュタイン（一五八三―一六三四）はボヘミア出身の貴族で、宗教改革における新旧両派の対立が再燃し、ボヘミア（チェコの西）で三十年戦争（宗教戦争：一六一八―四八）が勃発した際にドイツの将軍であった。ケプラー（一五七一―一六三〇）は宗教戦争という社会不安のさなかに研究を続け、新教徒への迫害が始まるなかで、一六〇〇年にチェコのプラハへ移住している。ワレンシュタインとケプラーの関係は、ケプラーがワレンシュタインに庇護されながら、ワレンシュタインの没落とともに、その生を終えている。

5　キリスト教が愛の宗教であることを象徴的に示すのが「だれかがあなたの右の頬を打つなら、左の頬をも差し出しなさい」という言葉である。またそういうキリスト教の教義は、正統であるアタナシウス派と異端であるアリウス派の対立等を通して確立していった。

6　オランダの物理学者で、ライデンおよびアムステルダム大学教授であった**ピーター・ゼーマン**（一八六五―一九四三）の名にちなむ、いわゆる「ゼーマン効果」が問題である。彼は彼の名にちなんで名づけられた「ゼーマン効果」、つまり磁場におけるスペクトル線の分裂を一八九六年に発見したが、それに対して彼は一九〇二年に、そのための理論を創った**ローレンツ**とともにノーベル賞を受賞した。

7　Ausser-Ich は邦訳（五八頁）では「外―我」と訳されているが、ここで問題になっているのはあくまでも、心は人間の心の内に閉じ込められてはいない、ということである。

8　レス・ヨストは一九一八年の生まれで、一九四六―四九年の間パウリの助手を務めたが、一九五九―八三年にはETHの正教授であり、九〇年一〇月三日にチューリッヒで亡くなった。［ドイツ語版注による］

9　エミール・アベック（一八八五―一九六二）はチューリッヒ大学のインド学教授。［ドイツ語版注による］

10 ハインリッヒ・シュトラウマンは一九〇二年の生まれで、チューリッヒ大学の英文学教授、またそこの学長を務め、九一年二月二六日に亡くなった。［ドイツ語版注による］

11 ここでVは、Uに対するVであるとともに、ドイツ語の Vernunft（理性）を示唆しているように考えられる。それというのも、要するにパウリは物理学者として、無意識を理性的には理解できないものとして抑圧しがちだからである。

12 プネウマは心とともに、本来は気息、風を意味していたが、後に存在の原理とされた。

13 パウリの注（7）でも指摘されているが、ここに言う「論説」は「無意識に関する観念における自然科学的また認識論的な局面」を指すと思われ、しかしこれが『ディアレクティカ』に掲載されたのは一九五四年であって、したがってドイツ語原文に「一九五五年」とあるのは誤りである。

14 一九二七年は、ハイゼンベルクによって「不確定性原理」が導かれ、また量子力学の基礎を確立した第五回のソルベー会議が開催されることによって、物理学に変革がもたらされた年である。なお、この会議において、ボーア・アインシュタイン論争が繰り広げられた。

15 レンツ（一八八八—一九五七）は、一九二一年から五六年までハンブルク大学における理論物理学の正教授で、パウリもまたそこで一九二二年から彼の助手であった。［ドイツ語版による注］

16 チャールズ・パウル・エンツ（一九二五年チューリッヒ生まれ）は一九五六年の初めにチューリッヒのETH［スイス連邦工科大学］で、ブッシュのもとで固体物理学における彼の手助け中に、量子電磁力学への寄与でパウリのもとで学位を取得した。引き続き、彼はそこでパウリの最後の助手になった。一九五九年に彼はETHを離れ、二年間アメリカのプリンストン高等研究所の所員になり、その後一九六一年にヌーシャテル大学の理論物理学の教授職を得た。アメリカのコーネル大学に滞在後、一九六四年にジュネーヴ大学に招聘され、それ以来彼はそこで活動している。一九七一年に彼は一年間、チューリッヒのリュシュリコンにあるIBM研究所の客員研究者として過ごした。一九七七年から一九八三年まで彼はジュネーヴ大学における物理学部の学部長であり、また一九八三年から八六年までは理論物理学科の学科長であった。［ドイツ語版による注］

17 宗教改革の結果、ドイツのキリスト教会は、各領邦ごとの教会となった。

18 前述の一九五四年八月二八日の夢で話題になっている。

19 一九二三年から一九二八年までパウリはハンブルク大学で助手を務め、なお一九二四年にはそこで教授資格を得ている。

20 一九二九年にパウリはベルリンのダンサーであるケッテ・デプナーと結婚したが、早々に破綻し、翌年には離婚している。

21　一九二八年にパウリはチューリッヒのスイス連邦工科大学（ＥＴＨ）の教授になり、ハンブルクからチューリッヒに赴いている。
22　一九三〇年に結婚が破綻した後に、パウリは精神的な危機に陥り、ユングに見てもらっている。なお、一九二七年には彼の母親が自殺している。
23　訳注7参照。
24　ジークムント・フルヴィッツは、一九〇四年生まれのチューリッヒの歯科医で、ユングの弟子である。［ドイツ語版注による］
25　神が本来あるべき所から、この世界へと内在すること。
26　ウーフェナウは、チューリッヒ湖に浮かぶ島。［ドイツ語版注による］

70　Ａ・ヤッフェからパウリへ

フォーダムからの伝言

［チューリッヒ州キュスナハト］一九五六年一二月一五日
［タイプ打ちカーボンコピー］

拝啓パウリ様

あなた宛のＪ［ユング］の手紙を封筒に入れたちょうどそのとき、フォーダムから[1]、あなたからお返事をいただけるかどうか、とにかくあなたに問い合わせてもらいたいという手紙が届きました。――一方のものに他方のものを関連させていただけるだけに、これは私には正真正銘の共時的な現象のように思えます。彼にお返事下さるように、どうかよろしくお願いいたします。

今は、すてきなクリスマスと充実した一九五七年をお祈りしつつ

敬具
［Ａ・ヤッフェ］

［訳注］
1　マイケル・フォーダム Michael Fordham（一九〇五—一九九五）ユング派のイギリス人で児童精神医学者。精神分析の対象関係論と交流をもち、分析心理学のロンドン派をなした。

71　ユングからパウリへ

［チューリッヒ州キュスナハト］一九五六年一二月
［タイプ打ちカーボンコピーに手書きの追加あり］

親愛なるパウリ様

これをもって私はあなたに、あなたの夢における課題の進展について詳細に報告してくださったことに対し、まずは本当に感謝の気持ちを述べたいと思います。あなたの解釈はたいてい的を射ており、また念入りに構成されたあなたの文脈は、夢の構造を十分に見て取ることを私にも可能にしてくれます。あなたがいわば至る所で主な仕事は成し遂げているという事情を考慮しても、私はなお少しだけ、ある一定の夢における詳細に対して短評を加えなければなりません。

パウリの一連の夢に対するコメント

一九五四年七月一五日の夢

日食は、あなたが実際に推測するように、ニグレド Nigredo[1] として、つまり無意識において本質的な事態が出来するときにいつも生じる、意識が曇らされることとして評価されるべきです。それがはっきりと挙げられているのは、なるほどあなたの夢ではなく、「スウェーデン」に対する文脈においてです。スウェーデンは、北の全体——イギリス、北ドイツ、そしてスカンジナビア——がそうであるように、直観の地域です。それらの地方は（厳密な意味ではイギリスを除いて）、歴史的にはプロテスタントにことよせて、明らかに知覚しうる異教をいまだに残していることによって特色づけられますが、そのことは他方で、異教が外的に物質的な世界だけではなく、内的な世界の可能性も知覚することによって、直観の存在をも如実に示しているのです。

　分離された放射性同位体は、おそらくは自己である無意識の本質的な内容に関係があるかもしれません。自己が同位体とみなされることは、それがいまだによく知られた元素の変形として現われていて、つまりまだ絶対に中心的かつ支配的な立場には達していないことを証言しています。何はともあれ、それによって意識（＝太陽）の日食が引き起こされるほどに、その分離はヌミノースな[2]出来事を意味しているわけです。「スウェーデンの子どもたち」の連想は、スウェーデンがいくらか、後の人生で忘れられる内容の本籍地である、子どもの国とかかわり合いがあることを示唆しているのかもしれません。

　私は「放射性の」という術語を、二次的には「共時的」でさえありうる、「ヌミノースな」と等価であると感じます。一時的な特性としての放射能は、**布置された元型**に対応するでしょう。後者からは共時的な働きが出て来るようですが、しかし潜在的な元型からではありません。

一九五四年七月二〇日の夢

　三人の教皇はおそらく下位の三つ組みを形成し、福音書記者のヨハネは、黙示録の著者としてグノーシス派の人であり、長老あるいは司教そして使徒書簡の著者として予言者であり、愛の告知者であるでしょう。また教皇ヨハネス二二世は、侍従の子を身ごもった上に、行列をしている間に子どもを産んだ女性であったという噂です。それで「教皇は父たちの父であり、女教皇は子を出産するPapa pater partum, Papissa peperit patrum」という成句があります。

　三人の教皇が下位の三位一体であるように、ニールス・ボーアと彼の妻は父と母、アダムとエヴァ、王と女王を示しています。彼らの出現は、あなたの妻が場面に現われることを準備しています。この夢の中で彼らは、レトルトの中で変化の神秘を観察している錬金術師のようで、この錬金術師は独りで作業をしますが、しかし彼自身が変化の過程に巻き込まれていることを知りません。

夢の中であなたの妻がいないことは、あなたが実際に想定するように、劣等機能つまり感覚あるいは知覚との共同作業が欠落していることを意味しており、それなしでは**現実化**は不可能です。

女性は一般的に、男性の潜在的な能力を子どもの姿において顕在化させるので、現実化の象徴です。彼女は、いわば〈自己〉の母であるという理由で、なおさらのことヌミノースな意義を有しています（マリア―キリスト）。

「アウカー」という名前は、ことによると「auctor」[3]であるかもしれません。

数の解釈に対しては、しばしば加法の手続きが役に立つことが私には判明しています。つまり

$$2+0+6=8=2(2^3)$$

$$3+0+6=9=3(3^2)$$ です。

これらの数は2から3へと、つまり母性的なものから男性的なものへと、つまり息子へと進むことを示しています。――206が特徴づけているのは、心理学が、息子がまだ生まれておらず、宙に浮いている、子宮のようなものである状態です（3は累乗数を示唆しています）。もう一方の306は、今や生まれた息子を表わし、その際、それは男性性、行為そして現実化するものを意味します。劣等機能の協同が足りないことはしかし、この事象を無意識に、つまりは実験室に引っ掛かったままにさせます。（ちなみに「実験室」と「礼拝堂」は、錬金術師的な作業過程の両局面です）。

一九五四年八月二八日の夢

二元性のモチーフはたいてい、目に見える局面と見えない局面を意味します。この場合は一方の局面が、明らかに意識の局面を表わしている「哲学的合唱団」であり、もう一方の568スイスフランの計算書が、目立って不快であるので、察するところ同じ事柄の無意識の局面を意味しています。あなたは以前の夢を回想しますが、そこではつまり、彼は「税金を払おうとはしません」（夢53）。[4] ここではフェリーの運賃、つまり「大きな河」を渡って移すことが

問題です。(『易経』、[ギリシャ神話における] カロン Charon [冥府の河の渡し守] に対するオボロース Obolus [少額貨幣]、メルクリウスに相当するサンスクリットのパラダ Parada、つまり「到彼岸」)。

「新しい家」は、おそらく現実の世界との新しい関係です。568の各桁の和は、568=19=1+9=10=1となり、つまり1は一者にして全体、一にして全 hen kai pan、一かつすべて、つまり完全なる人間、大宇宙に照応する小宇宙であることによって、「[錬金術師の] 術は完全な人間を求める ars requirit totum hominem」のです。

さくらんぼは疑いもなく具体的な性愛であり、「哲学的合唱団」に昇華させられています。

「哲学的合唱団」という表現に、私は満足しています。惜しいことにとても具体的に考えられているのに対して、あなたが赤いさくらんぼが入った封筒を音楽に変えようとするのは特徴的です。フェリー運賃が公然と意味しているのは、各桁の和(=1)の内容なのでしょうが、それはつまり課題が、全体でもある一者 [完全なる人間] がなしとげられることによってのみ解決されるということ、つまり元型とその力学にまで――あなたが述べているように――肉薄するということ、要するに認識から実践的な帰結さえ引き出すということです。これはもちろん厳密に科学的ではなくて、「応用科学 science appliquée」です。物理学的な認識が技術において実践的に具体化されるように、心理学的な認識は生活に適用されます。そこで技術は、それが物理学的な認識を良心的かつ入念に顧慮するときにのみ成果が見込まれるように、心理学的な認識の実践的な適用もまた、それが良心的かつ入念に実行に移されるときにのみ成果をもたらします。この「良心的かつ入念に」が「religere」の意味であり、この言葉からローマ人は「religio [宗教]」という概念を導き出しました。(「religare」=再び結び合わせるという言葉からの導出は、教父に由来します)。さくらんぼを食べることは、その前触れが楽園においてリンゴを食べたことにある限りで、まじめな問題であり、それはよく知られているように原罪 peccatum originale、救いに対して責任のある**幸いな罪責 felix culpa** へと導きました。それで次の二つの夢は、ほかならぬその結果を扱っており、あなた自身がきわめて正当にも感じているように、根本的に重要です。

宗教改革は事実上、典礼上の行為の魔術的な根底に対する抵抗から成立しています。それは、霊が自ら eo ipso 自然の秩序を乱すことができる**具体的な力**を所有しているという、原始的な理解に対する批判的な意識の進歩を意味します。

私は、あなたが自然科学に根ざしていることを疑わしいと思います。自然科学はおよそ三〇〇年の歴史があり、それなのにまだ少しも伝統ではありません。あなたがもしどこかに根ざすならば、あらゆる西洋人のように、古代―ユダヤ―キリスト教の諸前提に根ざしており、これらの諸前提はそれらとして、またもや新石器時代の前提条件に基づきます。**科学**と**力**の社会化は、自然科学の時代に精神的な批判がますますなくなっていることの現れです。それはたぶん知性を自分のものにしますが、しかし魂の存在の精神的な局面に対する適切な表現を見出しませんでした。今や私たちが知っている伝統的な精神は、権力志向に中毒しているので、自然科学がもともと自然自体から、大地とその外見上の非精神性からその意味を剥奪しているところから、精神的な認識は私たちに押し寄せるはずです。それであなたは正当にも、「大地の知恵」および礼拝堂と実験室の統一だと見当をつけるのですが、それは今やいずれにせよ、もはや教会とか高等工業学校には関係がなく、むしろ個人の現実的かつ事実上の生き方の問題です。

もちろんそのような企ての結果は、何らかの教えをドイツ語、フランス語そして日本語に翻訳できるように、あらゆる可能な言語で、物理学的な言語でさえ表わされるかもしれません。しかし言語が伝達を意味するかぎりは、たぶん一般的な理解を可能にする形式が選ばれるにちがいありません。

一九五四年九月三〇日の夢

二匹のコブラが一つにまとまることは、本来の結合 Coniunctio がまだメルクリウスの霊 spiritus Mercurialis の状態であり、またやっと無意識において輪郭が描かれていることを指し示しています。それはやはり、一つにまとめられるべき対立が、大地の奥行きにまで達するような形式において存在していなければ、実際まったく起こりえないのです。

次の**一九五四年一〇月一日**の夢に対して私は、なお補足的に述べておきたいのですが、Vはローマふうの5であり、また二重の*V*＝*W*＝2・5＝10であって、そして10＝1であるので、W（二重のW）の場合には、ここでもおそらくまた一者と全体が問題です。その他の点では、事態に関するあなたの言語学的な調査に感銘を受けています。

さらに一九五五年一〇月二四日の夢では、統一が新しい家において現われ、そこであなたは「対立の対を免れ」、あなた自身と一体であると感じています。

一九五五年一二月二六日の夢では、二重に見ることが際立たせられます。これは、自分自身と一体である人間の独自性です。彼は内的な対立性や外的な対立性を、感覚に根ざした彼の意識でもって感覚世界およびその具象性に巻込まれている、単に自然的な人間の象徴であるV＝5だけでは見ません。W（二重のV）はそれに対して、一者、自分自身がもはや分裂していない全体的な人間であり、彼は確かに世界の外的な感覚的局面を認識するのですが、しかし同時にその隠れた意味充足性も認識します。分裂は、一方あるいは他方への一面的な巻き込まれに原因があります。ところが、対立を自らのうちに統一した人間であれば、世界の一方の局面を他の客観的なもののように見ることは、もはや彼の認識の行く手を遮りません。内的で心的な分裂は、分裂した世界像によって、それも不可避的に交替させられますが、それはこの分離なしには、意識的な認識は不可能であるだろうからです。実際は分裂した世界など存在してはいません。なぜならば、統一された人間には、「一なる世界 unus mundus」[6]が向かい合っているからです。彼はこの一なる世界を、それを認識しうるために分裂させなければならないのですが、その際彼は、彼が分裂させるものは絶えず一なる世界であること、また分裂は意識の仮決定であることを忘れてはいません。

さらなる進展を詳細にお知らせいただいたことに、いっそうあなたに感謝しながら、あなたの叙述が、やはり並はずれた進歩を意味していることのお祝いを述べたいと思います。

敬具

［C・G・ユング］

［訳注］

1 「黒化」を意味するラテン語。錬金術は卑金属を金に変換する作業であるが、それは意識の変容とも対応しており、その最初の段階がニグレドである。ちなみにこの段階は三段階で構成され、ニグレド→アルベド（白化）→ルベド（赤化）となる。
2　numinos とは本来、宗教体験における非合理性を示す言葉であるが、意識的な自我の力をはるかに超えており、その意識の変容をもたらすようなものを指して使われる。
3　ラテン語で「証人」という意味。
4　夢53を書簡53ととれば、そこにはここに引用されるような記述はないし、そもそもこの夢についてのパウリ自身の記述（書簡69）には、「以前の夢を回想」云々は存在しない。おそらくこれは、『心理学と錬金術』Ⅰに収められたマンダラ夢53を指していると考えられる。「夢見者は誰もいない正方形の空間にいる。この正方形空間は回転している。ある大きな声が聞こえる、「あいつを放免するな。あいつは税金を払おうとしないのだ」（二六一頁）。Cf. Jung, *Psychologie und Alchemie*, S. 228.
5　すべての生あるものには、霊として、変容物質を意味するメルクリウスが潜在している。
6　ラテン語でそのままウヌス・ムンドゥスとも呼ばれるが、いわば分裂した世界の根底に想定される統一的な現実を指し、共時性が成立する背景となる概念である。

ユングのコメントに対する謝辞

72　パウリからユングへ

チューリッヒ7／6、一九五七年三月二二日
［手書き］

親愛なるユング教授

春分に際して、あなたの一九五六年一二月一五日付の詳細なお手紙に、心から感謝します。——私の無意識の表明［つまり夢］[1]に対する私自身の解釈が、やはり根本的にはまちがっていないことは、私にはとても大きな励みでした。

目下、物理学は鏡像の問題に従事していますが、私の夢はすでにわりあい早くに、しかも今やアクチュアルになっている数学上の研究と平行してそれを扱っていました。しかしそれを私はまず、精神的に消化する必要があります。

そうこうするうちに、最初にマインツで行なわれた講演「科学と西洋的な思考」[2]の別刷りをあなたにお送りします

が、これは歴史的な枠組みにおいて、科学と神秘主義との関係の問題と取り組んでいます。ケプラーについての私の研究以来、この問題で私はさんざん頭を悩ませてきました。

ご健康をお祈りするとともに、今一度心から感謝しつつ

敬具

W・パウリ

［訳注］

1　春分と秋分という昼夜平分点に対するパウリのこだわりについては、付録1における注（10）を参照。パウリはそこで「二つの昼夜平分点は私の場合、否定的にも肯定的（創造的）にも現われる、比較的に心的に不安定な時節である」と述べ、「とりわけ何か新しいものの誕生が本質的な役割を演じる夢は、主として昼夜の長さが等しくなる季節、つまり三月の終わりかあるいは九月の終わりに生じる」ことを告白している。

2　『ヨーロッパ――遺産と使命』国際学識者会議（マインツ、一九五五年、ヴィーズバーデン、一九五六年、七一―七九頁）に掲載されている。W. Pauli, "Die Wissenschaft und das abendländische Denken," *Europa: Erbe und Aufgabe*, Internationaler Gelehrten- Kongress, Mainz 1955, Wiesbaden 1956, pp.71-79.［ドイツ語版注による］

73　ヤッフェからパウリへ

ドゥーゼンの論文に対するコメントの依頼

［チューリッヒ州キュスナハト］一九五七年五月二九日

［タイプ打ちカーボンコピー］

拝啓パウリ様

本日私は、ユング教授の指示でお手紙を書いています。彼は折り入ってあなたにお願いがあり、申し訳ありませんがお手数をおかけしたいとのことです。問題はヴァン・ドゥーゼン[1]という若いアメリカ人の原稿で、彼の手紙を同封

します。ユング教授は、あなたがきわめて短時間に研究の価値あるいは無価値を認識するであろうことを想定しており、ちょっと目を通していただいて、あなたの印象を数行で彼にお伝えいただければ、幸甚です。――アインシュタインは論文を読んだが、しかしおそらく著者が書いているようには正確に理解しなかったということは、信頼の念を起こさせるようには聞こえません。手紙だけでもう、スコラ哲学的[2]空想的な印象を与えます。

ユング教授はあなたに、前もって心からお礼申し上げています。――彼はボリンゲンにいて、彼の研究に深く没頭しています。手紙やその他すべては、ほとんどうまくいきません！

原稿は明日お送りしますが、私からもどうかよろしくお願いします。

敬具

アニエラ・ヤッフェ

［訳注］

1　五七年六月付のパウリの手紙［書簡74］を参照。W・M・ヴァン・ドゥーゼン「超空間における精神Mind in Hyperspace」、学位論文（ミシガン大学アナーバー校）、マイクロフィルム一九五九年。W. M. van Dusen, *Mind in Hyperspace*, Diss. Ann Arbor, Mich., University Microfilms 1959.［ドイツ語版注による］

2　中世キリスト教哲学における思弁的な議論を指す。

74 パウリからユングへ

ドゥーゼンの論文に対するコメント

［チューリッヒ］一九五七年六月

［タイプ打ちカーボンコピー］

親愛なるユング教授

ご希望によって、W・M・ヴァン・ドゥーゼンの「超空間における精神」という論文を、それも第四章と第七章を少しのぞき込んでみましたが、その際、私は主として一〇三頁の図2と、同じくまた特に一二二頁と一三三頁の表に注目しました。

1　著者は数学上の知識を、少ししかもっていないように見えます。彼の論文において唯一の数学上の概念として出てくるのは、方程式でもなく何かほかの数学的な思考でもなく、次元数です。彼はアインシュタインの相対性理論を引用する際に、計量的な空間と、単に位相幾何学的に特徴づけられた（つまり構造的にいっそう貧しい）空間とのちがいを完全に見落としています（位相幾何学はここでは特別な数学上の部門として理解されています）。相対性理論の四次元的な時間―空間の世界は、本質的に最初に挙げた（計量的な）タイプであり、「曲率」という概念もまたその特性を示しています。

それに対して位相幾何学にはそのような概念はありませんし、可逆的で一義的な、不変な写像によって別々に現われるものはすべて同一とみなされます。連続する二つの図形においては、立体にではなく、それを境界づける平面（次元数2［二次元］）に注意が向けられるべきです。面は位相幾何学的には、次元数やなおその他（例えば取っ手の数のような）を除いて、常に整数によって特徴づけられます。ここでその定義に立ち入る必要はありません。

私はここでは、物理学における空間、あるいは超空間［多次元］とは対照的に、位相幾何学的に特徴づけられた多様性においては経度概念と、それでもって曲率概念が**欠けていること**を指摘したいだけです。

2　数学上の次元概念を心（プシュケー）に適用することは、私には十分に支持されないように思えます。なぜならばこれは、空間と時間の関係との心もとない類推で、プシュケー（あるいは精神 Mind）とピュシスの並置を包含しているからです。実際はしかし、プシュケーとピュシスは、同じ概念的な事態の二つの局面なのかもしれないのです。それゆえ、心的物的な関係の形象的な表現には、自然なやり方で**鏡像**の原理が現われるわけです。（『心理学と錬金術』第二版、夢26、二三九頁以下［ドイツ語版］を参照。［Jung. *Psychologie und Alchemie*, G. W. 12, p.203.［池田・鎌田訳『心理

学と錬金術』I、二三〇頁〕）

著者の場合に、鏡像のどんなほのめかしも完全に欠けていることが私にはとても異様で、私はどうしてもこれを、空間曲率が欠けていることと結びつけてしまいます。もしあなたにお暇とご興味があれば、私は喜んでヴァン・ドゥーゼンの論文からは独立に、別の手紙で物理学的なまた心理学的な鏡像の問題に立ち返るでしょう。

3 それで私はヴァン・ドゥーゼンについて、喜んであなたの批判に供する、あえて心理学的な判読をしてみたいと思います。

増大する次元数の無限に開いた一連の成り行きは、グノーシス派の体系（とりわけマルコの）を思い出させます。著者に特徴的なのは、彼が好んでそれを7で終わらせたいとしながら、しかし（最終章を参照）必ずしも成功していないということです。表2（一三三頁）は明らかに、一なる世界 unus mundus（0番、下）で終わる**過程**を表わしています。

しかしそのことから、著者の一連の超空間は、[1] 個性化の過程の連続する段階の**具象化**であるというのが私の印象です。ところが彼は、これを客観的にコスモス（宇宙）に投影するので、**彼自身をそれに関係させるには不十分です**（前に述べた、プシュケーの［ピュシスとの］並置、空間曲率や鏡像が欠けていることを参照）。したがって私には、そのような論文を書くことが著者にあっては［個性化の］過程の正しい経過を妨げているのは、驚くに足りません。**救いの道の超空間への投影**は、私にはきわめて明らかです。救いの道は物質だけではなく、あまりよく知られてはいないにしても、数学へも投影されるのです。私は（いずれにせよまずはきわめて暫定的また一時的であるにすぎない）ニコラウス・クザーヌスにおける数学的な著作の研究から、彼の場合は救いの道の数学（何と言っても当時は、極限値や無限の概念はまだ必ずしも研究されてはいませんでした）への、そのような合理化された投影が起こっているという印象を得ています。

心からご挨拶を申し上げつつ

敬具

［W・パウリ］

［訳注］

1　ここで「超空間」と訳された Hyperräume は、英語の Hyperspaces に当たるドイツ語であるが、数学上の概念で四次元以上の空間を指し、意味は「多次元」ということである。

75　ユングからパウリへ

ドゥーゼンの論文に対するコメントへの謝辞

［チューリッヒ州キュスナハト］一九五七年六月一五日

［タイプ打ちカーボンコピー］

親愛なるパウリ様

お手紙と、何よりもまずM・W・ヴァン・ドゥーゼン氏の原稿に目を通し、専門的な判断を下すためにお骨折りいただき、どうもありがとうございました。あなたの寸評は私にはとても有益で、自ら立場をとるためのよりどころとなるでしょう。

あなたがやがて、物理学的なまた心理学的な鏡像の問題について、私に何か書いてくださるおつもりであれば、なおさらのこと私はうれしく思います。それとつながりがある課題、とりわけ私が先日読んだ対称性の逸脱に、私は特にいっそう興味を引かれます。

私は目下、一般には「円」、特に「UFO」（未確認飛行物体）[1]についての論説を著述することで、まだとても忙しくしています。それで私は来月の初めにボリンゲンに行って、そこでまず、お手紙に示されたお考えをもっときちんと考えてみる、十分な時間を見つけるでしょう。
今一度、感謝とご挨拶を申し上げつつ

敬具
〔C・G・ユング〕

1 『天空に見られる物体に関する現代の神話』(ラッシャー、チューリッヒ、一九五八年)として出版された。Jung, *Ein moderner Mythus von Dingen am Himmel gesehen werden*, (Zürich: Rascher, 1958).〔ドイツ語版による注〕〔松代洋一訳『空飛ぶ円盤』、朝日出版社、一九七六年、同訳、筑摩書房、一九九三年〕

鏡像の対称性

76 パウリからユングへ

〔チューリッヒ〕一九五七年八月五日
〔タイプ打ちカーボンコピーに手書きの追加あり〕

親愛なるユング教授
さて、六月一五日付〔書簡75〕のお手紙に応じて、あなたに鏡映対称性について、物理学と心理学のいくらか奇異な混合を書いてみます。

1．物理学
私たちの習慣では、以下の三つに関しては、自然法則が精密な対称性を示しています。
a 左—右の交換=空間反転(しばしば「パリティ Parity〔偶奇性〕」の短縮であるPで表わされる)。
b 電荷の符号の変更(正は負と交換される=荷電共役変換「荷電 charge」のC)。

c　荷電（Tで表わされる）の符号の変更なしに、時間反転。

ヤンとリー[1]は一九五六年に、この三つの対称性が存在していることに対して個別に、ちょうどベータ放射能（二つのc+とc−符号で生じる、原子核からの電子の自然放出）とニュートリノの反応を規定する、いわゆる弱い相互作用のもとでは、経験的な明白さは十分に存在していないことを指摘しました。彼らは引き続き、これらの対称性の検証に適した実験を計画しました。私自身は実験が遂行されることは分かっていたのですが、いつもならこうして一般に信頼のおける対称性をしかし断念することを、なぜちょうど弱い相互作用がわずかの対称性しか証明しないのか、という理論的な根拠を少しも見つけることができない（それは今日でも同じです）ゆえに、なおさらのこと信じようとはしませんでした。

そこで私は、それでも実験の結果について賭ける（何人かの物理学者たちはそれをしました）までは行かなかったことを、今は喜んでいます。それをすれば、つまりは大金を失うことになっていたかもしれません。なぜならば、実験は明白に、PとCの対称操作［変換］の破れを個別に示したからです。CPの組み合わせられた操作（右が左と交換されると同時にまた+cが−cと交換される）がまだ保存されているかどうかは、なお懸案です。CPが妥当するならば、理論的な根拠からTもまた可能であるべきでしょう（下記参照）。

その実験について、物理学者によって起草されて信頼できる、新聞の報道記事（ニューヨーク・タイムズ、一月一六日[2]）を同封します。この最初の公表は当時、中国人ではない参加者（レーダーマンと共同研究者[3]）が中国風のランチの際に、リーによって実験をすることが説得されていたので、物理学における「中国革命」と呼ばれました。私はC・S・ウー夫人[4]と一九四二年にバークレーで知り合いになりましたが、彼女に感銘を受けていました（実験物理学者としても知的で美しい中国女性としても。その間に彼女は中国人と結婚して、息子が一人います）。

この報告で叙述された実験は、そうこうするうちに別の実験による似たような結果で補完されました。印象深い（しかし決して単純ではない）のはおそらく、方向づけられた原子核です。これに関連するのが、次の二つの図解です。（Co＝コバルト）。丸い面は水平と理解されるべきです。

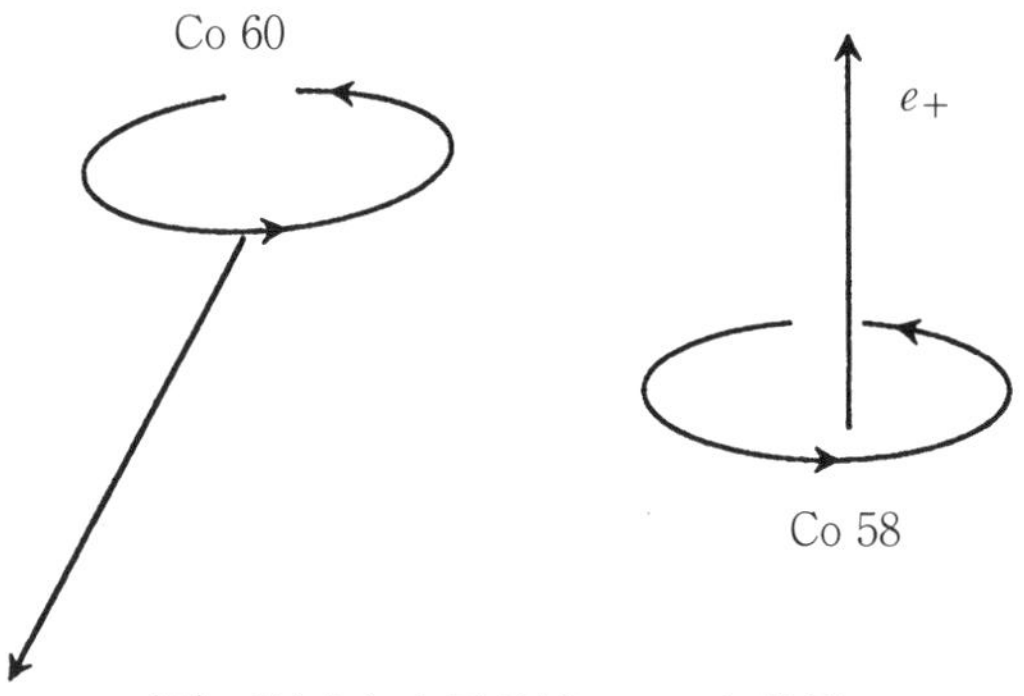

方向づけられた原子核のベータ崩壊

また上から見られれば、時計回りとは逆に方向づけられた原子核が示す、スピン（角運動量）の回転方向を表わしています。水平面での鏡像は、原子核の回転方向（角運動量の方向）を変化させません。それに従って、放出された電子の優先方向が存在し、陰電子（e-）にとっては下、陽電子（e+）にとっては上です。最後の実験（コバルト58の陽電子放出）は、新聞の報告には載っていませんが、後になってライデン大学のC・ゴルター[5]と共同研究者によって行なわれ、公表されました。

こうして、つまり今や、「神はやはり軽い左利きである」——私が好んで言い表すように——ことが確実ですが、しかし神が左手に陽電子、右手に陰電子を持つことは可能です。ところが「神の動機」を私たちは知らないのです。

そのような可能性を私は、今年の一月以前には少しも信じていませんでした。それでも私は一九五四年に、鏡像についてひとつの理論的な研究を起草し（それは一九五八年にN・ボーアのための記念論文集に掲載されました[6]）、その中でとりわけ、ドイツの比較的若い理論物理学者G・リューダース[7]によって初めて明確に認識された数学上の事態を論じ、そして次のように一般化しました。つまり、三つのすべて上で説明された対称操作［変換］のCTPの組み合わせは、C、PまたT個別の操作よりもはるかに一般的な仮定のもとでは、正しい（つまり演繹できる、証明できる）とみなされるのです。

ボーア記念論文集における私の研究は、一九五七年の思い切った企て[8]以来とてもモダンになり、「CPT定理」は今や広く知れ渡っています。

2. 心理学

私と他の物理学者たち（例えばフィールツもまた）[9]に強い衝撃を与えたこの一月の出来事の後で、フィールツ氏は私に、いったいどうして私がもともと一九五四年か五五年に鏡像の数学を扱うに至ったのかと尋ねましたが、それは何と言っても、たぶん心理学的な背景が私に一枚かんでいたかもしれなかったからです。私は、私もそれはとてもありそうなことだと思うと答えたのですが、というのは一方で一九五二年（私が新たに鏡像とかかわり合い始めたとき）から一九五六年までの物理学内部における出来事においては、この特殊なテーマに注意を向けるもっともなきっかけは少しも見られませんでしたし、他方で私は、私には意識的にいたるところで冷静な活動として現われていた私の研究が完成した後に生じた、きわめて印象深い夢を思い出したからです。その夢を次に示します。

一九五四年一一月二七日の夢

私は「暗い女性」と、実験が行なわれている室内にいる。これは、「反射」が現われるという実験である。室内にいる他の人々は、その反射を「現実の対象」だと思っているのに対して、暗い女性と私は、それが「鏡に映った像にすぎない」ことを知っている。それによって、われわれ二人をそのほかの人々から切り離す、秘密が生じる。この秘密が、われわれを不安でいっぱいにする。

それから暗い女性と私だけが、急勾配の山を下りて行く。

生物学に関係する夢が先行し、その後で（一九五五年一月）、「中国女性」には子どもがいるが、しかし「人々」はそれを認知しようとはしない、という夢が続きました。「中国女性」が「暗い女性」[10]の特殊な、ことによると超心理学的な局面であるのに対して、「人々」は、一九五四年一一月二七日の夢のように、集合的意見、つまり私自身の因習的な抵抗をも表わしています。この夢では明らかに、「対象」と「反射」の対称性は存在しておらず、それは何と言っても、ちょうど二つの間の区別を認識することが問題になっているからです。

さて、さしあたり今年の初めに立ち返れば、その時私は、鏡映対称性の破れについての新たな実験によって強い衝撃を被ったのでした。後に続くフィールツとの論議では、私はしばらくの間とても情動的かつ非合理的であり、すると彼は私に、私には「鏡映コンプレックス」があるかもしれないと言いました。それでもって彼はきっとまったく正しく、私もやむをえずそれを認めたのです。数学は客観的な科学であり、またそのように純粋に数学上のすべてについては、私たちはすぐに完全に折り合いがつきました。ところが、私にある「鏡映コンプレックス」の本性を認識するという使命は、私にとって持続しています。

まず鏡像に対して私の心に浮かぶのは、いつでも精神物理的な課題です[11]。（この点については、この前の手紙ですでに引用された夢、つまり『心理学と錬金術』第二版、一九五二年、二三九頁［ドイツ語版］の夢26も参照）。神話におけるヌースは、やはり水に映じた彼の像を認めるのですが、その後でピュシスによって呑み込まれます[12]。また三月に私は、つまりパリティの実験が出現した後で、私の友人M・デルブリュック[13]によって送られた、Phycomyces（ヒゲカビ）と呼ばれる、単細胞の光に反応する菌類についての研究を受け取りました。物理学と生物学の関係という課題は、まだ解決されていないとそこでは確認されています。論文にはカードがはさんであり、その中でデルブリュックは私にお返しとして私のケプラー論文を求めていました。そのこと自体が一種の鏡像でした。

後に、およそ復活祭のころ、ケレーニィ氏[14]が奇妙なやり方で、精神物理的な課題に私を連れ戻すのに成功しました。「鏡像」と「不安」の場合にはまず、かなり長い間ペルセウス星座にとどまらざるをえないという、以前の夢が私の心に浮かんだのですが、そこには食変光星（二重星団）の「アルゴル Algol」（律動、明と暗の周期[15]）があり、またペルセウスは何と言っても、鏡像[16]を用いてメドゥーサの首をはねるという彼の英雄的行為をやり遂げました。それで私は『C・G・ユングの分析心理学研究』（ラッシャー、一九五五年[17]）の第Ⅱ巻に、事もあろうにちょうどペルセウス（一九九頁）について書かれた、ケレーニィの論説を見つけました。私は関心をもってそれを読み、またそれがペルセウスによる、Mykenae（ミュケナイ）という都市の建設に関する、古代ギリシャ人の語呂合わせで終わっているのを認めたのですが、ミュケナイは、英雄がそこで泉を捜した際に見つけたと言われる、Mykes（ミュケス）という名の菌類にちなんで名づけられたようです。今や私は要するに再び、Phycomyces（ヒゲカビ）についてのデルブリュックの論文に現われていた、同じギリシャ語の単語［Mykes=myces］のもとにありました。

ここには明らかに、共時的な現象への関係が本質的にかかわっています。挙げた一九五四年の夢の言語を理解するためには、一般的に元型のあらゆる多様な現象の現われ方が適切に「反射」とみなされるのに対して、元型それ自体は不可視の映すもの（Spiegler）として背景にとどまっている、ということが想定されるでしょう。それゆえにそれはまた、合理的―自然科学的に因習的な集合的意見によって、存在していないとみなされるのですが、それに対して一方で「暗い女性」はそれを分かっているのです。叙述された状況から私が推定したいのは、これが精神物理的な課題にとってとても重要であるということです。

これに関して、なお二つの夢を私は付け加えますが、そのうち最初のものは、デルブリュックの論文を読んだ後にすぐに生じました。

一九五七年三月一五日の夢

弱い光のヴェールに包まれている、かなり若い黒っぽい髪の男が、ある研究の原稿を私に手渡す。それで私は彼に、「いったい何をしようというんですか、私にこの論文を読めとでもいうんですか、どうしてそんな気になったんですか」と怒鳴りつける。私は強い興奮と憤りで目を覚ます。

所見　この夢は再び、ある一定の観念に対する、私の因習的な抵抗を示しています。またそれに対する不安も示しているのですが、それというのも不安のある人だけが、夢で私がしたように怒鳴ることができるからです。（この点については、一九五四年一一月の夢における「切り離す、秘密」を参照）。ところが、この夢において適用されたような方法でもって、無意識に対して抵抗する私の自我は、常に安全に消えて行くのです。無意識は引き続き、直ちに次の**一九五七年五月一五日の夢**でもって反応します。

私は私の車を運転し（実際は、私はもう車を持っていないことに注意）、そして私には駐車が許可されているように見える場所で車を停める。そこには百貨店がある。私が降りようとすると、ちょうどそのとき別の側から、三日前の夢で私に原稿を手渡した、あのかなり若い男が車に乗り込んでくる。彼は今や私には警官のように見え、「ついて来なさい！」と彼は私に鋭い命令口調で言い、運転席に座って私と出発する。（思いつき＝クリシュナの御者）[18]。彼は、私には警察署のように見える家の前で停まり、私を家の中へ押し込む。

「今からあなたはたぶん事務所から事務所へと私をたらい回しにするのでしょう」と私は彼に言う。「とんでもない」と彼は言う。われわれは窓口に行き、そこには「見知らぬ、暗い婦人」が座っている。彼女に向かって彼は、以前と同じ命令口調で「シュピーグラー Spiegler 署長を呼びなさい！」と言う。

この「シュピーグラー Spiegler（映すもの）」という言葉に私はぎょっとして、目が覚める。

ところが、私は再び眠り込み、引き続き夢を見るが、状況はとても変化している。C・G・ユングといくらか似たところがある、別の男が私の方にやって来るが、私は彼を心理学者だと思う。私は彼に長たらしく、物理学における状況――ちょうど鏡映対称性の破れについての新しい実験によって生じたその状況――を説明するが、それはつまり私が、彼にはこの状況は知られていないと思うからである。彼の答えは十分ではなく、また目覚めたときに私はそれを覚えていない。

夢はそこまでです。物理学と心理学の関係は私の場合、それ自体が鏡像の関係です。夢における心理学者の出現はしたがって、不可視で背景にとどまっている「シュピーグラー署長」の仕業です。

夢の終わりでは、私の精神性におけるある一定の解離が現われているのですが、それは一方で物理学の能力はあるが、しかしここに現われている状況の元型的な背景を十分には自覚していないかなり狭い自我と、他方でいかにも物理学に関しては何も知らない心理学者という想像の姿形への解離です。明らかに「シュピーグラー」は二つを一つにまとめようとし、また私が読もうとしなかった、かなり若い男の原稿には、そのことについて明白に何かが書いてあったのです。

さて私が今日、無意識のこの表明との関連で、今一度物理学における状況を考察するときに、私の注意を引くのは、現象を特徴づける多くの変数をその際十分に同時に考慮に入れるならば（例えば「ＣＰＴ定理」の場合に右―左、荷電符号、時間方向）、その場合は鏡映対称性が元どおりにされるのに対して、いっそう深層に入る現象はもはや部分―鏡像を許さないということです。超心理学的な現象は、なおそれ以上に深層に入るので、その場合は現象の完全な対称性を見るためには、プシュケーをも同時に考慮に入れなければなりません。光に向かって伸張する菌類であるヒゲカビの場合は「型 pattern」が問題であり、その化学的な局面はいろいろな酵素の複雑な相互作用にあるのですが、それはしかし私の考えでは、相互作用としてはヒゲカビ―集合的プシュケーという元型と原理的には区別されません。

「暗い女性」の天性にとっては、放射性β崩壊の場合の鏡映対称性と元型の多様な出現との間には、少しも本質的な違いは存立していません。後者は暗い女性にとって、「不可視の一者」あるいは「一なる世界」の「反射」にすぎませんが、そのときに「一なる世界」はこの反射の対称性に対しても責任があるでしょう。これに関してやはり重要なのは、私の夢の言語が〈放射性の〉という形容詞を、いつも〈ヌミノース的〉と、あるいは〈共時的〉と同義で用いているということですし、それはともかく**拡張するもの**なのです（それに対しては以前の手紙を指摘することができます）。元型のヌミノースはやはり、自我意識の不安の原因でもありますが、不安とは自我意識自体の統合性が気がかりであるということです。

「完全な対称性に至るために、どのくらい深くあるいは広く達しなければならないのか」という問いは、結局はまたもや――あなたの術語で言えば――自我からの自己の切り離しという課題に導くようです。

私が今日まで至っているのは、ここまでです。この鏡像の課題についての問いはあなたから出ているので、あなたに主観的な材料と同じく、客観的—物理学的な事実を書くのが当然であると思いました。それどころかあなたの関心は、あなたが同じように、物理学的な鏡像の問題と心理学的なそれとの関連を予感していることを示しています。私はそれゆえにあなたの反応に興味がそそられますし、物理学者の立場と心理学者のそれとを並置すること自体が一種の鏡像であることが、新たに判明するだろうことを疑ってはいません。

前もって感謝するとともに、心からご挨拶申し上げつつ

敬具

W・パウリ

［訳注］

1 楊振寧 Chen Ning Yang（一九二二年生）は李政道 Tsung-Dao Lee（一九二六年生）とともに、一九五七年のノーベル物理学賞を受賞。［ドイツ語版による注］

2 五七年一月一六日付ニューヨーク・タイムズ、一頁の「物理学の基本的な考え方が実験で覆されたと報告される」と二四頁の「物理学の実験に関するコロンビア大学の報告原文」参照。［ドイツ語版による注］

3 レオン・マックス・レーダーマン Leon Max Lederman（一九二二年生）はアメリカ人で、J・シュタインバーガーとM・シュヴァルツとともに、一九八八年のノーベル物理学賞を受賞。［ドイツ語版による注］

4 呉健雄 Wu Chien-Shiung、一九一三年生。

5 コルネリス・ヤコブス・ゴルター（一九〇七—一九八〇）。［ドイツ語版による注］

6 W・パウリ「原子物理学の法則における鏡映対称性の破れ」は『サピエンツィア』XIV/1（一九五八年、バーゼル）にも所収。W. Pauli, "Die Verletzung von Spiegelungs- Symmetrien in den Gesetzen der Atomphysik," in *Sapientia* XIV /1, 1958, Basel.［ドイツ語版による注］

7 ゲアハルト＝クラウス・フリードリッヒ・リューダース Gerhard-Claus Friedrich Lüders（一九二〇年生）は、一九六六年にマックス・プランク・メダルを受賞。［ドイツ語版による注］

8　当時の物理学においては、パリティ（時空の対称性）は保存されるというのがいわば常識であった。それに対して、ヤンとリーが一九五六年に、弱い相互作用におけるパリティ対称性の破れを予想し、その実験を提唱した。一九五七年にウーが実験を通してそれを証明したことによって、それまでの物理学の常識が覆された。

9　マルクス・フィールツ Markus Fierz（一九一二―二〇〇六）はチューリッヒに生まれ、一九三六年の秋から一九四〇年春まで、スイス連邦工科大学でヴォルフガンク・パウリ教授の助手を勤めた。一九七九年にマックス・プランク・メダル、一九八九年にアインシュタイン・メダルを受賞。

10　「中国女性」としての「暗い女性」については、書簡58でも触れられている。

11　原語の das psychophysische Problem が示唆しているように、「精神物理的な課題」とは、書簡集全体の重要なテーマの一つである、プシュケーとピュシスの関係の問題をもともと示している。心身問題は、この関係の問題の一部にすぎない。

12　新ピュタゴラス派の神話において、ヌースと同一視されたアントロポス神は、水に映じた彼の像を見て大地に下りようとするが、その瞬間にピュシスの情欲によって包み込まれてしまう。ユング著『心理学と錬金術』Ⅱ、池田紘一・鎌田道生訳、人文書院、一九七六年、一〇八―一〇九頁、参照。Jung, *Psychologie und Alchemie*, pp.347-348.

13　マックス・デルブリュック Max Delbrück（一九〇六―一九八一）は物理学者で、人生の後半で完全に生物学に方向転換した。一九六九年にルリアとハーシーとともにノーベル医学・生理学賞を受賞。［ドイツ語版による注］

14　カール・ケレーニィ Karl Kerényi（一八九七―一九七三）は古典文献学、特にギリシャ・ローマの神話学の研究者。ユングの思想ととても結びついている。チューリッヒで多くの講演とゼミナールを行なっている。［ドイツ語版による注］

15　ペルセウス座にあるβ（ベータ）星アルゴルは、アルゴル型食変光星であり、「明と暗」の二個の星が回転し合いながら部分日食を起こすことによって、光度変化が起きる。

16　鏡像はここでは、ペルセウスが神話によれば、見る者を石に化すメドゥーサを見ずに、盾に写る姿を見ながら、その首を切り取ったことを指している。

17　カール・ケレーニィ「ペルセウス、ギリシャの英雄神話学から」（『C・G・ユングの分析心理学研究』、第Ⅱ巻、ラッシャー、チューリッヒ、一九五五年、所収）一九九―二〇八頁。Karl Kerenyi, "Perseus, Aus der Heroenmythologie der Griechen," *Studien zur Analytischen Psychologie C. G. Jungs*, Bd. II, (Zürich: Rascher, 1955), pp.199-208.［ドイツ語版による注］

18　ヒンドゥー教の神であるクリシュナは『バガバッド・ギーター』において、アルジュナ王子の御者として、王子を戦勝に導いた。

パウリの書簡に対する謝辞

77 ユングからパウリへ

［チューリッヒ州キュスナハト］一九五七年八月
［タイプ打ちカーボンコピー］

親愛なるパウリ様

あなたのお手紙は、私には途方もなく重要で、ためになります。すでに幾年も前から私は、気が狂ったと思われるかもしれない課題、つまりはUFO（未確認飛行物体）＝空飛ぶ円盤に取り組んできました。私は対応する文献の大部分を読んだ上で、UFO伝説は、個性化の過程が投影された、つまりは具象化された象徴表現を表わしているという結論に達しました。私はこの春それについての研究に着手し、ちょうど終わったところです。[1]

自己は今日、全般的な方向喪失、世界の政治的な分裂、それに相応した個人の意識と無意識の分離という結果として、**元型的な形態において**（つまり無意識において）一般に布置されていますが、その事実は私には、私の患者のもとでよく生じています。それで私は、布置された、つまり活性化された元型が、なるほど共時的な現象の原因ではないが、しかしその条件であることを実際に経験して知っているので、その元型に一種の鏡像として対応する、もともと今日的な出来事が期待されるはずであるという結論を引き出しました。それに基づいて、私はUFOを調査しました（記録、うわさ、夢、像等々）。この点については、もしUFOが幸いにも**実体的**であるとすれば（同時に視覚によって、またレーダー観測によって！）、たぶん十分に因果関係によって説明されるだろう明白な結果が生じました。それが機械であるだろうという信頼できる証拠は、今のところ呈示されていません。それに劣らず、動物であるかもしれません。観測が証拠立てているのはむしろ、それが怪しげな物質性であるように見える、ということです。

そのため私は自らに問うたのですが、元型的な想像は、共時的な現象におけるように、それに対応するものが独立した物質的な因果の連鎖にあるだけではなく、見せかけの出来事あるいは幻想のようなものにもありうるのではないか、それらは主観的な本性にもかかわらず、似たような物理的なアレンジと同一でしょう。つまり元型は、一方で心的に、他方で物的に生じるのです。これはもちろん共時性の公式でもありますが、共時性においてはいずれにせよ、心的な因果の連鎖が意味の似ている物的な出来事の連鎖に伴われるというところが違います。しかし、それと違っているように見えるのがＵＦＯの出来事であって、それは説明のつかない形で現われては消え、心的な事象への意味関係によってのみその存在が正当と認められます。それゆえに、もしその客観的な存在を、確信をもって否定できるとしたら私は幸せですし、またあらゆる困難が取り除かれるでしょう。ところがそれは、私にはちょうどいろいろな理由から不可能です。それはなるほど興味を起こさせますが、しかし通常のやり方で説明できる神話以上のものなのです。

さて、対称性ないし非対称性という物理学上の課題は、とても奇妙なことに私が先取りしたことと時間的に重なるのですが、何か類似あるいは平行するもののように私には思えます。現象における鏡像の特性は度外視して、無意識の陳述（ＵＦＯ伝説、夢および像によって表わされる）は、「神は軽い左利きであること」、要するに**左方向**が統計的に優位を占めていること、つまり**無意識が優勢であること**を示していますが、そのことは「神の眼」、「優れた知的な存在」、「高次の世界」での救済ないし救世主の意図、等々によって表現されています。これらの象徴は無意識を表わしており、その優越性を表明しています。これは時代状況に対応しているのですが、それは現代の意識が目下のところ解決できない板ばさみになっていて、それで無意識には、それが救い出す第三のものを少なくとも潜在的に所有しているかぎりで、より強い立場がふさわしくなるからです。第三のものとは、対立するものを一つにまとめること、もしくはその克服を可能にするかもしれない**元型**です。ＵＦＯ伝説が明らかに悟らせるのは、潜在的な象徴が集団の意識を、対立における葛藤の水準を超えて、まだ知られていない領域へと、一種の世界全体と自己生成（個性化）へと高めようと試みる、ということです。それによって、私たちを幻惑する鏡像の効果は消され、また二つの存在局面における対立が弱められるに至るのですが、それも一つの方向、つまり伝説によれば、意識—無意識の釣り合いとは対照的に、より高次の意識の分化への方向を優先する、第三の「非対称的なもの」によってです。ミュー中間子〔ミュー粒子〕はつまり、この心的な操作に対して責任のある元型に相当するでしょう。空間鏡像は、心理学的な対立（政治的な意味での「右」と「左」、心理学的な意味での意識的と無意識的、等々）に対応します。

e^+とe^-は、対立するもののエネルギーに相当します。

T、時間反転は、意識の未来志向および無意識の過去志向に対応します。

非対称性を見せつける弱い相互作用がちょうど存在するということは、私たちの世界の基礎を揺るがす、誰もが見落としている、ちょうど極微の心理学的な因子が存在するという事実と、ほとんど奇妙な平行を成しています。「中国革命」は、いわば立場が正反対の人に、つまり無意識に由来する、世界史の象徴的な後知恵 esprit d'escalier です。「中国女性」に関するあなたの夢は、これを予見していたようであり、つまりあなたのアニマが、すでに非対称性を嗅ぎつけていたわけです。

一九五四年九月二七日[2]の夢であなたは、鏡像の衰え、つまり対立するものを先取りしています。ところであなたは、他のあらゆる人には秘密であるもの、つまり無意識においては第三のものの兆しがあり、またすでに対立するものの緊張エネルギーを無効にし始めていることを知っています。つまり、対立するものが実際に対象であるという幻想とともに、対称性の公理主義さえ消滅するのです。この事象は典型的に「東方的」であり、それというのも解脱 Mukti（解放）や道 Tao は、対象的に対立するもの（輪廻 Samsara）の克服や世界の幻想（マーヤー）への洞察を意味するからです。

あなたの精神物理的な課題の連想は、当然の成り行きでさらなる対立（プシュケーと物体）としてあり、それは第三のもののために宙に浮かせておかれ、むしろ弱らせられています。

「ヒゲカビ」と「ペルセウス」の重なりは紛れもなく共時的であり、暗闇の怪物（無意識）と戦う英雄（意識）の秘められた協同、要するに元型を示唆しています。私がUFOに従事した一方で、現象の元型的な本性に私の注意を向けさせた、幾つかの著しい共時性もまた結果として生じました。

一九五七年三月一二日の夢[3]：原稿を持ってきた男はなるほど影ですが、しかし後光を伴っているので未知の英雄です。それで次の夢では、「クリシュナ」が思いつかれるのです。「シュピーグラー（映すもの）」は支配的である元型、鏡像の生産者、二つの面が反映する点、最小の量です。ここに夢では、心的な面の（対称的な）代表者として心理学者が入ってきますが、つまりここでは無意識は最小である心的な局面を、おそらく心的な領域においては最大を表わす自己を示唆しています。

ミュー中間子、つまり極微の世界では鏡像は終わりになるようですが、それというのも今度は「シュピーグラー」自体、つまり類心的な元型が相手にされているからです。この類心的な元型においては「心的」とか「質料的」とかがもはや属性としては使われず、あるいは対立のカテゴリーはすたれ、するとそれぞれの出来事は非対称的でしかありえません。なぜなら出来事というものは、それが［対立を離れた］区別しえない一なるものから出てくるときには、そのつどこれかあれかでしかありえないからです。ミュー中間子はもちろん、最小の一なるものの単に近似値にすぎません。

UFO伝説は、「自己」が「シュピーグラー」であると結論されます。その象徴表現は自己を、一方で数学的な点や単位として、他方で円を通して全体性として、つまりは無限な数多性として、人間、神そして人類として人格化されて、（黄金の胎児 Hiranyagarbha[4]＝複合的魂）、永遠的と時間的、有ると無い、消えると現われる、等々を特徴づけています。

あなたの報告に、私は本当に感謝しています。あなたは私にいろいろと教えてくださり、また私は、共時的に理解しうるほかはない、物理学的な思考過程と心理学的なそれとの「調和」に非常に深い感銘を受けました。「中国革命」の場合にも、私がUFOに魅せられた状態の場合のように、どうやら同じ元型がかかわり合っていたらしいので、二つの互いに明確に区別されるが、しかし意味に従って一致する因果の連鎖がやはり問題であり、その際は人目を引くもの、広がり、幅、世界に開かれていることが物理学の〈円〉に入り込むのに対して、心理学の人目を引かない、隠された〈点〉には、物理学が映っているわけです。それに対して、心理学のみすぼらしさ［人目を引かないこと］には、それどころか全地球上の空に現われるという特権[5]があります（それについては［怒りで］髪をかきむしる人がいるかもしれません）。個性化の象徴表現が、ＵＦＯ現象の心理学的な基礎になっているということは、まったく疑う余地がありません。ＵＦＯが実際にあるかもしれないという可能性を考慮に入れたとき、初めて困難が始まるのです。それはもともと絶えず存在していたようであるのに（歴史的な情報！）、やっとこのごろひとつの神話になりました（度重なる出現？）。物理学は［ＵＦＯに関して］やり方を心得ているでしょうか。

敬具

C・G・ユング

［訳注］

1 ユングはＵＦＯ現象を「現代の神話」として取り扱い、生前に最後の著作として刊行した。題名は、邦訳（英訳も同じ）では『空飛ぶ円盤』（松代洋一訳、朝日出版社、一九七六年、同訳、筑摩書房、一九九三年）となっているが、もともとのドイツ語版では『現代の神話 Ein moderner Mythus』である。なお、書簡75を参照。

2 書簡76における日付によれば、正確には一九五四年一一月二七日の夢である。

3 これもまた書簡76における日付によれば、正確には一九五七年三月一五日の夢である。

4 ドイツ語原文にはHieranyagarbhaとあるのを修正した。なお『リグ・ベーダ』は、創造神がヒラニヤ・ガルバ（黄金の胎児）として出現したことを伝えている。

5 特権とは、それゆえに心理学は空を飛ぶＵＦＯにかかわりうるし、その意味を明らかにしうるのは心理学であって、物理学ではないことを言う。

抜刷送付に対する謝辞

78　ヤッフェからパウリへ

［チューリッヒ州キュスナハト］一九五七年一一月一九日
［タイプ打ちカーボンコピー］

拝啓パウリ様

ユング教授より言づてですが、御高論「現象と物理学上の実在」[1]をお送りいただき大いに感謝している、とのことです。残念ながら、ユング教授は目下、とても疲れておられ、ご自分のことで手一杯であり、それで申し訳ありませんが、今しばらく読むのに時間がかかるとのことです。

敬具
［A・ヤッフェ］

［訳注］

1　W. Pauli, "Phaenomen und Physikalische Realität," in *Dialectica*, Vol.11, No. 1/2, 15. 3. 57, La Neuville.

パウリの論文とクノルからの書簡の送付に対する謝辞

79　ヤッフェからパウリへ

［チューリッヒ州キュスナハト］一九五七年一二月二九日
［タイプ打ちカーボンコピー］

拝啓パウリ様

あなたの論説同様クノルの書簡[1]をお送りいただいたことに対してとても感謝していることをお伝えするように、もうかなり前からユング教授に依頼されていました。ところが私は、風邪を引いてしまい、かなり長い間在宅を余儀なくされたので、それが叶いませんでした。来週の初めに私は八日間ロカルノに行き――望むらくは霧から脱出して休養を取ります。――クノルの書簡にユング教授は大いに興味を引かれています。そのことはしかし、彼がいくらか諦めの気持ちを込めて、「私は実際よりも愚かだと思われている」と言うことを妨げませんでした――。あなたの論説に彼は興味を引かれたようで、それをボリンゲンで落ち着いて読むつもりで、喜んでそこに持っていらっしゃいました。この機会に、一九五八年に向かって新年の御多幸をお祈りいたします。また、内外ともまさしく多くの大旅行をお祈りします。先日、あなたの中国人の同僚をニュース映画で見ました。私の目には、どの中国人も同じに見えます。奇妙なことに、私は彼らをほとんど区別できないのです。

心からご挨拶申し上げつつ

敬具

アニエラ・ヤッフェ

［訳注］

1　ＵＦＯに関してマックス・クノルからパウリに宛てられた書簡。

80　ヤッフェからパウリへ

パウリの夢の意味に対するユングのコメント

［チューリッヒ州キュスナハト］一九五八年一〇月七日

［タイプ打ちカーボンコピー］

拝啓パウリ様[1]

私はユング教授に、意識されている夢に現われた二人の政治的な重要人物の意味を尋ねたところ、彼の答えは、これは（もちろんその夢を見た人と彼の連想を知っていなければならないのですが）おそらく問題の内的な射程が認識されていないことと、その夢を見た人の心理が強く集合性によって影響を受けていることを示唆しているということでした。問題がおそらく、ひどく外面的なものにされてしまっているのでしょう。自分自身が内的に対立していることがわかっている人であれば——おそらくは——決してそのような象徴の担い手を夢見ることはないでしょう。——これが、だいたい私たちの会話の内容のすべてです。しかしながら、上に言ったとおり、その夢を見た人を知っていなければ、そのような示唆はいつでもとても冒険的です。

敬具

アニエラ・ヤッフェ

［訳注］

1　パウリはほぼ二カ月後の一二月一五日にチューリッヒの赤十字病院において膵臓ガンで亡くなっている。五八歳であった。パウリの最後の願いは、ユングと会って話をすることであったという。Arthur I. Miller, *137: Jung, Pauli, and the Pursuit of a Scientific Obsession*, (New York: Norton, 2009), p.269.［阪本芳久訳『一三七——物理学者パウリの錬金術・数秘術・ユング心理学をめぐる生涯』草思社、二〇一〇年、四二四頁］

付録

付録1

「ヴォルフガンク・パウリ教授」と明記された未発表の論説
「背景物理 Hintergrundsphysik」の現代的実例

一九四八年六月
［タイプ打ちカーボンコピー］

1　元型的な象徴としての物理学的な概念。

「背景物理」のもとで私が理解するのは、自然に生ずる想像において、物理学の量的な概念と表象が質的な意味、転用された意味、したがって象徴的な意味で出現することである。この現象の存在は、まったく他の人の影響を受けずに生じた個人的な夢から、およそ一二、三年来、私にはよく知られている。象徴として出現しうる物理学的な概念の例としては、私は十全さを期すことなしに、次のものを挙げたい。

波動、電気双極子、熱電気、磁気、原子、電子殻、原子核、放射能。

私の合理的で科学的な態度に照らして、私には最初これらの夢はふとどきで、つまり科学的な術語の濫用のように思われた。その上私は、私の夢におけるこれらの象徴表現の出現を個人的な特性、つまり物理学者に特有なものとみなし、またこの種の夢に表出される固有の体験を、結局は物理学者などではない、だれか知り合いの心理学者に伝えることができればよいなどとは思ってもみなかった。

後になってそれでもやはり私は、これらの夢あるいは空想の客観的な、つまり広く個人に左右されない性質に気がついた。第一に私の注意を引いたのが、一方で私の夢における趣と、他方で科学的な概念がいまだ比較的に未発達で、物理学的な考慮に象徴的な表象が混ざっていた一七世紀の物理学の論文における趣、特にケプラーの場合に存在している趣のような、趣の類似である。第二に私は、私の夢の内容と、想像の無邪気さを妨げる意識の側からの阻止が欠けていて、不十分な教養しかなく批判がほとんどない、自然科学の素人がなす具象的な表象との間に、一種の一致を見てとった。こうして私は徐々に、この種の想像あるいは夢は無意味でもまったく恣意的でもなく、むしろ使用された概念の「第二の意味」のようなものを伝えているということを認識していった。したがってこの頃は、私によって「背景物理」とみなされた表象力の種類は、もともと元型であるということが私には十分に証明されているように思える。それでもそれを、心理学的な、集合的無意識の観念に由来する解釈に利用できるように試みるときには、背景物理の所産を直ちに、よく定式化された教義と比べられる科学的な真理であるとする思いちがいに、決してとらわれてはならない。現代の自然科学的な見解からすれば、話に出ている想像力の形態はそれどころか、疑いもなく古代的な段階への逆戻りとみなされるべきである。その上私には、純粋に心理学的な解釈は事態の半分をとらえるにすぎないように思える。他の半分は、現代の物理学において事実上用いられている概念の、元型的な基礎をあらわにすることである。最終的な考察方法が、現代の人間の無意識による「背景物理」の産出において、将来のピュシスとプシュケーを統一的に包括する自然記述への目的志向性[1]を認めるにちがいないが、しかし今のところわれわれは、それについて前科学的な段階を体験しているにすぎない。そのような統一的な自然記述に到達するには、さしあたり自然科学的な概念の元型的な背景に頼ることが是非とも必要である。

以下の見取り図において私は、この頼ることの結果として、いかに物理学者がこの背景から必然的に心理学に入り込むかを説明してみる。私は物理学と心理学を相補的な研究方向とみなすので、心理学者を「背後から」（元型の研究に有用である）物理学へと導くに違いない、まったく同等の権利を有する道が存在することを確信している。

2　夢の主題としての、スペクトル線の二つの成分への分裂および化学元素の二つの同位体 Isotope への分離

さて背景物理の実例として、私の夢に規則的に現れる一定の主題について、つまり微細構造、それも特にスペクト

ル線の二重項構造および**化学元素の二つの同位体への分離**について語られるべきである。

まずは物理学者ではない人のために、ここで用いられる術語について、少しばかり解説をしておこう。スペクトル線の周波数は、さまざまの化学元素に特徴的かつ特有であり、したがって化学元素は、それによって放出されたスペクトル線、つまり当該の元素の原子によって放出された光の振動放射の精密な数値で識別されうる。さらに分光学においては、しばしば次のような事例が生じる。つまり大まかな観察の場合は、つまり比較的わずかな分解能の場合はスペクトル線が単一で現れるが、より大きな分解能を有する装置においては、それはほとんど異ならない振動数（周波数）でもって、二つまたはそれ以上の成分に分かれて、つまり分解されて現れる。このために分光学者は、前世紀［一九世紀］に「微細構造」という名称を導入し、分離された構成体を成分の数に応じて二重項、三重項、等々と呼んだ。――そのような二重項の有名な例が、食塩の炎に常に現れるナトリウム原子の黄色い「D線」である。

以下のことに対してきわめて本質的な、**スペクトル線の放出の過程**に関する現代的な表象によれば、**これは原子のある状態から他の状態への遷移 Übergang の際に生じる**。これらの状態のそれぞれは同時にエネルギー準位であり、また放出された光の周波数が常に、原子のエネルギー値における最初の状態と最終の状態の違いに精密に比例的であるというのは、一般的な自然法則であって、これはより古い物理学の立場からは理解されえないことである。**エネルギー準位は原子の特徴的な状態であり**、またそれぞれのスペクトル周波数に光の粒子あるいは光子（フォトン）のエネルギーが、しかもこれに一致するエネルギー準位の一対におけるエネルギー値の差が関係づけられている。スペクトル線の二重項は、つまりそれに関係づけられた二つの準位のうち一方が単一で、他方が二重である事例に相当する（図を参照）。スペクトル線の二重項―微細構造は、したがって同時に、エネルギー的に定義された状態が二つの近接した状態へと分裂することを目に見えるようにするのである。

あるいはまた

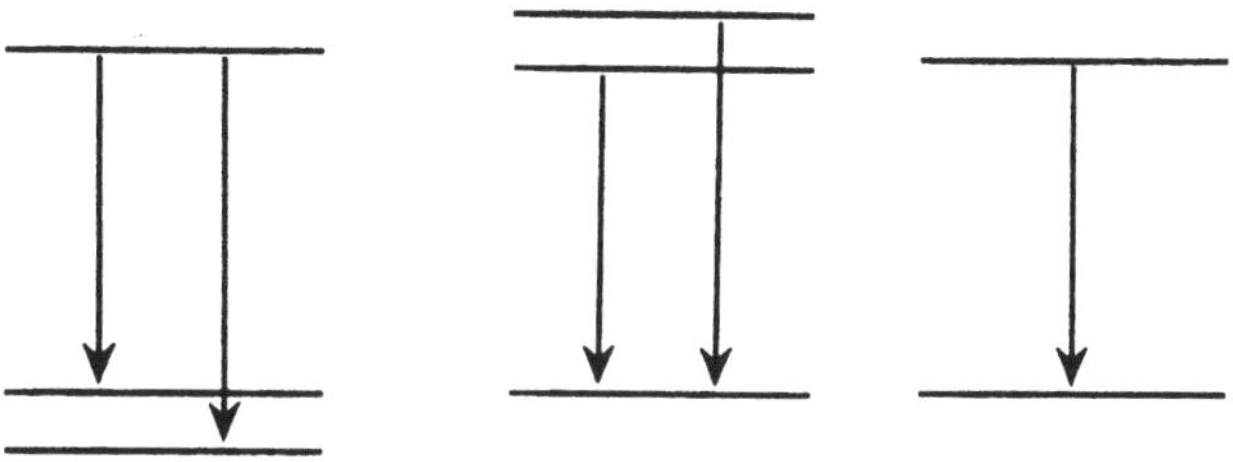

ところで、光周波数がエネルギー準位とその差へと全般的かつ量的に関係づけられることと、スペクトル線の二重項構造と並んで、類似の夢の主題として同位体の分離もまた現れるという事情は興味深い関連にある。「isotope〔同位体〕」という言葉は、isos＝同じ、とtopos＝位置、場所という二つのギリシャ語に由来し、また元素周期表で「同じ位置」を占めており、したがって同じ化学的な属性をもつ諸元素を示している。原子構造についての現代的な表象

によれば、それらは原子核の一様の電荷をもち、したがってまた核外の電子の配置も一様である。ところがそれらは、一般に物理学的にはそれらの**質量**によって区別される。（ここでは原子核の質量、つまり原子量による区別が通常の場合であるので、寿命のような放射性の属性による区別の可能性を私は度外視しうる）。これがより精密な物理学的な手段による分離可能の原因となるが、その手段については核外の電場あるいは磁場における、電流の通じた原子のさまざまな強度の偏向可能性が最も簡単で、とっくの昔から知られているものである。この方法による同位体の分離は、**質量分析器**と呼ばれる装置を通して起こるが、それはその装置においては原子が、光の放出とはもちろん何の関係もないにせよ、スペクトル線のように見える線として撮影されるからである。この場合、同位体の分離は外的にも、一つの線が二つあるいはそれ以上の近接した、原子の質量のさまざまな値に対応する成分への解体と一致する。**質量とエネルギーは等価であるので、核物質のさまざまな原子量の代わりに、いろいろなエネルギー水準についても話をすることができる**（その構造を私はここで扱う必要はない）。同位体の分離は比較的にやっかいな手続きである（ようやくおよそ一九二〇年以来知られている）が、同じようにスペクトルによる二重項という解体もまた、比較的に高度な実験上の技術の発達を必要としている。

さて、この物理学的な準備の後で、語られるべき夢のグループにおける典型的なものが挙げられるであろう。夢においては、関係する物理学の専門領域におけるだれかある（事実また私には主観的にそのようにみなされた）権威が現れ、スペクトル線の二重項への分解あるいは、別の場合には化学元素の二つの同位体への分解が根本的に重要である、と私に説明するのが常である。時には権威はそれから、私がこの解体に取りかかるべきであり、さもなければまさに私こそそれに成功していると付け加え、時には私は夢で、スペクトル線とその分解を、分光器を通してのようにはっきりと目の前に見る。時には権威は、スペクトル線が放出されうる、あるいは同位体において分解されうる元素の名称さえ挙げるが、ところがこの元素の化学的な性質は変わりやすく、私はそれに本質的な意義があるとは思わなかった。これらの夢のだいぶ後になっての段階では、時には化学元素の空想の名称が（田舎あるいは都会によって、時には番号に置き換えられて）現れた。私に重要だと思われるのは、概して二つの成分はほぼ同じように強く、特別な場合には一方が他方の倍だけ強烈であるが、しかし決して一方が支配的で他方が付け足しにすぎないわけではない、ということである。

これらの夢のグループにおける「第二の意味」を見つけ出すためには、何はさておきそれらの陳述が、物理学と心理学の区別に関して中立的な言語に翻訳されなければならない。そのような翻訳は常に仮定的な要素を含み、物理学的な陳述がむやみに重要と受け取られる必要もない。それを次の「語彙」で試してみよう。

「周波数」は一方で特異なエネルギーの状態を規定し、また他方で、時間において見られれば規則的な繰り返しである。

「化学元素」は同じくその特異な反応で認識されうる客体であるが、しかしまた、それ以上の分離を可能にする、質量の局面も有している。したがって夢の陳述は、おそらく次のように理解されるであろう。「根本的に重要なのは特異なエネルギーの状態、あるいはその特異な反応で認識されうる客体が、二つの状態ないしは、似ているが多少異なる反応を伴う二つの客体へと分離することである。この分離は、単純な見ること（「肉眼で」）によってではなく、意識的な方法を用いて導かれた、精密な観察によってのみ成功する」。ところでその「状態」は、物質の構成要素である物理的な状態であろうか、それとも心的な状態であろうか、また特異な反応で認識されうる客体は、物質的な客体であろうか、それともそれは心理学者が「内容」と呼ぶ、何か心的なものであろうか。観察の組織的な遂行は、装置の技術的な構造によるのであろうか、あるいは方法論的に管理された想像力によるのであろうか（「真の想像は空想ではない imaginatio vera non phantastica」）。これらの問いに対する答えを未解決のままにしておくのは、いかにも無意識らしい発現のように見える。「無意識の立場」にとっては、両方とも常に同じことである。

夢がある時は一方の、ある時は他方の化学元素を選ぶという事情から、一種の手掛かりが推定されうる。一定の種類の原子は、例えば水素原子（H原子）のように、厳密に同質である客体の種類における代表であるのに対して、ほのめかされる心的な客体（内容）の場合は、この厳密な同質性は存在していないように見え、むしろ後者はしばしば一回的とみなされうる。

夢の陳述の中立的な言語への翻訳の際には、周波数概念における、新しい量子物理学によって表面に出てきたエネルギー的な局面が、規則的かつ時間的な繰り返しという、そのもともとの局面よりもいっそう強く引き合いに出された。すでに述べたように、周波数とエネルギーという二つの概念の結び付きは、古典物理学の立場からはまったく予期されず、それどころか非合理的と思われる。（この事態とその帰結が学生としての私に加えた強い精神的な衝撃を、いまだに私は正確に思い出す。私および年長の世代のたいていの物理学者たちが同様の状態であった）。この逆説的な事態に順応し、それにもかかわらず論理的に矛盾がない概念の体系を打ち立てるために、科学は二七年以上を必要とした。具象的な像を無制限に使用する場合に、**エネルギーと周波数の結び付き**が帰着する矛盾の源が、エネルギーがそれぞれの精密な時間契機においてある程度一定の数値をもつ、という前提にあることは明らかである。それに対して、周期それ自体よりも小さい時間間隔に関して、時間上の周期の数値について語ることは明らかに意味がない。周期を定義するために、自由になる時間間隔が長ければ長いほど、なおいっそう精密にその数値は規定される。完全に精密に規定された周期は、無限に長い時間という妥当性の極端な事例に相当する。ところで、現代の量子物理学がわれわれに教えたことの新しさは、**何かまさに類似のものがエネルギーに適用される**ということにある。測定のために自由になる時間間隔が長ければ長いほど、なおいっそう正確にエネルギーは測定されうるし、それどころか完全に精密なエネルギーの規定は、無限に長い測定の時間間隔を極端な事例として必要とするであろう。ある一定の時点におけるエネルギー値について話をすることは、もはや何の意味ももたない。そのことはエネルギーの保存、つまり不滅であることとどう調和するのであろうか。

ところで、物理学上のエネルギーは例外なくどこまでも不滅なままであり、それが隠れた、物理学的ではないエネルギーの形（例えば「心的エネルギー」のような）に変化することは**ない**。しかし物理学においては、われわれは決して宇宙の全体ではなく、外から観察される部分系を相手にしている。もしこの系が観察によって制御されるならば、それはこの観察者あるいは観察手段の影響下に置かれなければならない。さて、その時に明らかになるのが、観察方法が観察された系における事象の時間的な経過を制御しうることが正確になればなるほど、なおいっそう測定の際に、観察方法と観察された系の間のエネルギーの交換が制御できなくなり、また定義しえなくなるということである。物理学者たちがそれを名づけたような、この「**エネルギーと時間の間の相補性**」を避けられなくするのは、自然法則それ自体である。エネルギーは確かに不滅のままであるが、しかしある事象の時間的な経過を規定しうる測定装置が配置される場合は、そのうちのどれくらいが外から観察された系に入って来ているか、あるいはこの系から外へ出て行っているかは、もはや分からない。定義された時間的な経過を伴う系は決して閉じていないのに対して、エネルギー保存の法則は閉じた系と関係がある。**一方でまったく知られていない時間的な経過を伴う正確に知られたエネルギー値と、他方でエネルギーのまったくの不確定性を伴う正確に知られた時間的な経過という二つの極端な事例**は、実際には決して純粋な形では現実化しておらず、われわれは完全に正確ではないエネルギー値と、不精確に知られるにすぎない時間的な経過を相手にしている。その際は、実験を選んで、挙げられた極端な事例の一方かあるいは他方にかなり近づくことができる。

比較的新しい物理学の認識は、それに従って現代人の、物質とエネルギーという概念の根底にある、元型的な表象に対する態度を本質的に変化させた。物質の観念は昔から、母親元型ときわめて密接に結びついていた。錬金術においてこの観念の序列が非常に高められたのは、正統派のキリスト教の見解では、男性的で精神的な原理としての神にのみ承認された「創造されざりしもの Increatum」という属性が、第一質料 prima materia にも与えることが認められたからである。このことは特にC・G・ユング[1]によって指摘されたのであるが、彼は興味深いやり方で、ここに近代における物質主義の心理学的基礎を認めていた。より新しい物理学が、その消滅および対生成の過程において、以前は「物質的な実体」と名づけられたもののはかなさを証明したことで、この物質主義からは新たに基礎が取り上げられた。けれどもやはり、**エネルギー保存則**がこの「実体」の代わりになって、**質量はエネルギーと釣り合いがとれている、したがって等価である**と認められた（エネルギーの慣性）。

それに従って、不滅であること（「創造されざりしもの Increatum」）という属性は今や、静的な自然法則から動的なそれへの移行に応じて、物質の観念とはまったく異なる、もともと古代的な「マナ Mana」の直観から生じていた概念と結びつけられた。

この関連においても、量子物理学に従って、一方で時間を超越した存在を示すエネルギーの不滅と、他方で空間と時間におけるエネルギーの出現とが二つの対立する（相補的な）現実の局面である、ということが重要であるように見える。実際は常に二つが存在しているが、それでも個々の事例では一方か、さもなければ他方がよりいっそう強く現れる。現代の物理学が使う「具象的ではない」数学的な関数が、ここでは対立を一つにまとめる象徴の役割を演じる。（より古い物理学の意味における「具象的」が心理学における「具体的」に類比されうるのに対して、そのような象徴はやはり心理学においても常に抽象的な性質のものである。ちなみに私は、「具象的」という概念を著しく相対的で、また習慣の問題だと思っている）。ここに現れている対立は、もはや物質（「母 mater」）と活力（「マナ」）の間ではなく、不滅（エネルギー）と時間の間のそれである。前者［不滅］は時間を超越した存在形態に属するように見え、それには女性的な原理のように時間が対立させられるが、それはすでに古代の段階で物質的な実体とピュシス的なものが、精神と心的なものに対立しているのと同じである。それで現代では、中国の陽と陰のような、古い対極的な対立の観念の代わりに、現象の相補的な（相互に排除する）局面の観念がなっている。ミクロ物理学（微視的な物理学）との類推で、心理学においても古い観念を新しい形に移すことが、西洋的な精神に課せられた重要な仕事のひとつであるように思える。われわれはこの観点に、なお何度か立ち返るであろう。

物理学の相補性には、私はすでに別の所で指摘してあるが、無意識的な内容のどの「観察」も原則的には、この内容それ自体への意識の規定しがたいフィードバックに結果としてなるかぎりで、心理学における「意識」と「無意識」という概念と深遠な類似性がある。「完全に自覚された自我」（それについて東洋の哲学は当然、それは死においてのみ実現されうると主張するであろう）、あるいは他方で主観的な意識によっては決して観察されない（またそれゆえすでに影響を受けてもいない）客観的心的なものは、現実においては決して到達されえない二つの極端な事例に相当する。客観的心的なものの普遍性と現在の意識の一回性は、常に両方が存在している。この対立を一つにまとめる象徴的な像は、周知のように神話にその表現が見つかる。この対立の対の場合、「個人的な自我」（われわれの西洋的な意味における「意識」）と、時間の通常の直観形態が本質的に互いに結びついているのに対して、客観的心的なもの（東洋の哲学では「意識」、西洋の心理学ではそれに対して「集合的無意識」と呼ばれる）には、その規定しがたい広がりにより、時間を超越した実在のようなものがふさわしい。

さて、物理学と心理学における認識論的な状況の、この一般的な類似性を引き合いに出すことで、語られた夢のグループにおける（今までなお実際にあいまいで不確かなままである）「第二の意味」について、さらなる手掛かりを獲得することが試みられるべきである。この点については、夢（文脈）に対する私の直接的な連想による思いつきと、同じく他の源からの比較材料も考慮に入れられるのが当然である。

3 周波数の象徴表現と意識の水準

すでに最初の夢からして、**二つの成分への分離**が扱われていたが（スペクトル線の場合であれ、化学元素の場合であれ）、私はまったく直接かつ無邪気に、次のような一種の思いつきを抱いた。誕生は一つの肉体の二つの部分への分割であるが、ここでは微細な手段でもってのみ知覚されうる分離が問題であるので、それはたぶん「心的な誕生」を意味するであろう。子どもと胎児は、ヨーガ行者の瞑想の際に本質的な役割を果たしている。もし瞑想が進んだ段階で「子ども」がヨーガ行者の頭を越えて上昇するならば[2]、この「霊体の自立的な存在への解放」は当然にもヨーガ行者の心の「二重項―分裂」とみなされるであろう。その際は、瞑想が意識的な活動として、物理学における分光写真器の設置と使用に相当するであろう。「子ども」はこの場合、すでに述べられた「霊体」または「金剛身」、あるいは「微細身 corpus subtile」の形象的な表現であり、やはり西洋においても古代末期以来（特にグノーシス派の人々の場合に）よく知られている表象である。それと、自我よりも永続的でこれを超えて存在することができ、また妖怪や幽霊においても現れるに至る「人格の上位部分」という観念が結びつけられる。プシュケーが誕生の前と後で、暗いピュシスから解放されて存在する光の世界（プレーローマ pleroma）というグノーシス派の観念によれば、この微細身は、肉体に捕らえられた通常の自我よりも光の世界にいっそう近いであろう。ところがこの微細身には、すでにその名称が意味するように、心的なだけではなく、物的な存在も関係づけられた（後者は、私はそう思うのだが、われわれにとってはとてもあいまいなやり方で）。

そのほか二分については、私はそのほかに、情動的な関係が成立している二人の間における、無意識的な一致の破棄を思いついた。私の夢に対するこれらの連想のすべてが、いくらか意識の高まりもしくは増大と関係があった。

ところで、心的な内容が意識化されるに際してそれが倍加することは、心理学ではよく知られている主題である。それは新しい意識内容が、それとは異なる鏡像を無意識では見せることによって説明される。神話においてこの主題は、同じくとても典型的に、兄弟のうち一方は単に死すべき（物質的）で、また現世の生活に拘束されているのに対して、他方は不死（霊的）である、新たに二人の兄弟の説話として明らかになる。

この関係で引き続き、「増殖 multiplicatio」[3]によって「倍加された内容」の像から成立する、私には当時すでによく知られていた、明るかったり暗かったりする縞で構成される象徴が私の心に浮かんだ。この象徴は時折、心理学において「アニマ」とみなされた姿形と結びついて現れており[4]、インドの寺院でも見つかる。それは、一方が霊的無時間的（アイオーン）に、他方が物質的—時間的（クロノス）に表象される、相補的対照的な状態の連続を表現しているように見える。「連続」が時間的に心に描かれたのか、あるいは同時的な並存としてなのかは、未解決のままである。別の場合には、それは輪廻に関する教理の基礎になっている[5]、元型的な表象を表現しているように私には思えたが、この教えによれば、プシュケーの生における時間を超越した現実性そのものが、物質的な現世の生活における時間的な継起によって繰り返し中断されるはずである。

「連続」の同時的な並存という二番目の見解の場合は、縞模様が、分けられた閃光によって表現された無意識の心の「多様なルミノシティー［光度］」[6]とも結びつけられうる。

語られた夢のグループに対する私の思いつきは、なるほど直接的で活気があるが、さしあたり私の夢にどのような影響も与えていなかった。これらの夢は取りも直さず、それらのスペクトル—二重項と同位体の分離を生産し続けた。これは私には、今日ではまったく理解できる。当時の私は意識的に、まだどうしても夢が物理学的な概念の「濫用」

であるという立場に立っていたがゆえに、大急ぎで「その件から」離れて物理学にのみかかわるために、「夢の」純粋に心理学的な解釈と説明とを一心に捜したのであるが、これらすべては心理学「以外の何物でもない」という私の確信を、私はあらゆる手だてを尽くして保持しようとしたわけである。ところが、夢はともかくも意識的な態度に対して補償的であるので、それは物理学的な術語に固執した。そのために私はこれが、表現へともたらされた事態の本質的な部分であると認めることを余儀なくされたのである。

ただここからだけでは、私は少しもそれ以上の結論を引き出すことはできなかったが、それでも後になって、そのほかにも「意識の周波数―度」という観念連合を立証する機会があった。さしあたり私は、C・H・シェー Hsieh の『量子力学と易経』（上海、一九三七年）という著書を知るようになった。著者は数学的かつ物理学的に不十分にしか教育を受けていない、中国人の民間学者である。（中国語で出版された著書には翻訳が存在しておらず、それはアメリカ合衆国にいる中国人の同僚によって、私にはわかりやすいものになった）。われわれの関連で興味を引くのは、著者が光波という物理学的な表象を太極[2]という道教の象徴から導き出すことによって、物理学的な光の放出をすでに述べられた心理学的な「増殖」の現象と直接に結びつけていることである。一方また、この著書の雰囲気と私の「物理学的」な夢におけるそれとの、同じくまたケプラーの著作におけるそれとの類似性が私の注意を引いた。そのころ初めて私は、その場合は**たぶん物理学的な概念における元型的な背景が問題であろう**、という考えを起こした。

さらに、すでに引用されたC・G・ユングの論文「心理学の精神」では、「心的」な衝動過程が**スペクトル**の赤外線の部分と、衝動意味の霊的な領域に属する元型的な像が紫外線の部分と比較されることによって、スペクトルの周波数と霊化の度合いの間の類似が明らかになる。[7] ここではなるほど、さしあたり合理的に構成された類推が扱われていると考えられるかもしれないが、しかし私には、赤、青、紫という色調についてのユングの特異な論究は、むしろ**直接に見出された象徴表現**を意味しているように思えた。これに関して何か確かなものは、この論説の本文からはたぶんほとんど読み取られないであろう。

それでも一般的には「背景物理」についての、また特に「周波数象徴表現」についての私の知識は、St・E・ホワ

イト[3]の注目すべき著作『遮るもののない宇宙 *The Unobstructed Universe*』によって、まったく思いがけなく、また本質的に拡張した。著者は私には、きわめて表面的な物理学上の知識しかなく、ほとんど批判的ではないし、またあまり教養がないように見える。つまり彼は、実用に固着することで一般的な概念には迫ろうとしない、著しい技師の心性を有している。このような彼の意識的な態度の状態に対して、彼の「アニマ」が補償的に、彼に抽象的な思考をさせることに最大の努力をしている。その著作の心霊術的な面はわれわれの関心を引かないが、われわれの目的にとっては**技師の夢**のように考察されうる。「アニマ」は著者に自然哲学的であることを要求する考えを押しつけるが、それ「アニマ」は特徴的な仕方で著者によって、果たして実際にこの分野における権威と認められ、またその考えは科学的な真理とみなされるのだ！

それでも現実には、やはり物理学的な概念の元型的な背景、特にこれに関して統一的な自然記述という目的をはっきりと明るみに出すという、その客観的な傾向の自発的な現れが問題である。**私が「背景物理」と呼ぶものが実現するための条件がこの場合は、実に申し分がなかった。**

われわれの目的のためには、とりわけその著作の「周波数 frequency」の章（一四四頁以下）が引き合いに出されるべきである。著者はこの中で、周波数は継続する段階が示唆される「意識の度合い」、「生命あるいは進化の潜在能力」を測定し、それはこの生命でさえ生じさせ、また「生じさせられたものの質はその中に含まれている」し、周波数は「動きにおける意識の統一」であって、それぞれの意識は動きの中にある、と言う。重要なのは、私が思うに、著者の以下のような指摘である。つまり英語では、「frequent」という形容詞は（「frequency」という名詞とは対照的に）「habitual」（習慣的）や「persistent」（執拗な）という意味をもつ。彼にとって周波数は、「go-stop」（歩み—停止）の連続という素朴で具象的な意味である。他方で「持続」は、彼にとって変わらないことではなく、継続する、つまりとぎれない広がりという意味であり、要するに持続的なのは、全体としての無限の連続体である。「周波数」という像は、この著者の場合も時間概念以前に心理学的であり、つまりそれはこれ「時間」を前提としない。それどころか通常の物理学的な時間は、「意識」のより高次の水準における真の（orthic）[4]時間の写しにすぎず、それは空間や動きと同じように、

「意識」の真の（「orthic」）局面と、妨げられた、あるいは遮られた（「obstructed」）局面との間の関係を作り出す。しかし、ただ一つの宇宙が存在するにすぎず、その宇宙には妨げられている局面と妨げられていない局面という、ほかならぬこれら二つがある、という著者の指摘である。

明らかに認識されるのは、これらの考えが、二重項分裂についての夢や、たぶん元型的な、明るかったり暗かったりする縞で構成される周期的な象徴と結びついて、私の心に浮かんだ連想と似ていることである。私の連想においても、周波数は安定した状態とその「意識の度合い」の特徴を示すものであり、一つの宇宙における二つの局面もまた、一方で妨げられていない「より高次」の、霊的で時間を超越したものと、他方で妨げられた、肉体の世界および通常の時間に縛り付けられているものとに区別されている。

明らかに、St・E・ホワイトによって用いられた概念に対しては、とても多くが批判的に言われるべきである。とりわけ「意識」という概念が、彼によって、西洋の科学的な精神にとってはほとんど受け入れられない仕方で使われているのである。われわれにとってそれは本質的に、認識する主観とは異なる客観が、知覚されたものとして認識する主観に対立させられるということは、われわれにとっては無意味な様相を呈する。それゆえ、「意識」という概念を［ホワイトのように］コスモスの全体に適用するということは、われわれにとっては無意味な様相を呈する。それが原因で、「意識の度合い」という概念もまたいくらかあいまいであって、私はそれを「霊化あるいは脱肉体化の度合い」と置き換えることをよしとするであろう。私には、他方の（相補的な）側に時間を超越した客観的な心があるのに対して、主観的な自我―意識は反対に物質や通常の時間の側にあるように思えるのである。

さらに私は、個人的な自我を超えて生き延びる、比較的に永続的な心的な内容の存在を受け入れることに対して、なるほど異議は認めない。しかし常に気をつけていなければならないのは、これらの内容が「それ自体」どのようであるかを確かめる可能性はない、ということである。われわれが観察しうるのは、他の生きている人の霊的な水準と個人的な無意識に、内容の現れ方が本質的に影響を及ぼす、その作用にすぎない(8)。「アニマ」の現象と表出に対する著者の危機的な賛美は、彼が三つ組みに停滞し、また決して四一性に迫らないことに対しても責任があるであろう。

もっともな批判にもかかわらず、しかしわれわれはこの著者の無意識の自発的な発現から、改めて「周波数」という表象が、心理学的に意識的─無意識的という対立の対と結びつけられ、その際に通常の時間概念は初めから前提とされないということを推定することができる。それに対して合理的には、周波数あるいは質量が、何かある意識の水準とかかわり合いがあるというのはまったく理解されえない。確かに事実上も、周波数あるいは質量に関する物理学上のデータの意識との直接の関連は存在しないし、より緩慢で重い原子が軽い原子と同じように意識をもたないのと同じく、迅速な物理学上の経過も意識なしに起こる。ところが、意識の水準と周波数の間の、スペクトル線の二重項分裂あるいは同位体の分離と意識化の際の心的な内容の倍加の間の、ここで説明された観念連合が直接かつ自発的に生じているのであり、それは、物理学では合理的にやはりア・プリオリには理解されえなかった周波数とエネルギー準位の間の関係が、自然においては容易に見出されていたのに似ている。

	物理学	心理学
客体	不滅のエネルギーと運動量	時間を超越した客観的心的なもの
主体	一定の空間─時間的な経過	自我─意識──時間

引き合いに出された材料から、それ以上の最終的な結論を引き出すことは困難である。それでもすべては、［以下に示す］相補的な対立の対のより深い元型的な対応を指し示しているように見える。外部から見られれば、ミクロ物理学的な生起でさえ、心的なものにおけるその「反映」が認識の可能性に対する必然的な条件になるので、元型的と解されうるであろうし、一方で心理学の側から見られれば、物理学的な法則は元型的な観念連合の「投影」であるように思える。

要約するならば、挙げられた材料に基づいて、われわれは次のように解釈することができる。つまり無意識は自発的に、相補的な対立の対の一方から他方へと写像を実行し、その時に一方の側のエネルギー準位あるいは質量値が、

他方の側の意識の水準に象徴的に一致するのである。

相補性という概念によって特徴づけられた状況の本質には何があるのか、これについては次のことで**満足せざるをえない**。つまりそれは、空間と時間における客観的つまりその観察の性質に左右されない物事あるいは事象による守りを外れて、**さしあたり見掛けは互いに矛盾する現実性の局面が調和しうることを認識することである**(9)。これは一つにまとめる象徴によってのみ可能であり、物理学においてその役割を演じているのは、抽象的な数学的関数である。

4 意識の積極的な協力と四一性の象徴表現の出現

ここで主張された見解によれば、四一性は物理学の内部では有効にならないであろうが、しかし物理学と心理学で構成される全体性には、物理学の相補的な対立の対が心的なものにさらに映されてまた見出されるかぎり、四一性は関係づけられるであろう。単に物理学的な対立の対や心理学的な対立の対だけではなく、**完全な四性**が本質的な役割を演じる現象が存在するであろうことは、たぶん考えられるし、私にはそれどころか納得がいくように思える。そのような現象の場合は、「物的」と「心的」というような概念的な区別は、もはや有意義には定義されないであろう（原子の現象の場合に「物理学的」と「化学的」の区別が往々にしてその意味を失うのに似て）。

私は、十分に基礎づけられたであろうことについてはまだ何も言うことができないが、しかし締めくくりおよび見通しとして、四一性が本質的に入り込むこのつながりにおいて、なお二つの、一つの全体をなしている夢を引き合いに出したい。二つの夢は、ケプラーについての私の研究が一段落したとき、今年の三月半ば(10)に四日の間隔で生じた。次に、これらの夢を正確に引用してみる。

夢I

私の最初の物理学の師匠が私に現れ、「水素原子の基底状態の分裂における変化が肝要である。金属板には青銅の音が刻み込まれている」と言う。それから私はゲッティンゲンへ行く。[5]

夢Ⅱ

（七つの続いて起こる像。言葉はただ最後でだけ語られ、それも私自身によって）。

像1　一羽の鳥を抱いた女性がやって来る。この鳥が大きな卵を一つ産む。

像2　この卵はおのずから二つに分かれる。

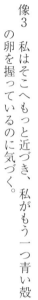

像3　私はそこへもっと近づき、私がもう一つ青い殻の卵を握っているのに気づく。

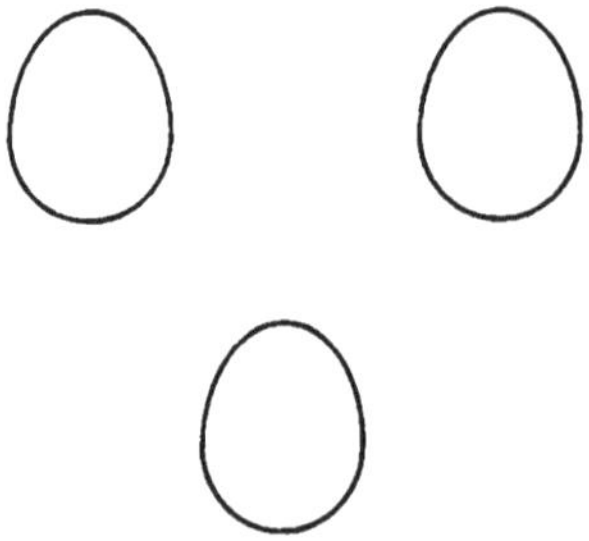

像4　私はこの最後のものを二つに分ける。不思議にもそれらはそっくりそのままであり、つまり私はこの時、青い殻の卵を二つ持っている。

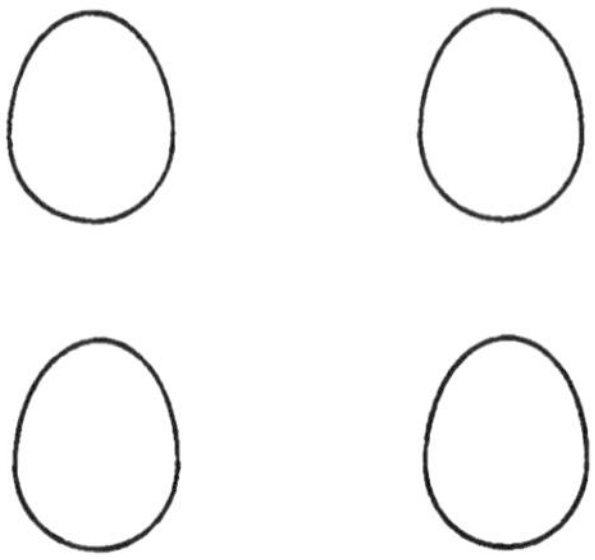

像5　四つの卵は、次のような数学の式に変化する。

$$\cos\delta/2 \qquad \sin\delta/2$$
$$\cos\delta/2 \qquad \sin\delta/2$$

像6　公式が生じる。

$$\frac{\cos\delta/2 + i\sin\delta/2}{\cos\delta/2 - i\sin\delta/2}$$

像7　私は「全体が結局は $e^{i\delta}$ を与え、それは円である」と言う。公式は消えて、円が現れる。

夢Iについて認められるべきは、それが明らかに、スペクトル線あるいはエネルギー準位の二重項への分裂が問題になる夢のグループに属している、ということである。だがそれは、この種の以前の夢には存在していなかった特質を含んでいる。第一に、物理学においては外的な電磁気の力の場によってのみ可能になる、分裂における変化が問題になっている。心的なものにおいてそれに対応するのが、意識の干渉である（夢IIがそれを裏付ける）。H原子（水素原子）は、正の電荷をもつ原子核の周りをただ一つの負の電子が回っているだけなので、すべての原子のうちで最も簡単なものである。したがってそれは同時に、最も単純な「対極的な対立」を表わしている。さらに、最も軽い原子核としての「プロトンProton」[6]は、そのほかのすべての重い核の構成要素である。それゆえ、ともかく「最初のもの」を意味する「プロトン」[7]は、宇宙開闢説的には始まりを指し示している。宇宙開闢説的な像はその上、常に意識化の過程と結びついている。金属板はそれ自体としては少しも象徴ではなく、相対的に変わることのない形における物質的な物体界（ピュシス）を代表する。本来は七つの金属[8]（同じく七つの惑星もまた）が想定されたが、夢IIにおいては七つの像が存在している。音[9]はそれに対して、象徴として使われるのにとても適しており、その音楽との関係では、それは形を与えられた感情、つまりまさに物理学が表現しえないものを表わす。その天球の音楽（私はともかく当時はちょうどケプラーに関して非常に忙しかった）との関係においては、それは宇宙的な特性を有している。音響学上の現象としてそれはやはりピュシスに属し、それだから同時にピュシスとプシュケーを一つにまとめる象徴である。それは私には、まさに「元型」とみなされうるものとして現れている。われわれがもし「青銅の ehern」を青銅より永続する aere perennius、つまり不滅で時間を超越していると解釈すれば、夢は元型が物質にもそのしるしを刻印し、それでピュシスとプシュケーは不可分の化合物を形成する、という意味になる。このことはしかし、基底状態（始まりの状態）の分裂における**変化**の結果であるように見える。ここでは、**心的な内容したがって元型もまた、それらが観察されることによって**、つまり人間の意識の干渉によって**のみ変化する**という考え方を首尾一貫して固持することが試みられるべきである。元型に関しては、これはC・G・ユングがすでに長いこと指摘してきた、「無意識的な世界像の世俗的な変位」である。[11]（この点については、2節の終わりにエネルギー概念の変更に関して述べられたことを参照）。それを超えてなお元型の**自発的**な変更を想定することは、私にはあまり満足のゆくことではなく、また必要ないように思われる。夢Ⅰに関する客観的な（個人的なものに左右されない）陳述は、私には人間の意識の発展が、とりわけミクロ物理学が別の元型的な表象へと接近することによって、ピュシスとプシュケーが不可分に「元型的」に結合している状況を引き起こした、ということを示唆しているように思える。それから私はゲッティンゲンへ行くが、そこは物理学ばかりではなく、特に重要な数学もまた実に大いに推進されている場所である。

夢Ⅱの夢Ⅰへの密接した関係が明白であるのは、自発的に発生した二つの卵[12]という像2が「基底状態」と解され、そこで像3および4における「自我」の干渉によって、結果として「基本的」な**変化**が生じているからである。この変化は、二元性の鏡像によって実現する四性の出現において成立する。この出来事でもって夢Ⅱは夢Ⅰを超える。実際に、夢Ⅱは「マリア・プロフェティサの公理[13]」に完全に対応する。第三のものからまず、さらに即座に一なるものに移っていく第四が生じる。後者は私には、独特な仕方で数学を通して実現する。

公式

$$\frac{\cos \delta/2 + i \sin \delta/2}{\cos \delta/2 - i \sin \delta/2} = e^{i\delta}$$

は数学的に正確で、また距離による複素数の表現では $e^{i\delta}$ は、常に「単位円」(半径1の円)にある数であって、デルタ δ は任意の大きさと解され、こうして $e^{i\delta}$ は実際にこの円を表現している。

虚数単位 $i = \sqrt{-1}$ は、通常の数には含まれていないゆえに典型的な象徴であり、この象徴の導入は多くの数学的な命題にまずは単一で分かりやすい形を与える。この夢においては、それは対立の対を一つにまとめ、それでもって全体性を確立する非合理的な機能を有している。

数学上の細目にわたることなしに、けれども私がここでただ強調したいのは、私にとって数学的な表現は真の意味で kat exochen 象徴的な記述であるので、私は数学的な自然記述と象徴的なそれとの間の対立を認めることができない、ということである。(14)

引き合いに出された二つの夢の「解釈」を与えることができるとは、私は決して要求しえないし、それどころか私には、そのような解釈には**あらゆる**科学の発展が必要とされるであろうかのように思える。夢Ⅱにおける一なるものの確立に対して、数学的な記号が演じている決定的な役割は、いずれにせよ私には、数学的な象徴表現の一つにまとめる力が、今日まだなかなか汲み尽くされていないことを証拠立てているように思え、私はその上これが、物理学よりもさらに先に達していることはありそうなことだと思っている。

物理学はその定義に従って、自然における**規則的なもの**を概念的に表現しなければならず、またそれゆえその注意を、**再現可能なもの**、および量的に測定可能なものだけに向けなければならない。この物理学の本質にある制限の結果として、すべての情緒的なもの、価値的なもの、情動的なものがその外部で心理学的な反対側にとどまるばかりではなく、この根源に、とりわけ原子の事象の場合には個々のケース(特殊ケースは別として)をとらえることは原則的にあきらめなければならないという、その陳述の**統計的な性質**も由来する。それでもこの場合は、物理学の内部での量子理論の不完全性ではなく[15]、生全体のうちにおける物理学の不完全性が問題なのである。

数学は他方において、量的なばかりではなく、例えば整数論や位相幾何学において明るみに出る質的な側面もある。数学によって創造された、例えば**リーマン面**のような表象は、「自己」とみなされる新しい中心の意識化と結合した、時間概念の相対化を象徴的に表現するのにとても適している。この点と結びついた、一回的なものを一般的なものと、象徴的に一つにすることを詳しく取り上げることは、この論説の範囲の外になる。

われわれの世界像の統一に向けられた傾向から見られれば、一方におけるディオスクロイの神話[11]と、他方におけるスペクトル線の二重項分裂および同位体の分離とを、すでに包括するくらいになっている領域において、つながりが起ころうとしているのは喜ばしく思われる。

［パウリによる注］

（1） C. G. Jung, *Psychologie und Alchemie*, (Zürich: Rascher, 1944), pp.437f.［邦訳 池田紘一・鎌田道生訳『心理学と錬金術』Ⅱ、人文書院、一九七六年、一三九頁以下］

（2） Vgl. R. Wilhelm und C. G. Jung, *Das Geheimnis der goldenen Blüte*. (München: Dorn. 1929), 1. Aufl., pp.139f. R・ヴィルヘルム、C・G・ユング著『黄金の華の秘密』［ドイツ語版］第一版、一三九頁以下、特に図を参照。［湯浅泰雄・定方昭夫訳『黄金の華の秘密』人文書院、一九八〇年、二一七頁以下］

（3） 「増殖」のもとに、**一対の対立が互いにまさしく均衡を保っている瞬間に実現しうる**、心的な状況の反復あるいは拡張の傾向が理解されうる。今日では私にはよく分かっているが、この現象は西洋の錬金術においてさまざまに言及されている。最初に私はそれを、**ヴィルヘルム**によって翻訳された、『黄金の華』（［ドイツ語版］第一版、一四二頁）のテキストで知るようになった。「効果のある瞑想についての書」は、「太陽は大いなる水に沈み、**樹木の列による魔法の像**が生じる」と言う。太陽が沈むことは、混沌において……基礎が置かれることを意味するが、それが極から自由な状態（無極）である。そこでは引き続き、

易経における振動（あるいは雷＝震 Dschen）という卦が引き合いに出される。この卦に対する注釈は、ここで論じられた周波数の象徴表現一般にとって重要である。「増殖」は、**注釈**においては「**震動は百マイル離れて驚かす**」と釈義されている。

（4）**ヘンリー・ジェイムズ** Henry James（一八四三—一九一六年）の小説『密林の野獣』を参照。そこでは、「見知らぬ女」がジャングルを切って進む虎と比較されている。これは縞模様である。

（5）この主張は説明を必要とするかもしれない。もし夢において対象がそのような縞模様で現れれば、それは不安を引き起こす。恐れられたものは、対立の対へと引き裂かれることであり、極端な場合が**死の不安**である。死はその際、対立の対への崩壊として現れる。恐れられたものは、けれども「対極的な対立」そのものにではなく、単に強すぎる「振動の強度」にある。この点については、すでに引用された、『易経』の卦である「震」（雷）の注釈における「驚き」をも参照。

（6）C・G・ユング「心理学の精神」エラノス年報、一九四七年。特に第六節。[C. G. Jung, "Theoretische Überlegungen zum Wesen des Psychischen," G. W. 8, pp.210ff.]［林訳「心の本質についての理論的考察」『元型論』増補改訂版所収、紀伊國屋書店、一九九九年、三二〇頁以下。この邦訳では、ルミノシティー Luminosität［光度］は「明かり」と訳されている。］——ユングは多様なルミノシティーを、元型と結びついた「小さな意識現象」と解釈している。アニマが集合的無意識に汚染された劣等機能として、さらにこの〈多様なルミノシティー〉の謎めいた担い手として現れうることが、縞模様の第二の見解には適しているように私には思える。（夢に基づく個人的な経験では、〈アニマ〉はその場合、中国女性として現れる。さらに夢では、夜に目がみえる聖なる鳥、あるいは〈ホライモリ〉として現れた〈フクロウ〉が話題になる。）

年代順に述べたいのだが、縞模様の第一の見解が私にはすでに久しい以前からよく知られているのに対して、第二の見解は引用されたC・G・ユングの論説による、後になっての見解である。

（7）上述の箇所、四五七頁。

（8）**A・ハクスリー**（一八九四—一九六三）は彼の小説『時は停まるにちがいない *Time must have a stop*』で、死者の霊との興味深い思考実験を描写している。[Aldous Huxley, *Time must have a stop*, (New York and London; Harper & Brothers, 1944).［上田勤訳『時は止まらねばならぬ』上・下、角川文庫、一九五三年］］後者［死者の霊］はある心霊術の会議で、霊媒たちが、彼が本来言いたいことのすべてを誤解し、そしてねじ曲げるという、彼にはきわめて不愉快な経験をする。

（9）この状況は、計測によるその検査可能性には原理上の限界があるという認識によって獲得される、物理学内部での「波動」や「粒子」のような具象的な表象の使用が調和しうることにも、また生命や魂のような心理学的な概念が、もし絶えず物理学的な計測が実行可能であるならば、物理学的な法則の例外のない妥当性の仮定と調和しうることにも該当する。物理学においては決定論的な解釈は見捨てられているので、魂が物理学的な法則を破りうるあるいは破るに違いないという生気論的な解釈にこれ以上固執するいかなる根拠ももはや存在していない。物理学的な法則が他の観察方法や考察方法（生物学や心理学）に対して、魂が物理学的な法則を破ることなしにその「目的」のすべてを達成しうるような多くの余地を残すことは、それどころか「宇宙の調和」の本質的な部分であるように思える。

決定論的（機械論的）な考察方法と生気論的なそれとを互いに相補的な思い違いと解する原則的な態度と、C・G・ユング（「心理学の精神」『エラノス年報』、一九四七年）によって表明された、魂は物理学のエントロピーの法則を破りうるという考えとは、まったく相容れない。ここで主張された見解にとって、エントロピーの法則がもともとめんどうなことにならないのは、熱力学が明確に、部分系における無秩序な状態から秩序あるそれへの移行について、ここで同時にこの系の外部で補償的なエントロピーの増加（つまり無秩序の増大）が生じる場合は、その可能性を認めまた促進するからである。

あらゆる生命現象の場合は、食物の燃焼というよく知られた生理学上の代謝事象がはるかに、エントロピーの全体的な平衡が、熱力学の第二法則によって要求される全体にわたるエントロピーの増大と調和しうることを保証するのに十分である。

(10) 私の経験によれば、私の場合は四一性の象徴表現と、とりわけ何か新しいものの誕生が本質的な役割を演じる夢は、主として昼夜の長さが等しくなる季節、つまり三月の終わりかあるいは九月の終わりに生じる。ここで引き合いに出された二つの夢は、典型的に「昼夜平分時の夢」である。二つの昼夜平分点は私の場合、否定的にも肯定的（創造的）にも現れる、比較的に心的に不安定な時節である。

(11) 『心理学と錬金術』［ドイツ語版］一八一頁、参照。

(12) 「卵」については、同右、二七七、二七八頁。

(13) これについては、C・G・ユング『心理学と錬金術』［ドイツ語版］、チューリッヒ一九四四年、序論、四一頁、参照。公理の文言は「一は二となり、二は三となり、第三のものから第四のものとして全一なるものの生じ来るなり」（邦訳『心理学と錬金術』I、四〇頁）である。

(14) 私は、数学的な才能についての、次のような心理学的な定義は正しいと信じている。つまり、数学的な記号が象徴となる力を生まれつきもっている人は、数学の才能があるということである。

(15) 何人かの年長の物理学者たちはこの立場を支持するけれども、たいていの物理学者たちによっては、また私によっても受け入れられていない。

［訳注］

1　目的志向性と訳したZielrichtungは、それ以上合理的には説明できない、人間のエートスに根ざした、目的への恒常的な方向性を意味する。

2　ドイツ語原文ではTsi-Giであるが、Tai-ji（太極）として理解した。

3　ドイツ語原文ではE. St. Whiteであるが、正確にはStewart Edward Whiteであるので、そのように修正した。なお、St・E・ホワイト（一八七三―一九四六）はアメリカの小説家でスピリチュアリストである。

4　ホワイトがギリシャ語のorthos（真の、正しい）に独自の意味を込めてそれを名詞化し、さらに形容詞の形にしたもの。ちなみに、英語のオーソドックスorthodoxの語源的な意味は、ギリシャ語に基づき「正しい（orthos）意見（doxa）」である。

5　この夢は書簡60で「a　**私の夢の物理学的な象徴言語**」として取り上げられている。

6　陽子といわれる、水素原子の原子核。

7　protonは語源的にはギリシャ語で「最初」を意味するprotosに由来する。

8　古代では金、銀、鉄、水銀、錫、銅、鉛の七種の金属が七金属元素と呼ばれた。

9　夢Ⅰに示されている「青銅の音」における「音」。

10　夢Ⅰに示されている「青銅の音」における「青銅の」。

11　ディオスクロイはギリシャ神話における双子の兄弟を意味し、具体的にはポリュデウケスとカストルである。その神話はさまざまに言い伝えられてきているが、パウリのこの論説にかかわるかぎりで要点を記せば、次のとおりである。ディオスクロイの神話とはそもそも、白鳥に姿を変えて求愛したゼウス（神）と交わったレダが、その後で人間の夫テュンダレオスとも交わり、その結果ゼウスとの間に二つの卵（ヘレネとポリュデウケス）、夫テュンダレオスとの間にも二つの卵（クリュタイムネストラとカストル）を産む。したがって、ポリュデウケス（神の子）とカストル（人の子）の兄弟が双子であるのは、神話的には神と人との間の密接な関係［あるいは相補性］を表わす。またレダ自身が鳥であることから、それを一つの卵とみなせば、一つの卵からそれぞれ親の違う二つの卵が産まれ、合わせて四つになり、夢Ⅱにおける卵が分裂して四の数になることと対応している。

付録2　パウリのH・R・シュヴィーツァー（プロティノスの専門家）宛二通の書簡

以下の二通の書簡[1]は、パウリが真剣にプロティノスに取り組んでいたことを裏付けている。

［1］パウリからシュヴィーツァーへ

チューリッヒ州ツォリコン、一九五二年一月二七日
［手書き］

拝啓シュヴィーツァー博士
プロティノスについての論文の送付に大いに感謝するとともに、私はすでにそこからかなり貴重な刺激を受けています。それであえて、私が目下のところ特に哲学史的に関心があることを手短に述べ、新プラトン主義との関連で引き続き、なおあなたにいくつか質問をしたいと思います。
それは〈善の欠如 privatio boni〉、つまり悪は「非存在」で「善の欠乏」にすぎないという観念、あるいは教理についての対話に関係しています。（ちなみに私自身は、何と言ってもすでにグノーシス派の人たちが事実またそうであったように、この観念に対してはとても消極的ですが、しかし今はそのことではなく、事柄の**歴史的**な側面のみが論議されています）。この場合、私と何人かの私の友人たちとの間で一種の食い違いが生じたのですが、彼らはこの観念が**キリスト教**特有であると主張し、その際とりわけこの教理が明確に展開されている**バシレイオス**[2]と**アウグスティヌス**[3]を引き合いに出しました。彼らはまた、この観念が神は最高善 summum bonum、つまりまっ**たくの善**であるという、すでに初期キリスト教の教えと関連していることを指摘しました。さて、私はプロティノス[4]を、ハーダーの翻訳で（もちろ

ん全体ではなく、部分にすぎませんが）読んで知っていました。私が〈善の欠如 privatio boni〉[1]を指摘したのは、Ⅱ9（グノーシス派に対して）[5]、さらにはプロティノスにおけるヘン hen［第一なるもの］とアガトン agathon［善］との同一視に基づいてです。（プロティノスの〈一者〉の〈否定神学〉における、善を超えるもの hyperagathon[6] という言い回しは私にはよく知られていましたが、私はプロティノスを体系的な思想家ではなく、論理的な矛盾をしばしばまったく回避しようとはしない直観的な感情タイプ[2]とみなしています。それでなるほど、プロティノスの「一者」についての**肯定的**な陳述は事実また、他の箇所で述べられている「一者」の**否定的**な神学と矛盾します）。確かにプロティノスの場合、〈善の欠如〉は論理的に、ヘン［第一なるもの］とアガトン［善］との彼の同一視と結びついています。〈質料〉（ヒュレー hylē）を単なる欠如とみなす、また絶対的な悪と一致するとみなす、似たような見解を私は見逃しませんが、しかしプロティノスは質量のもとに、たぶん私たちとは何かまったく別のもの、ことによるとアリストテレスともちがった何か別のものを理解しています（?.）

私の側からのこの返答に対して、その時は私の知り合いの一人が、プロティノスはこれに関してたぶん初期のキリスト教徒に影響を受けていたのだろう、という推測を述べました。これは私には、すでに純粋に直観的にとてもありそうにないことで、その逆（後になってキリスト教徒がプロティノスの影響を受けたということ）こそが、人を納得させるに足るように私には思えました。目下の事情では、私は専門家なしには、その先へ進むことができませんでした。

それで私は先日、ご存じのように、ホーヴァルト教授に会いましたが、この人は私の質問に対して即座にとてもエネルギッシュに、プロティノスの場合にキリスト教の**どの**影響**も**否定しました。彼は、まだプロティノスの時代には、キリスト教徒のなかで霊的とみなされるべき人はいなかった、と付け加えました[3]。それに対して彼が強調したのは、グノーシス派の人たち（私の考えでは、一部は当然にも）が、プロティノスの人生をまさにつらいものにした（そのことは私にもよく知られていました）、ということでした。それから彼は私に、プロティノスについてあなたの書かれたものを読むことをとても勧め、あなたが今やそのことを可能にしてくれたことを、私はとてもうれしく思います。

特に私の関心を引いたのは、バシレイオスとオリゲネス[7]が直接的にプロティノスの影響を受け（類似：ヌース nous［直観、理性］——神の子、プシュケー（世界霊魂）——聖霊[4]、さらにプロティノスはアウグスティヌスによく知られていたとするあなたの立証です。同じように私は、アルビノスの『プラトンの教説要綱』[8]に関するあなたの指摘に大いに関心を抱きました。（彼はいつ生きていたのですか）。

最初に純粋に直観的に形成された私の見解[(5)]、つまり善の欠如の教理および、第一なるもの（ヘン）と善 bonum（アガトン）との同一視は、もともと異教的新プラトン主義的なものであって、そこからキリスト教に移っていったということが、したがって今やかなりよく裏付けられたように見えます。そうであれば、これら二つの論証されるべき命題（結局は直接に相互に関連している）が、すでにプロティノス以前に、古代末期（特にキリスト紀元の最初の二世紀）の異教的な著者たち（新プラトン主義者たちや新ピュタゴラス主義者たち）に見つかるかどうか、あなたからお聞きすることは大いに私の関心を引くことでしょう。（これらの命題は私には、新プラトン主義的な感受性のありようの標準的な定式化であるように思えます）。

専門家に聞くことなしには、私はこれらの質問に答えることができません。あなたの手腕と、前もってあなたのお骨折りにも心から感謝しつつ

敬具
パウリ

[パウリによる注]

（1）申し訳ありませんが、privatio に相当するギリシャ語の単語を教えてくださいませんか。私はギュムナージウムでいくらかギリシャ語を学んでいます。

（2）ショーペンハウアーはプロティノスを、今日の説教師が福音に対するのと同じくらいに、プラトンを「平板化する」「説教師」とみなします。——彼はしかしその場合、『エンネアデス』の第四論集は「卓越している」と賞賛しています。

（3）私はかつてタティアノスとサルデスのメリトン（二世紀）[9]が引用されているのを見たことがあるのですが、これらの著者がキリスト教徒であったのかどうかは知りません。しかし私は、彼らが〈新プラトン主義者か新ピュタゴラス主義者〉であったと推測しています。

（4）ヘン［第一なるもの］、ヌース、プシュケーというプロティノスの「三位一体」は、もちろんキリスト教の三位一体の場合のように同格の構造ではな**く**、**上下**に配置されています。

（5）私は、**そのつもりであれば**、「存在している」物事と「存在していない」それとのパルメニデス[10]の区別も、同じくプラトンもまたこの方向で詳しく述べることが**できる**、ということがだいたい分かっていました。――さらに私の注意を引いたのが、スコトゥス・エリウゲナ[11]もまた、キリスト教的である以上に新プラトン主義的であるにせよ、きわめて過激に善の欠如を主張して闘っていることでした。彼の直接の源泉はたぶん、何と言っても彼が翻訳をしたディオニシウス・アレオパギタ[12]です。

［訳注］

1　二通の書簡はともに、ユングとの往復書簡集の書簡55の内容の一部にかかわるものであり、書簡55の日付が同年二月二七日であるから、そのほぼ一ヵ月前に書かれたということになる。なお二通の書簡は、本文にもあるように、パウリの「哲学史」ないし精神史的な関心に基づいているので、そのことを踏まえ、書簡の流れを補足するかぎりで訳注を付した。

2　バシレイオス Basileios（三三〇頃―三三七）は、「三位一体」の正統的な教義の確立を推進したギリシャ教父である。

3　アウグスティヌス Augustinus（三五四―四三〇）は、初期キリスト教における西方教会最大の教父で、悪は善の欠如であるという意味で悪の非存在性を主張した。

4　プロティノス Plotinos（二〇五頃―二七〇）は、プラトンの教えに基づいて独自の体系を築いた新プラトン主義の哲学者である。彼はヨーロッパ古代末期の思想界を代表し、その思想は古代キリスト教会最大の教父であるアウグスティヌスに受け継がれ、キリスト教の神学と結びついた。著作は『エンネアデス』。

5　II9とは『エンネアデス』と呼ばれるプロティノスの論集における第二論集の第9論文を指し、その論文の題目〈グノーシスに対して〉とは、具体的には「世界創造者は悪者であり、世界は悪であると主張する人々に対して」という意味である。世界の名著15『プロティノス、ポルピュリオス、プロクロス』（中央公論社、一九八〇年）参照。

6　原文はギリシャ語表記であるが、明らかにつづりがまちがっており、書簡55の注（9）を参照して「善を超えるもの hyperagathon」とした。なおギリシャ語に限らず、引用される概念等にはつづりのまちがいが散見されるが、それがパウリの手紙自体の問題なのか、印刷の際の誤植なのかは判然としない。

7　オリゲネス Origenes（一八五頃―二五四頃）は、キリスト教の教義と新プラトン主義的な哲学を融合しようと試みた、古代キリスト教の代表的な神学者である。

8　ドイツ語原文には Albinos didasc. とあるが、アルビノスの著作『Didaskalikos（プラトンの教説要綱）』と解した。なおアルビノスは、二世紀中葉における中期プラトン主義の哲学者である。

9　タティアノス Tatianos はシリア生まれのキリスト教護教家、サルデスのメリトン Meliton v. Sardes は小アジアのサルデスの司教であった。なおタティアノスは後年、グノーシス主義的な傾向のために異端とされた。

10　パルメニデス Parmenides（前五一五頃―前四四五頃）は、『ペリ・ピュセオース』（ピュシス［自然］について）において、「存在している」ものがあり、「存在していない」ものはないという原理から、「存在している」ものを対象とする理性のみが真理をとらえるとする。存在と非存在、存在と思惟という哲学の根本問題の基礎をおいた哲学者である。

11　スコトゥス・エリウゲナ Scotus Eriugena（八一〇頃―八七七頃）は、ラテン世界に新プラトン主義を導入した、ヨーロッパ中世初期の神学者かつ哲学者である。

12　ディオニシウス・アレオパギタ Dionysius Areopagites は六世紀頃に東方キリスト教会に現れた人物で、キリスト教の教説という外観で装いながら新プラトン主義的な思想を説いた。

［2］パウリからシュヴィーツァーへ

チューリッヒ州ツォリコン、一九五二年二月三日

［手書き］

拝啓シュヴィーツァー博士

実際に私の質問に可能なかぎりで答えて下さるように、詳細にお書きいただいたことに対し、厚くお礼を申し上げます。今や私は、善の欠如という教理のもともとの原型が、ヒュレー［質料］とステレーシス stērēsis［欠如］[1] との同一視(1)である、という確かな印象を受けています。（あなたはそれどころか、それに対するアリストテレスの論争に言及しています）。それはさしあたり倫理とか道徳とかとは何の関係もなく、それどころか私を私の本来の領域である自然哲

学へと連れ戻します。それだからそれは、善の欠如は別にして、それ自体としても私の関心を引きます。「存在している」物事を「存在していない」それから区別すること（パルメニデス）もまた自然哲学的であって、倫理的ではありません。

ところで、キリスト紀元の始まるところで、――しかしキリスト教とは関係なく、異教の（新ピュタゴラス的また新プラトン主義的な）哲学者たちの場合にも、あらゆる対立の対が倫理的―道徳的な色合いを帯びて、どことなく善い―悪いというような対立―対に関係づけられたように見えます。こうして、あなたが言うように遅くともモデラトス[2]によって、ヒュレー［質料］が当時はカコン kakon［悪］と、おそらくはそれでもって同時にト・ヘン to hen［一者］がアガトンと同一視されたのです。そのあとでそこから、それ以上のことがおのずから生じましたが、これらの観念はもちろん、比較的古い哲学者たちを**解釈すること**として登場してきたわけです。

さしあたりあなたに心から感謝申し上げるとともに、いつかあなたに直接お目にかかる機会が訪れることを期待しつつ

敬具
W・パウリ

［パウリによる注］

（1）この同一視がプロティノスの場合に存在していることを、私はよく知っていましたが、しかしアリストテレスの論争は知りませんでした。

［訳注］

1　このステレーシスが、前便［1］の注（1）で問題になっている「privatio に相当するギリシャ語の単語」である。

2　モデラトス Moderatos（一世紀）は、精神史的にはプロティノスの先駆けとして理解される、新ピュタゴラス主義の哲学者である。

付録3

パウリ自身による要約

チューリッヒ心理学クラブの[1]『一九四八年度報告書』（三七—四四頁）[2]に掲載された、チューリッヒ心理学クラブで四八年二月二八日と三月六日に行なわれた、パウリの二つの講演についてのパウリ自身による要約。

ケプラーにおける自然科学的な理論の形成への元型的な表象の影響

講義の対象が歴史的であるにせよ、科学的歴史的な事実の単なる列挙ではなく、また何はさておき偉大な自然研究者の評価でもなく、むしろ歴史的な実例に基づいて、自然科学的な概念や理論の成立と展開に関して、一定の観点を図式的に説明することが問題である。

経験的な材料からのみ実践的に自然法則が確実に取り出されうるが、そのような純粋に経験主義的な把握とは対照的に、多くの物理学者たちによって同時にまた、自然法則の体系つまり科学的な理論の編成に必要な、経験をはるかに超える一般的な概念や観念のもとで、注意の方向と直観の役割が新たに強調されている。ところで、この純粋に経験的ではない把握の立場からは、いったいどのような橋が[3]、一方で知覚と他方で概念との間をつなぐのかという問題が生じる。たいていはこの代わりに、現象の世界とは異なる、われわれの意のままに取り上げられた、宇宙の秩序という要請を導入することで十分であるように見える。「自然物の観念への関与」について語ろうと、あるいは「形而上学的な、つまりそれ自体として実体的な物の振る舞い」について語ろうと、知覚と観念との間の関係は、認識する者の魂も知覚において認識されたものも、客観的に考えられた秩序の支配下におかれるという事実の成り行きでしかない。自然におけるこの秩序に対するどの部分的な認識も、一方では現象の世界に関係し、他方では一般的な論理的な概念を「理想化しつつ」用いることによってこの世界を超える、という陳述の定式化に帰着する。したがって自然を理解するという事象も、人間が理解する際に、つまり新しい認識という意識化の際に感じる心の底からの満足も、人間の心において先在する内的な像が、外的な客体およびその振る舞いに重なることに基づいているように見える。自然認識のこのような把握は、よく知られているようにプラトンに立ち返り、またケプラーによってもきわめて明確に主張されている。後者は実際に、神の霊に先在しており、また神の似像としての魂の―内へと―創造された観念について語っている。魂が生まれつきの本能の助けを借りて知覚しうる原像を、ケプラーは元型的 archetypisch と呼ぶ。これと、ユング教授によって現代の心理学に導入され、「表象の本能」として機能する「原初の像」あるいは元型との一致は、とても著しい。現代の心理学はどんな理解することでも、意識内容を合理的に定式化しうる前に長い間、無意識における経過を通して下準備が整えられる、時間のかかる過程であることを証明することによって、それは同時にまた、認識の前意識的な、古代的な段階に注意を向けている。この段階には明確な概念の代わりに、強い情動的な内容を伴う像が存在しているが、それは考えられたのではなく、いわばなぞりつつ眺められるものである。これらの像が「予感されたが、しかしまだ知られてはいない事態」に対する表現であるかぎりでは、それはユング教授によって提示された象徴の定義に従って、象徴的とさえみなすことができる。この世界において象徴的な像を配置する操縦士や造形美術家として、元型は知覚と観念との間に求められた橋渡しとして機能し、またそれゆえ自然科学的な理論が成立するための欠くべからざる条件である。それでも認識のこのア・プリオリを、意識へと移し、一定の合理的に定式化しうる観念に関係づけることがないように、やはり用心されなければならない。

元型的な表象と自然科学的な理論との間の関係を図式的に説明する目的にとって、ヨハネス・ケプラー（一五七一―一六三〇）が特に適しているが、それは彼の観念が、彼以前の魔術的―象徴的な自然記述と、現代の定量的―数学的なそれとの間の中間段階を表現しているからである。彼の最も重要な著作（以下においては付された番号でもって引用される）は、次のとおりである。

1『宇宙の神秘』Mysterium Cosmographicum、第一版一五九六年、第二版一六二一年。

2『ウィテリオについての補足』Ad Vitellionem Paralipomena、一六〇四年。

3『新星論』De Stella nova in pede serpentarii、一六〇六年。

4『新天文学』De motibus stellae Martis、一六〇九年。

5『仲介する第三者』Tertius interveniens、一六一〇年。

6『屈折光学』Dioptrice、一六一一年。

7『世界の調和』Harmonices mundi（五巻）、一六一九年。

8『コペルニクス天文学の概要』Epitome astronomiae Copernicanae、一六一八―一六二一年。


簡潔に指摘されるが、ケプラーの有名な惑星運動に関する三つの法則は、その後間もなく（一六八七年）[4]ニュートンがそれに基づいて彼の重力〔万有引力〕の理論を基礎づけることになるが、もともとケプラーが求めていたものではなかった。彼は生粋のピュタゴラス学派の精神的な後継者で、天球の音楽という古い観念に魅了され、また彼にとっては美のすべてがそこにある、調和のとれた比例を至る所で求めた。彼にとっては幾何学が最高の価値に属していて、その定理は「永遠に神の霊においてある」。彼の原則は「幾何学は世界の美の元型である」（Geometria est archeypus pulchritudinis）というものである。

簡潔に伝記上の概略が述べられた後で、ケプラーにおける元型的な表象の位階的な配置について詳細に論評される。その最高位には、目に見えない三位一体的なキリスト教の神性が位置している。神特有の存在形式を表わす最も美しい像が、ケプラーにとっては三次元の球形である。すでに彼の初期の作品において（1）、彼は「三位一体的な神の写像が球形に、つまり中心に父、球面に子、そして中心点と間隔（あるいは円周）との関係性の釣り合いに聖霊がある」と言っている。これによって三位一体の、空間の三次元性との関連が作り出される。中心点から球面へと経過する動きあるいは流出――彼の場合は新プラトン主義者（特にプロティノス）との緊密なつながりにおいて絶えず反復された像――は、彼には創造の象徴的な形象であり、それに対して湾曲している表面が神の永遠の存在を表わすことになる。前者を外向性、後者を内向性と結びつけていることが理解されうる。ケプラーの後期の著作（2、5、7）からは、神的な霊における観念に従ってケプラーが、神の次に低い写像として物体界において、それはそれで三位一体の天球的な像として、これよりも完全ではないにしても現実化される、中心点として太陽がある天体を考察していることが証明される。光と熱、ひいては生の源として中心にある太陽は、彼にはとりわけ父なる神を表わすのに適している。この対応の観念はケプラーの場合、原初的に存在するとして想定されている。彼は、この元型的な像を背景に太陽や惑星を眺めているので、宗教的な情熱をこめて太陽中心的な体系を信じている。この太陽中心的な信念がきっかけとなって、彼はその後、創造の美における真の表現として、惑星運動の比例における真の法則を探るようになる。

後に論じられる、ケプラーと、伝統的な錬金術の代表的人物としてのフラッド[5]の激しい衝突に関して重要なのは、ユング教授によって**マンダラ**と呼ばれた型と球形において共通するケプラーの象徴が、四一性あるいは四つ組みに対する何の指摘も含んでいない、ということである。これはことによると、ケプラーの天球の像には時間の象徴表現が欠けていることと関連しているかもしれない。直線的な、中心から離れて方向づけられた動きが、ケプラーの象徴に含まれている唯一のものであるが、これは球面によって受け止められるかぎりは、象徴は静的とみなされうる。ケプラー以前には、三位一体がこの特別なやり方で形象的に表わされることは決してなかったし、ケプラーは自然科学的な時代の始まりに位置しているので、ケプラーのマンダラが意味の上でははるかにケプラー個人を超えて、われわれが今日古典的と呼ぶような自然科学を生じさせる立場、あるいは魂の態度のようなものを象徴化していると推測するのは当然だと思われる。内的な中心から、心が外向性の意味で外に向かって、あらゆる出来事を先へと眺めることによって、**自動的**なものである物体界へと動くように見え、その結果として霊は、その観念でもって言わば安らかにこの物体界を包み込むのである。

ケプラーの位階的な宇宙の秩序における次の段階は、**個々の魂**である。そのような個々の魂を彼は、人間に帰するだけではなく、アルケウス[6]に関するパラケルススの教えに倣って惑星にも帰する。コペルニクスの信奉者たちにとって、地球はその特殊な地位を失っていたので、ケプラーはこれにも魂つまり地球の魂 anima terrae を帰せざるをえない。それは、想起することにおける形成力（facultas formatrix）としてさえ現れると言われ、また気象上の現象に対して責任があると考えられていた。ケプラーにとって、個々の魂は神の写像として、一部は点、一部は円である。魂は、性質として点である anima est punctum qualitativum。魂のどの機能が中心点に、また他のどの機能が周辺円に帰せられるかは、引用の（7）で解説される。この点としてそしてまた円としての魂の像は、ケプラーの占星術についての独特の見解と関連している（特に5を参照）。占星術の基礎づけはケプラーにとって、霊感 instinctus の助けを借りて、円の特殊な合理的な分割に対応する、一種の調和のとれた比例に反応するという個々の魂の能力にある。音楽における快い響きの感覚と類似して、魂には星から、とりわけ惑星から地球に届く光線が互いに形成する角度の比例に対して、特殊な感応力があると言われる。それだからケプラーは、占星術を自然科学的な因果性の意味における光学上の共鳴効果に還元しようとする。この共鳴は一方また、彼によれば、魂は円形を通して神の似像である（1、5、7）ゆえに、調和のとれた比例について知っていることに基づいている。占星術的な効果の原因は、ケプラーに従えば天体ではなく、一種の比例に対して特殊に選択的な感応力のある個々の魂である。この感応力が一方で物体界の影響を受け止め、他方で神の写像に基づくことによって、ケプラーの場合は、これらの個々の魂つまり地球の魂 anima terrae と人間の魂 anima hominis が、世界の調和（harimonia mundi）の本質的な担い手になる。

世界の調和についてのケプラーの見解は、オックスフォードにおける有名な医者であり薔薇十字団員でもあったロバート・フラッドの反論を引き起こし、彼は伝統的なヘルメス主義的（錬金術的）哲学の代表的人物として、ケプラーの『世界の調和』に対する激しい論駁を公表した[1]。ケプラーがここで衝突した思想上の「対抗世界」は、聖変化の神秘において頂点に達する、古代的―魔術的な自然記述である。フラッド[2]は、上から来る明るい原理としての形相と、下から上昇する暗い原理としての物質という、二つの対極的な基本原理から出発する。上からと下からの厳密な対称性によって世界は、目に見えない三位一体の神が示現している鏡像である。この対極的な対立の間には、絶え間ない闘いが行なわれ、下からは地球から樹木のように物質的なピラミッドが成長し、その際に物質は上に向かうにつれてより洗練され、同時に上からは形相的なピラミッドが先端を下の地球に向けて正確に鏡像的に物質的になる。これらの対極的な原理がまさしく均衡を保っている、太陽の天球である中間においては、化学の結婚[7]の神秘において太陽の子 infans solaris が生み出されるが、それは同時に質料から解放された世界霊魂を表わしている。フラッドの場合は、古いピュタゴラスの観念に魅了され、このピラミッドにおける各部分の比例は結果として世界の音楽を生じ、そこでは以下の単純な音程が主要な役割を演じる：

ディスディアパーソン	＝	2オクターヴ、	4倍比	4：1
ディアパゾン	＝	オクターヴ、	2倍比	2：1
ディアペンテ	＝	5度、	1倍半比	3：2
ディアテッサロン	＝	4度、	1倍3半比	4：3

これはいくつかの音形で説明される。

　明らかにフラッドはそのようにケプラーを激しく攻撃するが、それは彼にとってケプラーが、似たような元型的な表象という共通の出発点にもかかわらず、フラッドの古代的な神秘世界に対して容易ならぬ脅威となる人物と感じられたからである。ケプラーにとっては、量的数学的に証明されているものが客観的な科学に属するのに対して、フラッドにとっては、錬金術的あるいは薔薇十字団的な神秘に直接に関連するもののみが客観的な意義を有する。それゆえ彼は、ケプラーの図表によって表わされた量を「濁った実体」として非とし、また彼の象形文字風の図像（「描画 picturae」「象徴図形 aenigmata」）だけを、世界調和の「内的な本性」に対する真の象徴的な表現と認める。彼はその上でケプラーを、彼が世界調和を主観のほうに移しすぎで、したがって世界調和を、質料の内に眠る世界霊魂 anima mundi においてそのままにしておく代わりに、物体界から抜き取ったと非難する。それに対してケプラーは、認識する人間の魂は自然の内にあるという近代的な立場をはっきりと主張する。

　一般的には、フラッドが天文学的または物理学的な論議に応じるところでは、常に正しくないという印象を受ける。それでもやはり、フラッドとケプラーの間の論争は、現代にとっても意味があるように思える。それというのも、フラッドのケプラーに対する「あなたは私に、**四つ組み**の尊厳を守らざるをえなくさせます」（cogis me ad defendam dignitatem quaternarii）という非難は、重要な指針を含んでいるからである。これは現代にとっては**体験の完全性**に対する象徴であり、その体験の完全性は、自然科学的な考察方法の内部では不可能であって、情動や魂の情緒的な評価でさえその象徴的な像でもって表現しようとする、自然科学的な立場に勝る古代的な立場にほかならない。

　最後に、この一七世紀に現れた問題性が、今日一般的に存在している、われわれの世界像のより大きな統一性への願望と結びつけることが試みられる。まずもって、科学的な観念の生成に対する、認識の科学的な段階の意味を考慮に入れることが提案されるが、それは外に向かう自然科学的な認識の調査と、内に向かう自然科学的な認識の調査とが同等と認められることによって可能になる。前者が、われわれの認識の外的な客体への適合を対象とするのに対して、後者は、われわれの科学的な概念の成立に際してもたらされた元型的な像を明るみに出すべきである。両者における調査の方向づけが総合されることによってのみ、理解することの完全性が到達されるであろう。

　その次に、現代のミクロ物理学（微視的な物理学）は結果として、われわれは今日なるほど諸自然科学を所有してはいるが、もはや自然科学的な世界像を持ち合せていないことになった、ということが指摘される。しかし、まさにこのことによってこそ、自然科学がその一部でしかない、統一のある全体的な世界像に向かう進歩が容易になるであろう。現代の量子物理学はつまり、物理学内部での観測者の役割を古典物理学よりも満足のゆくやり方で考慮に入れるかぎりで、一七世紀に芽生えた自然科学に論争的に立ち向かった、四つ組み［四一性］の立場に再び近づいてきている。古典物理学の「切り離された観測者」とは対照的に、量子物理学はあらゆる測定の際に、観測者あるいは観測手段と、観測された系との間の制御不可能な相互作用を自明のこととして仮定するので、それによって古典物理学において前提とされた、現象の決定論的な把握は実行できなくなる。前もって定められた規則に従って経過する動きを中断する、選択する観測[8]は現代物理学の立場に応じて、本質的に自動的ではない生起として、小宇宙における創造でなければ、予言しえない結果を伴う変化と比較されうる。

宗教的な変容の体験に通じる、認識する者への認識のフィードバックは、それについては啓発的な例が、錬金術のほかに太陽中心の観念にもあるが、やはり自然科学を超えており、それはまた、時代の全体的な知や認識の事実的な経過と生き生きした関係にあって、しかも体験の情動的な感情面を形象的に表現する象徴によってのみ理解されうる。どうしてもわれわれの時代には、そのような象徴表現の可能性がなじみのないものになってしまっているので、異なった時代にさかのぼって始めることは格別の関心を引くであろう。そこでは、なるほどわれわれによって今や古典的と呼ばれる科学的な力学の概念をまだ知らないが、宗教的であると同時に自然科学的な機能をもつ象徴の存在を、われわれに証明することを可能にしてくれるわけである。

［パウリによる注］

（1）ここで考慮の対象になるフラッドの著作『分析論考 Discursis analyticus』と『返論 replicatio』は、フラッドがケプラーの『弁明 Apologia』の後に続かせたものであるが、著者には残念ながら原本を参照することができなかった。しかしケプラーの全集の編集者が、その『弁明』をフラッドからのいくつかの引用文でもって付録として補足している。

（2）『二つの宇宙つまり大宇宙と小宇宙についての形而上学、自然学ならびに技術的な歴史 Cosmi Maioris scilicet et Minoris metaphysica, Physica, atque Technica Historia』[9] 第一版、オッペンハイム、一六二一年。

［訳注］

1　ユングがフロイトと決別してから、一九一六年にユングを中心に、分析心理学（ユング心理学）を代表する人たちによって設立されたクラブであり、ユングはその集会で彼の考えをセミナーや講演の形で表明し、後に著作として公刊した。またこの会館では、他の学問分野との学際的な交流もなされ、パウリの講義はその一環である。

2　この要約は論文としてまとめられ、ユングの論文「非因果的連関の原理としての共時性」と合わせて『自然の解明と心』という表題で、『C・G・ユング研究所研究報告』第四号として一九五二年にチューリッヒで発表された。その英語版が一九五五年に出版され、邦訳『自然現象と心の構造』（河合隼雄・村上陽一郎訳、海鳴社、一九七六年）はこの英語版に基づき、パウリの論文は「元型的観念がケプラーの科学理論に与えた影響」と訳されている。なおこの要約は、まさに講演の要約であることから具体的な説明が省かれており、論述は言わば飛躍を含まざるをえないが、要点はきわめて明確に摘出されている。

3　内容的には、この段落の後半に出てくる「認識の前意識的な、古代的な段階に注意を向け」云々を指している。

4　一六八七年にニュートンはそれまでの研究をまとめ、運動の法則、万有引力の法則等を基礎とする力学的な理論体系（古典力学）を構築し、主著『プリンキピア（自然哲学の数学的原理）』を公刊した。以降、これが近代の数学的自然科学のモデルとなる。

5　ロバート・フラッド Robert Fludd（一五七四—一六三七）は、イギリス・ルネサンス期の医者で、P・パラケルススおよび薔薇十字団の影響を受けた神秘思想家であるが、汎神論的な世界観を主張して、J・ケプラーによって批判された。

6　アルケウス archeus はパラケルススの主張したラテン語の概念で、生命をつかさどる生気としての原初の力を言う。

7　化学の結婚 Chymische Hochzeit は、歴史的には薔薇十字団における四つの基本文書の一つである、アンドレーエによる寓意小説の題名であるとともに、内容的には聖婚ないし結合の神秘を意味している。

8　任意に選ばれた観測機械が、観測される系に作用を及ぼすということ。

9　ラテン語の書名は正確には Utriusque Cosmi…であるので、Utriusque を補って訳してある。このフラッドの主著は、略称で『両宇宙誌』と呼ばれる。

付録4 宇宙線についてのパウリの所見

［日付のない、パウリの手書きの覚え書き］

夢の象徴としての「宇宙線」についての所見

他の物理学者たち（いつもは宇宙線の分野での専門家）がこの放射線（反射、放射線の散乱等々）の実験をする夢に、私は久しく（一二一一五年）なじんできた。放射線はつまり（「放射能のある」放射線のように）「やけど」の原因になりうるので、それはしばしば「危険である」と記述される。それに対する防御として、夢の中の物理学者たちが告げるのは、「アスベストで覆うこと」（身体の隔離）か、さもなければ「スピンモーメント」である（英語の〈スピン〉は「自転」を意味する、また、「スピンモーメント」はここでは「周行 Circum-ambulatio」［ある中心の周りを回ること］と同義であろう）。

夢の中の「宇宙線」は、物理学における実際の宇宙線ではない。むしろそれは、しかしまだそれ以上は分析されていない、個人を超えた（元型的な）内容である。話題になっている夢は、意識がこのようなふだんはまだ知られていない内容と取り組む、その比較的に早い段階に相当するように見える。

私はここで、なお代表的な一つの例を挙げる。これはきわめて好都合な状況証拠、つまり二義的な「微細構造」を含んでいる。そのような微細構造は、無意識の内容が意識へと同化する、その始まりを示している。

例：一九四九年一〇月七日の夢

「物理学者のHが居合わせて、彼の父親が今ちょうど宇宙線の実験をしていると言う。それは、その進路に障害物が置かれることによって見えてくる。私の妻と私は、そばで眺めている。写真乾板に線が現れるが、例えば次のようである。

―　―　・　＝　―

私の妻は、とても興味深い、と言う。

それに対する（当時の）**所見**　それはあたかも「内容」が私に送られてきているが、私には効き目がないようであり（散乱 scattering）、その場合はたぶんどこかほかに現れる可能性がある。

付録5 共時性についてのユングの手書きで未公表の覚え書き

共時性は時間の相対性という概念から必然的に生じ、また「エネルギーと時間の相補性」は、「無意識と意識の相補性」のように、相互に制約を受けていることを定式化する。ごく一般的にそれは、一方が他方の代わりをする際には、一方と他方に（「超越論的」な）存在がふさわしいことを意味している。出来事は決して時間から独立しておらず、また時間は決して出来事から独立していないゆえに、時間が出来事によって規定されているだけではなく、後者もまた前者によって規定されている。「正確に知られたエネルギー値」は「まったく知られていない時間的な経過」と対になっており、反対の場合も同じである。（W・パウリ教授からの手紙での情報）[1]。ある場合にはエネルギー量が、時間測定の犠牲で厳密に規定されるが、他の場合には時間が、エネルギー測定の犠牲で規定される。エネルギーと時間は、観測しうる出来事の局面であるゆえに要因であり、両者はつまり、一方が他方によっては決して取り替えられえない説明原理 principia explicandi であって、それぞれが量を有している。どの物理学的な出来事も、一方ではエネルギーの視点のもとで、他方では時間の視点のもとで観測される。心的な事象の観察にとって最も有効なのは、物理学的な場の概念であり、「その内部では、どの点でのどんな変更も、そのほかのすべての点での変更をもたらす」。この変更は、距離をおいて作用する「場の力」によって呼び起こされる（K・W・バッシュ「ユングのタイプ論と機能説におけるゲシュタルトの法則」。アムステルダム大学での講演、一九四七年）[2]。

［訳注］

1 パウリが考える「エネルギー値」と「時間的な経過」の関係は、付録1の「『背景物理』の現代的実例」で論議されている。

2　ケノーファー・W・バッシュ Kenover W. Bash（一九一三—八六）は、ベルン大学精神医学員外教授。講演は「ゲシュタルト、象徴、元型」Gestalt, Symbol und Archetypusというタイトルで、『スイス心理学誌』第V巻（ベルン、一九四六年）の一二七—一三八頁に発表された（*Schweizer Zeitschrift für Psychologie*, V, (Bern, 1946), pp.127-138.）。［ドイツ語版による注］

付録6
年譜

カール・グスタフ・ユング Carl Gustav Jung（一八七五—一九六一）

一八七五　七月二六日、スイス北東部ボーデン湖岸でドイツと国境を接するトゥルガウ州ケスヴィルにバーゼル市民として生まれた。両親は、父パウル・ユング牧師（文学博士）と母エミーリエ・ユング＝プライスヴェルク。

一八七九　父親が牧師を務めた教会があったバーゼル近郊のクラインヒューニンゲンに移り住む。バーゼルの小中学校に通う。不登校を経験する。

一八九五—一九〇〇　バーゼル大学医学部に進学し、精神医学を専攻して卒業する。

一九〇〇　チューリッヒ大学精神医学診療科に職を得て、付属病院のブルクヘルツリ病院二等助手になる。

一九〇二　一等助手に昇格。学位請求論文「いわゆるオカルト現象の心理学と病理」で医学博士号を授与される。これは実のところ、従妹のヘレーネ・プライスヴェルク（一八八一—一九一一）を霊媒に仕立て、ユングが主催した交霊会を題材としたものであった。

一九〇二—三　冬学期にパリでピエール・ジャネの講義を聴講。

一九〇三　シャフハウゼン出身のエンマ・ラウシェンバッハ（一八八二—一九五五）と結婚する。

一九〇三—〇五　チューリッヒ診療所精神科実習医師となる。病理学的兆候の診断技法として言語連想実験を研究。『診断学的連想研究』を刊行。

一九〇五—〇九　チューリッヒ診療所精神科上級医師となる。催眠療法に関する総合診療科を指導する。早発性痴呆 dementia praecox［その後、ユングの上司オイゲン・ブロイラーによって「精神分裂病」Schizophrenie と命名され、さらに、日本語では統合失調症と呼ばれるようになった」を研究し、一九〇七年に『早発性痴呆の心理について』を刊行する。

一九〇五—一三　チューリッヒ大学医学部精神医学診療科私講師となる。精神神経症と未開人の心理学について講義する。

一九〇七　フロイトとウィーンで会う。一〇時間以上、間断なく話をしたとされる。

一九〇九　診療所を退職。実際は、患者で後に学生、同僚となった女性ザビナ・シュピールライン Sabina Spielrein（一八八五—一九四二）とのスキャンダルが公になったのが原因であったと見られる。チューリッヒ州キュスナハトで精神療法医として開業。

アメリカ合衆国マサチューセッツ州ウースターにあるクラーク大学創立二〇周年記念事業に招聘され、連想法について講演を行い、名誉法学博士号を授与される。

ブロイラーとフロイトが創刊した『心理学的病理学的研究年報』（ウィーンとライプニッツ、ドイティケ出版）の編集者に就任。

一九一一　国際精神分析協会を設立し、会長に就任。

一九一二　『リビドーの変容と象徴』を出版し、フロイトのリビドー論を批判する。

ニューヨークのフォーダム大学に招聘されて「精神分析理論の叙述の試み」と題する講演を行い、法学博士号を授与される。

一九一三　フロイトの運動と最終的に決別する。自らの運動を「分析心理学」、後年は、「コンプレックス心理学」とも呼んだ。

一九一七—一八　スイス南西部のシャトー・デー（Château d'Oex）で従軍し、イギリス人捕虜収容所長を務める。

一九一七　性格のタイプと個性化との関係に関する研究を行う（『タイプ論』（一九二一））。また、集合的無意識の本性と意識との関係について研究する（『自我と無意識の関係』（一九二八））。
一九二一　『タイプ論』を出版。
一九二四—二五　アメリカ合衆国のアリゾナ州とニューメキシコに行き、未開人の心理を探るため、プエブロ族を訪れる。
一九二五—二六　当時イギリス領だったケニヤのエルゴン山のエルゴニ族に調査旅行。
一九二九　リヒャルト・ヴィルヘルム共著『黄金の華の秘密』を出版。
一九三〇　ドイツ精神療法医学会名誉会長に就任。
「魂の構造」『現代人の魂の問題』所収。〔書簡10参照〕
一九三二　チューリッヒ市文学賞受賞。
パウリとの往復書簡を開始。
一九三三　国際精神療法一般医学会会長および『精神療法と境界領域中央誌』（ライプニッツ、ヒルツェル社）編集者に就任。
連邦工科大学（ＥＴＨ）チューリッヒ校において講義を再開。「無意識の心理学と個性化過程」。
「クラウス修道士」〔書簡8参照〕
一九三四　ドイツ自然科学者アカデミーの会員に指名される。
「魂と死」〔書簡6、9参照〕
一九三五　スイス実践心理学会を創立し会長になる。
連邦工科大学チューリッヒ校教授に任命される。
一九三六　アメリカ合衆国マサチューセッツ州ケンブリッジ市のハーバード大学三百周年記念祭に招聘され、「人間行動を決定するさまざまな要因」について講演し、名誉理学博士号を授与される。〔書簡12参照〕
一九三七　アメリカ合衆国コネチカット州ニューヘイブンのエール大学でテリー講演（『心理学と宗教』

一九三八　（一九三八）を行う。

インドのカルカッタ（現コルカタ）大学二五周年に招聘される。

同じくインドのベナレス大学において名誉文学博士号を授与される。

さらに、インドのアラハバードのモハメッド大学において名誉理学博士号を授与される。

インドのカルカッタ大学において名誉法学博士号を授与される。

カルカッタのインド科学会の名誉会員に任命される。

英国オクスフォード大学において名誉理学博士号が授与される。

『心理学と宗教』刊行。〔書簡25参照〕

一九三九　「ゾーシモスの幻視」『エラノス年報一九三七』所収。〔書簡27参照〕

ロンドンの王立医学会名誉特別会員に任命される。

一九四〇　チューリッヒ精神療法教育研究所理事会名誉理事長に任命される。

連邦工科大学チューリッヒ校教授を辞任。

一九四四　バーゼル大学正教授に就任。『心理学と錬金術』を刊行する。

スイス医学アカデミー名誉会員。重病にかかる。

一九四五　七〇歳の誕生日にゲンフ大学から名誉文学博士号が授与される。

一九四六　「心理学と教育」、「現代史論集」、「転移の心理学」、「自己について」

一九四八　「心理学の精神」『エラノス年報一九四七』所収〔書簡37参照〕

一九五〇　『無意識の形態』

一九五一　『アイオーン』〔書簡55参照〕

『変容の象徴』

一九五二　「共時性について」『エラノス年報一九五一』所収、ユング・パウリ共著『自然の解明と心』〔共時性については以下の書簡参照。書簡35、36、37、38、39、43、44、45、46、47、49、50、51、55、64、66、76、77〕

一九五三 『ヨブへの答え』〔書簡58、59、60参照〕

一九五四 英語版『ユング選集』の編集開始。

一九五五 論文集『意識の根底について』

連邦工科大学チューーリッヒ校から名誉理学博士号授与。

一九五七 『結合の神秘』Ⅰ・Ⅱ刊行。〔書簡64、68、69〕

『回想、夢、思想』（ユング自伝）に当時の秘書アニエラ・ヤッフェと取りかかりはじめる（没後、一九六二年に刊行）。「現在と未来」

往復書簡集の終わり（一九三二―一九五七）

一九五八 『現代の神話――天空に見られたものについて』〔書簡75参照〕

一九六〇 ドイツ語版『ユング選集』の最初の巻（『精神療法の実践』第一六巻）が刊行される。

八五歳の誕生日にチューリッヒ州キュスナハト名誉市民に選ばれる。

一九六一 「無意識への接近」を執筆。しばらく病に伏して、六月六日にキュスナハトの自宅で亡くなる。

ヴォルフガング・パウリ［パシェレス］（一九〇〇―一九五八）

一九〇〇 四月二五日、ウィーンに生まれる。五月一三日、エルンスト・マッハを代父としてローマ＝カトリック教会の典礼で幼児洗礼を受ける。両親は、プラハ生まれの世俗的ユダヤ人〔ユダヤ教の信仰を継承していないという意味で〕であったが、カトリックに改宗していた。父親は、ヴォルフガング・ヨゼフ・パシェレス Wolfgang Joseph Pascheles と言う名であったが、カトリックに改宗して、ヴォルフガング・パウリと改名していた。化学の研究者で大学教授を務めた。母親は、ベルタ・カミラ・

一九一八 シュッツ Bertha Camilla Schütz という名であったが、結婚後、カトリックに改宗してマリア・パウリと名のった。息子のパウリは、若い頃、ヴォルフガング・パウリ二世と名のっていた。伝記的資料によれば、本名のパシェレスは生涯維持されていたようである。
ウィーンのデブリング高校を卒業。在学中、一般相対性理論に関する科学論文を発表。ミュンヘンのルートヴィッヒ・マクシミリアン大学（＝ミュンヘン大学）の冬学期に入学登録をした。

一九二一 アーノルト・ゾンマーフェルトと共著で水素イオンに関する研究論文を発表。「相対性論文」を刊行。
冬学期、ゲッティンゲン大学でマックス・ボルンの助手を務める。

一九二二 夏学期、ミュンヘン時代の友人ヴィルヘルム・レンツの助手として、ハンブルク国立物理学研究所勤務。六月、ゲッティンゲンに行き、原子物理学についてのボーアの有名な講演を聴く。ボーアからコペンハーゲンに招待される。この年、異常ゼーマン効果について研究する。

一九二三 冬学期にハンブルク国立物理学研究所に戻る。

一九二四 ハンブルク大学で大学教授資格を取得。一一月、量子論の講義を始める（一九二九年まで）。
電子軌道に関するパウリの排他原理の研究を始める（一九二五年まで）。

一九二五 量子論研究に専念する（一九二六年まで）。ヴェルナー・ハイゼンベルクの行列力学理論に協力する。
水素スペクトルの計算に基づく新たな理論を完成する。ウーレンベックとゴウトシュミットの電子回転論が量子論以前への逆戻りであると批判した。

一九二六 一一月に教授職の指名を受ける。
量子電磁力学の発展のための一般計画をパスクアル・ヨルダン、ウェルナー・ハイゼンベルクと共同で企画する。五月、非相対論的スピン理論を公刊し、いわゆるパウリ行列を導入する。

一九二七 このころ、量子論の解釈論争が頂点を迎え、九月にコモにおけるボルタの式典において、また、一〇月、ブリュッセルで行われた第五回ソルベー会議で暫定的な結論が出る。父親が母親と離婚し、若い女性と再婚する。母親が服毒自殺をする。

一九二八　夏学期からスイス連邦工科大学チューリッヒ校理論物理学教授。その後、一時期中断したこともあったが、パウリは生涯このポストに籍を置いていた。

一九二九　ハイゼンベルクとの共著『一般量子場理論の基礎』刊行。
ローマ=カトリック教会の信徒を辞める。一二月、ベルリンでキャバレーの踊り子だったケッテ・デップナーと結婚する。

一九三〇　七、八月、ロシア旅行をし、オデッサ会議に参加。一一月、新妻が元々知り合いだった薬剤師と駆け落ちして、パウリは離婚する。鬱状態がひどくなり、深酒をするようになる。一二月に書いた「放射性の淑女と紳士」に宛てた書簡の中で、はじめてニュートリノ仮説について述べた。

一九三一　チューリッヒにおいて第一回国際核物理学会議。夏、アメリカ旅行をし、帰途、ローマで核物理学会議に出席。エンリコ・フェルミは、この席ではじめてパウリからニュートリノ仮説について聞いた。一〇月、ライデンでローレンツ・メダルを授与される。
精神的な不調を訴えて、ユングに助けを求める。

一九三二　翌年まで波動力学の教科書の仕事に従事。
二―七月、ユングの弟子、エルナ・ローゼンバウムの治療を受ける。
ユングとの往復書簡始まる。

一九三三　一〇月、第七回ソルベー会議でハイゼンベルクの発表後、パウリは彼のニュートリノ仮説についてはじめて公表する。

一九三四　四月、ロンドン旅行。ユング派のアドルフ・グッゲンビュール=クレイグのホームパーティで出会ったフランカ・ベルトラムと再婚。七月、助手のヴィクトル・ワイスコップといわゆる反ディラック理論を発表。一〇月、ロンドンとケンブリッジで開催された国際物理学者会議に参加。

一九三五　三月、アンリ・ポアンカレ研究所において相対論的量子論を講義する（翌年まで）。冬学期（一九三五―三六）、アメリカ旅行をし、プリンストン大学で講義とセミナーを行う。バークレーを訪問。おそらく中国女性の物理学者ウー教授とも出会ったと思われる。

一九三七　モスクワ核物理学会議に参加。

一九三八　三月、ケンブリッジとライデンに講演旅行。

一九四〇　パウリはナチスの侵攻を恐れ、妻フランカとともにスイスを離れ、戦時中はプリンストン大学高等研究所の客員教授として過ごす。アメリカの物理学者の大半は、「戦争物理学」に動員されたが、パウリはアインシュタインの近所に住んで基礎研究に従事した。

一九四一　夏学期、ミシガン大学客員教授。

一九四二　パーデュー大学で講義。

一九四五　一九四六年度ノーベル物理学賞受賞決定。パウリはこの年から二年間、『物理学評論』誌 *Physical Review* の編集に関与。

一九四六　一月、アメリカ市民権取得。三月、ダブリンにシュレーディンガーを訪問した後、スイスに戻る。夏学期、連邦工科大学チューリッヒ校で講義再開。

一九四七　ケンブリッジで戦後最初の国際会議に参加。一二月、ストックホルムを訪問し、ノーベル賞受賞講演を行う。

一九四八　二月二八日と三月六日にチューリッヒの心理学クラブ［ユング研究所の前身］で「ケプラーにおける自然科学的な理論の形成への元型的な表象の影響」を講演（本書の付録3参照）。素粒子に関する第八回ソルベー会議に参加。

一九四九　七月二五日、スイスの市民権取得。フィレンツェで量子統計学の基礎に関する会議に参加。冬、アメリカ旅行。

一九五〇　パリの素粒子物理学会議に参加。

一九五一　春、アメリカ旅行。帰途、五月にルンドに旅行。

一九五二　ユングとの共著『自然の解明と心』でケプラー論文を刊行［書簡42参照］。レ・ウーシェ夏期学校。冬学期、インドに長期旅行し、ボンベイでホミ・ジェハンギル・ババを訪問する。

一九五三　イタリアのトリノで非局所場の理論について講義。春、サルディニアの物理学会議に参加。この年の春にニュートリノ発見の知らせが入る。

一九五四　春、アメリカ訪問。チューリッヒ国際哲学者会議に参加。

一九五五　六月、ピサ会議。七月、ベルンで相対性理論五〇周年記念会議の議長。一一月、ハンブルクで招待講演。

一九五六　アメリカ訪問。六月、ＣＥＲＮシンポジウムの最中にニュートリノの存在証明がなされたというアナウンスがある。イタリアのマテウチ・メダルを受賞。

一九五七　一月、パリティの破れが公表される。九月、イスラエルのレホヴォトの会議に参加する。

ユングとの往復書簡の終わり

一九五八　春、アメリカ旅行。バークレーで量子場理論について講義。パサデナにマックス・デルブリュックを訪問。その後、ブルックヘブンに行く。四月、ベルリンでマックス・プランク・メダルを授与されるも式には欠席。六月、チューリッヒに戻り、第一一回ソルベー会議に参加。六月末、ＣＥＲＮ会議の際、素粒子のスピノル理論についてハイゼンベルクと討論。八月、イタリアのヴァレンナの夏期学校に参加。一一月二〇―二二日、ハンブルクを訪問。ハンブルク大学から名誉博士号を授与。短期療養の後、一二月一五日、チューリッヒ赤十字病院で亡くなる。一二月二〇日、チューリッヒのフラウミュンスターで葬儀が行われ、多くの参列者が訪れる。

＊ドイツ語版と英語版の年譜を参考にし、関連事項を補足した。

日付順の書簡リスト

元の番号は、ドイツ語版と英語版のリストを反映している。ドイツ語版は、元の番号通りに配列しているが、英語版に関しては、書簡29と書簡30が内容に則して一九三九年ではなく一九三四年であることを指摘している。しかしながら、英語版は、そのことについて中で言及しているだけで、本文の配列までは変えていない。日本語版では、英語版の指摘を検証した結果、元の書簡5の後に書簡29を置き、書簡6の後に書簡30を置くことにした。元の番号をそのまま残すことは合理性に欠けるので、それに合わせて番号を振り直した。そのため、日本語版の書簡6から書簡30までのナンバリングは、ドイツ語版と英語版と合致しないので、その点、注意を要する。

パウリ＝ユング往復書簡集というものの、書簡42と44は、パウリからユング夫人のエンマ・ユング宛の書簡であり、書簡51、68、70、72、78、79、80は、C・G・ユングの言づてを伝えるユングの晩年の秘書アニエラ・ヤッフェからパウリ宛の書簡であり、書簡54は、パウリからヤッフェ宛の書簡である。

また、記録の所在としては、ユング側で保管した資料がほとんどであったことが推定できる。なぜなら、ユングの書簡は、ほとんどがタイプ打ちカーボンコピーないしそれに手書きが加わったものであるが、パウリの書簡は、その多くが手書きだからである。パウリ側で管理した資料であったとすれば、手書きの手紙のカーボンコピーが含まれているはずであるが、そのような資料は見当たらない。パウリが長文の手紙を出す際には、タイプ打ちカーボンコピーに手書きの追加のものが見られるが、カーボンコピーを送付することはあまりないと考えられるので、このような場合には、パウリ側で管理していたことが伺えるが、定かではない。なぜなら、手書きの追加がカーボンコピーでないと考えられるからである。このように考えると、ユングの秘書が署名した書簡やユング夫人宛の書簡が保管され、収録されていることの理由がそれなりに理解されると言えよう。

書簡番号	元の番号	日付	差出人	受取人	発信地
1	1	一九三二年一一月四日	ユング	パウリ	キュスナハト
2	2	一九三三年五月五日	ユング	パウリ	キュスナハト
3	3	一九三三年一〇月一九日	ユング	パウリ	キュスナハト
4	4	一九三三年一一月二日	ユング	パウリ	キュスナハト
5	5	一九三四年四月二八日	ユング	パウリ	キュスナハト
6	29	〔一九三四年〕四月二八日	パウリ	ユング	チューリッヒ
7	6	一九三四年五月二三日	パウリ	ユング	チューリッヒ
8	30	〔一九三四年〕五月二四日	パウリ	ユング	チューリッヒ
9	7	一九三四年一〇月二六日	パウリ	ユング	チューリッヒ
10	8	一九三四年一〇月二九日	ユング	パウリ	キュスナハト
11	9	一九三五年六月二三日	パウリ	ユング	ツォリコン
12	10	一九三五年六月二四日	ユング	パウリ	キュスナハト
13	11	一九三五年七月四日	パウリ	ユング	ツォリコン
14	12	一九三五年九月二一日	ユング	パウリ	紛失
15	13	一九三五年一〇月二日	パウリ	ユング	プリンストン
		〔同封物〕			
16	14	一九三五年一〇月一四日	ユング	パウリ	ツォリコン
17	15	一九三六年二月一四日	ユング	パウリ	キュスナハト
18	16	一九三六年二月二八日	パウリ	ユング	プリンストン
19	17	一九三六年五月一九日	ユング	パウリ	キュスナハト
20	18	一九三六年六月一六日	パウリ	ユング	チューリッヒ

書簡番号	元の番号	日付	差出人	受取人	発信地
21	19	一九三七年三月六日	ユング	パウリ	キュスナハト
22	20	一九三七年五月三日	パウリ	ユング	チューリッヒ
23	21	一九三七年五月四日	パウリ	ユング	チューリッヒ
24	22	一九三七年五月二四日	パウリ	ユング	チューリッヒ
25	23	一九三八年一〇月一五日	ユング	パウリ	キュスナハト
26	24	一九三八年一〇月	ユング	パウリ	紛失
27	25	一九三八年一〇月三〇日	パウリ	ユング	チューリッヒ
28	26	一九三八年一一月三日	ユング	パウリ	キュスナハト
29	27	一九三八年一一月八日	パウリ	ユング	チューリッヒ
30	28	一九三九年一月一一日	パウリ	ユング	チューリッヒ
31	31	一九四〇年六月三日	パウリ	ユング	ツォリコン
32	32	一九四六年一〇月二五・二八日	パウリ	ユング	ツォリコン
		一九四七年一二月九日	ユング	パウリ	紛失
33	33	一九四七年一二月二三日	パウリ	ユング	ツォリコン
34	34	一九四八年六月一六日	パウリ	ユング	ツォリコン
35	35	一九四八年一一月七日	パウリ	ユング	ツォリコン
36	36	一九四九年六月二二日	ユング	パウリ	キュスナハト
37	37	一九四九年六月二八日	パウリ	ユング	ツォリコン
38	38	一九五〇年六月四日	パウリ	ユング	ツォリコン
39	39	一九五〇年六月二〇日	ユング	パウリ	キュスナハト
40	40	一九五〇年六月二三日	パウリ	ユング	チューリッヒ

書簡番号	元の番号	日付	差出人	受取人	発信地
41	41	一九五〇年六月二六日	ユング	パウリ	キュスナハト
42	42	一九五〇年一〇月一一日	パウリ	エンマ	ツォリコン
43	43	一九五〇年一一月八日	ユング	パウリ	キュスナハト
44	44	一九五〇年一一月一六日	パウリ	エンマ	ツォリコン
45	45	一九五〇年一一月二四日	パウリ	ユング	ツォリコン
46	46	一九五〇年一一月三〇日	パウリ	ユング	ボリンゲン
47	47	一九五〇年一二月一二日	パウリ	ユング	ツォリコン
48	48	一九五〇年一二月一八日	ユング	パウリ	キュスナハト
49	49	一九五一年一月一三日	ユング	パウリ	ボリンゲン
50	50	一九五一年二月二日	パウリ	ユング	ツォリコン
51	51	一九五一年三月一四日	ヤッフェ	パウリ	キュスナハト
52	52	一九五一年三月二七日	ユング	パウリ	キュスナハト
53	53	一九五一年四月一七日	パウリ	ユング	チューリッヒ
54	54	一九五一年一二月三日	パウリ	ユング	チューリッヒ
55	55	一九五二年二月二七日	パウリ	ユング	ツォリコン
56	56	一九五二年五月一七日	パウリ	ユング	ツォリコン
57	57	一九五二年五月二〇日	ユング	パウリ	キュスナハト
58	58	一九五三年二月二七日	パウリ	ユング	チューリッヒ
59	59	一九五三年三月七日	ユング	パウリ	キュスナハト
60	60	一九五三年三月三一日	パウリ	ユング	チューリッヒ
61	61	一九五三年五月四日	ユング	パウリ	チューリッヒ

書簡番号	元の番号	日付	差出人	受取人	発信地
62	62	一九五三年五月二七日	パウリ	ユング	チューリッヒ
63	63	一九五三年六月二三日	ユング	パウリ	キュスナハト
64	64	一九五三年一〇月二四日	ユング	パウリ	キュスナハト
65	65	一九五三年一二月五日	ユング	パウリ	キュスナハト
66	66	一九五三年一二月二三日	パウリ	ユング	チューリッヒ
67	67	一九五五年一〇月一〇日	ユング	パウリ	キュスナハト
68	68	一九五六年八月二七日	ヤッフェ	パウリ	キュスナハト
69	69	一九五六年一〇月二三日	パウリ	ユング	チューリッヒ
70	70	一九五六年一二月一五日	ヤッフェ	パウリ	キュスナハト
71	71	一九五六年一二月	ユング	パウリ	キュスナハト
72	72	一九五七年三月二二日	パウリ	ユング	チューリッヒ
73	73	一九五七年五月二九日	ヤッフェ	パウリ	キュスナハト
74	74	一九五七年六月	パウリ	ユング	チューリッヒ
75	75	一九五七年六月一五日	ユング	パウリ	キュスナハト
76	76	一九五七年八月五日	パウリ	ユング	チューリッヒ
77	77	一九五七年八月	ユング	パウリ	キュスナハト
78	78	一九五七年一一月一九日	ヤッフェ	パウリ	キュスナハト
79	79	一九五七年一二月二九日	ヤッフェ	パウリ	キュスナハト
80	80	一九五八年一〇月七日	ヤッフェ	パウリ	キュスナハト

解説

解説1
ユングとパウリの出会いが意味するもの——往復書簡集をめぐって

湯浅泰雄

1　共時性問題

本書は、心理学者C・G・ユング（一八七五—一九六一）と物理学者ヴォルフガング・パウリ（一九〇〇—八五）の間で、一九三二年から一九五八年まで、二十数年間にわたって交わされた書簡、および関連資料をまとめたものである。編者はユングの弟子のC・A・マイヤーで、パウリと親しかった物理学者のエンツとフィールツが協力している。

はじめに注意したいのは、本書（ドイツ語原典）が刊行されたのは一九九二年で、わりに最近のことだという点である（英訳の刊行は二〇〇一年）[1]。二人の関係資料は一部の学者の間では知られていたようだが、全部が公表されたのは非常に遅かった。編者の序文によると、その主な理由は、両者の書簡の往復が五〇年以上も昔にさかのぼる話である上に、公表など全く考えないで書かれたものなので、書簡類を探し出して収集整理するのに非常な時間と苦労を要したのだという。編者の序文は一九九一年の日付でようやく完成したとのべているが、マイヤーは本書刊行後まもなく世を去っている。訳者らは、この著作は非常に重大な内容と価値をもっている、と感じている。

現代は**科学と人間性の関係を根本的に問い直す**べき時代になっていると思うが、物理学と心理学はいわば、この両者を代表するような学問だと言うこともできるだろう。従って両者の関係を考えることは、現代における科学と人間性のあり方について理論的に反省することを意味する。よく知られているように、ユングとパウリは一九五二年に *Naturerklärung und Psyche*（*The Interpretation of Nature and the Psyche*）（邦訳の題は『自然現象と心の構造』）と題する共著を刊行している。[2] この題名は、正確に訳すと「自然の認識（解明）と魂（プシケー）」である。プシケーとは、深い無意識の領域のはたらきまで含んだ人間心理の全体を意味する。

この本はいわゆる共時性（シンクロニシティ）理論の原典とされる有名な著作である。この著作に収められた「共時性：非因果的連関の原理」というユングの論文は、共時性の考え方をのべた基本文献として有名である。これに対してパウリの論文は、「元型的観念がケプラーの科学理論に与えた影響」という題で、ケプラーの宇宙観を論じたもので、共時性には直接ふれていない。このため、これまで共時性とパウリの関係が問題にされたことはなかった。われわれはまずこの点について、考えを改めなければならない。この書簡集は、**パウリが物理学者として共時性の考え方を強く支持していた**ことを明らかにしている。そうだとすれば、共時性の仮説は心理と物理の関係について新しい見方を提起したものである、と解釈しなくてはならない（この場合の物理は別に量子論に限定する必然性はないので、自然科学ないし自然の認識と言いかえてもよいだろう）。この共著の題は、**自然についての認識のしかたと人間の魂（プシケー）の関係**について考える、という意味である。詳しく言えば、自然科学の認識方法と無意識の領域に関わる深層心理の関係について問うている、と言ってもよい。その意味で、この二人による共時性の研究は、科学と人間性の関係について問う現代的課題にまでつながっている、と言えるのである。

この共著はユングにとっては最晩年の作品の一つで、彼はこの本の中で、彼の心理学理論とは無関係にみえる非科学的なテーマ、たとえば占星術（星占い）などについて論じている。こんなテーマは、現代科学の観点から取り上げるに値するものとは考えられない。そのせいか共時性の考え方は、当時はほとんど理解者もないまま、パウリは一九五八年に、またユングは一九六一年に相次いで世を去った。ところが、一九六〇年代以降ユングの自伝や書簡などの資料が次々に公開刊行され、彼の独特な考え方が彼自身の特異で神秘的な体験の背景から生まれたものであることが知られてきた。このころから共時性というテーマに興味をもつ研究者が次第に出てくる。この点については、宗教心理との関連に関心をもつ研究者と科学的認識に関する方法論的視点について考える研究者とがいる。[3] これに対して、パウリの関連資料はほとんど知られないままであった。

共時性の理論は、近代の学問観を基準にして考えると、さまざまな疑問を伴う考え方である。ユングは、右の共著に収めた論文「共時性：非因果的連関の原理」の中で、共時性を示す実例として、まずアメリカのラインが始めた超心理学（いわゆる超能力）の研究をあげ、さらに西洋の占星術、中国の易の占い、あるいは臨死体験などを取り上げている。また共時性の考え方の歴史的先駆者として、彼が最も重視しているのは中国の『易経』の思想であり、西洋では古代ギリシア以来の多くの哲学者の名前をあげている。現代のアカデミズムの立場からみれば、超能力や星占いなどは学問的研究としての価値や意味を認められる問題とは考えにくい。ところが、一九七〇年代にニューサイエンスとよばれる運動が起こって以来、これらのテーマに関連したさまざまの問題が、テレビなど大衆ジャーナリズムを通じて一般社会に大きな反響を引き起こすようになってきた。今はそれらの評価には立ち入らないが、ユングがこれらのテーマをいち早く取り上げていたことは、彼が二〇世紀後半から起こってくる**われわれの時代の大衆的社会心理の動向**を的確に予見していたことを示している。人間の魂にとって大事な問題は、知識人の近代的合理主義からは生まれてこないようである。われわれは、誤ることも多い大衆が直観的にとらえている真実に注目しなければならない。

ユングのいう集合的無意識とか元型という独特な概念は、彼が無意識の根底に、広い意味の宗教的性質を帯びたスピリチュアルな体験の領域を考えていたことを示している。タオイズム（道教）やヨーガなどの東洋の瞑想法や占いの的中体験などは、特定の宗教宗派の区別を越えて、**人関心理に普遍的に潜在する「宗教性」あるいは「霊性」（すなわちプシケー）のはたらき**を示している、というのが彼の考え方である。二〇世紀の終わりが近づくにつれて、科学者の中からもこのような性質の問題に関心をもつ研究者が次第に増えてきた。たとえば、ニューサイエンスの理論的リーダーの一人であった物理学者のボームはユングとパウリの関係についてピートと共同研究をしており、彼のホログラフィ・モデルがパウリを通じてユングの集合的無意識の考え方から示唆を得たことを認めている。[4] 英米では癒し（心霊的ヒーリング）は補助的医療として公認される状況になりつつあるし、祈りやゆるしといった信仰的心理が他者に及ぼす効果について、実験的研究が発達しつつある。要するに共時性の考え方は、**無意識からのはたらきと自然科学的認識の関係について取り上げた先駆的な試み**であって、現在は、彼らが提案した問題の意味や価値が実際の経験に即して検討されるようになってきた状況にある、と言うことができるだろう。

2　パウリがユングに出会うまで

本書の読者には、ユングについては知っているがパウリについてはよく知らないという方が多いかと思う。ここではユングに関する伝記的事実は省略し、パウリの立場を中心にして説明してゆくことにしよう。二人の年譜は別に掲載してあるが、ユングは一八七五年生まれ、パウリは一九〇〇年生まれで、ユングの方が二五歳年長である。

パウリの祖父ヤコブ・パッシェレスはプラハのユダヤ人社会では有名な人で、作家フランツ・カフカの成人式の司会をした人である。その息子でヴォルフガングの父にあたる同名のヴォルフガング・ヨセフは、プラハで学んだ後、一八九二年にウィーンに移ってカトリックに改宗し、新しい姓パウリを選んだ。一八九九年、ベルタ・カミーラ・シュッツと結婚、翌年息子ヴォルフガングが生まれた。この父はのちウィーン大学医学部の教授になり、有名な物理学者マッハを尊敬していたので、教会で幼児洗礼をうけるときの代父をマッハに頼んでいる。[5]

パウリは少年時代から当時の新しい物理学に関心をもち、高校時代既にアインシュタインの相対性理論に関する論文を書いている。一九一八年、彼はミュンヘン大学に入ってゾンマーフェルトから物理学を学ぶ。一年後輩にハイゼンベルクがいた。卒業後、彼は一九二一年から二二年にかけてマックス・ボルンの助手としてゲッティンゲンで過ごしたが、ここでニールス・ボーアと知り合い、その招待で一年間コペンハーゲンのボーアのもとで研究する。翌一九二三年、パウリはゾンマーフェルトの弟子レンツの助手としてハンブルクの物理学研究所に勤務、この地で多くの新しい友人と交わり、大学教授資格を得ている。ハンブルクでの生活は以後六年に及ぶので、パウリは二〇代の青春時代をこの地で送った、と言ってもよいだろう。この間、一九二五年に有名なパウリの排除原理 exclusion principle を発表している。これは原子核の周囲をめぐる電子の軌道遷移に関する法則で、彼が後にノーベル物理学賞（一九四五年）を得たのはこの業績による。わずか二五歳でこのようなすばらしい業績をあげ、パウリの名前は物理学界で一挙に有名になった。こうして彼は一九二八年、チューリッヒ工科大学の教授に招かれたのである。

このように、表面的にみるとこの時期のパウリの学者生活は順調だったように見えるが、実は彼の身辺には精神的な危機が忍び寄っていた。チューリッヒに招かれる前年（一九二七年）、彼の母親ベルタが四八歳で服毒自殺した。この両親は早く離婚していたのだが、母親の死は彼に大きなショックを与え、生活はすっかり乱れてしまった。

往復書簡の中に、パウリが晩年の一九五六年に「魂の申し立て」Aussagen der Psycheという題でユングに宛てて書いた論文調の長い書簡69がある。その中にハンブルク時代のことを記した一節がある。彼は当時の思い出にふれながら、そのころの自分の精神状況について回想的に告白している。「私はハンブルクにはもう長い間行っていなかったのですが、講演を頼まれたことから私の名前と宿泊先のホテルの名前が新聞に載りました。このことがロマンティックな出来事をもたらしてくれました。三〇年前ハンブルクで知り合っていたある女性が連絡してきたのです。彼女を知っていたのはその若い少女時代です。彼女はモルヒネにおぼれており、やがて消息を絶ってしまったのです。一一月二九日の一七時に彼女が電話をよこし、私は一二月一日に彼女と二時間を過ごしました。出会ったのは列車の駅で、私が帰るチューリッヒ行きの寝台急行が止まっているホームでした。その二時間の間に三〇年の私の人生の時間（の思い出）が過ぎてゆきました。彼女はモルヒネ中毒から癒され、結婚し、そして離婚していました。時代の歴史的背景としては、あの戦争とナチズムとがありました。……三〇年前、私の神経症は女性関係において、昼の生活と夜の生活の完全な分裂の中にはっきりと示されていたのです。……チューリッヒへ帰る急行列車の中で、私の心はただひとり一九二八年に戻っていました。私は当時（チューリッヒでの）新しい教授職とあのすさまじい神経症へと、この同じ道を向かっていたのです」。

一九二八年、パウリはチューリッヒ工科大学で理論物理学の講義を始めたが、準備不足で学生を惑わせた。翌一九二九年の暮れ、彼はベルリンでダンス学校の若い演技者ケーテ・デプナーと結婚したが、一年もたたずに離婚した。ピートによれば、彼女は三流のキャバレーの歌手で、結婚して数週間で、彼を捨てて家を出てしまった。パウリはタバコを吸い、大酒飲みになり、酒場で喧嘩して叩き出されるような生活を送っていた。心配した父親が同じチューリッヒ工科大学にいたユングの治療を受けるように計らった。パウリがユングと出会うことになったのはこのためである。

3 孤独な魂

ユングはこのとき、まず若い駆け出しの女医エルナ・ローゼンバウムに対して、パウリと面接して彼の夢についての詳しい報告を提出するよう命じた。パウリは自分の見た夢について、詳細で綿密な内容の報告をしている。この往復書簡集の中でも、パウリがしばしば自分の見た夢について詳しく記しているのを見ることができる。ユングはこのとき約四〇〇もの夢を分析してから後に、初めて面接を始めた。治療は一九三一年から始められ、一九三四年には終了した。この年パウリはフランカ・ベルトラムと結婚、彼女は彼の人生を最後まで見届ける相手となった。往復書簡は治療開始から二年たった一九三二年から始まっている。もっともパウリがこの時期に精神的危機を経験していたことは、表面の経歴を見ただけではとても予想できない。一九三〇年から翌年にかけて、彼はニュートリノの存在を予言する有名な理論を完成しているのである。

医師と患者としてのユングとパウリの関係を示す記録としては、ユングの晩年の大著『心理学と錬金術』（一九四四）がある。この本の第二部はあるインテリ患者の夢や幻覚やイメージ体験をあつめて分析したと記されているが、今ではこの患者がパウリであることが明らかになっている。ユングの錬金術研究は、パウリが残した夢の記録なしにはあり得なかっただろう、という感が深い。

ユングは、この時代に刊行した著書や論文の中でも、しばしばパウリの見た夢を無意識の研究材料として取り上げている（これは無論パウリの許可を得た上で、匿名の形で取り上げたものである）。たとえば一九三七年、ユングはアメリカのイエール大学で「心理学と宗教」Psychology and Religion と題する連続講義を行っているが、この中には、パウリの見たいくつかの夢やヴィジョンが、宗教経験について考える上で重要な意味をもつ体験の例として引用されている（邦訳書簡25［原書では書簡23］参照）。このことは、ユングがパウリの見た夢の中に宗教的性質を帯びた体験を認めていたことを示している。彼がよく使う「魂（プシケー）」という言葉は無意識の深い部分のはたらきを示しているが、現代的に表現すれば、スピリチュアル（霊性的）な体験の次元、と言うこともできるだろう。その意味で共時性の研究は、現在英米の医療関係などを中心にさかんになっているスピリチュアリティ研究（Spiritual Medicine）の考え方の先駆と見ることもできるだろう。パウリは、ユングからこれらの著書や論文を贈られて、自分の夢体験に心理学的意味づけがなされていることに非常に興味を覚え、感想や意見をのべたり、自分の見た新しい夢を研究材料として送ったりしている。彼はユングの夢解釈のやり方を学んで、自分自身の夢について検討している。

一九三四年五月二四日の日付がある書簡8［原書では書簡30］は、治療がまだ完全には終わっていない時期に書かれているが、パウリは自分の人生の生き方には極端な分裂がある、と告白している。私の生き方の半分は他人に対して冷笑的で残酷な、理知的な無神論者であり、これと反対の半分は全く非理性的で世界から分離してゆくヴィジョンが爆発する悪党になる性質である。自分の神経症はこのように不意に反対側に変化する危険から身を守るためのもので、私は妻との結婚関係によってのみ調和のとれた「タオ」（道）に至ることができるだろう、とのべている。この手紙の終わりにパウリは、クラウス師記念教会を訪ねて、長い間、そこに掲げられたクラウス師の見たヴィジョンを描いた絵に見入っていた、と記している。クラウスとはスイスの守護聖人にされている中世の聖者である。クラウスは三位一体に関する奇妙なヴィジョンを見て恐怖に襲われた。「彼は何か世界の終わりというようなヴィジョンを見たに違いありません。そして私は三位一体との関係を完全に理解しました。というのは、私は三位一体が三拍子（「世界時計」）に変わる夢を見たことがあったからです」。この世界時計のヴィジョンというのは、『心理学と錬金術』第二部第三章にみえる「宇宙時計の幻覚」を指している。この箇所にユングは次のように記している。「この夢は夢見者（パウリ）に非常に深い、いつまでも心に焼きついて忘れることのできない印象、夢見者自身の表現を借りれば〈調和の極致〉の印象を与えた[6]」。パウリにとっては、宗教的回心に通じるような経験だったと言ってよいだろう。

4　超心理学をめぐって

共時性論文の中で、ユングはアメリカの心理学者ラインの超心理学 parapsychology の研究を取り上げている。超心理学は、日本では、一九七〇年代のニューサイエンス運動以後大衆ジャーナリズムを通じて広まった「超能力」という言葉でよく知られている。いわゆる超能力の研究は、今では癒し（ヒーリング）とか気功その他、霊性（スピリチュアリティ）研究の一部として行われている場合が多くなっており、研究者の専門も理工系から医療関係、心理、哲学、宗教まで学問分野の区別を越えて広がっている。

ユングとパウリの共時性に対する関心は、超心理学を知ったことがキッカケになっている。一九三四年一〇月のパウリの書簡9［原書では書簡7］は、パウリが超心理学を研究している友人の物理学者ヨルダンの論文を紹介したものである。ユングが超心理学について関心を示し始めたのはこのころからである。同じ年一一月、ラインはその著書『超感覚的知覚』*Extra-Sensory Perception* [ESP]（一九三四）をユングに送るとともに、ユングが若いころ経験した超常現象について問い合わせている。[7] ユングは超能力者の素質をもっていた人で、死後公表された彼の自伝には、ときどき自分の経験した超常現象について記している。ラインに宛てた書簡をみると、ユングは、超常現象は**無意識の領域（プシケー）における時間と空間の相対性**を示している、とのべている。時空間の相対性という考えそのものはアインシュタインから示唆されたものらしいが、ユングはこれを超心理学と関連させて考えているようである。彼の説明は簡単すぎて私には正確には理解できないが、もし超常現象の基礎にユングの集合的無意識の考え方を適用するとすれば、**空間は個人の感覚的経験の限界をこえて広がる無意識の場としてとらえられてくる**。集合的無意識の作用がはたらく領域を問題にするばあい、物理空間は同時に心理空間の性質をも合わせもつ、と言うことができるだろう。つまり、ユングが無意識における時間と空間の相対性というのは、**潜在的な無意識の作用場としての時空間**は、通常の知覚によって意識が認識する時空間とは性質が違っている、という意味ではないだろうかと思う。近年英米などでさかんなスピリチュアル・ヒーリング（祈りの研究）や遠隔気功などは、このような潜在的時空間の考え方を前提していると言ってよいだろう。[8]

集合的無意識とか元型というユングの考え方は、フロイトの個人的無意識をこえた超個的な無意識の領域を示している。個体的経験をこえるという場合、時間と空間の二つの方向で考えることができる。前期のユングのように元型を神話的イメージとしてとらえる場合は、元型は時間性に即して（人間がそなえている歴史的遺伝的な心理パターンとして）個人の記憶をこえた無意識の領域に想定されているわけである。これに対して超心理学に関心をもつようになった後期のユングでは、**集合的無意識を空間性に即して考える**傾向が強くなっている。その結果彼は、**超常現象は心理現象であるとともに物理現象の性質を合わせもつ**、と考えるようになっている。晩年のユングは、元型は類心的psychoid であるという主張をよく繰り返しているが、類心的とは心理的—物理的な二重性格という意味である。彼はグノーシス主義［正しくは錬金術］でいう「全一の世界」Unus Mundus という言葉でこのことを示しているが、伝統的な表現で言えば汎神論的自然観と言うこともできるだろう。

ピートは、ユングが共時性について自分の考えを積極的に発表するようになったのはパウリの勧めによるものだと言っている。[9] 書簡集はこのことを確証している。ピートはこれに関連して、そのころ物理学者たちの間で語り草になっていた「パウリ効果」についてのべている。パウリ効果とは彼について必ず語られる有名な逸話であるが、ここではパウリの身近にいた弟子フィールツの文を引用しておこう。「まったく観念的でない実験物理学者でさえ、奇妙な効果がパウリから生じることを確信していた。たとえば、彼が実験室にいるだけで、あらゆる類いの実験的災難（実験装置の故障など）が起こる。彼は人をペテンにかけると信じられていた。これがパウリ効果であった。そのため、有名な分子ビームの芸術家であり親友でもあったオットー・シュテルンは、絶対にパウリを彼の研究室に入れなかった。これは決して単なる伝説ではない。私はパウリとシュテルンのどちらをも良く知っているのだ！　パウリ自身、すっかりその効果を信じていた。彼は一度私に次のように語ったことがある。あるとき彼は、災いの前兆を不快な緊張感として感じ取った。そしてその瞬間、彼が予見した災難が実際……他の人物を……襲った。そして奇妙にも、彼は解放され荷が軽くなるのを感じた。パウリ効果をユングが考案した共時的現象として理解すると、大変道理にかなっているように思う。[10]」

パウリは当初超心理学には無関心だったが、ユングの関心を知ってから次第に彼自身の経験するパウリ効果について考えるようになり、ここには**科学的認識の方法論**に関連してくる重要な研究課題があるのではないか、と感じるようになったのである。書簡34（一九四八年六月）の初めに、彼は次のように記している。「ちょうどユング研究所設立に際して、花瓶をひっくり返す面白いパウリ効果が起こったので、私は（あなたから教わった象徴的言い回しで言えば）内部にたまった水は空っぽにしなければならない、という直接的で生き生きした印象を受けました。**心理学と物理学の問の関連**はあなたの話の比較的重要な部分を占めているので、私には、自分が何を為すべきかということがますます明らかになってきました。」つまり、心理学者ユングと物理学者パウリは共に超能力者的素質をもった人で、超常現象をいろいろ経験していたために、ラインの研究はこの二人の注意を引き、その結果、心理学と物理学の間には理論的にどういう関係があるかという哲学的な方法論的課題を生み出すことになったのである。

パウリと超常現象の関係について一言つけ加えておこう。この往復書簡集の［ドイツ語版の］用語解説の「共時性」の項には次のような話が記されている（これは編者マイヤーが書いたものである）。「パウリが私に語った念力psycho-kinesis の例を記しておきたい。パウリは料理店オデオンの窓際に一人ですわって、彼自身の劣等感（感情的色彩は赤）について考えこんでいた。料理店の外には大きな車が駐車してあったが、人は乗っていなかった。パウリはその車から目を離さなかった。すると突然、車は発火し炎に包まれたのである（「パウリ効果」）」。ちょっと驚く話ではあるが、マイヤーの報告を作り話として否定することもできないだろう。

パウリがラインの超心理学研究を支持していたことは、ユング心理学について論じた彼の論文の中で公的にのべられており、物理学者にはよく知られていたことである[11]。パウリはこの中で、ユングはＥＳＰの現象を考慮して一九四六年以後、それまで用いてきた彼の心理学の概念に思い切った変更を加えた、とのべている。これは右にのべた集合的無意識の空間性とこれに関連した元型の類心性の主張を指している。

5 科学的認識の方法論的前提

ユングが共時性という言葉を考案したのは、ラインの超心理学を知るよりも前のことで、この言葉は古代中国の占いの本である『易経』の哲学に基づいて考案されたものである。一九三〇年、『易経』のドイツ語訳を完成した中国学者リヒアルト・ヴィルヘルムの追悼講演をミュンヘンでおこなったとき、ユングは、科学の認識方法の基本である因果律と対比しながら、易の哲学の基本を共時性という言葉で示した。[12] 共時性とは無意識の作用（つまり潜在意識から起こってくる心理）に基づいて外の世界の状況を知る、という認識のしかたである。それは内なる経験と外界に関する経験とが対応し一致することであって「意味のある一致」meaningful coincidence とよぶことができる、と彼は言う。この定義は、超常経験の可能性を考えに入れた場合、意識が自然界（物理現象）の状態を認識するとき、無意識との関係をも合わせて考えておかなければならないということを示している。たとえば透視においては、体験者の心理の内部（潜在意識）で起こってくるイメージや直感などの内容が、体験者の外部（つまり自然界）で起こっている経験的事実と一致しているわけである。イメージは体験者の内部における心理的事実であり、それによって認識される内容は、体験者の意識が外界において認識する物理的事実と意味的に一致している。

要するに、内なる出来事と外の出来事は、経験としては互いに異質であるにもかかわらず、その意味する内容が互いに一致している場合がある。これが「意味のある一致」としての共時性ということである。共時性論文でユングがあげた最初の例は、彼の患者がスカラベ（神聖甲虫）の夢を見た話をしている時に、甲虫が二人の前に飛びこんできたという経験である。[13] ここでは、心理的事実と物理的事実はその意味（甲虫の出現）において一致している。易の占いが的中する場合も、易の答えである卦の言葉は、占う者の内部心理的経験と外界における状況認識とが一致することを意味する。ユングは早い時期から易の占いに興味をもって（実験的に）取り組んでいたと言われる。彼はラインの超心理学研究に接して、両者の間には共通の問題性があると感じたのである。

パウリは一九四九年の書簡37の中で、物理学者にとっては因果律という言葉は決定論という言葉に比べて特別な意味はない、と言っている。ユングは共時性を「非因果的連関」とよんだのであるが、パウリに従うとすれば、これは「非決定論的連関」とよぶ方が適切である。ユングが立てた易の占いはよく的中したといわれるが、他の人がやった場合はそううまくはゆかなかっただろう。言いかえれば、占いの的中（という共時的現象）は確率論的性格のものであって、決定論的に必ず起こると理解すべきものではない。この場合、**共時的現象は、その意味内容において、心理的な現象**

であるとともに**物理的現象としての性質を示している**。二人の意見はこの点で一致している。要するに、心理学と物理学は、無意識に関連する人間性を基礎においてその認識のしかたを考える場合には、無関係ではなくなってくるのである。

パウリは同じ書簡37の中で、心理学と物理学の関係について、背景物理 Hintergrundsphysik (background physics) と名づけた自分の考え方にふれている。これは本書の「付録1」として収めてあるパウリの未発表論文のことである。その内容の要点は、パウリの言い方では、物理学的概念には元型的背景がある、ということである。彼は自分の夢を例にして、数式的表現と量的測定を基本にする物理学的認識の背景には無意識のはたらきが情感的に感得する領域が想定されるというアイディアをのべている。ボームの言う暗在系 Implicate Order のような考え方の先駆、と見ることができるかもしれない。こういう考え方は、科学的に認識される自然の像以上のものを求めない人にとっては無縁なことかもしれないが、科学的方法による認識が及びえないプシケー、すなわちスピリチュアリティの問題領域との関係に関心をもつ人には興味を引き起こすことだろう。

ユングは、経験的実証に基礎をおく**自然科学だけでは自然の全体をとらえることはできない**、と言っている（書簡39）。科学は知性（意識）によって自然をとらえようとするが、知性だけでは共時性を把握することは不可能であって、それではホリスティックな自然の見方に至ることはできない。因果必然性を重視する知性は、共時性の表現である超常現象を否定的に見ようとするが、科学がとらえる自然は、無意識の女性性の立場を無視した男性的な**知性によって歪められた自然**である、と彼は言う。男性的・女性的という言い方はユング独特のものであるが、ここで女性性の立場というのは無意識に基づく情感的な自然の見方を言っている。

このようなユングの率直な（あるいは乱暴とも思える）言い方に対して、パウリは物理学の立場から次のような意見をのべている（書簡62）。一九二七年に波動力学の理論が完成し、古い光の波動説と粒子説の対立が克服されたとき、アインシュタインはこの理論は正しいかもしれないが不完全だと強く主張した。私はボーアに従ってアインシュタインの見方を批判する立場を取ったのだが、今になってこのときの論点がやっとわかってきた。科学の自然認識の目標には、**認識の完全性と客観性という矛盾対立**が必ず伴っている。アインシュタインはこの両者を同時に手に入れようとしたのであるが、それは元来不可能である。これは不確定性原理をめぐる論争の場合と同じことであって、われわれは考えられる理論的可能性についてすべてを答えることは不可能なのである。その意味で、われわれはここで「犠牲と選択」を求められている。認識の客観性を達成しようとすれば、その完全性はあきらめなくてはならない、ということになる。これが科学の自然認識についてのパウリの考え方である。

よく知られていることだが、ハイゼンベルクの不確定性原理をめぐっては、粒子モデルと波動モデルの対立が再び（量子のレベルで）起こった。これは「観測問題」とよばれている。理論的には波動モデルと粒子モデルはともに正しいが（重ね合わせ）、観測の結果は粒子モデルのみが生きて波動モデルは否定される（波束の収縮）。このため当時物理学界を二分する論争が起こったが、理論的な決着はつかないままに終わった。純粋な物理学的観点から言えば、観測問題は今日でも解決したわけではない。パウリの考えでは、**この問題は「犠牲と選択」という哲学的性質をもっているので**、このことは物理学だけでは理解することはできないのである。彼が言うのは、科学の自然認識は客観性を追求することはできるが認識の完全性は犠牲にしなければならない、ということである。この議論は科学的認識の方法論的前提を明らかにしているという点で、哲学にとっては重要である。ボームは、パウリの解釈を通じて初めてユングの集合的無意識の考え方に近づいたと言っているが、[14] たしかにパウリの議論は科学的認識の前提条件をよく明らかにしていると思う。

パウリの基本的な考え方は、われわれの時代の精神的全体状況を理解する鍵は心理―物理的問題の関連の中にある、というところにある（書簡56）。物理学の認識問題をもっと一般的に科学的認識の問題としてとらえるなら、基本的な事情は今日も同じだと言えるのではないだろうか。科学が認識する自然の像は客観的な（その意味で正しい）ものであるが、われわれは無意識を通じて情感的に感得される自然の全体像をも捨てるべきではない、ということだろうと思う。

ユングとパウリの議論は、最初は心理学や物理学の基礎的な話から始まっているが、次第にギリシア哲学を基礎にした哲学的な議論が多くなって、難解になってゆく傾向がある。細部は無視してもよい。大事なのは、人間性に関する彼らの基本的な考え方を理解することである。それは現在においても意味のあることではないかと思うのである。

1 C. A. Meier, hrsg. von, *Wolfgang Pauli und C. G. Jung: Ein Briefwechsel 1932-1958*, (Berlin und Heidelberg: Springer-Verlag, 1992). C. A. Meier, ed., *The Pauli/Jung Letters 1932-1958*, (London and New York: Routledge, 2001).

2 ユング、パウリ『自然現象と心の構造——非因果的連関の原理』河合隼雄・村上陽一郎訳、海鳴社、一九七六年。

3 共時性と宗教心理学の連関については、たとえば Robert Aziz, *C. G. Jung's Psychology and Synchronicity*, (New York: SUNY, 1999). 科学論との関連については次注のピートの著作などがあげられる。

4 D. Bohm, "Beyond Relativity and Quantum Theory," *Psychological Perspectives*, 1988.2 (Spring-Summer): 25-34. ボーム「暗在系と東洋思想」（湯浅泰雄・竹本忠雄編『ニューサイエンスと気の科学』青土社、一九九三年。ピート『シンクロニシティ』菅啓次郎訳、サンマーク文庫、一九八九年。

5 C・P・エンツ「ヴォルフガング・パウリ、伝記的序説」（パウリ『物理学と哲学に関する随筆集』C・P・エンツ、K・V・メイン編、岡野啓介訳、シュプリンガー・フェアラーク東京、一九九八年）。

6 ユング『心理学と錬金術』I、池田紘一・鎌田道生訳、人文書院、一九七六年、一三〇頁以下。

7 ラインのユング宛書簡とこれに対するユングの返事に関しては、『ユング超心理学書簡』（湯浅泰雄著訳、白亜書房、一九九九年）のライン宛書簡を参照。

8 現代におけるスピリチュアル・ヒーリングの状況の一端については、たとえば木戸真美「スピリチュアル・ヒーリングの科学的実証」（湯浅泰雄・春木豊・田中朱美監修、人体科学会企画『科学とスピリチュアリティの時代』ビイング・ネット・プレス、二〇〇五年）参照。

9 前記注4ピートの研究に関する訳者解説を参照。

10 前記注5所収の「ヴォルフガング・パウリ、伝記的序説」を参照。

11　前記注5の第一七章を参照。
12　ユングのヴィルヘルム追悼講演「リヒアルト・ヴィルヘルムを記念して」（ユング、ヴィルヘルム『黄金の華の秘密』湯浅泰雄・定方昭夫訳、人文書院、一九九〇年）参照。
13　前記注2の第一章（訳書二八頁）参照。
14　前記注4の D. Bohm Interview を参照。

（付記：本「監修者解説」は、監修者（湯浅泰雄）が二〇〇五年にお亡くなりになられたため、基本的には原文のママにしてあります。）

解説2

往復書簡集におけるパウリ

パウリの〈背景物理〉という考え方

黒木幹夫

はじめに

スイスの理論物理学者パウリ（Wolfgang Pauli）は、深層心理学者ユング（C. G. Jung）と往復書簡を交わした。物理学におけるパウリの学問的な位相、彼の思考、さらには彼の現実的な人生に至るまで、ユングとの往復書簡集に鏡像のごとく映し出されている。むしろ、往復書簡集（付録として収められたものを含めて）におけるパウリは、パウリの実像を見事にとらえていると言えるほどである。また、往復書簡集におけるパウリの思惟様式（ものの考え方）は、「背景物理」という概念に凝縮して示されており、この概念については、往復書簡集に付録として収められている、未刊行の論説「〈背景物理〉の現代的実例」（一九四八年六月）で具体的に論述されている。われわれがこの往復書簡集においてパウリから学ぶべきこともまた、そこには集約して示されている。

〈心〉と〈物〉を分けて考えることがいわば〈あたりまえ〉になっているわれわれにとって、それに呼応した学問の細分化はそれほど不思議なことではない。しかしわれわれはどこかで、それは必ずしも世界の〈あるがまま〉をとらえてはいない、ということを感じ取っている。そのことが例えば、現代では学際的な領域への志向、あるいはスピリチュアリティへの関心等と結びつくのであろう。

往復書簡集においては、一定の人間関係を踏まえて、一方は物理学（Physik）、他方は心理学（Psychologie）という、まったく異なった学問領域に携わる者同士の対話がなされており、専門領域の違いに対する配慮から手加減がなされているにもかかわらず、それぞれの領域にかかわる専門用語が飛び交っていることもまた事実である。それに加えて、書簡という形式が、両者が暗黙の内に了解していることを生のかたちで表現することを許している。そこに翻訳の難しさも根ざしているわけであるが、しかし救いになるのは、パウリがユングとの精神的な交流におけるそれなりの体験を通して、みずからが得たことを論説として整理していることである。それが集約されたものが、すなわち〈背景物理〉という彼の考え方にほかならない。

往復書簡集における論議は多岐にわたり、かつ入り組んでいるが、この解説ではそれらの細部にこだわるよりも、むしろ全体を包括的にとらえることを目指した。その際は、専門用語をなるべくかみ砕き、かつ両者の対話をできるだけ図式的に整理することによって、併せて解説者としての補足を交えながら、パウリが何をどのように考えたのかについて、その全体像を提示することを試みた。

一、理論物理学者としてのパウリ

パウリは、一九〇〇年にウィーンにおけるユダヤ系の家庭に生まれ、主としてスイスで活動した、二〇世紀前半を代表する理論物理学者である。彼は、一九二〇年代半ば以降に急速に台頭してきた新しい物理学（量子力学）の基礎を築き、第二次世界大戦が終わる一九四五年に、A・アインシュタインの推薦によってノーベル物理学賞を受賞している。ユングとの往復書簡は一九五七年八月まで続き、パウリは一九五八年にスイスのチューリッヒで亡くなっている。

物理学者としてのパウリの研究歴は、往復書簡集でその一端が示される出来事に沿って示せば、およそ次のようになる。彼はまずミュンヘン大学でA・ゾンマーフェルトに師事し、数学に基礎をおく物理学の研究方法を学び、一九二一年に学位取得後は、数学で有名であったゲッティンゲン大学で一年間、M・ボルンの助手を努めた。この時期にパウリは、師ゾンマーフェルトの依頼で、難解で知られていた、アインシュタインの「相対性理論」について解説を執筆している。その後は、コペンハーゲンのN・ボーアのもとで、当時の物理学の根幹にかかわる、哲学的なものの考え方（「相補性」等々）を伝授された。

研究歴と密接にかかわる教職歴としては、一九二三年から一九二八年までハンブルク大学の講師を務め、一九二八年にはチューリッヒのスイス連邦工科大学の教授になっている。第二次世界大戦中は、ユダヤ人であることからアメリカに滞在することを余儀なくされるが、それ以外は終生チューリッヒにとどまった。チューリッヒはまた、ユングが精神科医として活動していた所でもあって、パウリにとってある決定的な出来事がきっかけとなり、パウリとユングの間に精神的な交流が始まる。それがどのようであったかについては、往復書簡集が如実に物語っている。

ところで、パウリが直接その基礎付けにかかわった新しい物理学とは、ニュートン以来の物理学（古典物理学）に対抗して、二〇世紀になって登場してきたものであり、古典物理学が世界を巨視的にとらえるのに対して、新しい物理学すなわち現代物理学は、世界とその存在を微視的にとらえる。しかし、そのように微視的にとらえられた世界は、それまでの世界像を根本的に覆すものであった。巨視的（マクロ）物理学から微視的（ミクロ）物理学への展開によって、世界はまったく新しい様相を呈するようになったわけである。ところが、世界が新しい様相を呈するのは、あくまで世界を微視的にとらえる限りのことであって、巨視的にとらえるならば、世界は古典物理学が教えるとおりである。われわれの日常生活は基本的には目に見える巨視的なレベルで成り立っているゆえに、原則的には現代物理学が直接の影響を与えることはない。そうであるにもかかわらず、日常生活どころか人間の生存を脅かす原子爆弾は、微視的物理学の成果にほかならない（書簡66）。

二、現代物理学すなわち微視的物理学

古典物理学は言わばわれわれの日常生活を土台にして、周囲に存在している自然を成り立たせている法則を、実験と観察を通して探るものである。その際、自然はわれわれの〈意識〉に対する〈物質〉として、実体的にとらえられる。これが、巨視的物理学の基本である。ところが、われわれが物質的な〈実体〉として了解しているものを、それ

を支える、目には見えない極微の世界（量子）においてとらえようとすると、それをとらえる実験自体に、観察者および観測装置が影響を与えてしまうことが明らかになった。その結果、物質的な〈実体〉はもはや〈あるがまま〉にはとらえられなくなり、単に確率ないし蓋然性の次元においてしか理解されないものになる。このような事態が微視的物理学の発端にあり、われわれが日常的に〈物質〉とみなしているものは、極微の世界において見れば、決して確固とした実体としては存在しておらず、数学上の概念である確率ないし蓋然性としてそうであるにすぎなくなる。

微視的物理学（量子物理学）における蓋然性の問題は、巨視的物理学における決定論的な考え方を脅かすものであった。その上で物理学の内部にあっては、蓋然性の問題は、量子世界の様相は一つに決定されていないとして、パウリの親しい友人であったW・ハイゼンベルクによって一九二七年に「不確定性原理」が提唱される。さらにボーアは、それを積極的に微視的物理学に取り込もうとして、もともと哲学上の概念である「相補性」という考え方を提起した。ところが、時代をリードしていたアインシュタインはこれに対して、あくまでも巨視的物理学に基づいて、世界の根源が確率で成り立っているとは信じられない（「神はサイコロを振らない」）として、量子物理学の動きに歯止めをかけようとした。そこでボーアとアインシュタインの間で論争が起こることになるが、それは一九二七年にブリュッセルで開かれた第五回ソルベー会議で始まった。結果としては、逆にこの論争が、量子物理学の構築に拍車をかけることになった。

パウリもこの会議に出席していたが、アインシュタインの「相対性理論」を他の誰よりもよく理解し、またゾンマーフェルトから数学的なものの考え方を学び、ボーアを通して哲学的なものの考え方にも親しんでいたパウリにとって、このボーア—アインシュタイン論争は大きな意味があったし、彼の物理学理解に根本的な影響を与えるものであった。後にパウリはこの論争を振り返っており（書簡62）、その要点を言えば、論争は物理学の内部においてどちらが正しい理論なのかということではなく、どちらもそれなりに正しいのであって、むしろこのような論争が起こらざるをえない、物理学それ自体の有限性が注目されるべきである、と述べている。要するにパウリは、物理学はそれ自体で完結するようなものではなく、それを包括するような広い場に位置づけられてこそ、その意義が十分に発揮されると考えるのである。そのような広い場を、パウリは〈生〉そのものととらえるのであるが、しかしそれは具体的にはどのように理解されるであろうか。もしそれが日常性とかけ離れたものであれば、物理学という学問そのものの存在意義が問われることになるであろう。

この日常性については、極微の世界における不確定性が、単に理論的にそうであるにすぎないということであれば、実践を重んじる日常生活の立場からは、たとえそれを無視しても、われわれの日常生活はほとんど影響を受けることはない。極微の世界は、なるほど存在はしているが、しかし目には見えないからである。ところが、微視的物理学（量子物理学）が展開して行くにつれて、物質を構成する実体の最小単位としての原子、その中心にある原子核が分裂して核反応を起こせば、非常に大きなエネルギーを放出することが徐々に明らかになった。言い換えれば、極微が行き着くレベルでは、それを技術的に操作すれば、日常性を破壊するような膨大なエネルギーを放出させることができるわけである。しかもその技術は原子爆弾の開発に利用され、悪魔的なエネルギーの存在が実証されることになる。一方で日常性を支える、目には見えない極微の世界は、実は他方で、日常性そのものを崩壊させるエネルギーを秘めているのである。

三、深層心理学者ユングとの交流

一九二八年にパウリは、ハンブルク大学講師からスイス連邦工科大学に移り、教授になったが、その翌年には、ハンブルク時代から付き合いのあった女性と最初の結婚をしている。しかし、この結婚生活は間もなく破綻し、一九三〇年には離婚している。程なく、パウリは精神的に不安定な状態に陥り、チューリッヒ近郊で活動していた精神科医ユングの診断を受けることになる。したがってユングとの交流は、最初は医者と患者の関係であった。パウリが精神的な不調に陥った原因については、研究環境が変わったことに加えて、女性との関係の不慣れさが重なったこと、そして何よりも当時のパウリは、極微の世界を構成する最小単位としての素粒子の一つである「ニュートロン」の存在の予想に、精神的な緊張を強いられていたことが挙げられるであろう。このニュートロンは、すぐ後で実際に発見されてニュートリノと名づけ直されることになるが、もともとパウリが実験を踏まえずに、純粋に理論的に仮定したものであった。

ユングとの出会いは、そのように最初は医者と患者の関係であった。しかしそれは両者の精神的な交流へと発展し、さらにその交流が、両者の研究領域に深く立ち入るような往復書簡として結実した。両者の研究領域というところで言えば、パウリについてはその概略を述べてあるが、ユングは精神科医として活動すると同時に、心の深層について独自の理論を展開した深層心理学者でもあった。彼はパウリに対して最初は精神科医として、しかし精神的な交流が深まるにつれて、物理学者に対する深層心理学者として、同じく学問に携わるものとして対等の関係で臨んでいる。その成果が、重なる問題意識（「共時性」）のもとに、両者の論文を合わせたかたちで一九五二年にチューリッヒで出版された『自然の解明とプシュケー』である。当然のことながら、この両者の論文の内容は往復書簡のなかで具体的に触れられており、両者の意見交換の材料となっている（書簡55）。

ユングは一八七五年の生まれであるから、パウリより二五歳の年上である。ユングは、一九二〇年代に物理学の世界で巨視的物理学から微視的物理学への変動が起こるほぼ一〇年前の一九一〇年代に、心理学の世界で変動を引き起こしている。それまでの心理学は意識を中心にその底に無意識の存在を確認していたが、フロイトは夢分析を通して具体的に無意識の層（個人的無意識）に取り組んだ。そのことを承けてユングは、さらに神話等の研究を通して、個人的無意識の深層に横たわる集合的無意識の存在を想定し、しかもその自律性を明らかにした。すなわち、一九一〇年代に起こった心理学における変動とは、意識中心の心理学から、無意識の自律性を重視する心理学への重心の移動にほかならない。ユングの深層心理学がそれまでの心理学者と大きく違うのは、無意識の自律性を保証するものとして、それ自体は表象することが不可能であるが、しかしさまざまな象徴を通して現われる元型の存在を仮定したことにある。元型とは、いわば〈表象以前の表象〉としてあり、具体的に人間の行動を導く型として理解されるものにほかならない。

ところが、元型の存在が保証する無意識の自律性は、無意識が意識の単なる付属物ではないことを示すだけではなく、そもそのようなものが、それまで理解されてきた心とか精神とかで理解されうるのか、という反省を引き起こさざるをえない。その点を踏まえてユングは、いわゆる魂をも含めた〈こころ〉をもっと広くかつもっと深くとらえ、それをギリシャにさかのぼって「プシュケー（Psyche）」と呼び、いわゆる心理学を「プシュケー」の科学としてとらえ直そうとする（書簡64）。要するにユングは、そのプシュケーを近代以降の学問としての心理学（Psycho-logie）から解放しようとしたのである。そしてそのことを、みずからの精神的なアンバランスを通して体得したのが、ほかならぬパウリであった。それというのも、パウリみずからが同じようにまさに重要な何かを、彼が従事していた近代以降の学問としての物理学から解放しようとしていたからである。

ところで、ユングが精神科医として、患者パウリから強い感銘を受けたのは、分析の一環としてパウリの提示する夢が、象徴的に古代的な元型を示す、典型的な元型夢であったということである。ユングはそれらの夢を、錬金術研究の資料として活用する（『心理学と錬金術』）一方、患者パウリのほうは、元型夢の解釈をユングから学び、みずからもそれを実践しながら、精神的なバランスを取り戻してゆく。その上で、それ以上にパウリは自分の夢にこだわってゆくのであるが、それは往復書簡集にその実例が示されているように、みずからが従事する物理学を理解するに際して貴重な示唆を与えるものだったからである。そもそも彼が精神的なバランスを崩したことと、彼が物理学を研究していたこととの間には直接のつながりはない。その証拠に、彼はまさに精神的なアンバランスのただ中で、しかもニュートロンの仮説を提示しているからである。要するに、ユングによって導かれた夢解釈は、彼に精神的なバランスを取り戻させただけではなく、パウリ自身のアイデンティティにほかならない物理学の理解にも大いに貢献するものだったのである。

四、人間的、あまりに人間的なパウリ

主として女性問題につまずき、パウリが精神的なアンバランスに陥ったのは、ユングのタイプ論で言えば、パウリは研究者にふさわしく〈思考〉や〈直観〉に秀でていたが、しかしそれは〈感情〉や〈感覚〉を犠牲にした上でのこ

とだったからにほかならない。感情や感覚の機能が劣っていれば、女性問題どころか日常生活自体がうまくゆくはずもない。ところが、パウリが思考・直観に秀でていたことは、当時の物理学の状況、すなわち物理学が巨視的物理学から微視的物理学へという変革期にあったことを踏まえれば、まさしく望まれた資質でもあった。それというのも、そのような変革期にあっては、実験を通してデータを蓄積することよりも（パウリは実際に実験が不得手であった）、〈直観〉に基づいて理論を抽象的に構成する〈思考〉の能力のほうがはるかに重視されていたからである。そのことに呼応するかのように、パウリが関心を抱いていたのは数学であり、また哲学でもあった。

まず数学から言えば、パウリがそれを重んじたのは、世界の根源が確率で成り立っているという場合、その確率が数学上の概念だからである。この〈確率〉は〈蓋然性〉ということであって、必然性を否定するものである。必然性とは必ずそうなるということであり、実験を例に挙げれば、実験の結果は必ず同じことになるはずであり、言い換えればそこでは反復性が保証されることになる。その意味で必然性は、技術と結びつく自然科学にとっては、その存亡にかかわる重要な問題にほかならない。ところが、そのような反復性を否定する確率は、しかし単に否定的なだけではなくて、別の可能性を明るみに出す。その可能性とは、反復されない、一回的な出来事をどのようにとらえるのかという問題にかかわる。そもそも物理学は、人間が生きているからこそ可能になる学問であって、しかし人生そのものは決して必然性では成り立っておらず、生きているものが頼りにするのは蓋然性でしかない。パウリがそのことに改めて気づいたのは、精神的なアンバランスを通して、みずからの一回的な人生を実存的に振り返らざるをえなかったからである。その際には、言うまでもなく深層心理学がパウリにとっての導きの糸になった。

不確定性を実存的にとらえ直すということ自体は、しかしパウリにとってのみ特殊な事情であったのではなく、パウリが大きな影響を与えられたボーアにとっても切実な問題であった。ボーアは不確定性を支えるために「相補性」という発想を打ち出したが、この発想は同じデンマークの実存的な思想家であったキルケゴール（一八一三―一八五五）の哲学を読むことで得られたものであった。相補性とは、〈あれかこれか〉という不確定性を、あれもこれもというかたちで支えるという、もともと〈ものの考え方〉の問題である。〈ものの考え方〉は哲学として整理されることになるが、実は巨視的物理学の確立にかかわった物理学者たちは、ほとんどがそのような哲学に多大の関心を寄せていた。なぜならば、彼らは一様に〈実在〉をどうとらえるか、〈世界〉をどう理解するのかという〈発想〉にかかわらざるをえなかったからである。そのような意味で、ボーアにおけるキルケゴールのように、パウリに〈発想〉をもたらしたのは、陰と陽の相補性を説いた中国の老子と、とりわけ〈表象〉としての〈世界〉を論じたショーペンハウアー（一七八八―一八六〇）の哲学であった。

パウリは、自分は宗教的また哲学的には、ショーペンハウアーと老子の「系統」であるとまで述べている（書簡55）。パウリが教育を受けた一九一〇年代は、今日と違って、学問の基礎に〈哲学〉があるということはいわばあたりまえのことであって、何を研究するにせよ、研究者である限りは当然のことながら哲学的な教養を身につけていた。パウリの場合はそれが彼の素質にもなっていたことが顕著なのであるが、興味深いことにパウリは、同時代のいわゆるアカデミズムにおける哲学にはほとんど関心を示していない。それどころか、痛烈な批判さえ加えている。当時の専門的な哲学は、パウリには、回りくどく言うことに重きがおかれ、洗練されておらず、「知性」とは関係がないもののようにみなされていた（書簡69）。そのような哲学が、彼の〈発想〉の役に立つはずもない。パウリにとって哲学は、人生の一回性に示唆を与える、やはり実存的なものでなければならなかった。

そのように数学や哲学に関心を抱きつつ、しかし現実にパウリは精神的なアンバランスに陥ったわけで、彼は何とかしなければならず、ユングにアドバイスを求めた。彼がなすべきことは、さしあたり感情・感覚の機能を取り戻すこと、ひいては日常生活を秩序立てることであり、その点で夢解釈は大きな役割を果たした。そのようななか、彼は次第に、思考・直観に秀でた彼自身が見る夢が、無意識における元型を象徴的に示していることに気づいてゆく。彼みずからが積極的に夢解釈を行なうようになるのは、そのことを通して逆に、直観と思考が重視される当時の変革期における物理学そのものに光を当てようとしたからである。もともとパウリは、すでにボーア・アインシュタイン論争に際して、物理学を包括するような広い場の存在を予感していたわけである。

五、物理学の精神史的な背景

物理学がその根幹にある自然科学は、自然の法則を知ろうとしてさまざまな実験と観察（観測）を繰り返してきた。その上で微視的物理学も、やはり実験を通して目に見えない極微の世界を探ろうとしたが、そのとき明らかになったのは、極微の世界においては実験すること自体が、観測して知ろうとする対象に影響を与えてしまうという事実であった。自然科学はそもそも、デカルト以来の主観（意識）・客観（物）という近代科学の図式（主客二元論）において、意識が物を対象として据え、その構造を明らかにしようとする。したがって、観察を「意識」、極微の世界を「世界それ自体」という概念で置き換えるならば、「意識」は「世界それ自体」を、意識で色づけられた限りでしかとらえられないということになる（不確定性原理）。言い換えれば、意識は世界を決してそのあるがままにとらえることはできず、意識は常に世界を事後的に跡づけることしかできない。すなわち世界は、すでにそのように与えられたものとして前提とするほかはないわけである。

その上でパウリは、そのような不確定性原理は、微視的物理学だけに特殊な事情ではないことに、みずからが見た夢を解釈する過程で徐々に気づいてゆく。意識が活動していないときに無意識がもたらすイメージとしての夢は、目覚めてから解釈しようとすれば、すでにその時点で意識によって色づけられてしまっている。それゆえに、夢ないし無意識をあるがままにとらえようとすることなど、どだい無理である。このようにパウリは、自分が見た夢を解釈してゆくうちに、無意識の自律性をみずから体験し、その背後にある元型を認めざるをえなくなる。無意識もまた、意識が事後的に跡づけることしかできない、すでにそのように与えられたものとして前提とするほかないわけである。ただし、微視的物理学の状況と大きく異なるのは、ユングが集合的無意識の背景に「元型」の存在を想定したことにある。元型に関しては、それを理論として確立するために、ユングは〈錬金術〉の精神史的な研究に向かっている。

このようにパウリは、一方で微視的物理学の確立に寄与しながら、他方で世界をあるがままにとらえることはできないという、その限界を直視してゆく。そこでパウリが取った方向性が、そのような微視的物理学の生まれてきた背景をたどることであった。ところで、微視的物理学の構築にかかわった物理学者たちは、パウリの友人であったハイゼンベルクがそうであったように、パウリも含めて、哲学のみならず人文学的な教養が豊かであった。二〇世紀初頭は、いわば文系と理系というような区別が存在していない時代である。ユングにも、当然のことながらそれは当てはまる。ここに人文学（フマニタス）とは、古典に対する知識とともに、現在に至るまでに人間がたどってきた歴史に対する関心を指す。したがって、往復書簡集においてはそれがいわば教養として、パウリとユングの対話においてあらかじめ前提とされており、特に説明はなされていない。

しかし現代のように、時代がほぼ一世紀進むと、それはもはや教養としては存在していない。とりわけ、われわれ日本人の場合にはそうである。そうであれば、微視的物理学がはらむ問題性をパウリがその背景にさかのぼって整理しようとするならば、解説者として、いくらか補足を加えておくべきであろう。

自然科学の根幹としての物理学は、二〇世紀前半に古典物理学（巨視的物理学）から微視的物理学（現代物理学）へと展開してきたが、その自然科学の源をたどれば、一七世紀の近代科学に行き着く。この近代科学は、実はキリスト教という宗教を母体として生まれてきたものであって、神が自然を創造したのであれば、それをどのように創造したのか、その創造の足跡を実験と観察（観測）を通して確認しようとするものであった。この場合、自然は「第二の聖書」という位置づけであり、したがって自然を探求することは、すなわち聖書を読むことと同等の価値を有する宗教的な営みであった。

ところが、実験と観察が繰り返され、自然の法則がいろいろと明らかになってゆくなかで、近代科学は神の足跡をたどるというそもそもの動機付けを忘れることになる。それは、デカルト（一五九六～一六五〇）の主客二元論によって、客体（自然）に対する主体（人間）の優位が説かれるようになり、実験と観察の位置付けが、自然法則を取り出すことによって自然を人間に都合がよいように造り変えてゆく、その手段とみなされるようになったからである。その際、自然はもはや人間と同じような被造物ではなくなり、技術を通して改変されるべき物質的な材料でしかなくなる。その時点で近代科学は、技術と密接に結びついた自然科学へと変貌してゆく。要するに、自然科学はいわば神を忘却した近代科学として、今日まで展開してきたわけである。

しかしながら、自然科学が成立してきた背景を探るという場合、神を忘却した近代科学の存在を指摘するだけでは、事は済まない。いかなる背景があって、近代科学は神を忘却しえたのかという問題が依然として残るからである。しかも、技術によって自然を改変してゆく文明を人間が獲得した代償であると指摘するだけでは、単に事後的な説明でしかない。問われているのは、近代科学が神を忘れることができた内在的な理由である。ここで押さえておかなくてはならないのは、もともと神の足跡をたどろうとした近代科学に実験と観察の意義を教えたのが、アラビア起源の「錬金術」であったという事実である。この錬金術はキリスト教よりも古く、起源一世紀ごろにエジプトに起こってアラビアで展開した、いわば科学ないし技術の原初形態とみなすことができるものである。

六、錬金術

錬金術（alchemy）とは、分かりやすく比喩的に言えば、自然に存在する石を金に変換する術のことである。またその術は、実験と観察を通して、石を金に変える媒材を取り出そうとするものであった。この媒材は、往復書簡集にも出て来るが、「哲学の石」ないしは「賢者の石」と呼ばれた。その際、石は自然を象徴する存在であり、その自然を錬金術師は〈神〉が創造したものであることを信じて疑わず、もともと人間の手の及ぶようなものではないことを自覚していた。それで錬金術師は、実験を行なうときには必ず、「哲学の石」をうまく取り出すことができるように、神に〈祈り〉を捧げた。なお、この場合の〈神〉は特定の宗教によって色づけられたものではない。

そこで結論を言えば、近代科学は確かに実験と観察という作業を錬金術から継承したが、しかし神の足跡をたどる際にはそれを理論的なものにとどめ、〈祈り〉という実践はいわば切り捨てられてしまった。その意味では、近代科学は〈祈り〉を忘れた錬金術と言うことができる。そうであれば、その〈祈り〉を忘れた近代科学から、神を忘却した自然科学が出現してくるのは当然の成り行きであろう。このように、自然科学が成立してくる背景には、宗教の〈世俗化〉という事態があり、それはそもそも、デカルト以降に顕在化する主体としての意識の肥大化と結びついている。錬金術の場合は、まさに〈祈り〉が、そのような世俗化を妨げていたわけである。なお、この世俗化については、後に再度触れられる。

この錬金術については、パウリは彼のケプラー研究（「ケプラーにおける自然科学的な理論の形成への元型的な表象の影響」）において、近代科学に位置づけられるケプラーに対するフラッドの問題として論じている。また往復書簡集においては、「実験室」という概念の内実を示すものとして重要な役割が与えられている。そこでは、実験室は意識ではなく無意識と結びつき、「礼拝堂」と同等の位置が与えられて、「実験室」と「礼拝堂」は錬金術の作業過程における両局面であると述べられている（書簡71）。言うまでもなく、ユングにおいては、この錬金術が、元型の存在を歴史的に基礎づけるものとして重要な役割を演じており、また自我が本来的「自己」を取り戻す個性化の過程は、「哲学の石」を取り出す錬金術の実験との連想で理解されている。

七、自然哲学者としてのパウリ

ユングは錬金術の精神史的な研究を通して、近代以降の心理学において人間の心に閉じ込められた「プシュケー」を本来あるべき場所へ解放しようとしたのであるが、錬金術の実験において神に捧げられた〈祈り〉は、まさに本来あるべきプシュケーの問題にほかならない。パウリもまたまったく同じ問題意識を有しており、自分が研究に従事している物理学の背景を探って至ったのは、ほかならぬ神を忘却した自然科学であり、祈りを忘れた近代科学であった。近代科学も自然科学も、ともに人間が自然について考える理論的な営みであることに基本的な違いはないが、しかし精神史的に見れば、プロセスとしては人間が祈りを忘れ、神を忘却することで自然は対象化され、最終的には技術を通して人間が自然を支配する、実践的な方向がたどられたことは一目瞭然である。しかしそのことは逆に、技術を通して自然を支配するということは、人間の長い歴史を踏まえればきわめて新しい出来事であって、もともとはそうではなかったということの一つの反証になる。

錬金術が盛んになる一四～一五世紀までは、いわゆる自然というものは、人間を超えたものが背後に控えるものとして、あるいは人間を超えたものそれ自体として存在していた。そのような自然について考えることは、中世では自然学（physica）ないし自然哲学（philspopia naturalis）と呼ばれていた。そしてその淵源には、古代ギリシャにおける、哲学の始まりでもある「ピュシス（physis）」の原理探求があった。古代ギリシャにあってピュシスは、基本的には人間がその一部である〈あるがまま〉ないしは〈おのずからなるもの〉を意味し、それ自体が生けるものであり、その生命原理がプシュケーとみなされていた。このピュシスが中世においては、ラテン語のナトゥーラ（natura）に翻訳される。現代では自然科学は Naturwissenschaft として、物理学は Physik として理解され、必ずしも両者の意味連関が明確ではないが、ナトゥーラの背景にはピュシスがあり、その意味で物理学は自然科学の根幹をなしているのである。

結論から言えば、このピュシスが結局は近代以降、物理学（Physik）の内に閉じ込められてゆくことになる。要するにパウリは、微視的物理学がはらむ矛盾に直面して、自然哲学的な視点からこのピュシスを物理学から解放することで、進むべき方向性を見出そうとしたわけである。その意味でパウリは、みずからがよるべき「本来の領域」を「自然哲学」として位置づけている（付録2）。

往復書簡集において重要な主題の一つになる、「数」の象徴性ないし神秘性（基本数は三か四かという問題）に、プシュケーを復活させたユングと同じように、パウリがこだわるのも、この立場からにほかならない（書簡64）。それは、一方でもともと〈数〉がピュシスの直接的な現われとして、ピュタゴラス以来、哲学の重要なテーマになってきたからなのであるが、他方でそもそもピュシスがプシュケーと密接な関係にあったように、現代では分かれてしまっている心理学と物理学とを結びつける、その接点になりうるからである。

その点で確認しておくべきは、このことが、プシュケーを心理学から解放したユングと同じ問題意識で成り立っており、しかも往復書簡においては、両者の方向性はそれこそ共時的に進行している、ということである。その上で両者はそれぞれに、古代ギリシアにおいてピュシスとプシュケーはもともと一体のものであったのが、それが〈物〉（物理学）と〈心〉（心理学）というように二元的に分離してしまっている現代の状況において、改めてそれらの接点を探ることになる。なおそのことは、具体的には「精神―物理的な課題（das psycho-physische Problem）」として、さまざまな角度から論じられている（書簡56、76）。

この点については、ユングがパウリの夢を解釈する際に提示する、錬金術的な概念である「一なる世界」という考え方に、パウリは大いに共感を示していることを挙げておかなくてはならない（書簡76）。この「一なる世界（unus mundus）」は本来、統一された人間に向かい合うものである。ところが、人間がそれを認識するためには、あえてそれを分裂させざるをえない。しかし統一された人間は、その分裂があくまでも仮の作業であることを心得ている（書簡71）。これは、あるものを分析して、別のものを作り上げるという自然科学的な実践とは、まったく別のありようである。パウリが物理学の背景にさかのぼろうとする場合、この「一なる世界」と同じような考え方に貫かれていると言うことができる。

八、中立的な言語

そこで注目されるのが、パウリが物理学と心理学の接点ないし境界を、どちらの領域にも偏らない「中立的な言語（die neutrale Sprache）」（書簡47）に求めていることである。中立的な言語とは、パウリによれば、心理学的にも物理学的にも解釈しうる言語であり、それを通して初めて、物理学的な表象に対応する心理学的な表象を探り出すことができる。また、そのような中立的な言語を媒介にして、心理学と物理学の学問的な交流も可能になるわけである。パウリとユングの交流は、まず医者と患者の関係から始まるが、述べてきたように問題意識が重なることから精神的な交流へと進展し、さらにはそれぞれが従事する学問領域の交流にまで至る。

しかしその際に注意しておかなくてならないのは、その交流がいわゆる学際的な関係では決してなく、それぞれがプシュケーないしピュシスを通してそれぞれの学問領域の限界を自覚した上での精神的な交流なのだ、ということである。したがって、両者がそれぞれの固有性を十二分に生かしつつ交わる関係であり、当然ながら、それには両者を統合するような場が必要になる。それはプシュケーとピュシスを統合するような場でもあり、可能性としては「一なる世界」が考えられている。

ここではそのことよりも、中立的な言語に関して、解説者としては補足しておきたい二つのことがある。一つは往復書簡に直接かかわることであるが、今一つは精神史的な課題として往復書簡には間接的にかかわることである。まず直接的にかかわるほうであるが、中立的な言語の問題は、単に理念としてあるのではなく、その基礎にはパウリの苦渋に満ちた実践があった、ということである。パウリは夢解釈をユングから学んだのであるが、自分が見た夢についての自分自身の連想については、異なった研究領域に属するユングに理解されるように言葉を選んでいる。このように、中立的な言語が提起される背景には、パウリとユングに共通の主題であった、夢解釈における「連想」の問題が潜んでいる。

今一つは、「連想」自体には、その結果から振り返れば、つながりがないように見えるもの同士を結びつける働きがある、ということである。その意味では、連想は〈発想〉と密接に結び付き、しかも精神史的には、この〈発想〉が学問的に重視された時代があった。物理学の枠組みを決定したのは、主客二元論の基礎を築いたデカルトであるが、彼にほぼ一世紀遅れて登場したイタリアのＧ・ヴィーコ（一六六八―一七七四）は、デカルトを痛烈に批判した哲学者として有名である。ヴィーコは、デカルトが重視した判断とか推理（クリティカ）に先立つものとして、「発想（トピカ）」の意義を説いている。

相互に離れたところにある異なったもの同士を、両者を媒介するもの（medium）あるいは場を発見することによって一つにまとめる能力を、ヴィーコは「インゲニウム（ingenium）」と呼ぶ（『われらの時代の学問の方法について』一七〇九年）。このインゲニウムは、分かりやすく言えば、発見の才能と言い換えることができる。感情・感覚を犠牲にして思考・直観に秀でていたパウリが、精神的に不安定な状態になっても、その状態においてさえ微視的な物理学の構築に貢献しえたのは、あるいはユングとの交流を全うしえたのも、このインゲニウムが豊かであったからに違いない。そのことと関連して、デカルトは厳密に「真なるもの」にこだわり、「真らしきもの」を懐疑の対象としたが、ヴィーコはそれに対して、人間は神に比べて有限であって、「真らしきもの」にしか近づくことができないとし、そのことをこそ評価する。注目すべきことに、パウリもまた似たような考え方をしている。

この「真らしきもの」は、往復書簡における概念に置き換えれば、「蓋然性」ないし確率ということになる。極微の世界の探求が不確定性に行き着くとしても、パウリは決して慌てない。それを〈あるがまま〉に認め、不確定性を無理に確実なものにするのではなく、そのことは物理学に限りがあるからだと理解し、自然哲学者として物理学の背景を探り、ピュシスによりどころを求める。また無意識を理解しつつ、物理学が包括されるような広い場に基づいて考えを進めてゆく。そのような広い場（あるいは「一なる世界」）においては、人間は決して世界の主人公ではない。しかしその代わりに、人間は反復されない、繰り返されない、そして掛け替えのない一回性を手に入れる。それに対して、他の物理学者たちはといえば、あくまでも主客二元論にしがみつき、デカルトの意味における「真なるもの」を追求し、それを実証しようとして実験を積み重ねることになる。その行き着く先はしかし、人間の生存自体を脅かす原子爆弾の製造であった。ここには、ピュシスに対する畏怖はかけらも存在しないし、掛け替えのない〈いのち〉というような〈発想〉ももちろん存在しえない。

九、世俗化の動向

パウリにとって微視的物理学がはらむ矛盾とは、極微の世界において意識は不確定性原理に直面せざるをえないということであった。しかしそれは物理学の根源にあるピュシスから考えてみれば、決して矛盾などではなく、おのずからなるありようを示すものであった。なぜならばピュシスは、人間の意識を超えた〈おのずからなるもの〉であったからである。重要なのは、この人間を超えた〈おのずからなるもの〉は古来、善悪を超えたヌミノーゼ（聖なるもの）とみなされ、畏怖の対象であったということである。言い換えれば、人間が〈祈る〉ほかはないものであった。また極微の世界の根源が操作されることによってもたらされる、人間世界を破壊するような巨大なエネルギーが、ヌーメンは、人間を超えた力ないしエネルギーを内に秘めているものでもあった。したがって、仮に微視的物理学が、ヌーメンに基づくピュシスのエネルギーにほかならないとみなすことができたとしたら、原子爆弾を開発することもなかったであろう。少なくともパウリは、その危機を十二分に自覚していたはずである。

以上を精神史的な観点から図式的に整理すれば、次のようになる。自然哲学者としてのパウリがよりどころとしたピュシスは、古代ギリシアにおいては人間を超えて〈おのずからなるもの〉であり、善悪を超えた〈ヌミノーゼ（聖なるもの）〉とみなされていた。その土台の上に、ヌミノーゼたる〈おのずからなるもの〉とかかわる術として錬金術が出現する。ところが、その後に登場したキリスト教は、〈おのずからなるもの〉を被造物とみなし、それを神・人間・自然という階層に分裂させ、神の絶対性を説くものであった。この神の絶対性はしかし、神は善であると定義されることによって、善悪を超えた〈ヌミノーゼ〉さえも善と悪に分裂させられ、悪は「善の欠如」（書簡58）と理解されることになる。この過程は、〈聖なるもの〉が、まさにその逆の〈俗なるもの〉に転換してゆく、世俗化の動向として特徴づけられるであろう。

このような世俗化の動向を背景として、述べたように、〈祈り〉を忘れた錬金術としての近代科学から、神を忘却した近代科学としての自然科学へという流れがたどられる。その上で、自然科学の根幹としての物理学は、巨視的な物理学から微視的な物理学へと展開してきた。その意味では、微視的な物理学は世俗化の極みとして位置づけられるであろう。この微視的な物理学の構築にかかわったパウリは、一方でみずからの内面において、無意識を通して〈ヌミノーゼ〉を体験していた。その後のパウリは、もはや単なる理論物理学者ではなく、人文学をふまえた自然哲学者として振る舞うことになり、ケプラー研究等の論説を発表してゆくことになる。

一〇、「背景物理」あるいは〈表象以前の表象〉

一九二七年以来のボーアーアインシュタイン論争をどう理解すべきかにおいて、すでに物理学の限界を感じ取っていたパウリは、実はピュシスをふまえた自然哲学者として、極微の世界の構築にかかわっていった。またそれこそが、実験の不得手な理論物理学者としての彼の実態でもあった。

自然哲学者としてパウリは、錬金術の世界にも入り込んでゆくのであるが、それは物理学の有限性を察知し、その根源を見極めようとする流れのなかから出て来たことにほかならない。しかしそれと同時に、それを後押しするものがあった。後押ししたのは、物理学がいわばパウリの外なる世界の問題であったのに対して、パウリの内なる世界からもたらされたものである。パウリは一九三〇年代初頭に精神的なバランスを崩し、ユングのアドバイスを受けながら、自分が見た夢における、とりわけ意識ではコントロールできない部分を理解することを通して、みずからの内なる無意識の世界に入り込んでゆく。そのようにして、集合的無意識、そして元型の存在をみずから体験することになる。その際に、やはりユングから学んだのが、元型をあるがままに理解するためには、錬金術の研究が必要であるということであった。

このように錬金術を媒介にして、パウリの外なる世界と内なる世界とが有機的に結びつくことになり、彼独自の理論が形成されてゆく。それが、往復書簡集に付録1として収められている、一九四八年の「背景物理(Hintergrundsphysik)」という考え方である。「背景物理」は、理論物理学者であると同時に自然哲学者でもあった、パウリにしか発想しえない考え方であり、それはまた、ユングとの精神的な交流がもたらした最終的な成果でもあった。そのような成果として、最後に「背景物理」という考え方の要点を整理しておきたい。

「背景物理」としてパウリが基本的に理解しているのは、物理学上の概念が、それが通用する物理学という領域を離れて、自然に生まれる想像においても、象徴的な意味で出現するという事実である。この事実は、夢もまた自然に生まれる想像であるかぎり、パウリ自身がみずからの夢において体験していることであった。パウリが夢を通してなじんでいた概念としては、パウリはさしあたり「波動」、「原子」、「原子核」、「放射能」等を挙げているが、いずれも微視的物理学の本質にかかわる概念である。

その上でパウリは、これらの夢ないしは想像が、いよいよ個人に左右されない客観的な性質を有することに気づいてゆくのであるが、その際に彼の注意を引いたのが、夢に関して抱いたパウリ自身の二つの印象である。一つは、彼が見た夢の趣と、科学的な概念一般がまだ精錬されていない、自然科学以前の近代科学の段階における、とりわけケプラーのような一七世紀の論文における趣とが似ているということである。今一つは、彼が見た夢の内容と、現代において学問的な素養に欠け、自然科学的な教養が十分ではない民間の研究者が書いた書物、あるいはサイエンス・フィクションにおける具象的な表象と、重なる部分があるということである。これらのことから彼が認識したのは、これらの夢ないし表象（想像）が恣意的でも無意味でもなく、使用された概念における「第二の意味」を伝えているということであった。

「第二の意味」とはすなわち、それが元型を示唆しているということである。要するに、自然科学上の物理学的な概念の背景には、深層心理学的な元型が控えており、その事態が「背景物理」と呼ばれるわけである。しかし、わきまえておかなければならないのは、「背景物理」の所産が直ちに「真なるもの」なのではなく、それは辛うじて自然科学以前の近代科学の段階と比較されるべきものであって、現代のわれわれにとっては、あくまでも「真らしきもの」であるにすぎない、ということである。そのことを踏まえて、現在の段階でわれわれにできるのは、それを一方で深層心理学に基づいて解釈することと、他方で物理学的な概念の元型的な基礎をあらわにすることである。その上でさらに、心理学と物理学の協同が進んでゆけば、将来的には無意識における「背景物理」の産出をふまえて、ピュシスとプシュケーを統一的に把握する「自然記述」が可能になる、とパウリは述べている。

この方向性はあくまでパウリの予想にすぎないが、しかしその予想はパウリのインゲニウム（発想）に裏付けられていることが忘れられてはならない。パウリはそもそも、物理学と心理学とを相補的な関係にあるものとみなしていた。「背景物理」はあくまでも仮説にすぎないし、その現代的な実例として付録1に収められた論説もまた未完成なままである。しかし解説者には、それがきわめて大きな可能性を秘めていると思われるので、少し基礎付けをしておきたい。

物理学的な概念の背景に元型の存在を仮定する「背景物理」という考え方は、将来におけるピュシスとプシュケーの統合を予想させる。そうであれば、統合の可能性はすでに元型の内に秘められているはずである。それというのも、元型自体が、ピュシスとプシュケーという制約を免れているからである。しかしなぜ、そもそも一体であるものが、統合されることを予想されるのであろうか。それは端的に、もともと相補的であるものが、分離してしまっているからである。その分離された状況こそが、心理学と物理学の現代的な状況にほかならない。またそのような状況になったのは、物理学における意識の過大評価のためである。そのように解釈すれば、その危機を自覚させるために、元型は「背景物理」のレベルでサインを送っていることになるであろう。

そのことを図式化すれば、もともと「一なる世界」が存在していて、人間をそこへ戻そうとしていることになる。このような考え方は、パウリも親近感を感じていた、「一者」から発出する「新プラトン主義」（書簡55）的な発想にきわめて近い。このように基礎づけてくるとき、「背景物理」は、概念を形成する〈表象以前の表象〉として理解することができる。すでに述べてあるように、ユングにおける元型自体が〈表象以前の表象〉とみなされるものであった。

おわりに

最後に解説者として少々意見を述べることで、解説の締めくくりとしたい。ユングとの精神的な交流が最終的にパウリにもたらした課題は、ピュシスとプシュケーが統合されるような〈場〉（「一なる世界」）にいかにして近づきうるか、ということであった。しかし「背景物理」が明らかにしているように、そのような〈場〉（「一なる世界」）は表象以前の表象として、すでにわれわれの発想を支えている。物理学的な概念というものは、一定の表象に基づき意識的に形成されるが、その表象自体は意識に与えられたものにほかならない。そのことは、「概念」という言葉には、もともと「はらむ」という意味が語源的に含まれていることからも分かる。そのように概念は表象をはらむのであるが、しかしはらまれた表象のほうはあくまでも与えられたものにすぎない。ところが、その表象以前の〈表象〉ということになれば、後者の〈表象〉はもはや与えられるものではなく、むしろ表象を与えるものとして理解される。この表象を与える当体が、〈生〉そのものとして物理学を包括する場、すなわち「一なる世界」にほかならない。

極微の世界に対しては、意識は常に事後的にしか理解しえず、そのあるがままのありようを決してとらえることはできない。そのような状況のなかで、表象以前の表象としての「一なる世界」を想定できるならば、われわれはそれに畏怖の念を覚えざるをえない。物理学を研究するものは、錬金術師のように祈りは捧げなくても、おのずから謙虚にならざるをえないであろう。ユングがパウリに引かれたのは、パウリが時代をリードする理論物理学者であったことともあるが、それ以上に豊かな内面性を秘めた人間であったからである。

解説3

パウリ＝ユング往復書簡集の背景と前景——両者の関係を中心にして

渡辺 学

はじめに

ここで改めてヴォルフガング・パウリ Wolfgang Pauli（一九〇〇—一九五八）とカール・グスタフ・ユング Carl Gustav Jung（一八七五—一九六一）について紹介する必要はないであろう。

パウリは、オーストリア生まれのスイスの物理学者で排他原理の発見や中性粒子（発見者のフェルミによってニュートリノと命名される）の存在の予測、など、多くの優れた業績を残している。一九四五年にはノーベル物理学賞を受賞している。「神の鞭」「物理学の良心」というあだ名を付けられ、物理学の理論を精査するきわめて重要な批判的視点を提供していた。

パウリには以下のような興味深い逸話があった。

パウリは、「自分が亡くなったときに」もし主［イエス・キリスト］からどんな質問をしてもいいと言われたら、まっさきに訊いてみたいのは「なぜ1/137なのか」だと述べたことがある。

彼の同僚の一人は、この話に茶目っ気たっぷりに「落ち」をつけた。その同僚は、パウリに質問のチャンスが訪れた日のことをこんなふうに想像している。パウリの質問に答えるため、主はチョークを手に黒板のほうへ行き、微細構造定数の値が1/137でなければならない理由をこと細かに説明しだした。パウリはしばらく主の話を聞いていたが、やがて首を左右に振りはじめた。「違う」。問題のある理論に対して「おやおや、これでは間違いにすらなっていない！」と言い放つことで有名なこの男はそう言った。そして、主の犯した間違いを指摘するのである。[1]〔括弧内引用者補足〕

ユングは、スイスの精神医学者であり、分析心理学の創始者である。ユングは、夢遊症患者（霊媒をしていた女性）に関して学位論文を書き、その後、言語連想実験を通じて「感情によって色づけられたコンプレックス」の概念を確立し、フロイトとの交流を通して一時は精神分析を代表していたが、リビドーの解釈をめぐってフロイトと袂を分かち、分析心理学を確立した。その特徴は、心には個人的無意識以外に集合的無意識という人類に共通する無意識が存在し、それが影、アニマ・アニムス、老賢者、太母、自己などの元型によって構成されていて、人間は人生の中でこれらの元型と出会い、それらとの対決を通して個性化過程（もしくは自己実現）を遂げていくと主張する点にあった。後に見るように、ユングにとってパウリはきわめて重要なクライエントであり研究協力者であった。

本書は、なぜパウリの没後三四年、ユングの没後三一年になるまで出版されなかったのであろうか。その理由は、出版の企画がすでに一九七〇年代から進んでいたというものの、パウリの未亡人、フランカ・パウリが一九八七年に亡くなるまでその出版に反対していたということがある。[2] 彼女は、天才的な理論物理学者としてのパウリのイメージをこの往復書簡によって壊したくなかったというのである。その後、さまざまな事情から本書が出版されるに至ったのであった。[3] 実際、本書の出版によって科学史の分野に大きな反響を巻き起こしていることからもわかるように、とりわけパウリの思想をめぐって新たな光が当てられていると言えよう。それはまた、ユング研究においてもしかりであり、ユングの業績においてパウリが占めた大きさがいかほどであったかということが改めて示されたと言えよう。というのも、パウリが初期の段階で一三〇〇を越える膨大な数の夢を提供しなければ、ユングの『心理学と錬金術』は成立しなかったし、『心理学と宗教』もまったくちがったものになっていた可能性が高いからである。

この往復書簡集は、いろいろな意味で難解である。なぜなら、理論物理学や分析心理学の背景を前提としなければならないだけでなく、ユングのさまざまな著作とそこで扱われているパウリの膨大な夢の理解が前提となっているからである。

ここでは、これらの間隙を埋めながら、全体の見通しが立つような枠組の提示を行いたいと思っている。

I 症例としてのパウリとユングの研究におけるその位置づけ

パウリとユングの関係は、通常の交友とは少し異なっている。パウリは最初の結婚が短くして破綻した後で精神的な困難を抱えて、ユングに相談を求めたのであった。したがって、パウリは、ユングにとってスイス連邦工科大学チューリッヒ校の同僚であるとともに、心理療法上のクライエントであった。

その辺の経緯については、F・デヴィッド・ピートの著書『シンクロニシティ』(原書一九八七)がくわしい。ピートによれば、パウリが一九二八年に教授になって一年も経たないうちに母親が服毒自殺したという。「二九歳のパウリは三流のキャバレー歌手と結婚したのですが、この妻は二、三週間で彼を捨てて出ていってしまう。パウリはいまや大酒飲みとなり、けんかして酒場からたたき出されたこともありました。精神障害寸前のところで専門家に助けをもとめることにし、ほかならぬカール・ユングの診療所をたずねたのでした[4]」。パウリの新妻ケッテ・デップナーは、婚前から付き合っていた薬剤師の男性と駆け落ちして、出奔してしまったというのである。

a 『タヴィストック・レクチャーズ』(一九三五)における症例像

同じくピートの指摘によれば、ユングは、むろん匿名の「大学人 university man」の症例としながら、一九三五年にロンドンのタヴィストック・クリニックで行われた通称『タヴィストック・レクチャーズ』〔邦題『分析心理学』〕においてクライエントとしてのパウリについて以下のようにあからさまに描いている[5]。多少長くなるが、主要な部分を引用してみよう。

このケースは大学人で、非常に偏った知性の持ち主です。彼の無意識は混乱し、賦活されており、自分に都合の悪い人にその無意識を投影し、すべての人間が自分に反対していると思い込み、恐ろしいほどの孤独に悩んでいました。酒を飲んでその苦しみを忘れようとしましたが、神経がますます過敏になり、そんな気分のうちに他人と喧嘩を始めました。そして、何度もこうした不愉快なことを繰り返し、あるときはレストランから放り出され、こっぴどく殴られたこともありました。こういうことが何度も度重なり、彼はこれ以上耐えられなくなって、自分がこれからどうするべきか、私に相談を求めてやってきたのです。面接では、彼についてきわめてはっきりとした印象が得られました。つまり、彼には、太古的な素材がぎっしり詰まっているのがわかったのです。そこで、私は次のように考えました。「私が影響をまったく与えずに、完全に純粋な材料を取り出すという興味のある実験をしてみよう。そのために、彼とは接触しないでおこう」。そこで、彼を、まったくの初心者で、元型的な材料についてほとんど何も知らない女医のもとに送りました。彼女が、患者の元型的な材料について触れそうにないことは、絶対といってよいほど確実でした。彼は、私の処置に異議を唱えることもできないほど消耗しており、その女医のもとで治療を始め、彼女の言うことはどんなことでもしたのでした。[6]

現在では、この女医が、エルナ・ローゼンバウムであったことが知られている。パウリは女性が苦手であったということもあり、治療関係は、パウリ自身によると一九三二年二月から七月までの五ヶ月間で打ち切られた。

その女医は夢に注意するように言い、彼は自分の夢を最初から最後まで注意深く書き留めました。今、私は彼の一三〇〇に及ぶ一連の夢を持っています。その中には驚嘆に値するような一連の元型的なイメージが含まれております。そして、彼は指示されたわけでもないのに、ごく自然に夢を絵にし始めました。それが非常に重要であることを彼自身が感じたからです。他の患者たちが能動的想像によってするのとまったく同じことを、彼は夢や絵でやってゆきました。さらに、彼は夢が提起するきわめて錯綜した問題を研究するのに、能動的想像を自分で発明すらしていました。例えば、円の内容のバランスをいかに取るかといった問題です。彼は、永久機関 perpetuum mobile の問題を、錯乱した方法ではなく、象徴的な方法で解いて行きました。彼は中世の哲学者たちがそれこそ懸命になって解き明かそうとしていたあらゆる問題を解明しようとしていました。……

この分析の期間に彼ははじめの四〇〇の夢を得たのですが、彼は私の監督下にはおりませんでした。最初の面接から八ヶ月は、私は彼に全然会っておりません。彼は五ヶ月間は、その女医のもとにおり、あとの三ヶ月は一人で自己の無意識を徹頭徹尾、正確に観察し続けるという仕事をやっていたのです。彼はこの点についてはまさに天賦の才能を持っていました。最後の二ヶ月間、私は彼と何回か面接をしたのですが、象徴についてはほとんど説明の必要はありませんでした。[7]

この辺の事情は、マイヤーと英訳者の指摘とも合致している。マイヤーらは、書簡7［ドイツ語版書簡6］の注においてこれらのことを確認している。パウリが「感情問題が個人的な危機を引き起こし」援助を求めてユングと個人的に知り合ったのは、一九三一年のことであった（書簡62参照）。ただユング自身が二年間にわたってパウリの治療を行ったことはここには書かれていない。往復書簡集を参照すれば、少なくとも一九三二年一一月四日（書簡1）から一九三四年五月二二日（書簡6）まで面接の予約を行っていたことがわかる。パウリは、面接が一九三四年四月四日に挙行されたフランカ・ベルトラムとの再婚の前後まで続いたことを明らかにしている（書簡62）。

ユングは、さらにその事例について以下のように論じている。

無意識に関する作業の結果、彼は完全に正常でかつ理性的な人間になりました。もう酒を飲むこともせず、完全に適応できるようになり、もう、どの点から見ても完全に正常になっていました。その理由はきわめて明確です。

この男性は未婚で、きわめて片寄った知性のもとに生活しており、当然ある種の欲望や必要を感じていましたが、女性と接触する機会がまったくありませんでした。というのは、彼は感情がまったく未分化だったのです。彼は一度、女性たちと愚かなことをしでかし、もちろん彼女たちは彼を容赦しませんでした。それで人間がいやになってしまい、恐ろしいほどの孤独の中に閉じこもっていたのです。しかし今、彼は自分の心をとらえるものを発見したのです。つまり、彼は新たな興味の中心を獲得したのです。まもなく、彼は自分の夢がたいへんに興味深いことを指し示しているのを発見し、彼の直感的で科学的な興味が喚起されたのです。迷える羊のような感情にかわって、彼は「夕方、仕事を終えたら、研究をしよう。そうすれば何が起こるのかわかるだろう。自分の夢を研究しよう。そうしたら、たいへんなことを発見するかもしれないぞ」と思いました。……彼は自己の無意識について、真に過酷なまでの作業を行い、自分のイメージを科学的に説き明かしたのでした。三ヶ月間一人でいた後、私の所へやってきたときにはすでにまったく正常でした。ただ、まだ確信が持てないでいたのでした。無意識から自分が掘り起こしたいくつかの材料が理解できなくて悩んでいたのです。それについて私の助言を求めてきたので、それについてあるヒントを注意深く与えました。それだけで作業を続けて行く上での援助となり、彼はそこを切り抜けることができたのでした。[8]

また、ピートは、ユングの主著の一つ、『心理学と錬金術』（一九四四）に一連の夢を提供したのがヴォルフガング・パウリであることを知らしめた。彼は、一九九二年にドイツ語で出版された往復書簡集に先立ち、そのことを最初に指摘したのであった。

b　『心理学と宗教』（一九三八）における症例像

さらに、いろいろと調べていくと、『心理学と宗教』（一九三八）で扱われている「宇宙時計のヴィジョン」、カトリック教会の夢、集会の家の夢など主要なものもすべてパウリのものであることが明らかになっている。[9]言ってみれば、同書は、パウリを現代の知識人の代表として扱い、パウリのこれらのヴィジョンや夢を敷衍して論じたものなのである。実際、そのことを理解した上で、同書を読み直すと、まったく新たな視野が開けてくる。

ユングは、『心理学と宗教』の中でパウリの事例のことを以下のように表現している。

……これから話す夢を見た人もまた、際立った学識と知性のある知識人です。彼は神経症を患っており、私に援助を求めてやってきました。自分の神経症が圧倒的な強さを持つにいたり、ゆっくりと、しかし確実に自分の士気を弱らせてきているように感じられたからです。幸い、彼の知的統合は侵されておらず、彼は自分の鋭い知性を自由に用いることができました。それで、私は彼に、夢を自分で観察し、記録するようにと言いました。夢は分析や説明がなされないまま、ずっと後になって初めて私たちはその分析を始めました。[10]

ここでわかることは、パウリは神経症を患ったが、知性には影響がなかったため、自由に知的な探究を行うことができ、自らの夢やヴィジョンを徹底的に探求することができ、それが彼の回復の役に立っただけでなく、多くのデータを残すことを可能にしたということである。

パウリは、ユダヤ人の両親のもとに生まれたが、両親がカトリックに改宗していて、パウリ自身、幼児洗礼を受けていた。しかしながら、若い段階でカトリック教会を離れていた。そのことは、カトリック教会が離婚や再婚を認めていないことと結びついていたかもしれない。それに対して、ユングはパウリの探究心を「宗教」や信仰にたとえて以下のように讃えている。

彼がおよそ三五〇の夢からなる最初のシリーズを観察してからようやく私は彼の治療をはじめました。当時、彼は自分の内的経験のために大変混乱していました。自分の冒険から逃げ出したがっていたとしても不思議ではありません！　けれどさいわい、この人には「宗教 religio」がありました。すなわち、彼は自分の経験を「注意深く考慮に入れ」たのです。彼には自分の経験に対するピスティス πίστις（信仰）あるいは誠実さが充分にあったので、それを大事にしつづけることができました。彼の強味は神経症にかかっていることであり、それゆえ、自分の経験に対して誠実でなくなったり、声を無視しようとすると必ず、神経症的状態が即座にぶり返しました。彼は単純に「火を消す」ことができず、最終的には、自分の経験には不可解なヌーメン的な性格があることを認めねばなりませんでした。消しえない火が「聖なる」ものであるということを告白しなければならなかったのです。これこそ、彼の治癒に不可欠の条件 condition sine qua non でした。[11]

このように、ユングは、いわばパウリの内的真実を重視する姿勢を高く評価したのである。

c 『心理学と錬金術』（一九四四）における症例像

さらに、パウリの夢を錬金術のイメージと比較した『心理学と錬金術』（一九四四）では、以下のように書かれている。

> ……本研究では、この種の象徴表現［マンダラ象徴表現 Mandalasymbolik］の一個人における時間的に連続した一連の例を提示したいと思う。その材料は、学問的教養のある若い男性の数々の夢と幻覚像であって、その数は全部で千を越える。本研究の目的に従って、ここではそのうち最初の四〇〇の夢を取り扱った。これらの夢はほぼ一〇ヶ月にわたって見られたものである。あらゆる影響と避けるために、すなわち偏見や先入観の入る余地をなくすために、私の委託を受けて、当時駆け出しの女医であった私の弟子が、この過程の最初の部分の観察を引き受けた。これは五ヶ月を要した。その後三ヶ月の間は、夢見者が自分一人で観察を続けた。観察開始前の短時間の打ち合わせを除けば、私は最初の八ヶ月間は夢見者と一度も顔を合わせなかった。したがって、四〇〇の夢のうちの三五五は私との個人的接触がまったくなかったところで見られたものである。最後の四五の夢だけは私の観察下で見られた。とはいえ、夢見者はすぐれた学問的経験と才能のお蔭で何一つ助けを必要としなかったの

で、説明や示唆を要することは特になかった。それだけに客観的な観察と記録を行うには、条件はまさしく理想的であったと言える。[12]

これらの情報を総合すれば、ここで取り上げたかぎりにおいて、ユングが『分析心理学』、『心理学と宗教』、『心理学と錬金術』で扱っているのが同一の症例であり、それもパウリの事例であると確証を持って言うことができよう。[13]ユングの用語で言えば、パウリは、優位に思考タイプであり、感情が極端に劣等な機能となっていた。そのため、知的な会話以外には、否定的な感情でしか他者と交流することができず、結果的にひどく孤立することになったのであった。最初の結婚生活の破綻もこのような感情生活と大いに関係があったものと考えられる。

パウリがこのような危機的な状況を克服できたのは、ユングとユングの弟子の援助があったからにほかならない。実際には、パウリの優れた知性が自らの無意識への洞察を可能にし、パウリはかなりの程度、独力で無意識の世界を開拓していったように思われる。日常生活や研究生活を続けながら、一九三五年の段階で一三〇〇にも及ぶ夢やヴィジョンを記録した精神力には並外れたものがあると言っても過言ではない。

逆に言えば、パウリの夢やヴィジョンは、ユングにとって「宝の山」であった。ユングがマンダラ象徴表現や共時性などの問題と取り組むに当たって、どれほどパウリに助けられていたのかが明らかになるのである。

d　宇宙時計のヴィジョン

ここで、パウリとユングがともに特に重要視した「宇宙時計のヴィジョン」を取り上げることにしたい。なぜなら、それの理解がなければ、パウリの無意識世界のあり方の本質が見えてこないからである。ここには、立体的な幾何学的調和と規則正しい機械的運動のヴィジョンが描かれている。

中心を共有しあう一つの垂直円と一つの水平円がある。これは宇宙時計であり、黒鳥に担がれている。（患者はここで、これに先立つ幻に言及する。そこでは、一羽の黒い鳥が黄金の指輪を運び去ってしまったということが報告されていた。）垂直円は白い枠のついた青い円盤で、4×8＝32の部分に分割されている。一本の針がその上を回転している。水平円は四つの色から成っている。四人のこびとが振り子を担ぎながら円の上に立っており、（先の幻では四人の子供に担われていた）以前は暗かったが、今は黄金の指輪がその周りに置かれている。

宇宙時計は三つのリズムあるいは拍を持っている。すなわち、

一、小拍とは、青い垂直円盤の針が、一度に三二分の一秒動くこと。

二、中拍とは、この針が完全に一回転すること。同時に水平円は、三二分の一秒ごとに動いていく。

三、大拍——三二中拍で、黄金の指輪が完全に一回転する。

この幻は、それまでの夢で暗示されたものすべてをまとめあげています。円、球、方形、回転、時計、星、十字架、四性、時間などというふうに特徴づけられてきたこれまでの断片的な象徴から、意味ある全体を作ろうという試みであるように見えます。

どうしてこの抽象的な構造から「もっとも崇高な調和」という感情が生じるかは、もちろん、理解することが困難です。けれど、プラトンの『ティマイオス』に出てくる二つの円や、彼の宇宙魂は調和がとれて全体的に丸いということを考えるならば、理解への糸口が見つかるかもしれません。さらに、「宇宙時計」という言葉は、天球の音楽的調和に関して古代の人々が抱いていた観念を示唆しています。それゆえ一種の宇宙論的体系といえましょう。もし、天空とその静かな回転、あるいは、太陽系の安定した運動の幻が見られているのなら、わたしたちは、そのイメージが完全に調和のとれたものであることをたやすく理解し、評価することでしょう。また、宇宙についてのプラトン的なヴィジョンが半意識的な心の状態の霧をぬっておぼろげに輝いているものと考えてもいいでしょう。しかし、このヴィジョンには、プラトンが描く調和のとれた完全さと全面的には一致しない何かがあります。二つの円は性格が違っています。その運動だけでなく、色も異なっています。垂直の円は青く、四色を含む水平の円は黄金色です。青い円

が空の青い天球を単純に象徴しているのにたいして、水平円は、四人のこびとに人格化され、四つの色で特徴付けられた四つの基本方位によって水平線を表象しようとしています（以前のある夢では、基本方位は、あるときは四人の子供によって、またあるときは四季によって表わされていました）。このイメージからただちに思い出されるのは、中世においては、円、あるいは四人の福音記者をともなった栄光の主 rex gloriae、もしくは地平線がゾディアック（黄道十二宮）で出来ているメロテシアーエ metlothesiae 形で世界が表象されていたということです。勝利のキリストのイメージは、ホルスとその四人の息子というよく似た表象から由来しているようです。東洋にも類似するものがあります。仏教のマンダラすなわち円がそれで、普通はチベット起源のものです。原則として、円形のパドマすなわち蓮で、その中に四角い聖なる建物があり、そこに四つの門がついていて、四つの基本方位と四季を示しています。中心に収められているのは、仏陀か、あるいはそれ以上に多いのは、シヴァとシャクティの結合や、これと等しいドルジェ dorje（雷神の矢）の象徴です。それらはヤントラ、すなわち、瞑想、精神集中、ヨーガの行者の意識が最終的にすべてを包括する神的な意識に転換することを目的とする儀式の道具です。

これらのアナロジーがどれほど注目すべきものであろうとも、わたしたちの患者の幻を適切に評価するうえでは、満足のいくものではありません。それらはすべて、中心をあまりに強調しているために、まるで、中心にある形姿がいかに重要であるかを表現するために作られているかのようだからです。しかしながら、わたしたちのケースにおいては、中心には何もありません。数学的な点だけがあります。上に挙げた類似のイメージは、世界を創造したり、支配する神性か、そうでなければ、天の星座に依存する人間を表わしています。しかし、わたしたちの患者の幻における象徴は、時計であり、時間を象徴しています。このような象徴に類似するものとしてわたしに考えつくことができるのは、ホロスコープだけです。これもまた、四つの基本方位があり、中心には何もありません。さらに、もう一つの注目すべき符合があります。すなわち、回転がそれまでの夢でもよく出てきており、これが普通は、左方向への運動だということです。ホロスコープには、左方向に、つまり、時計とは反対に進む十二の宮があります。[14]

ユングの敷衍はまだまだ続くが、その点に関しては、「心理学と宗教」に当たっていただきたい。基本的には世界時計がマンダラを形成しており、自己の象徴表現となっているという点が要点であると言えよう。仏教のマンダラが静的なのに対してパウリの世界時計のヴィジョンはきわめて動的であるとともに秩序に満たされている点が特徴的である。

パウリの書簡23には、易における三と四だけでなく、世界時計における三と四の浸透のモチーフや多様なリズムへの言及があるが、この世界時計のヴィジョンを全体として理解していなければ、そもそも何について語っているのかがわからないだろう。

また、パウリは、書簡25でアニマの時間概念について言及し、奇妙な振動の象徴が産み出されたり、光と闇の筋模様が描かれたりしているのについて書いている。また、こびと同様、周期性のある象徴群にも言及しており、ユングはそれに答えて書簡27でこびとに関する錬金術文献を紹介するとともに、錬金術における周期性の象徴表現が形、重さ、比率、時間の継続の重要性などに限られていることを指摘している。

Ⅱ パウリの無意識の探求とユングの反応

興味深いことに、パウリは、晩年までユングに夢を送り続けている。それだけでなく、自らの夢を自分なりに解釈するようになり、独自な解釈体系を構築しようとしているのである。言ってみれば、象徴の物理学的数学的構築を考えていて、むしろプラトンのイデア界に近い想念の世界を考えていたのではないかと思われる。その際、大きな手がかりとなったのが錬金術である。一方で、ユングは、錬金術の中に無意識の発達過程を見出し、そこに個性化過程が描かれているとした。他方で、パウリは、自らの夢のいわばミクロ物理学的言語が錬金術の用語に置き換えることができると考えた。つまり、中世の錬金術の言語は、現代においてはミクロ物理学の言語に対応しているると考えたのである。

パウリ以外のいったいだれがミクロ物理学の象徴言語によって描かれた夢を見るのかは、とうてい想像できないが、少なくともパウリは自らの夢の世界をこのような言語によって置き換えて理解できるという確信を抱いていたようである。

パウリが物理学的象徴言語の夢を見るようになったのは、一九三四年にユングによる心理療法が終結してからのことであった。すでに一九三五年にパウリはユング宛に、同位体分離、微細構造、自己誘発的回転と軌道との相互依存的関係、共振体、放射性原子核などの、物理学的なイメージのファンタジーを送っている。

一九三六年には、数字の七とクラブのエースの象徴表現（書簡18）について語っていて、そこでは七がアニマの誕生を暗示し、七つの点の配列がMを暗示し、Mutter［母］やMaria［聖母マリア］を表していること、また、パウリには、暗いアニマが現れ、それが中国風でありセクシュアリティとエロティシズムを表していることを指摘している。しかしながら、パウリの場合、その事態が「双極の場での分子光線の回折」として表現されるのが特異である。また、後日、パウリは、クラブのエースがキリスト教の十字架の影であり、キリスト教の暗い側面の象徴ではないかと示唆している（書簡20）。

『心理学と宗教』（一九三八）の出版後、パウリは、易における三と四の問題と宇宙時計のヴィジョンにおける三と四の浸透のモチーフや多様なリズムとを関連づけている（書簡25）。また、アニマの時間概念について言及し、奇妙な振動の象徴の創出や、光と闇の筋模様、こびと同様、周期性のある象徴群に触れている（書簡27）。さらに、周期的な象徴が水平の振れから垂直の振れに変化したという指摘がある（書簡30）。このように、幾何学的な表象のリズミカルな運動や変化が前面に出ているのである。他方で、同時に、暗い男＝影、こびと、アニマといったユング的な神話的元型的なイメージも現れていることも否定できない。

パウリはナチス・ドイツの侵攻を恐れて、「地中海の戦い」が始まるころの一九四〇年に急遽、プリンストン大学の客員となりアメリカに移住する。その間、パウリは、一九四五年にノーベル物理学賞を受賞したのである。

一九四五年に第二次世界大戦が終結し、一九四六年になるとパウリはチューリッヒに戻り、ユングとの文通を再開する。

同年、金髪の男、ペルシア人、暗い男などが夢に現れるが、パウリは、老賢者か影か判断に窮している。また、アニマ、ヌミノースなどの言葉を使うとともに、中立的な言語についてはじめて語っている。「夢の中の〈金髪の男〉が使った中立的な言語（彼は「物理的」概念も「心的」概念も用いずに、「回転が何であるかを知っている」人々と知らない人々についてだけ語っています）は、太陽の幼子が以前にいた中間層をふたたび活性化するように思われます。現代の無意識はそこで「放射性の核」について語ります」（書簡32）パウリからすると、ピュシス（自然）とプシュケー（心）を媒介するのは、このような中立的言語であるべきである。

一九四八年になると、パウリはユングと共時性について頻繁に議論するようになる。マイヤーの注では、一九四八年一一月七日のパウリからユングに宛てた書簡35が共時性概念の初出となっているが、往復書簡集自体ではそうかもしれないが、ユングは、先に挙げた『分析心理学』（一九三五）の中で中国の易との関連において共時性の概念を使用していることが指摘できる。[15] 共時性概念の初出は、一九二八年から一九三〇年までのセミナーの記録、『夢分析』であり、そこでユングは、「共時性《シンクロニズム》は東洋の偏見であり、因果性は西洋現代の偏見である」と述べている。[16]

パウリにとって、夢に現れる「見知らぬ男」が重要な意味をもっていた。たとえば、見知らぬ男が放射能を象徴として用いていて、ユングにも見知らぬ男をめぐる思考実験を勧めている。見知らぬ男が「放射性物質の製造に成功しました」と言ったとしたら、ここで「放射能」は錬金術における「赤い染料の製造」つまり「結合過程」を意味するというのである（書簡37）。パウリにとって「見知らぬ男」は、物理学の用語を用いる「魂の導き手 psychopompos」である（書簡38）。また、エンマ・ユング宛の書簡では、「見知らぬ男」は、マナ人格もしくは呪術師の元型であり、彼が老賢者と呼ばれないのは、パウリよりも年少のためであるとしている（書簡44）。

パウリは、一九五三年に「心理学と宗教とあなたの『ヨブへの答え』（一九五二）に関する不信心者の考察」と題する長文の書簡58をユングに送っている。これは表題が表しているとおり、明らかに『ヨブへの答え』に触発されたものである。パウリは、聖母マリアが肉体をまとったまま天国に受け入れられたという聖母被昇天の教理の中に新たな「聖婚 hierosgamos」の到来を見ている。いわば男性原理と女性原理、霊なるものと肉なるものとの統合が垣間見られているのである。パウリは、『ヨブへの答え』の中に心理物理的な問題について言及がないことを指摘しているが、ユングは、それについては同時出版した『自然の解明と心の構造』において中心的なテーマとしたと返している（書簡59）。

パウリは、自らの夢を扱っている。中国人女性の先導で階下の講堂へ行くが、そこでは「異国の人々」が待っている。中国人女性の動きは、回転運動（光の循環）をなしている。おそらくここでいう「光の循環」は、『黄金の華の秘密』に出てくる「回光」概念のドイツ語訳が反映していると思われる。また、ここには「異国の人々が集う講堂」というモチーフが現れている。パウリによれば、中国人女性は、対立の彼岸にあり、心と自然の全体論的な統一である。この点は、アニマ解釈としては逸脱と思われ、ユングからも問題点を指摘される。彼女は、あらゆる合理化からも自由のため、ロゴス（ないしパウリ）を花婿として求めているのであって最終段階ではない。そこで、後の発達では、上位の審級として、新たな明るいとともに暗い男性像である「見知らぬ男」が現れてくる。

ユングはそれに対して、「アニマとしての中国人女性が自立的な形姿を表していて、統一の観念を代表しているかぎり、対立物の結合 coniunctio oppositorum が生じる中間地点は、いまだあなた自身と同一ではなく、むしろ外部に、まさしくアニマの中にあるのです」と答えている（書簡59）。つまり、個性化過程という人格の統合過程がまだ最終段階に至っていないことを示唆しているのである。つまり、パウリが一九三一年に迎えた精神的な危機の一つの要因は、アニマ像の未発達による異性関係のもつれがあったが、ここではむしろ、アニマ像の側に自己にかぎりなく近い元型像が示されていて、アニマと自己とが分化できていないという問題が生じていると考えられる。

また、ユングは、パウリから提起された「物質主義と心主義」という対立の対の克服の問題に対して、以下のように答えている。ユングは、精神主義と物質主義の間の第三のものとして心 Psyche を提示し、自らの心的現実の立場を明らかにしている。ユングにとって心は第三の形相である。第三の形相、媒体としての心は、精神と物質の両方に参与するのである（書簡59）。

実際、ここには議論のずれが生じている。パウリは、ピュシス（自然）とプシュケー（心）の対立という視点から議論を立てていた。それに対して、ユングは、精神―心（魂）―物質（体）という三分法から立論している。物質と精神の間には第三のものとして心があり、心が第三形相をなしているというのである。ユングの立場は、「心的現実の立場」と呼ばれ、精神的なものも物質的なものも何らかのイメージ化に即して認識されるのであり、いずれもどのような実体を持つにせよ、イメージ化の機能である心を抜きにしては考えられないというものである[17]。

この視点には、いくつか原理的な問題がある。一つは、広い意味での心はここでは体験世界と同じ意味を持ち、一種の認識上の地平を意味する。もう一つは、狭い意味での心であり、各人の個性や集合性を形成しているある種の局在的な心である。さらに、もう一つの心は、歴史的用語法の心（プシュケー）であり、これはむしろ魂と訳した方が理解しやすい。実際、ユング自身、初期にはかなりドイツ語の魂であるゼーレ Seele とギリシャ語起源のプシュケーを自由に言い換えていた。論文集の『現代人の魂の問題』や論文「魂と死」などは、魂という用語の積極的な用例である。この場合、魂を視点としてとらえるのは困難である。また、キリスト教における霊 nous ―魂 psyche ―肉 sarx の三分法でいけば、魂はむしろ肉体性にかぎりなく近い欲望と罪の存在である。そのような歴史的な視点から言えば、魂によって霊と肉を統合しようとは思わないだろう。

ひるがえって、パウリは心（プシュケー）と精神（ガイスト、ヌース、プネウマなど）を区別する視点は有していなかったと言えよう。

パウリはユングに逆襲する。ユングがプシュケーと第三形相を同一視しているのは、プラトンに対して退歩ではないかというのである（書簡60）。そして、「心的なもの」を拡大解釈すべきでないという。ユングが「心が部分的に物質的性質」をもっているというのは、物理学者のパウリにとってそれ自体、形而上学的な言明である。パウリはいう。「あなたの分析心理学は、過度の負荷がかかったバルブで稼働するエンジンの載せられた自動車のように思われます。（「心」という用語の拡張傾向＝超過圧）。そこで、私は加重を取りのけて、蒸気を抜き取りたいのです」。これは明らかにユングの基本前提となる「心的現実の立場」の全否定となる。

パウリは、元型界と自然の本質的統一を教理としてではなく作業仮説として信じている。そして、心と自然の対立に関しては、中立な概念つまり数学的な概念が可能にするのであり、数元型が重要性を持っているという。パウリは、（a）パウリの夢の物理的な象徴言語、（b）神学的形而上学的言語、（c）心の言語もしくは分析心理学の言語の三つを挙げ、パウリの無意識が補償的に働かず、物理学的象徴言語を用いて心理学的象徴言語を用いないことを認める。彼の無意識には新ピュタゴラス派の要素があるというのである。そして、無意識の物理学的言語を意識の心理学的言語に翻訳するだけでなく、その逆もやりはじめたことを認める。そして、ユングの分析心理学がもっている一面性を指摘する。

「三つの同じ指輪の物語」にたとえて、物理学的な象徴言語、神学的形而上学的言語、心の言語もしくは分析心理学の言語を挙げる。そして、第四の指輪はどこに行ったのかと自ら問い、人間関係の中にある可能性があることを示唆している（書簡60）。

それに対して、ユングは、一所懸命、心的現実の立場の独自性を説明しようとする（書簡61）。ユングは、心的現実の立場をある種の現象学として提示しようとしているが、すでに指摘したように、心の実体性と現象学的視点としての心とは必ずしも両立しない。

そして、ユングは、パウリに対して以下のような辛らつな言葉を言い放ってしまう。

1　「犬はパンの夢を見、漁師は魚の夢を見る canis panem somniat, piscator pisces」

つまり、パウリにとって物理学的言語が自然言語なので、パウリは物理的に夢を見るだけなのだというわけである。しかし、夢は別の何かを意味している。むろん、そのことには大きな真実が含まれているだろうが、パウリにかぎらず、知識人が犬や漁師にたとえられて喜ぶことはないだろう。ユングはあまりにも単刀直入すぎたように思われる。

2　「無意識にはパウリを物理学に引き留める傾向があるとともに、パウリにとって心理学がいかなる理由でも不適当なのでパウリを心理学に近づけない傾向がある」。

これもまた、かなりきつい指摘であり、そもそもパウリは心理学に向いていないというわけである。

それに対して、ユングの夢は、象徴的な神話学、元型的な神学もしくは形而上学を含んでいるという。そして、ユングは、物理学的言語や数元型にパウリが幻惑されて、本来の心の成長の問題から外れていると警告している。パウリは、それに対して、以下のように答えている（書簡62）。類心的元型は、母元型の特別な側面ではないか。他の点では同意できるが、物理的に象徴的な夢の解釈に関しては意見の相違がある。ユングが「犬はパンの夢を見、漁師は魚の夢を見る」といったことには心を痛めた。パウリの夢は、総合的に心理学的な自体と物理学的な自体の間に一種の相応関係を築く。その際、物理学的で数学的な概念が象徴的に一般的に無意識へと、また、個別的に個々の心へと広がっている。

パウリによれば、彼自身の物理学的な夢の象徴表現は、物理学における客観的に精神的な問題性とパウリの個人的な生活における主観的な問題性とがきわめて特徴的に布置されることによって発生する。パウリは、感情問題が重大な個人的危機を引き起こし、一九三一年にユングを個人的に知るようになったと回想している。一九三四年に結婚し、分析治療が終わってまもなく、物理学的な夢の象徴表現が開始されたという。「一方で、物理学が完全性を探究するように、他方であなたの分析心理学は故郷 Heimat を探求します」。

そして、パウリによれば、例の物理学と心理学との間の調和は、形而上学的―精神的思弁であり、例の比喩における第三の指輪に対応する。両者の一致は、単に知的な思弁ではなく、個性化過程の進展においてのみ有効に成立する。

このように、パウリは、ユングと激論を闘わせながら、独自の道を探求しようとしていたのである。

パウリは、一九三四年に治療が終わる頃にはすっかりユングの強い影響下にあり、世界観をある程度共有しているかのように見えている。つまり、分析心理学、超心理学（テレパシーなど）、『易経』、錬金術、共時性などのテーマが、往復書簡集の随所に現れているのである。パウリがユングと出会わなければ、おそらくこれらの領域に足を踏み入れることはなかったのではなかろうか。

パウリ自身、ミクロ物理学を離れてこれらの領域の独自研究を行い、ケプラーに対する元型的イメージの影響について論文を著しているほどである。その意味で、パウリは、ユングの研究協力者と言っても過言ではなかった。

また、パウリは、自らの宗教哲学的な基盤は老子とショーペンハウアーにあると述べている（書簡55）。いずれもユングの共時性の原理と密接な関係を持つ思想家である。

Ⅲ 共時性をめぐって[18]

パウリとユングの往復書簡では、一九四八年一一月七日のパウリからユング宛の書簡35にはじめて共時性

Synchrnonizität の概念が出てくる（日本語でも英語表記 synchronicity にならってシンクロニシティと呼ばれることがある）。先に述べたように、共時性概念の初出は一九二八年であるが、この往復書簡を読んだだけではそれが何を意味するのか理解することは容易ではない。

そこで、共時性の概念が持っている含みについてここで説明しておきたい。それは概して「非因果的連関の原理」といわれ、複数の出来事がもっている意味の「偶然の一致」を説明する原理である。ユングは、エラノス会議で一九五一年に口頭発表し、翌年に出版された「共時性について」とパウリとの共著『自然の解明と心』（一九五二）に収められた「共時性の原理──非因果的連関の原理」においてはじめて、共時性について本格的に論じている。

ユングが用いている他の多くの概念と同じように、共時性は多くの意味をもっており、それを理解することは容易ではない。急に亡くなったひとが夢枕に立つ場合のようなテレパシーをはじめとする超感官知覚や超能力の問題、占星術や易のような卜占の問題、いわゆる偶然の一致の問題といった多くの問題を含んでいる。

ここで、仮に共時性を定義しておくとすれば、共時性とは、ある複数の出来事──心的出来事であれ外的出来事であれ──が、時間的前後関係に基づく因果性によってではなく、同時発生的に（主観の問題意識のレベルでの同時性であって、必ずしも客観的な同時性ではない）、意味によって結び付けられている場合に、それらの出来事の根底に働いていると考えられる「非因果的連関の原理」である。したがって、共時性には、非因果性、同時多発性、意味性の三つの契機が考えられる。そして、多くの場合、物理的出来事と心的出来事との照応関係が問題となっている。

ユングはまず、一九五一年にエラノス会議において「共時性について」という題で講演をしている。これは、翌年に出版されたW・パウリとの共著『自然の解明と心』（一九五二）に先立って、その紹介をなすものである。ここでは、共時性が、同時発生的な二つ以上の出来事の間の意味のある出来事と規定されている。その具体例としては、病院などで一般に知られている、いわゆる「事例の重複」に相当する現象が、たとえば、偶然に意識にとまった数字がさまざまな場面で繰り返されたり、ある一定のモチーフがさまざまな体験や人との出会いの中で繰り返されたりするといった仕方で生じることが指摘される。

また、ユングは、夢による予知に基づくとされる既視感や、いわゆる超感覚的知覚としてのプレコグニション、テレパシーなどの超心理学的現象を共時性の例として挙げている。彼は、これらの事例をもとにして、心が時間からも空間的からも相対的に独立し、時間や空間が心的に相対的であることを結論している。

また、書簡37でもあらかじめ言及されているが、ユングは、共時性とかかわると考えられる臨床的な事例をも挙げている。ある若い女性患者は、あまりにも合理主義的な考えに凝り固まっていたために、医者と患者の双方の努力にもかかわらず、いっこうに治療効果が上がらない状態にあった。彼女には人間味のある思慮分別が必要であったのであるが、それをもたせようとする努力もむなしく、彼は最終的には、何か予期せぬ不合理的な出来事を彼女が体験する以外に救いの手だてはないと考えるにいたった。ある日の面接の際、ユングは窓を背にして患者と向い合い、患者の雄弁な話に耳を傾けていた。患者は前夜に印象深い夢を見たのであるが、その夢の中で、だれかが高貴な装身具である黄金のスカラベ（古代エジプトの神聖甲虫をかたどった護符）を彼女に贈ってくれたというのであった。彼がその話を聞いている最中に、窓辺で何かがたたく音がした。振り返ると、大きな昆虫が暗い部屋の中に入ろうとして窓ガラスに何度もぶつかってきていたのであった。ユングはすぐに窓をあけてその虫をとらえた。それは、スカラバエイデ、学名を cetonia aurata という、ありきたりのバラコガネムシであった。しかしそれは、スカラバエイデという通称があらわしているように、スカラベにとてもよく似ていた。彼はこのコガネムシを患者に渡しながら、「ほら、あなたのスカラベですよ」といったのであった。この出来事をきっかけとして、患者の強固な合理主義的な態度は氷解して、治療はうまく進んだのであった。

湯浅泰雄は、「共時的現象」における感情体験の重要性を強調している。つまり、共時的現象というものがありうるか否かではなく、「ある特定の個人が特定の状況の下で、その出来事に対して強い情動的ショックを感じたという心理的事実をまず認めること」[19]が重要なのである。このスカラベの事例にみられるように、結局、問題なのは、共時的現象というよりも、むしろ、共時的体験である。つまり、意味深い体験をすることが問われているのである。

ユングはこの論文で、試みに共時的現象を以下のように三つに分類している。

①観察者の心的状態と、それとときを同じくして起こった客観的外的出来事との符合。出来事はスカラベの例のように、心的状態もしくは心的内容に対応したものであるが、それにもかかわらず心的状態と外的出来事との間に何らかの因果的関連も認められず、上で確認された時間と空間の心的相対化を顧慮すれば、その関連の可能性はとても考えられない。

②心的状態と、それに対応する（多かれ少なかれ時を同じくして起こった）外的出来事との符合。ただし、この場合の出来事は観察者の知覚の領域外で、したがって空間的にはなれたところで生じるから、あとになってはじめて確認されることができる（ストックホルムの大火［をスエーデンボルグが幻視した］の例のように）。

③心的状態と、それに対応する未来の、まだ存在しない、それゆえ時間的に離れている出来事との符合。この場合の出来事もまた後になってはじめて確認されることができる。（［　］内引用者）

ユングが挙げている共時的現象というものを非因果性、相対的同時性、意味の一致という三つの基準に照らしてみると、それを満たすと考えられるのは、①と②だけであり、③は未来の出来事とかかわるために、通常の意味での同時性の基準を満たしていないことがわかる。③は、単なる直観というよりも、予知ないし事前認知という超心理現象に対応するか、もしくは、占いがあたった場合などであろう。また、②は、千里眼や遠隔感応のような超心理現象や、死者が夢枕に立つといった心霊現象を指すものと考えられる。これらは広い意味での認知の問題である。それに対して、①は、意味の観点における心的状態と外的出来事との同時的な一致ということであり、これが狭い意味での共時的現象を代表しているといえよう。

それから、すでにくわしく述べた易や占星術のような卜占術も、ここで考察の対象となっている。ユングによれば、占いは共時的出来事の成立に資するわけではないが、それを目的に利用しようとしている。たとえば、『易経』は問うものの心的状態とそれに答える卦との共時的な対応を前提としているというのである。また、占星術についても同様に、占星術が、一方で、「惑星の座相や位置と問うものの心的状態もしくは性格との『意味のある符合』」を前提としていると述べているが、他方で、惑星間の合と衝と矩による太陽陽子の放射への影響によって因果的に説明できることを示唆しており、その扱い方は、きわめて両価的である。

ユングは、パウリと共著で『自然の解明と心』（一九五二）（邦題『自然現象と心の構造』）を著わしている。ユングは、前半部の「非因果的連関の原理としての共時性」を執筆し、パウリは、後半部の「元型的観念がケプラーの科学理論に与えた影響」という科学史的な考察を寄稿している。

「非因果的連関の原理としての共時性」は、導入部と「占星術的実験」と思想史的検討と結論部の四つの部分からなっている。それではまず、全体の構成の概略を検討してみよう。

第一に、導入部分は、さまざまな実例を挙げることによって、問題状況を説明することに当てられている。第二に、占星術的実験は、統計的手法によって占星術を証明する試みとして、占星術における結婚に関する命題を「検証」する目的で行なわれているが、事実上失敗に終わっている。ただし、副次的な成果として、一定の偶然性が超心理学的現象と見なされ、そのこと自体が共時的現象として解釈されている。第三に、ユングは思想史の中に共時性の思想の先駆者たちを探究し、自らの思想の歴史上の対応物を見出している。結局、老荘思想、また、西洋の神秘主義の大宇宙と小宇宙の照応関係の思想、広い意味での生気論的な思想などが、検討対象となっている。最後に結論部では、新たに「肉体離脱体験 out-of-the-body experience」の事例に触発された心身平行論が、共時的現象として扱われている。これは、機会因論的な問題提起となっている。そして、彼は最終的に、共時性の問題を「時間における創造行為」に求める。

ユングの基本的な前提は、第一に、因果律というものが――少なくとも量子力学レベルでは――統計的な真理でしかなく、厳密に機械論的な必然性をもたないことと、第二に、普遍妥当性を強調する理論は、例外的な事実の前に、実際上、効力を失わざるをえないことである。

パウリは、ユングの草稿を読んで占星術実験やサイコロを用いたＰＫ実験に言及している（書簡45）。とりわけ、パウリが問題にしているのは、広義の共時性概念と狭義の共時性概念の開きについてである。つまり、どこまでを同時と認めるのか、あるいは、意味の一致だけでよいのか。パウリは、時間的な開きを顧慮しない広義の共時性概念に対して魅力を感じながらも否定的な態度を取っている（書簡47）。

ユングは、共時性の原理を心理的なものと物理的なものとの間の第三のものとすることによって、いわゆる偶然の一致を含む、多くの例外的現象を説明できると考えた。彼によれば、共時的現象と呼ばれるものの基本的な要素は、非因果性、相対的な同時性、意味の一致の三つであるが、共時的現象と名指されるすべての現象がそれらの基準を満たすわけではない。その最低限の基準は非因果性と意味の一致である。そのような現象には、本来的な意味での「偶然の一致」だけではなく、さまざまな占いや、遠隔感応、事前認知などの超心理学的現象や、最終的には、「肉体離脱体験」のような神秘的な体験から反省的に捉えられた心身平行現象などが含まれる。

ユングは、共時的現象の分析を通じて、ついには、先在的な意味の存在や無意識の「絶対知」の存在を仮定するようになった。これがもはや、通常の意味での心理学を超え、一個の世界像を形づくっていることは、否定しがたい事実といえよう。

そのような世界観のそもそもの発端は、ユングの構成的解釈法にあったように思われる。彼は、心的現実の立場にたって、構成的解釈法にもとづく解釈を行ない、さまざまな元型などを見出したのであった。そして、彼はこのような解釈法を共時性の問題にまで適用して、心理領域の意味根拠としての元型だけでなく、物理領域の非因果的秩序性としての元型をも見出した。こうして、元型は、内面世界だけでなく、外的世界をも秩序づける根拠として考えられるようになったのであった。

心的現実の立場ないし心の現象学の立場は、基本的には個人の心を類比的に扱い、その者がどのような体験世界——心の写像——をもっているかということが問題にされてきたのであった。この立場はいわば、方法的独我論の立場である。このような問題の根底には、いかなるものに対して意味を見出すかということ、つまり、有意味性の問題がある。

そもそも構成的解釈法においては、このような有意味性は、いわば一つの思考の道具として用いられていた。ところが、共時性の問題となると、共時性の原理は、それこそ有意味性の構造そのものと考えられ、また、さまざまな意味は、それ自体として意識に先行して存在していると考えられるまでにいたっている。つまり、共時性は、心と世界の両方の目的因として両者に先立って存在していると考えられているのである。このような思想は、意味実在論と呼ぶことができよう。

このような意味実在論においては、もはや心理学の枠組や方法的独我論は突破されている。なぜなら、ここでは意味は、主体の側から付与されるのではなく、それ自体として存在し、個人の内面世界のみならず、日常的な現実世界にも顕現してくるからである。

このような意味の実在する世界は、大宇宙と小宇宙とが照応している、本来的に調和に満ちた世界である。このことを典型的にあらわしているのが、ユングがヴィルヘルムから知った中国の膠州に呼ばれた雨司（雨乞い師）の逸話である。ユングは、この逸話がとても気に入っていたので、弟子たちにいつまでも語り継ぐように言い残したのであった。その逸話は以下のようなものであった。

たいへんな旱魃があった。何ヵ月もの間、一滴の雨も降らず、状況は深刻であった。カトリック教徒たちは行列をし、プロテスタントたちはお祈りをし、中国人は線香をたき、銃を撃って旱魃を起こしている悪霊たちを威嚇したが、何の効果もなかった。最後に、ある中国人がいった。「雨乞い師を呼んでこよう。」そこで、別の地域から、しわだらけの老人が呼ばれてきた。彼はどこか一軒の静かな小さい家を貸してくれとだけ頼み、三日の間、その家の中に閉じ込もってしまった。四日目になると、雲が集まってきて、たいへんな吹雪になった。雪など降るような季節ではなかった。それも非常に大量の雪であったのである。町中は、すばらしい雨乞い師の噂でもちきりであった。そこで、リヒャルト・ヴィルヘルムは出かけていって、その老人に会い、どんなことをしたのかとたずねた。彼は、まったくもってヨーロッパ風にこう聞いたのである。「彼らはあなたのことを雨乞い師と呼んでいます。あなたがどのようにして雪を降らせたのか、教えていただけますか。」すると、その小柄な中国人はこういった。「私は雪を降らせたりはしません。私は関係ありません。」「ではこの三日間、あなたは何をしていたのですか。」「ああ、そのことなら説明できます。私は別の地方からここへやってきたのですが、そこでは、万事が秩序だっていたのです。ところがここのひとたちは秩序からはずれていて、天の命じているようになっていないのですよ。つまり、この地域全体が道 Tao の中にないというわけです。ですから、私も秩序の乱れた地域にいるわけで、そのために私は物事の自然な秩序の中にいないという状態になってしまったわけです。そこで私は三日間、私が道にかえって、自然に雨がやってくるまで、待っていなくてはならなかったというわけです。」[20]

結局、ここで示唆されているのは、たとえ世界が秩序を外れたとしても、個人が内的な究極的な秩序と合致できるならば、世界に対して秩序をもたらすことさえできるということである。なぜなら、個人と世界とは、一貫した秩序の中にあるからである。そして、ユングは、確固とした意味秩序の中に生きることの重要性を、われわれに教えているのである。

このようにして、ユングの共時性の思想の根底にあるのは、有意味性に対する強固な確信にほかならない。すでに確認したように、それはまた、心の現象学の立場にもあったものであるが、共時性のレベルになると、意味は現実に一個の実在として存在するものとして考えられ、「絶対知」をもった無意識によって、いわば啓示されるものとなるのである。このような意味は、心の根底にあるとともに、世界の根拠でもあると考えられなければならない。そして、実在的な意味において、個人の心と集団の心とは通底されていると考えられるし、また、そのレベルにおいては、心と世界とはひとつなのである。

そして、晩年の書簡から明らかになるように、最終的にユングは、「一なる世界 unus mundus」の観念にいたる。一なる世界とは、いわば意味世界として捉えられた集合的無意識であるが、それは同時に主体であるとも考えられているので、いわば究極的な一者ともいえよう。このような宇宙論的なレベルの集合的無意識において心と世界とは、ひとつになっている。また、そのレベルでは、個々人の心は絶対的な同一性に解消して、その個別性を失ってしまうのである。こうして、ユングは、共時性の問題や超心理学の問題の解答を一なる世界に求めたといえよう。

Ⅳ パウリとユングの往復書簡集の反響

パウリとユングの往復書簡集は、多くの関心を呼んでいる。代表的なものでも五冊の研究書が刊行されている。すでに取り上げたピート『シンクロニシティ』[21]（一九八七）は先駆的研究ではあるが、厳密に言えば、往復書簡集刊行以前の著作であり、その内容には踏み込んでいない。しかしながら、ユング／パウリ共著の『自然現象と心の構造』の入門書としてはわかりやすいものとなっている。

アートマンシュパッヒャー他編『パウリとユングの対話と現代科学に対するその意義』[22]（一九九五）が最初に出版されている。本書は往復書簡集の発刊に合わせて論文集として出されたものである。

その他、デヴィッド・リンドルフ『パウリとユング――二人の偉人の出会い』[23]（二〇〇四）、ズザンネ・ギーザー『内奥の核――深層心理学と量子力学――ヴォルフガンク・パウリのC・G・ユングとの対話』[24]（二〇〇五）、アーサー・I・ミラー『宇宙の数を解読する――ヴォルフガンク・パウリとC・G・ユングの奇妙な友情』[25]（二〇〇九）の三冊が挙げられる。

ここで、これらを代表してミラーの著書を取り上げることにしたい。

ミラーの著書は、『137――物理学者パウリの錬金術・数秘術・ユング心理学をめぐる生涯』（阪本芳久訳、草思社、二〇一〇年）として邦訳されている。本書は、CERNにある「パウリの部屋」の資料をパウリ委員会の許可を得て使用しているとともに、ユングの関係者とも会ってキュスナハトのユング邸をも訪れて、本格的な調査を行っている。本書の情報は詳細であり、本書を通じて、パウリがユングの分析を中断してから、マリー＝ルイーゼ・フォン・フランツの分析を受けていたことが知らされた。本書は、フォン・フランツに送られた夢資料をも扱っている点が特筆に値する。ミラーは、理系の科学史研究者であるが、量子物理学と深層心理学という異なった分野を包括し、さらに、錬金術やカバラの数秘術などをも視野に入れてもなお、わかりやすい読み物にまとめている点がすばらしい。パウリ＝ユング往復書簡集のコンパニオンとして最適なのではないかと思われる。私自身、目を開かれる点が多かった。

おわりに

本論では、パウリ＝ユング往復書簡集の背景と前景について扱った。なぜなら、この往復簡集では語られていない多くの重要な事柄があり、それらがこれを理解するための前提となっているからである。パウリの夢の全貌を知るには、ユングの『心理学と錬金術』や『心理学と宗教』を平行して読まなければならない。たとえば、「宇宙時計」というキーワードは後者を読まなければ、その特徴やニュアンスをつかむことはできない。さらに、この往復書簡集の後半では、共時性の問題が中心的に扱われている。しかしながら、それ自体では共時性の定義や意味内容がほとんど明らかにされていないのである。

パウリ＝ユング往復書簡集は、これらの幅広い前提を踏まえたときに、あたかもユング心理学とパウリの秘められた試みの裏舞台が垣間見えてくるのである。したがって、これらを理解するためにはユング心理学とパウリの研究に関する何らかの洞察があることが望ましいと言えよう。

その意味で、この往復書簡集の表面的な意味だけを追うことは必ずしも困難ではないが、さらに、その背後に前提となっている知の体系があることを忘れてはならないだろう。さすがにここでは錬金術や数秘術について触れることはできなかった。それらの理解に関しては、ユングの著作やミラーの研究書に譲ることにしたい。

近年、長年非公開であったユングの『赤の書』が公刊され、世界的な反響を呼んでいる。[26] 本書の翻訳がパウリやユングに興味を抱いている人々に留まらず、多くの方々に読まれることを望んでやまない。

注

＊本論は、渡辺学「パウリとユングの関係について――往復書簡集の前景と背景」（『人体科学』二四巻一号、三四―四九頁）に基づいている。

1 Arthur I. Miller, *Deciphering the Cosmic Number: the Strange Friendship of Wolfgang Pauli and Carl Jung* (New York: W.W. Norton & Company, 2009), p.247.〔阪本芳久訳『137――物理学者パウリの錬金術・数秘術・ユング心理学をめぐる生涯』草思社、二〇一〇年、三八九頁。

2 Suzanne Gieser, *The Innermost Kernel: Depth Psychology and Quantum Physics. Wolfgang Pauli's Dialogue with C. G. Jung* (Berlin: Springer, 2005), p.4.

3 Ibid., pp.4-5.

4 F. David Peat, *Synchronicity: the Bridge between Matter and Mind* (Toronto: Bantam Book, 1987), 17.〔管啓次郎訳『シンクロニシティ』朝日出版社、一九八九年、三一頁〕

5 Ibid.〔同書、三二―三三頁〕

6 C. G. Jung, *Analytical psychology: its theory and practice: the Tavistock lectures* (New York: Vintage Books, 1968). (Jung, "The Tavistock lectures," *The Symbolic Life, The Collected Works of C. G. Jung*, vol. 18 (Princeton: Princeton University Press, 1977), pp.173-4).〔小川捷之訳『分析心理学』みすず書房、一九七六年、二八〇―二八一頁。邦訳を引用するに当たって適宜訳し直した〕

7 Ibid., 195.(Ibid., p.174). 同書、二八一―二八二頁。

8 Ibid., 196f.(Ibid., p.175). 同書、二八二―二八三頁。

9 C. G. Jung, "Psychologie und Religion," in: C. G. Jung Gesammelte Werke, Elfter Band, hrsg. von Marianne Niehus-Jung, et al. (AG Olten: Walter, 1973), S. 1-117. 村本詔司訳「心理学と宗教」『心理学と宗教』〈ユング・コレクション〉3、人文書院、一九八九年、九―九三頁。

10 Ibid., S. 24 (par.18). 同書、二七頁。

11 Ibid., S. 45-46 (par.69). 四六頁。

12 C. G. Jung, Psychologie und Alchemie, in: C. G. Jung Gesammelte Werke, Zwölfter Band, hrsg. von Lilly Jung-Merker, et al. (AG Olten: Walter, 1976), S. 60. 池田紘一・鎌田道生訳『心理学と錬金術』I、人文書院、一九七六年、六八―六九頁。

13 ミラーによれば、この情報は、すでに一九七七年に英語版ユング全集第十八巻の注において明らかにされていたとのことである。Miller, op. cit., p.291.［邦訳、四六六頁、注（15）。英語版ユング全集の当該個所は以下の通りである。Jung, "The Symbplic Life," *The Symbolic Life, The Collected Works of C. G. Jung*, vol. 18 (Princeton: Princeton University Press, 1977), p.285, n. 9. この注9は、『心理学と錬金術』の「個性化過程の夢象徴」の夢が「今日［本文自体は一九三九年にロンドンで行われた講演］生きている偉大な科学者、とても有名な人物」ものであることが本文に書かれているのに付されていて、編集者による注には「ヴォルフガング／パウリ（一九〇〇―一九五八）、スイスの物理学者、ノーベル賞受賞者」と明確に書かれているのである。

14 C. G. Jung, "Psychologie und Religion," S. 71-74. ユング、「心理学と宗教」、六六―六九頁。

15 Jung, *Analytical Psychology*, pp.36, 76.［邦訳、五八―五九、一一一頁］。

16 William McGuire, ed., C. G. Jung, *Dream Analysis: Notes of the Seminar given in 1928-1930* (Princeton: Princeton University Press, 1984), pp.44-45. 渡辺学『ユングにおける心と体験世界』春秋社、一九九一年、一六六頁参照。

17 渡辺、同書、二五二頁以下。

18 本節に関しては、前掲拙著第三章「意味実在論への展開――共時性の原理をめぐって」第2節「共時性の原理――非因果性、総体的な同時性、意味の一致」（一七九頁以降）を自由に編集して引用していることをあらかじめお断りしておきたい。

19 湯浅泰雄『共時性とは何か』山王出版、一九八七年、九頁。

20 C. G. Jung, *Mysterium Coniunctionis*, Collected Works, vol. 14 (Princeton: Princeton University Press, 1974), pp.419-420 (n. 211). Barbara Hannah, Jung: *His Life and Work*, (New York : Putnam, 1976), p.128. Cf. Jean Shinoda-Bolen, *Tao of Psychology: Synchronicity and the Self* (New York: Harper & Row, 1982), p.98.［湯浅泰雄監訳、渡辺学・阿内正弘・白濱好明共訳『タオ――こころの道しるべ』春秋社、二〇〇三年、二〇二―二〇三頁］

21 F. David Peat, *Synchronicity: the Bridge between Matter and Mind* (Toronto: Bantam Book, 1987).［管啓次郎訳『シンク

ロニシティ』朝日出版社、一九八九年〕

22 H. Atmanspacher, H. Primas, E. Wertenschlag-Birkhäusserr, hrsg. von, *Der Pauli-Jung-Dialog und seine Bedeutung für die moderne Wissenschaft*, (Berlin: Springer, 1995).

23 David Lindorff, *Pauli and Jung: the Meeting of Two Great Minds* (Wheaton: Quest Books, 2004).

24 Suzanne Gieser, *The Innermost Kernel: Depth Psychology and Quantum Physics. Wolfgang Pauli's Dialogue with C. G. Jung* (Berlin: Springer, 2005).

25 Arthur I. Miller, *Deciphering the Cosmic Number: the Strange Friendship of Wolfgang Pauli and Carl Jung* (New York: W.W. Norton & Company, 2009)〔阪本芳久訳『137――物理学者パウリの錬金術・数秘術・ユング心理学をめぐる生涯』草思社、二〇一〇年〕

26 C・G・ユング著、ソヌ・シャムダサーニ編『赤の書 The red book : liber novus』河合俊雄監訳、田中康裕、高月玲子、猪股剛訳、創元社、二〇一〇年。

文献目録

Atmanspacher, H., H. Primas, E. Wertenschlag-Birkhäusserr, hrsg., von, *Der Pauli-Jung-Dialog und seine Bedeutung für die moderne Wissenschaft,* (Berlin: Springer, 1995).

Aziz, Robert. *C. G. Jung's Psychology and Synchronicity,* (New York: SUNY, 1999).

Bash, Kenover W. "Gestalt, Symbol und Archetypus," in *Schweizer Zeitschrift für Psychologie,* V, (Bern, 1946), pp.127-138.

Bohm, D. "Beyond Relativity and Quantum Theory," *Psychological Perspectives,* 1988.2 (Spring-Summer):25-34.

Bohr, Niels. "Licht und Leben," in *Die Naturwissenschaften* 21/13 (1933),245-250, Berlin. ［天野清訳「光と生命」『世界大思想全集』第三五巻（河出書房新社、一九六〇年）所収］

Boulanger, Jacques, ed., *Romans de la Table Ronde,* (Paris: édition Plon, 1941).

Dorneus, Gerard. *Clavem philosophiae chimicae.* Herborn, 1594.

Dunne, J. W. *An Experiment with Time,* 3rd ed., (London: Faber and Faber, 1934); 1. edition 1927.

----. *The Serial Universe,* (New York, The Macmillan Company, 1938).

Fludd, Robert, *Cosmi Maioris scilicet et Minoris metaphysica, Physica, atque Technica Historia,* Oppenheim, 1621.

----. *Demonstratio quaedam analytica.* Frankfurt am Main, 1621.

----. *Replicatio.* Frankfurt am Main, 1622.

Gieser, Suzanne. *The Innermost Kernel: Deapth Psychology and Quantum Physics. Wolfgang Pauli's Dialogue with C. G. Jung,* (Berlin/Heidelberg: Springer, 2005).

Barbara Hannah, *Jung: His Life and Work,* (New York: Putnam, 1976).

Hsieh, C. H. *Quantenmechanik und I-Ging* (Schanghai 1937)

Howald, Ernst. *Die Briefe Platons,* (Zürich: Seldwyla Verlag, 1923).

Huxley, Aldous. *Time must have a stop,* (New York and London; Harper & Brothers, 1944) ［上田勤訳『時は止まらねばならぬ』上・下、角川文庫、一九五三年］

Jaffé, A., hrsg. *C. G. Jung Briefe,* Bd. I, II, III, (Olten, Walter), 1972, p.229.

Jordan, Pascual. "Über den positivistischen Begriff der Wirklichkeit" in *Die Naturwissenschaften* 22, pp.485-490, Berlin 1934.

Jung, C. G. *Aion: Untersuchungern zur Symbolgeschichte,* (Zürich: Rascher, 1951).［野田倬訳『アイオーン』人文書院、一九九〇年］

----. *Analytical psychology: its theory and practice: the Tavistock lectures* (New York: Vintage Books, 1968). (Jung, "The Tavistock lectures," *The Symbolic Life, The Collected Works of C. G. Jung,* vol. 18 (Princeton: Princeton University Press, 1977).［小川捷之訳『分析心理学』みすず書房、一九七六年］

----. *Antwort auf Hiob.* (Zürich: Rascher, 1952), p.160. 野村美紀子訳『ヨブへの答え』ヨルダン社、一九八一年。林道義訳『ヨブへの答え』みすず書房、一九八八年。村本詔司訳「ヨブへの答え」『心理学と宗教』所収、人文書院、一九八九年］

----. *Die Beziehungen zwischen dem Ich und dem Unbewußten,* G. W. Bd. 7.［野田倬訳『自我と無意識の関係』人文書院、一九八二年。松代洋一・渡辺学訳『自我と無意識』第三文明社、一九九五年。

----. "Bruder Klaus," *Neue Schweizer Rundschau* I/4, Zürich 1933, pp.223-239. ［林道義訳「修道士クラウス」『ユング研究8』所収、名著刊行会、一九九四年。同訳「修道士クラウス」、C・G・ユング『元型論』［増補改訂版］所収、紀伊國屋書店、一九九九年］

----. *Dream Analysis: Notes of the Seminar given in 1928-1930,* William McGuire, ed., (Princeton: Princeton University Press, 1984)［入江良平訳『夢分析』1、人文書院、二〇〇一年、入江良平・細江直子訳『夢分析』2、人文書院、二〇〇二年］

----. "Einige Bemerkungen zu den Visionen Zosimos," *Eranos Jahrbuch 1937,* (Zürich: Rhein-Verlag, 1938), pp.15-54. Cf. Jung, "Die Visionen des Zosimos," in *Studien über alchemistische Vorstellungen,* G. W. 13 Bd., (AG, Ostfildern: Patmos, 2011), pp.65-121.

----. *Ein moderner Mythus: Von Dingen, die am Himmle gesehen warden,* (Zürich: Rascher, 1958). Cf. Jung, "Ein moderner Mythus: Von Dingen, die am Himmle gesehen warden," in Zivilisation im Übergang, G. W. 10 Bd., (AG, Ostfildern: Patmos, 2011), pp.337-474.［松代洋一訳『空飛ぶ円盤』朝日出版社、一九七六年。同訳『空飛ぶ円盤』ちくま学芸文庫、一九九三年］

----. "Erlösungsvorstellungen in der Alchemie," *Eranos Jahrbuch 1936,* (Zürich: Rhein Verlag, 1937), pp.13-111. Cf. Jung, *Psychologie und Alchemie,* G. W. 12 Bd., (AG, Ostfildern: Patmos, 2011).［池田紘一・鎌田道生著「錬金術における救済表象」、ユング『心理学と錬金術』Ⅱ、人文書院、一九七六年］

----. "Geisit der Psychologie," *Eranos Jahrbuch 1947,* Rhein Verlag, pp.385-490. Cf. Jung, C. G., "Theoretische Überlegungen zum Wesen des Psychischen," in *Die Dynamik des Unbewußten,* G. W. 8., (AG, Ostfildern: Patmos, 2011), pp.183-262.〔林道義訳「心の本質についての理論的考察」『元型論』増補改訂版所収、紀伊國屋書店、一九九九年、二八九―三六七頁〕

----. "Grundproblem der gegenwärtigen Psychologie," G. W. 8.〔江野専次郎訳「現代心理学の根本問題」『こころの構造』（ユング著作集３）所収、日本教文社、一九七〇年〕

----. *Mysterium Coniunctionis,* G. W. 14 I, II, (AG Ostfildern: Patmos,2011).〔池田紘一訳『結合の神秘』Ⅰ・Ⅱ、人文書院、一九九五年、二〇〇〇年〕

----. und Pauli, Wolfgang, Naturerklärung und Psyche (Zürich: Rascher, 1952).〔河合隼雄・村上陽一郎訳『自然現象と心の構造』海鳴社、一九七六年〕

----. "Paracelsus als geistige Erscheinung," in *Studien über alchemistische Vorstellungen,* G.W. 13, (AG Olten: Walter, 1978).〔榎木真吉訳「精神現象としてのパラケルスス」『パラケルスス論』所収、みすず書房、一九九二年。松田誠思訳『錬金術と無意識の心理学』講談社、二〇〇二年（英訳からの重訳）〕

----. "Psychological Factors Determining Human Behaviour," in The Structure and Dynamics of the Psyche, *Collected Works of C. G. Jung,* Vol. 8, (Princeton: Princeton. U. P., 1960), 114-125.

----. *Psychologie und Alchemie,* (AG Ostfildern: Patmos,2011).〔池田紘一・鎌田道生訳『心理学と錬金術』Ⅰ・Ⅱ、人文書院、一九七六年〕

----. *Psychologische Typen,* G. W. 6, (AG Ostfildern: Patmos,2011).〔高橋義孝他訳『心理学的類型』Ⅰ・Ⅱ、人文書院、一九八六年、一九八七年。林道義訳『タイプ論』みすず書房、一九八七年〕

----. *Psychology and Religion: Terry Lectures 1937,* (Yale: Yale University Press, 1938). Cf. Jung, "Psychology and Religion," in *Psychology and Religion: West and East,* C. W. 11, (Princeton: Princeton University Press, 1989), pp.3-105.〔浜川祥枝訳「人間心理と宗教」『人間心理と宗教』所収、日本教文社、一九七〇年、一―一二〇頁。村本詔司訳「心理学と宗教」『心理学と宗教』所収、人文書院、一九八九年、九―九三頁〕

----. "Rede anläßlich der Gründungssitzung des C. G. Jung-Institutes Zürich" (1948), in *Das Symbolische Leben,* G. W. 18II., (AG Ostfildern: Patmos, 2011), pp.504-509.

—. *Seelenprobleme der Gegenwart*, (Zürich: Rascher, 1931).〔部分訳　高橋義孝・江野専次郎訳「心の構造」『現代人のたましい』所収、日本教文社、一九七〇年〕

—. "Seele und Tod," in *Europaische Review* X/4, Stuttgart-Berlin, pp.229-238. Cf. "Seele und Tod," G. W. 8 Bd., pp.444-455.〔江野専次郎訳「魂と死」『こころの構造』所収、日本教文社、一九七〇年。島津彬・松田誠思訳「魂と死」『オカルトの心理学』所収、サイマル出版、一九八九年〔英訳からの重訳〕〕

—. *Seminar of Dream Analysis*, (Princeton: Princeton U. P., 1984).〔入江良平訳『夢分析』Ⅰ、人文書院、二〇〇一年。入江良平・細井直子訳『夢分析』Ⅱ、人文書院、二〇〇二年〕

—. "Spiritus Mercurius," *Eranos Vortrag 1942*, (Zürich: Rhein Verlag, 1943). Cf. —., "Spiritus Mercurius," *Studien über Archemische Vorstellungen*, G. W., Bd. 13, (AG Ostfildern: Patmos, 2011).

—. "Theoretische Überlegungen zum Wesen des Psychischen," G. W. 8.〔林道義訳「心の本質についての理論的考察」『元型論』増補改訂版所収、紀伊國屋書店、一九九九年〕Cf. Jung, "Geist der Psychologie."

—. "Traum-Symbole des Individuations-Prozesses: Ein Beitrag zur Kenntnis der in den Träumen sich kundgebenden Vorgänge des Unbewußten," *Eranos Jahrbuch 1935* (Zürich: Rein-Verlag, 1936), 15-133. Jung, *Psychologie und Alchemie*, (AG Ostfildern: Patmos, 2011).〔池田紘一・鎌田道生訳「個性化過程の夢象徴」、ユング『心理学と錬金術』Ⅰ、人文書院、一九七六年〕

—. "Über Synchronizität," *Eranos-Jahrbuch 1951*, (Zürich: Rhein Verlag, 1952).〔高橋巌訳「共時性」『エピステーメー』二／七六所収、朝日出版社、一九七六年〕

—. *Wandlungen und Symbole der Libido*, (Leipzig und Wien: Deutiche, 1912). Jung, C. G., *Wandlungen und Symbole der Libido*, (München: Deutscher Taschenbuch Verlag, 1989).〔英訳重訳、中村古峡訳『生命力の発展』〈世界大思想全集第一期第四四巻〉春秋社、一九三一年。Cf. Jung, *Symbole der Wandlung*, G. W. 5 Bd., (AG Ostfildern: Patmos, 2011). 改訂版邦訳、野村美紀子訳『変容の象徴』筑摩書房、一九九二年〕

—. *Wirklichkeit der Seele*, Rascher, Zürich 1931.〔部分訳　江野専次郎訳「現代心理学の根本問題」『こころの構造』所収、日本教文社、一九七〇年〕

Jung, Emma, undvon Franz, M. L., *Die Gralslegende in psychologischer Sicht*, Band 12 der Studien aus dem Junginstitut (Zürich: Rascher, 1960).〔Emma Jung and Marie Luise von Franz, *Grail Legend*, trans. By Andrea Dykes, (New York:

Putnam, 1970)].

Kepler, Johannes. *Ad Vitellionem Paralipomena, quibus astronomiae pars optica taditur.* Frankfurt am Main, 1604.

—“Apologia contra Fludd.” In ibid., vol. 5, pp.413-68.

—. De *motibus stellae Martis.* Prague, 1609.

—. *De stella nova in pede serpentarii.* Prague, 1006.

—. *Dioptrice.* Augsburg, 1611.

—. *Epitome astronomiae Copernicanae.* Linz and Frankfurt am Main, 1618-1621.

—. *Harmonices mundi.* 5 books. Augsburg, 1619.

—. *Johannis Kepleri Astronomi Opera omnia.* Ed. Ch. Frisch. 8 vols. Frankfurt am Main and Erlangen, 1858.

—. *Mysterium Cosmographicum.* Tübingen: 1596; 2d edn., 1621.

—. *Tertius interveniens.* Frankfurt am Main, 1610.

Kerenyi, Karl. “Perseus, Aus der Heroenmythologie der Griechen,” *Studien zur Analytischen Psychologie C. G. Jungs,* Bd. II, (Zürich: Rascher, 1955), pp.199-208.

Leibniz, Gottfried, *Zwei Briefe über das binäre Zahlsystem und die chinesische Philosophie,* (Stuttgart: Belser Verlag, 1968).

Lindorff, David. *Pauli and Jung: the Meeting of Two Great Minds* (Wheaton: Quest Books, 2004).

McConnell, Robert A., “ESP—Fact or Fancy?,” *The Scientific Monthly,* Vol. 69, No. 2 (aug. 1949), pp.121-125.

Meier, C. A. *Persönlichkeit,* Bd. IV. Lehrbuch der Komplexen Psychologie C. G. Jungs, (Olten: Walter, 1977).〔氏原寛訳『個性化の過程 ユングの類型論よりみた人格論 ユング心理学概説』創元社、一九九三年〕

—. *Antike Incubation und modern Psychotherapie,* (Zürich: Rascher, 1948).

—. ed. *The Pauli/Jung Letters 1932-1958,* (London and New York: Routledge, 2001).

—. *Der Traum als Medizin,* (Zürich: 1988).

—. hrsg. Von. *Wolfgang Pauli und C. G. Jung: Ein Briefwechsel 1932-1958,* (Berlin und Heidelberg: Springer-Verlag, 1992).

Meyrink, Gustav. *Der Engel vom westlichen Fenster,* (Bremen: Schünemann,1927).

Miller, Arthur I., *137: Jung, Pauli, and the Pursuit of a Scientific Obsession,* (New York: Norton, 2009).〔阪本芳久訳『一三七

――物理学者パウリの錬金術・数秘術・ユング心理学をめぐる生涯』草思社、二〇一〇年]
Pauli, W. *Aufsätze und Vorträge zur Erkenntnistheorie,* (Vieweg: Braunschweig, 1961).
――. "Die Bedeutung archetypischer Vorstellungen für die Bildung naturwissenschaftlicher Theorien," 1952.［村上陽一郎訳「元型的観念がケプラーの科学理論に与えた影響」、ユング／パウリ共著『自然現象と心の構造』海鳴社、一九七六年］
――. "Naturwissenschaftliche und erkenntnistheoretische Aspekte der Ideen vom Unbewussten," in *Dialectica,* Vol. 8 Nr. 4 (La Neuville 1954), pp.283-301.
――. "Phaenomen und Physikalische Realität," in *Dialectica,* Vol.11, No. 1/2, 15. 3. 57, La Neuville.
――. "Die philosophische Bedeutung der Idee der Komplementarität," in *Experientia* VI/2, Basel 1950.［並木美喜雄・岡野啓介訳「相補性という概念の哲学的意味」、パウリ著『物理学と哲学に関する随筆集』シュプリンガー・フェアラーク東京、一九九八年（英訳からの重訳）］
――. "Die Wissenschaft und das abendländische Denken," *Europa: Erbe und Aufgabe: Internationaler Gelehrten- Kongress, Mainz 1955,* Wiesbaden 1956, pp.71-79.
――. "Die Verletzung von Spiegelungs- Symmetrien in den Gesetzen der Atomphysik," in Sapientia XIV /1., 1958, Basel.
Peat, F. David. *Synchronicity: the bridge between matter and mind,* (New York: Bantam Books, 1987).［D・ピート『シンクロニシティ』菅啓次郎訳、サンマーク文庫、一九八九年］
Shinoda-Bolen, Jean. *Tao of Psychology: Synchronicity and the Self* (New York: Harper & Row, 1982).［湯浅泰雄監訳、渡辺学・阿内正弘・白濱好明共訳『タオ――こころの道しるべ』春秋社、二〇〇三年］
van Dusen, W. M. *Mind in Hyperspace,* Diss. Ann Arbor, Mich., University Microfilms 1959.
Whitehead, A. N. *Process and Reality: an essay in cosmology,* (New York : Macmillan ; Cambridge University Press, c1929.).［山本誠作訳『過程と実在』上・下、松籟社、一九八四・一九八五年］
Plotins Schriften, übersetzt von Richard Barder, Neubearbeitung mit griechischem Lesetext und Anmerkungen, begonnen von Harder, fortgeführt von Rudolf Beutler und Willy Theiler, 6 Bände, (Hamburg: Felix Meiner Verlag, 1956-71).［『プロティノス全集』一―四、別巻、中央公論社、一九八七―一九八八年］
Quispel, Gilles. *Gnosis als Weltreligion: die Bedeutung der Gnosis in der Antike,* 2. Aufl. (Zürich: Origo Verlag, 1972).

Rhine, J. B. *Extra-Sensory Perception: New Frontiers of the Mind* (Boston: Boston Society for Psychical Research), 1934.〔J・B・ライン／J・G・プラット共著『超心理学概説――こころの科学の前線』湯浅泰雄訳、宗教心理学研究所出版部、一九六四年〕

Smith, C. F. "The Life of John Dee," *The Cambridge Review*, Jan 1, 1909, Vol.31, p.166.

Schopenhauer, Arthur. "Fragmente zur Geschichte der Philosophie," *Parerga und Paralipomena I, Arthur Schopenhauer Sämtliche Werke*, Bd. IV, (Darmstadt: Wissenschaftliche Buchgesellschaft, 1977).〔有田潤訳「哲学史のための断章」『ショーペンハウアー全集』一〇巻、白水社、一九七三年〕

---. "Transzendente Spekulation über die anscheinende Absichtlichkeit im Schicksale des einzelnen," *Arthur Schopenhauer Sämtliche Werke*, Bd. IV, (Darmstadt: Wissenschaftliche Buchgesellschaft, 1977).〔有田潤訳「個人の運命に宿る意図らしきものについての超越的思弁」『ショーペンハウアー全集』第一〇巻、白水社、一九七三年〕

---. *Die Welt als Wille und Vorstellung*, (Leipzig: Brockhaus, 1819).〔斎藤忍随他訳「意志と表象としての世界」正編一―三『ショーペンハウアー全集』二―四、白水社、一九九六年〕

Wilhelm, Richard, *Der Mensch und das Sein*, (Jena: Diederichs, 1939).

Das Geheimnis der Goldenen Blüte: ein chinesisches Lebensbuch, übersetzt und erläutert von Richard Wilhelm; mit einem europäischen Kommentar von C. G. Jung, (Dorn, 1929).〔リヒアルト・ヴィルヘルム、C・G・ユング共著『黄金の華の秘密』湯浅泰雄・定方昭夫訳、人文書院、一九八〇年、一五〇頁参照〕

I Ging: das Buch der Wandlungen, übersetzt von Richard Wilhelm, (Jena: Diederichs, 1924).

Real-Encyclopaedie d. klassischen Altertumswissenschaft (Pauly-Wissowa etc). Artikel Plotinos, Band XXI, Spalte 471-592 (1951).

Supplement Bd. XV, Spalte 310-328 (1978).

C・P・エンツ「ヴォルフガング・パウリ、伝記的序説」（パウリ『物理学と哲学に関する随筆集』C・P・エンツ、K・V・メイン編、岡野啓介訳、シュプリンガー・フェアラーク東京、一九九八年）。

木戸真美「スピリチュアル・ヒーリングの科学的実証」（湯浅泰雄・春木豊・田中朱美監修、人体科学会企画『科学とスピリチュアリティの時代』ビイング・ネット・プレス、二〇〇五年）。

田中美知太郎、藤沢令夫訳『プラトン全集』第一一巻、岩波書店、一九七六年。

ボーム「暗在系と東洋思想」(湯浅泰雄・竹本忠雄編『ニューサイエンスと気の科学』青土社、一九九三年)。

湯浅泰雄著訳『ユング超心理学書簡』白亜書房、一九九九年。

渡辺学著『ユングにおける心と体験世界』春秋社、一九九一年。

訳者あとがき

渡辺　学

本書が当初、底本としたドイツ語原版および参考資料とした英訳版は以下の通りである。

C. A. Meier, hrsg. von, *Wolfgang Pauli und C. G. Jung: Ein Briefwechsel 1932-1958*, unter mitarbeit von C. P. Enz (Genf) und M. Fierz (Kusnacht) (Berlin: Springer-Verlag, 1992).

C. A. Meier, ed., *Atom and Archetype: The Pauli/Jung Letters, 1932-1958*, with assistance of C. P. Enz and M. Fierz, trans. by David Roscoe, with an introductory essay by Beverley Zabriskie (Princeton: Princeton University Press, 2001).

最初に編集者を紹介しておきたい。C・A・マイヤー（一九〇五―一九九五）はユング派の重鎮であり、スイスの精神科医でチューリッヒのC・G・ユング研究所初代所長であった。ドイツ語原版の出版時には、すでに八七歳になっていたことになる。編集協力者のC・P・エンツ（一九二五―　）はスイスの理論物理学者であり、パウリから直接薫陶を受けていた。また、マルクス・フィールツ（一九一二―二〇〇六）は、スイスの高名な物理学者であり、量子論、原子物理学などで大きな業績を残している。

ところで、二〇〇八年にパウリの著作権が、二〇一一年にユングの著作権が、没後五〇年を経過したことで消滅した。そこで、本書では、ドイツ語版のパウリとユングの往復書簡集によりながら、新たに校訂作業を行い、独自の注を付す作業を行った。そのため、前者のドイツ語版そのままの邦訳ではないことをここでお断りしておきたい。

実際、ドイツ語版の書簡集自体にさまざまな問題が見出された。例えば、元の書簡29と書簡30は年号がなく、ドイツ語版ではカッコで一九三九年と補われている。それに対して、英語版ではカッコで一九三四年と補われている。おそらくもとのファイルの序列によって誤って一九三九年に分類されていたものと考えられる。それが誤りであることは、英語版編集者が気づいており、一覧表で訂正している。書簡の内容に則して配置し直すと、英語版の指摘の通り、書簡29は一九三四年四月二八日付の書簡5の後、書簡30は同じく一九三四年五月二二日付の書簡6の後に置かれるべきであることが判明する。本書では、このように配列し直した。

さらに、ドイツ語版の編集者も英語版の編集者も、パウリの夢やヴィジョンがユングの著作の中で引用されている場合に、ユングの著作に当たって校閲していないことがわかった。一例を挙げれば、書簡16にはドイツ語版でも英語版でも「夢Ⅱ」が出てくる。しかしながら、これは、ユング『心理学と錬金術』Ⅰを見ると「マンダラ夢11」を指していることがわかる。つまり、パウリの手書き原稿をアルファベットに起こすときにローマ数字のⅡと11を読みまちがえ、また、ユングの原典に当たらなかったため、ドイツ語版編集者も英語版編集者もその誤りに気が付かなかったというわけなのである。この往復書簡集にはこのような不徹底な校訂が目立っているため、日本語版を作成するに当たって、細心の注意が必要であった。

私は訳者を代表して、本書が翻訳されるに至った背景とその苦難の道について触れておきたい。

私の印象では、本書の出版は、湯浅泰雄先生（一九二五―二〇〇五）が一部例外はあるものの、歴代の門下生を一堂に会してその協力の下に企画されたのではないかと思われる。そして、当初の分担は、太田恵（書簡1―37）、越智秀一（書簡38―54）、黒木幹夫（書簡55―60、付録3、5、6、7、10）、定方昭夫（書簡61―69）、渡辺学（書簡70―80）、高橋豊（付録1、2、4、8、9）が当たった。湯浅先生は、二〇〇五年六月五日に八〇歳の誕生日を迎えられ、その後、本書の監訳を終えていよいよ翌年には出版しようとなさっていたことであろう。［ただし、元の付録2、5、9、10は諸般の事情から本書には収録されていない］

ところが、本書の翻訳を企画され、さらに、監訳を推し進めていらした湯浅泰雄先生が二〇〇五年一一月九日に突然この世を去られたのは、まことに残念の極みであった。直前の週末まで研究会でかくしゃくとした姿を見せ、最後の最後まで現役の研究者として活躍されたことは、人々に大きな感銘を与えていた。

湯浅先生の存命中、翻訳作業は、ドイツ語版からの訳と英語版からの重訳の両方から進められていた。先生が亡くなった翌年の春、私が原稿を引き取って底本のドイツ語版と英語版とをつぶさに比較してみると、両者には注をはじめとしてかなりの異同があった。そのため、その点に注意しながら細部にわたって再度全体の点検作業を行う必要が生じた。その結果、編集部の求めに応じて、私が改訂・校閲することになった。私自身、もともと西洋哲学を専攻し、ドイツ語を第一外国語、英語を第二外国語、ギリシャ語とラテン語を第三外国語として習得した上で、湯浅先生のご指導のもと、ユング研究で学位論文を執筆したこともあり、翻訳者の中では私が引き受けるのが穏当であると判断したためである。最終的な訳稿を作成する際には、黒木幹夫先生に全面的に訳稿の改訂をお願いし、さらに、私が訳語の統一を図るといった入念な作業を行った。また、その間、パウリとユングの著作権が失効したため、もとの編集者注などを参考にしながら、すべて日本語訳版の注に置き換える作業も必要となった。このようにして、多大な時間と労力を要し、今日の日を迎えてしまったのである。

これらの作業は決して平坦ではなかった。なぜなら、パウリとユングが交わしている言葉は、ミクロ物理学や分析心理学だけではなく、ギリシャ＝ローマの古典、聖書、さらには錬金術などの神秘思想、道教などが前提となっていたからである。ユングの著作にもよく見られることではあるが、ギリシャ語やラテン語やサンスクリット語などが何の説明もなしに用いられていることが多々あった。意外とむずかしいのが、中国語のアルファベット表記である。当時はまだ表記法が確立していなかったようで、もとの中国語を推測するのに苦労する場面もあった。訳者は、邦訳の際にどこまで説明を入れるか、また、どこまで原語を残すかということが、最後の段階まで決断を迫られることになった。

本書の出版に際しては、南山大学南山宗教文化研究所から出版助成を受けた。記して謝意を表したい。また、ビイング・ネット・プレス社長の野村敏晴氏から並々ならぬご支援を受けた。最後に、共訳者として忍耐強く出版を待って下さった定方昭夫先生、高橋豊先生、越智秀一氏、太田恵氏、また、同じ監修者として名前を連ねてはいるが、亡くなられた湯浅泰雄先生、そして、精力的に改訂作業をして下さり、遅れ気味になった私の決定稿をやさしく見守って下さった黒木幹夫先生にも謝意を表したい。

二〇一八年五月

訳者を代表して　**渡辺　学**

【監修者・訳者略歴】

湯浅泰雄（ゆあさ・やすお）
1925－2005年。東京大学文学部卒。文学博士。大阪大学、筑波大学、桜美林大学教授を経て、桜美林大学名誉教授。著書に『身体論』（講談社学術文庫）、『「気」とは何か』（ＮＨＫブックス）、監修に『気と人間科学』（平河出版社）、『スピリチュアリティの現在』（人文書院）、『科学とスピリチュアリティの時代』（ビイング・ネット・プレス）などがある。『湯浅泰雄全集』が白亜書房、ビイング・ネット・プレスから刊行されている。

黒木幹夫（くろき・みきお）
1948年東京都生まれ。上智大学文学部哲学科を卒業後、ドイツ留学を経て、大阪大学大学院文学研究科（日本学）修了。湯浅泰雄の指導を受ける。文学修士。愛媛大学教授教養部を経て、愛媛大学教授法文学部に配置換え。愛媛大学法文学部長を歴任し、退職後は愛媛大学名誉教授。人体科学会理事。著書に、湯浅泰雄編集『密儀と修行』（共著、春秋社）、翻訳にC. G. ユング著『東洋的瞑想の心理学』（湯浅泰雄と共訳、創元社）。

渡辺　学（わたなべ・まなぶ）
1956年千葉県生まれ。上智大学文学部哲学科卒。筑波大学大学院博士課程哲学・思想研究科修了。文学博士。現在、南山大学人文学部教授。専攻は宗教学、宗教心理学。人体科学会理事。著書に『ユングにおける心と体験世界』（春秋社、日本宗教学会賞受賞）、『ユング心理学と宗教』（第三文明社）、『宗教心理の探究』（共著、東京大学出版会）、『オウムという現象』（晃洋書房）、訳書に『宗教的回心の研究』（共訳、ビイング・ネット・プレス）など。

太田　恵（おおた・めぐみ）
1958年生まれ。桜美林大学大学院国際学研究科（環太平洋地域文化専攻）博士前期課程（修士）修了。元桜美林大学オープンカレッジ講師、桜美林大学学生相談室主催「身体ほぐしレッスン」講師、桜美林大学アカデミー講師。修士論文『C.G. ユングの心的エネルギー論―『変容の象徴』を中心として―』、『神話のメッセージ』（『桜美林大学国際学部　年報』桜美林大学国際学部国際学会編集・発行）。

越智秀一（おち・しゅういち）
1963年生まれ。京都大学文学部卒業後、大正大学大学院博士後期課程単位取得退学。日本鍼灸理療専門学校卒業。現在、国際日本文化研究センター共同研究員、鍼灸指圧師。著書に『聖者たちのインド』（共著、春秋社）『科学とスピリチュアリティの時代』（共著、ビイング・ネット・プレス）、翻訳書に『ユングとチベット密教』（共訳、ビイング・ネット・プレス）がある。

定方昭夫（さだかた・あきお）
1944年生まれ。東京都立大学人文学部卒。上智大学大学院博士課程修了。札幌学院大学講師、長岡短期大学教授、長岡大学教授を経て、現在フリー。人体科学会理事。著書に『増補新版「易」心理学入門』（たにぐち書店）、『偶然の一致はなぜ起こるか？』（河出書房新社）翻訳書に『死とのであい』（共訳、三共出版）、『黄金の華の秘密』（共訳、人文書院）『ユングとチベット密教』（共訳、ビイング・ネット・プレス）等がある。

高橋　豊（たかはし・ゆたか）
1948年生まれ。日本大学文理学部心理学科卒。日本大学大学院博士前期課程修了、人間科学修士。臨床心理士、精神保健福祉士。中央大学法学部兼任講師、元更生保護法人飛鳥病院心理室長、児玉教育研究所所長。著書に『能の心理学』（共著）、『ユング心理学と現代の危機』（共著）、『精神障害と心理療法』（以上、河出書房新社）、訳書に『自我と力動的基盤』M・ウォッシュバーン著（共訳、雲母書房）等がある。

◉
監修者
湯浅泰雄・黒木幹夫・渡辺学
訳　者
太田恵・越智秀一・黒木幹夫・定方昭夫・渡辺学・高橋豊

企画協力
南山大学南山宗教文化研究所
◉

パウリ=ユング往復書簡集
1932-1958
物理学者と心理学者の対話

2018年8月7日　初版第1刷発行

著　者　W・パウリ+C・G・ユング
監修者　湯浅泰雄・黒木幹夫・渡辺学
発行者　野村敏晴
発行所　株式会社 ビイング・ネット・プレス
〒252-0303
神奈川県相模原市南区相模大野8-2-12-202
電話 042-702-9213

装　幀　山田孝之
印　刷　モリモト印刷株式会社

ISBN 978-4-908055-13-3 C0011　Printed in Japan

身体の知

湯浅哲学の継承と展開

定価＝本体 3600 円＋税

人体科学会＝企画　黒木幹夫・鎌田東二・鮎澤聡＝編